KB050106

인류, 이주, 생존

THE NEXT GREAT MIGRATION

©Sonia Shah, 2020

This translation of THE NEXT GREAT MIGRATION is published by Medici Media by arrangement with Bloomsbury Publishing Inc. through EYA(Eric Yang Agency).

All rights reserved.

이 책의 한국어판 저작권은 EYA(Eric Yang Agency)를 통해 Bloomsbury Publishing Plc사와 독점 계약한 ㈜메디치미디어에 있습니다.

저작권법에 의해 한국 내에서 보호를 받는 저작물이므로 무단 전재와 복제를 금합니다.

인류, 이주, 생존

더 나은 환경을 찾아 인류는 끊임없이 이동한다

소니아 샤 지음

성원 옮김

메디치

내게 차를 따라주고 이야기를 들려준,
거주지를 옮겨 새로운 곳에 뿌리내린 사람들과
여전히 길 위에 있는 사람들에게…….

다른 어떤 포유류도 우리처럼 돌아다니지 않는다.
우리는 경계를 훌쩍 뛰어넘는다. 우리는 지금 있는 곳에 자원이 있어도
새로운 영토로 밀고 들어간다…… 거기에는 일종의 광기가 있다.
반대편에 뭐가 있는지 전혀 알지도 못하면서 큰 바다로 출항한다.
그리고 이제 우리는 화성을 향해 간다. 우리는 절대 멈추지 않는다. 왜일까?

스반테 페보Svante Pääbo

그들은 유사 이래 자유를 찾아 인류가 자주 해왔던 일을 했다. 즉 떠난 것이다.

이자벨 윌커슨Isabel Wilkerson

경계? 난 한 번도 보지 못했다. 하지만 그것이 어떤 사람들의 마음속에
존재한다는 이야기를 들어본 적은 있다.

토르 헤위에르달Thor Heyerdahl

추천의 말

인류의 이동은 새로운 변화의 기회

'인류는 어디에서부터 왔을까?'라는 궁금증을 해결하는 것은 인류의 오랜 과제였다. 인간은 과학 발전을 통해 점차 그 답을 찾아가고 있지만, 그 답이 우리가 원하는 것만큼 간단명료하지 않다는 것도 밝혀지고 있다. 아프리카라는 출발점은 확실하지만 횟수도 경로도 다양하다는 것이 점점 분명해지고 있기 때문이다. 그 과정에서 과거의 상식이 무너지고 있다. 보잘것없는 사람의 힘으로는 극복하지 못할 것으로 생각되었던 거대한 바다와 높은 산맥, 그리고 사막도 인류의 이동을 막지 못했다. 시간적, 공간적으로 분절된 것으로 간주하던 인류의 조상들은 서로 영향을 주고받았고, 그 흔적을 우리의 'DNA'에 남겼다.

사람뿐 아니라 미약해 보이는 곤충과 동물, 그리고 언제나 그 자리에 변함없이 있을 것만 같은 식물들도 끊임없이 이동하고 있다. 과거 다윈의 진화론이 등장하면서 사회와 인류를 바라보는 시각과 인식의 대전환이 일어났다. 그리고 오늘날 전자, 통신 및 유전자 기술의 발전은 다윈의 진화론처럼 이 사회와 지구를 바라보

6

는 관점을 변화시킬 계기가 되고 있으나, 우리의 인식과 사고는 아직 과거에 머무르고 있다.

《인류, 이주, 생존》은 '이동(exodus)'이 살아 있는 생명체가 가지고 있는 본능임을 강조하고 이를 식물과 동물, 그리고 인간 사회의 다양한 구체적인 사례를 과학적인 자료를 통해 이야기해주고 있다. 저자인 소니야 샤는 자신의 주장을 소리 높여 외치기보다는 과학적이며 객관적 사실을 덤덤하게 제시한다. 잘 알려진 사례들이 실제로는 거짓임을 차분하게 이야기하지만 그 속에 담겨 있는 메시지의 무게는 우리가 가진 잘못된 고정관념을 허물어뜨리기에 충분하다.

《인류, 이주, 생존》은 지금껏 잊고 있던 옛 기억을 떠올리게 해주었다. 동물들이 어떻게 움직이는지, 원인은 무엇인지를 찾기 위해 동물들의 흔적을 찾아 산을 헤매고, 자료를 지도에 그려넣으며 고민했었다. 인간이 만들어놓은 도로와 철도 등의 시설물이 동물의 이동을 어떻게 차단하고 있으며, 이로 인해 생태계가 얼마나 취약해지는지 분석하곤 했다. 컴퓨터 시뮬레이션을 통해 '분절화(fragmentation)'라는 현상을 분석하면서 시간이 경과함에 따라 단절로 인해 생태계가 작은 규모로 고립·분산되다가 결국 소멸하는 섬뜩한 결과를 볼 수 있었다.

이러한 결과를 막기 위해 도로와 철도를 가로질러 동물이 안전하게 이동할 수 있는 통로를 만들어야 한다고 이야기해왔다. 이러한 주장이 받아들여지면서 많은 곳에 '생태 이동 통로'라는 시설물이 만들어지게 됐지만, 이 시설물을 어디에 만들 것인지는 항상 어려운 과제였다. 동물의 움직임을 실제로 확인하기 어려웠기 때문이었다. 힘들여 포획한 야생동물에 무선 발신기를 부착하고 안테나를 들고 산을 넘고 계곡을 지나 이들의 경로를 쫓아가다 보면 'GPS 같은 장비로 확인하면 좋을 텐데' 하는 생각이 절로 들었다.

과거 조류독감이 유행하던 시기에 그 원인이 무엇인지를 둘러싸고 농업과 환경 분야의 대립이 있었다. 철새가 조류독감 발병의 원인인지를 규명하기 위해 이들의 이동 경로를 확인해야 했지만 이들이 밤중에 어떻게 이동하는지 확인할 방법이 없었다. 이동 경로가 확인되어야 그 경로상에 놓여 있는 축사들의 조류독감 발병 여부가 철새로 인한 것인지를 평가할 수 있었기 때문에 그 방법을 고민했다. 그때 문득 '기상레이더를 이용하면 되지 않을까?' 하는 생각이 들어 해외 연구 결과를 찾아보았고 '레이더 조류학(radar ornithology)'이라는 분야가 있다는 것을 알게 되었다. 하지만 이를 현실로 옮기는 것이 쉽지 않았다.

오늘날 과학기술의 발달로 이러한 어려움은 이제 과거의 일이 되었다. 초소형 발신기와 인공위성을 통한 경로 추적이 일반화되면서 이제 우리는 동물의 이동을 훨씬 자세하게 알 수 있다. 동물들은 얌전히 한곳에 머무르지 않고 끊임없이 이동하고 있다. 그 범위는 우리의 상상을 뛰어넘는다. 특정한 지역에 붙잡혀 있는 것처럼 보이던 동물들은 훨씬 역동적이며 상황에 맞춰 유연하게 반응하고 적응하며 살아가고 있다. 우리는 생태계를 한없이 약하고 무기력한 존재로 간주해왔지만 《인류, 이주, 생존》은 이러한 인식이 인간의 교만이 불러온 착시일 뿐이라는 것을 보여준다.

바쁜 생활로 지쳐 있는 현대인은 과거를 아름답고 완벽한 것으로 느끼면서 지금의 모습은 훼손되고 오염된 것으로 간주한다. 뉴스 등을 통해 생태계의 훼손과 사라져가는 동식물의 이야기를 듣고 있다 보면 '생태계 복원'이라는 단어가 매력적으로 들린다. 토종이라는 존재는 순수하고 고결한 것으로 여기지만 외래종은 위협적이고 뿌리 뽑아야 할 불청객으로 받아들인다. 아름답고 순수했던 과거의 모습을 되찾아야 한다는 강박은 외래종 '퇴치'와 '복원'이라는 개념으로 연결된다.

하지만 실제 현장에서 '복원'을 하려고 하면 이것이 불가능하다는 것을 알게 된다. '언제의 모습이 진정한 토종 생태계였는지?', '그때의 모습을 누가 알고 있는지?'라는 질문에 답할 수 있는 사람은 아무도 없다. 더 큰 문제는 생태계가 끊임없이 변화하고 있다는 점이다. 산에서 이제 소나무를 찾아보기 어렵다고 한탄하는 목소리가 종종 들려온다. 애국가 2절의 "남산 위의 저 소나무"는 이제 찾아보기 어려워졌다. 인간의 환경 파괴와 무지함을 이야기하고 싶겠지만 현실은 전혀 다르다. 소나무는 토양이 척박하고 햇볕이 잘 드는 곳에서 자란다. 하지만 땔감으로 사용하기 위해 낙엽을 긁어 가거나 나무를 베어 가는 일이 드물어지면서 이제는 그늘진 곳 없이 해가 내리쬐는 환경을 찾아보기 어렵다. 수십 년에 걸쳐 쌓인 낙엽으로 우리나라의 산림토양은 영양이 풍부한 수준이 되었다. 산림녹화로 울창해진 숲에서 참나무류는 그늘에서도 빠르게 잘 성장한다. 소나무보다 키가 더 커진 참나무가 그늘을 드리우고 토양의 영양분이 풍부해진 상황에서 소나무는 살아남기 어렵다.

토종의 순수성과 외래종 위협에 대한 강조는 환경 분야뿐 아니라 인간 사회에서도 이루어지고 있다. 최근 우리나라의 외국인 비중은 5퍼센트를 넘어서고 있으며, 일부 지방자치단체의 경우 15퍼센트대에 이르고 있다. 서울과 수도권의 경우 외모와 피부색이 우리와 비슷한 외국인이 많아 그 존재를 잘 느끼지 못하지만 지방으로 갈수록 짙은 피부색에 외모가 다른 사람들을 쉽게 찾아볼 수 있다. 외국인이 너무 많아졌다고 두려워하면서 이들을 추방하고 한민족의 정체성을 지켜야 한다는 이야기는 인터넷 댓글창 여기 저기에서 쉽게 찾아볼 수 있다. 이들이 우리의 일자리를 빼앗고 단일민족의 정체성을 훼손하고 있다는 주장이다.

하지만 현실적으로 우리의 삶은 이들 없이 유지되기 힘든 상황이다. 산업 현장에 이들이 없다면 자랑스러운 대한민국의 제조업은 인력 부족으로 붕괴할 수밖에 없다. 과수원과 영농 시설 현장에서 이들을 배제한다면 우리의 농업이 제대로 유지될 수 없게 된 지 이미 오래다. 이들이 없다면 남해안의 멸치, 서해의 꽃게, 동해의 오징어는 우리의 식탁에 오를 수 없다. 일상을 이들과 함께하면서 생활을 영위하는 사람들에게 단일민족 타령은 한가로운 이야기일 따름이다.

《인류, 이주, 생존》은 이동이 분산이면서 동시에 집중임을 일깨워주고 있다. 특정한 지역으로의 집중을 위태로운 것으로 인식한다. 대도시의 인구 집중과 폭발적인 성장은 바람직하지 않은 것으로 간주하곤 한다. 대도시의 혼잡과 막대한 에너지 소모, 환경오염은 극복해야 하는 것으로, 집중이 아닌 분산이 더 바람직한 것으로 여겨왔다. 하지만 이러한 경향을 바꿔놓으려는 시도가 모두 실패해왔다. 일정 수준 이상의 밀도하에서만 가능한 것들이 있기 때문이다. 도시의 복잡성은 사람들을 숨 막히게 하지만 그 복잡성을 통해 새로운 관계 형성과 아이디어의 창출과 교류가 이루어지며, 그 결과로 새로운 산업과 시도 들이 이루어지게 되는 것이다.

자연과 인류의 역사는 이동을 통해 성장해왔고 변화하는 환경에 적응할 수 있었다. 이동은 서로 다른 존재와의 만남과 섞임을 가능하게 해주었다. 새로움은 정체된 상태에서 생겨나지 않는다.

외부로부터의 자극과 충격이 있어야 변화와 발전이 이루어진다. 인류 문명의 발전 과정 속에서 보면 언제나 외부와의 접촉과 교류를 통해 성장해왔다. 하지만 그 성장 과정이 항상 순탄하고 매끄럽지는 않다. 다른 존재에 대한 본능적인 두려움과 편견은 갈등과 다툼, 착취와 탄압, 학살로 이어지곤 했다. 활발한 이동과 교류 이후에 단절과 고립이 찾아오곤 했다.

　20세기 초반까지 이어진 대규모 이주와 이민의 흐름은 1·2차 세계대전을 통해 단절됐다. 많은 국가가 장벽을 높이고 이동을 차단했다. 하지만 이러한 경향은 1960년대 중반 이후 다시 변하기 시작했으며, 1990년대 냉전의 붕괴, EU의 등장, 북미자유무역협정(NAFTA)를 비롯한 지역별 자유무역협정 등을 통해 이동과 이주는 일상적인 것이 되었다. 30년간 이어진 이러한 흐름은 많은 국가에서 상상할 수 없던 생활수준의 향상과 경제의 발전이라는 결과물을 가지고 왔지만, 기존 체제와 사회시스템의 급속한 변화로 내부적 갈등과 불만도 초래했다. 결국 이러한 갈등이 유럽에서는 브렉시트Brexit로, 미국에서는 도널드 트럼프의 대통령 당선이라는 예측 못 한 결과를 가져왔다.

　새로운 장벽이 세워지고 국경 통제가 강화되었지만 비참한 현실에서 벗어나 밝은 미래를 꿈꾸는 사람들은 위험을 무릅쓰고 사하라사막을 가로질러 지중해를 건너고 있으며, 파나마의 정글 지대와 멕시코의 사막지대를 건너고 있다. 언제나 그렇듯이 이주는 현재의 절박함과 미래에 대한 희망이 만들어내는 결과물이기 때문에 비참함과 희생을 감수하더라도 이주자의 행렬은 멈추지 않을 것이다.

　한국전쟁 이후 70년을 쉼 없이 달려온 대한민국은 어느 순간 선진국에 올랐고, 문화적으로 매력적인 국가로 변신했다. 우리나라에 대한 외부의 관심이 커지면서 우리가 더 많은 이동과 이주를 경험하게 만들고 있다. 《인류, 이주, 생존》은 '이동'과 '이주'가 불편함과 위기가 아닌 새로운 변화의 기회라는 것을 잘 보여주고 있다. 토종과 단일민족의 환상에서 벗어날 때가 되었다. 우리의 미래는 낯선 존재들과 함께 만들어가는 것이다.

2021년 7월
최준영(법무법인 율촌 전문위원)

인류, 이주, 생존

차례

1장

오래전부터 시작된 대이동

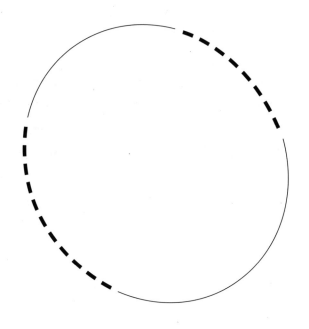

남부 캘리포니아 산미겔산맥San Miguel Mountains의 건조하고 탁한 갈색 덤불 언덕으로 초봄의 짙은 파란 하늘이 펼쳐져 있다. 멀리서 들려오는 불도저의 단조로운 기계음을 빼면 이 수수하고 트인 장소는 조용하다. 극적인 특징이 거의 없어서 시각적으로도 고요하다. 그저 햇볕에 달궈진 모래, 완만한 비탈, 연하고 진한 적갈색 그림자가 드리워진 낮은 잡목과 풀들뿐. 바퀴 자국이 남아 있는 흙길과 좁은 산책로가 교차하는 언덕은 저 먼 곳으로 무한정 이어지는 것 같다.

내가 보러 온 생명체도 이 풍경만큼이나 수수하다. '에디트바둑판점박이나비'라고도 하는 '유피드리아스 에디타Euphydryas editha'는 워낙 여리고 눈에 띄지 않다 보니, 내가 뒷주머니에 찔러 넣은 아이폰으로 찍는 그런 아마추어적인 사진으로는 여간해서 담아내기 힘들다. 이 나비들이 서식하면서 먹이를 얻는 식물인 난쟁이질경이dwarf plantain 역시 소박하다. 겨우 5~7센티미터 높이로 자라는 이 식물은 잎이 바늘 같고 가는 줄기에 작디작은 반투명한 흰 꽃이 달린다. 마른풀만큼이나 눈에 잘 띄지 않는다. 나도 그랬지만, 그 존재를 전혀 알아차리지 못하고 밟아버리기 쉽다.

동행한 나비 전문가—스프링 스트람^{Spring Strahm}이라는 완벽한 이름을 가진 사람이다—가 사륜구동 트럭을 몰고 2015년 이후로 일반 대중에게 개방되지 않았던 도로를 달려 이곳에 왔다. 오는 동안 옆자리에 앉은 내 몸은 사정없이 흔들렸다. 그녀는 이 산에서 바둑판점박이나비를 발견하는 것은 "마치 유니콘을 보는 것과 같다"고 말했지만, 그녀는 나비를 잘 찾아내기로 유명하다.

스트람은 한 번씩 손과 무릎을 키 작은 풀 속에 파묻으며 숨어 있는 나비를 찾았다. 이파리 두어 장씩을 뒤집어 애벌레가 있는지 확인하면서 나와 함께 느릿느릿 언덕을 향해 발걸음을 옮긴다. 두어 줄기의 땀 말고는 아무것도 얻지 못한 채 1시간쯤 지나자 그녀는 이제 할 만큼 했다고 결론 내린다. 이제 다른 곳으로 옮겨 이 귀하신 바둑판점박이나비를 찾아봐야 한다. 나는 물병을 열어 재빨리 들이켜고 배낭을 추스른 뒤 그녀를 뒤따라 왔던 길을 돌아간다.

몇 분 뒤 갑자기 그녀가 걸음을 멈춘다. 길을 막은 채 미동도 없이 서 있다. 나는 그녀가 자기가 신고 있는 낡은 등산화를 응시하고 있음을 알아차린다. 나도 내려다본다. 구름같이 자욱하게 펄럭이는 나비들이[1] 우리 발목 주변을 맴돈다.

나비의 이동

내가 바둑판점박이나비를 보러 오게 된 것은 카밀 파르메산^{Camille Parmesan} 덕분이다. 담청색 눈에 검은 곱슬머리를 갈기처럼 늘어뜨린 파르메산은 원더우먼의 현실판이다. 원더우먼이 황금 밧줄과 투명 비행기 대신 흙과 벌레를 좋아하고 지역 방언으로 말한다면 말이다. 파르메산은 텍사스에 있는 한 이탈리아 가문에서 성장했다. 그녀는 에인트ain't라는 단어를 마음껏 사용하고 '크다(large)'보다 '왕건(honker)'이라는 표현을, '풍부하다(abundant)'보다 '겁나 많다(out the wazoo)'는 표현을 더 즐겨 쓴다.

1980년대 대학원생으로 생태학을 공부하던 파르메산은 새(너무 일찍 일어난다), 실험실에서 사육하는 영장류(너무 부자연스럽다), 꿀벌(침이 너무 많다) 연구를 다 포기하고 난 후, 처음으로 바둑판점박이나비를 연구하기 시작했다. 그녀는 나비가 자연환경에서 쉽게 관찰할 수 있고 다루기 까다롭지 않아서 좋아했다고 말한다. 그녀는 유년기를 엄마와 함께 캠핑하면서 휴대용 도감으로 공부하고 식물과 새를 동정同定(생물의 분류학상 소속이나 명칭을 바르게 정하는 일-옮긴이)하면서 보냈다. 그녀의 어머니는 식물학을 사랑했지만 직업은 지질학자였고, 텍사스의 파르메산 일가의 사람들처럼 석유산업에 몸담았다. 어머니는 캠핑장에서 딸에게 식물학을 가르치면서 독특한 지질학적 관점도 알려주었다. 파르메산은 어머니에게 지질학 시대를 관통하는 야생 동식물의 기나긴 역사에 대해 배웠다. 어떻게 그들이 따뜻한 시기에는 북쪽으로 전진했다가 추운 시기에는 후퇴하는지, 어떻게 빙하기가 오고 감에 따라 성쇠하는지를 알았다.

파르메산이 바둑판점박이나비의 생태라는 세계에 발을 들였을 무렵 이 작디작은 연구대상은 아주 혹독한 시절을 맞고 있었다. 그녀는 박물관의 먼지 쌓인 기록과 아마추어 나비 애호가들의 어마어마한 개인 소장품을 통해 이 바둑판점박이나비가 한때 멕시코의 바하칼리포르니아주에서부터 캐나다 브리티시컬럼비아주까지 북미의 서해안 산악 지대 이곳저곳에서 군락을 이루고 서식할 정도로 흔했다는 사실을 알았다. 전설에 따르면 한 호기 넘치는 나비 수집가는 나비 채집망을 손에 들고 팔을 뻗은 상태로 해안을 따라 오토바이를 타고 가는 것만으로도 나비를 한가득 잡았다고 했다. 하지만 수년간 그 수가 줄어들었다.

대부분 생태학자가 보기에 그 이유는 분명하다. 바둑판점박이나비는 많이 움직이지 못했다. 솜털이 부숭부숭한 검은 애벌레일 때는 자신이 부화한 식물에서 1미터 정도 이상 움직이지 못했다. 점박이 날개를 펼친 뒤에도 땅에 낮게, 그리고 집에 가까이 머무르면서 자신이 변태變態한 현장에서 몇 미터 이상 날아가지 않았다. 바람이 불거나 비가 오면 막대기 같은 가는 다리로 난쟁이질경이 기지 안으로 기어 들어가 연약한 몸이 돌풍에 난데없이 휩쓸리지 않도록 땅에 최대한 납작하게 붙는다. 이 분야에서는 이 나비들을 대체로 '정주형定住型'이라고 생각했다. 정주형이란 곤충학에서 '집순이(homebody)'에 해당하는 말이다.

그러는 동안 나비들이 지낼 곳은 계속 줄어들었다. 북부 멕시코의 기후가 이산화탄소 증가로 점점 뜨겁고 건조해지면서 바둑판점박이나비의 서식지 남쪽에서는 이들이 좋아하는 난쟁이질경이가 말라 죽었다. 한편 이 나비의 서식지 북쪽 끝에서는 로스앤젤레스와 샌프란시스코 같은 도시들이 무질서하게 팽창하면서 해가 쨍쨍한 완만한 경사면들을 집어삼켰다. 대부분의 나비 전문가는 기후변화와 도시 팽창 사이에서 바둑판점박이나비가 이제 최후를 맞을 것으로 보았다.

지구 곳곳에서 다양하게 변주되어 전해지는 매우 간단한 이야기였다. 파르메산은 이 이야기의 기본 줄거리를 바꾸는 데에 별다른 환상이 없었지만, 이 나비가 자신들을 내리누르는 생존 압박에 반응하는 특수한 방식을 기록할 수는 있으리라 생각했다. 어쩌면 몇몇 군집은 미세하게나마 지역에 따른 적응력을 보이거나, 어쩔 수 없이 붕괴하기 전에 어떤 눈에 띄는 신호를 보낼지도 모를 일이니까. 만일 개체 수 조사를 적절하게 하고 난 뒤 그 데이터를 정교한 통계 분석으로 잘 처리하면 심사위원들을 만족시킬 만한 학위논문을 얻어낼 수 있을지도 모른다. 어떤 면에서 그녀의 연구는 한 종種의 마지막 비명을 정교하게 기록하는 작업이 되겠지만, 사실 요즘 같은 대량 멸종 시대에 많은 생태학이 하는 일이었다. 박사 학위를 따는 더 안 좋은 방법도 있었다.

게다가 바둑판점박이나비는 찬란한 봄 날씨에 부화했고, 아침 10시 전에는 일어나지 않았으며, 바람 없는 맑은 날에 가장 찾기 쉬웠다. 파르메산은 4년간 여름마다 차를 몰고 서부 해안을 오르락내리락하면서 낮에는 나비를 찾아 나섰고, 밤이면 산속에서 캠핑했다.

파르메산은 자신의 연구 결과에 특별히 큰 기대를 품지는 않았다. "마지막에 뭐라도 건질 수 있을지 자신이 없었어요"라고 그녀가 말했다. 그러고는 데이터를 분석하기 시작했다. 그녀의 예상대로 역사적인 기록과 비교했을 때 나비의 수는 줄어들어 있었다. 하지만 그 이상의 무언가가 있었다. 잡음 속의 어떤 신호, 그녀의 경력에 큰 영향을 미치고 전 세계에서 나 같은 저널리스트들의 관심을 끌어모으게 될 무언가가.

"패턴이 눈에 보이기 시작하는 거예요." 오스틴의 한 텍사스-멕시코 퓨전 음식점에서 그녀가 내게 말했다. "남쪽에선 멸종률이 정말 높은데 북쪽과 산악 지대에서는 정말 낮더라고요. 복잡한 패턴을 예상했는데, 이건 정말 단순하다 싶었어요…… 이보다 더 분명한 데이터를 얻을 순 없겠더라고요."

수년 전 그녀의 엄마가 여름철 캠핑 여행에서 그녀에게 들려준 야생 동식물처럼 바둑판점박이나비는 야생의 종들이 과거 수천 년간 해왔던 방식대로 변화하는 기후에 대응하고 있었다.

이동한 것이다.

"서식지가 북쪽으로 그리고 높은 곳으로 바뀌고 있었던 거예요!"라고 그녀가 말했다. 이제는 20년도 넘은 이 연구 결과가 지금도 그녀에게 예기치 못한 큰 기쁨을 안긴다. 그녀가 양손으로 머리칼을 모아 춤추는 듯한 동작으로 등 뒤로 넘긴다. "맙소사!"[2]

야생의 대이동이 시작되다

파르메산이 나비에 관한 연구 결과를 발표한 것은 1996년이었다.[3] 당시 기후변화에 대응하기 위해 서식지를 이동한 야생생물에 관한 연구는 두 건뿐이었다. 하나는 알프스 산꼭대기의 식물군락이었고, 다른 하나는 몬터레이만Monterey Bay의 불가사리와 홍합이었다. 그녀는 "아주 좋은 논문들이었지만 너무 작은 지역"이었다고 말했다. 이례적인 사건이라며 쉽게 무시할 수 있었던 것이다. 당시에도 '기후변화에 대응'해 목숨을 지키기 위한 이동이 이론적으로는 가능해 보였지만, 야생생물이 의미 있는 규모의 이동을 해낼 수 있으리라고 과감하게 희망을 품은 과학자는 거의 없었다.

그런데 파르메산의 바둑판점박이나비 연구는 북아메리카 절반에 달하는 지역에서 일관된 이동 패턴을 보여주었다. 그녀는 명망 높은 저널인 《네이처Nature》에 빛나는 단독 저자 논문을 실었고 일약 기후변화 분야의 정상급 연구자로 등극했다. 유엔 산하 기후변화에 관한 정부 간 협의체(IPCC)의 회원이 된 그녀는 그 자리에서 천 건에 달하는 다른 생태학 연구를 검토하면서 자신이 점박이나비에게서 발견한 것과 동일한 신호를 찾아볼 수 있었다. 실제로 점박이나비의 극지 방향 이동은 이변이 아니었다. 유럽에 서식하는 나비 57개 종은 물론 해양생물과 새에게서도 같은 패턴이 발견되었다.

플랑크톤에서부터 개구리까지 모든 것을 연구하는 과학자들이 자신들의 데이터를 재검토하기 시작했다.[4] 그들은 자신들이 추적한 4천 종種 중에서 40~70퍼센트가 지난 수십 년 동안 분포지역을 바꾸었고, 이 중 90퍼센트가량은 변화하는 기후에 맞춰 더 시원한 땅과 물이 있는 곳으로 움직였음을 확인했다. 평균적으로 육상의 종들은 10년에 약 20킬로미터를 움직여 극지를 향해 꾸준히 행진하고 있었다. 해양생물은 그보다 훨씬 빠른 속도로 10년에 평균 약 75킬로미터를 움직였다. 이런 평균치만 보면 특정 생명체의 장엄한 장거리 이동이 눈에 잘 들어오지 않는다. 가령 '대서양 대구'(Atlantic cod)는 10년간 200킬로미터 이상 이동했다. 안데스 지방에서는 개구리와 곰팡이 종이 지난 70년 동안 400미터 높은 곳으로 기어올랐다.

가장 이동하지 않을 것 같은 야생생물마저 움직였다. 수십 년간 전 세계에서 삐죽삐죽한 가지 형태의 산호초와 마음대로 뻗어나간 옹이 진 그릇 모양의 산호초를 만들어내는 산호충珊瑚蟲은 부동성의 상징으로 보일 만큼 정적이다. 산호충은 말 그대로 돌벽(stone wall)이라서 탁 트인 대양이 일으키는 광란을 흡수하여 수백만의 어류 종과 해변 군집들을 보호한다. 하지만 산호초 역시 이동하고 있다. 과학자들은 1930년대 이후로 바닥이 유리로 된 배를 타고 일본의 섬들을 돌아다니면서 산호를 조사해왔다. 2011년 과학자들은 특히 아크로포라 히야신서스Acropora hyacinthus와 아크로포라 무리카타Acropora muricata[5]라는 두 종이 매년 14킬로미터의 속도로 북진하고 있음을 밝혀냈다.

기상학자 에드워드 로렌츠Edward Lorenz의 나비효과에 따르면 나비의 날갯짓이 대기를 소소하게 교란시키면 서로 연결된 요소들의 복잡한 상호작용으로 결국 먼 곳의 토네이도 경로가 바뀌는 일이 일어난다. 이는 작은 변화가 예기치 못한 거대한 효과를 낳을 수 있다는, 내가 제일 좋아하는 통찰 중 하나에 대한 시적인 은유였다. 이 은유에서 중요한 부분은 나비의 비행이 겉으로 보기에는 중요하지 않은 요소라는 점이지만, 그래도 나는 그가 그 절묘한 표현을 만들어냈을 때 대륙 너머로 이동하는 위풍당당한 제왕나비 같은 것을 염두에 두었으리라고 생각한다. 로렌츠가 점박이나비를 생각할 수는 없었으리라. 점박이나비 몇 마리를 만나 그 형편없이 느리고 낮은 비행을 목격한 나로서는 이들의 집단적인 날갯짓이 여하한 중대한 기상학적 사건은 고사하고 숨결 같은 산들바람조차 일으킬 수 있을지 의심스럽다.

그런데도 그 작은 나비는 일종의 초대형 효과를 유발했고, 생각지도 못했던 이들의 여행은 극적인 전 지구적 현상의 베일을 걷어냈다. 알래스카 북서해안의 어널러킷Unalakeet에서는[6] 남동쪽으로 950마일 이상 떨어진 브리티시컬럼비아에서 온 기생충이 사냥꾼에게 포획된 야생조류의 피부 아래서 꼼지락거리는 모습으로 발견된다. 붉은 여우는 북극 쪽으로 영역을 더 확장한다. 케이프코드의 선주들은 플로리다에서 온 바다소들이 정박지의 배수관에서 흘러나오는 물을 태평하게 홀짝이는 모습을 보곤 한다.

야생의 대이동이 시작된 것이다.[7] 그리고 이러한 대이동은 모든 대륙과 대양에서 일어나고 있다.

10만 명 이상이 흘러 들어온 마을

5,500미터의 봉우리를 가진 다울라다르Dhauladhar산맥이 히말라야

23

산기슭에서 약 2,100미터 높이의 삼림지대에 위태롭게 자리한 맥레오간즈라는 마을 위에 우뚝 솟아 있다. 나는 뉴델리에서 택시를 타고 12시간에 걸친 무시무시한 여정 끝에 이곳에 도착했다. 그날 늦은 밤 맥레오간즈 중심부에 우리가 도착했을 즈음, 평야의 해면 기압에 익숙한 구겨진 반소매 셔츠 차림의 택시 운전사는 현기증과 추위, 피로로 기진맥진한 상태였다. 그는 차를 세우더니 우리가 묵을 호텔에서 무려 수 킬로미터나 떨어진 마을 광장 한가운데 6개월 치 짐과 함께 우리를 부려놓고는 달아나버렸다.

그때만 해도 용서할 수 없을 것 같았지만, 다음 날 아침 안개가 걷히면서 심장이 멎을 듯한 이 마을의 파노라마가 드러나자 감정이 누그러졌다. 산비탈에 매달린 히말라야 소나무들이 바위투성이 정상의 상층부에서 갑자기 작아지더니 '수목한계선'으로 알려진 천연 경계를 만들어냈다. 그 선 위로 가는 폭포가 물길을 남겨놓은 민얼굴의 벼랑이 솟아 있다. 이 고도에서 내 몸을 그저 끌고 다니는 데도 상당한 운동능력과 체력이 필요했다. 이럴 줄 알았다면 그 허름한 델리의 택시를 타고 여기까지 올 마음은 품지 못했으리라. 별 특징 없는 좁은 길들은 가팔랐고, 공기는 희박했으며, 모퉁이를 돌 때마다 죽음의 기운이 느껴지는 울타리 없는 벼랑이 나타났다. 나는 최신 산악 장비를 갖추고 이곳에 왔다. 이 산에서 짧게 체류하기 위해 전문점에서 비싸게 주고 산 것들이다. 폴리우레탄으로 코팅된 나일론 자켓, 튼튼한 방수 등산화, 땀을 배출하는 특수 울 양말. 하지만 이런 것들도 이 험악한 풍경에 뛰어들 용기를 북돋는 데는 큰 도움이 되지 않았다. 나는 마을 위로 뻗은 산길을 따라 숨을 헐떡이며 다녔다. 점점 불어나는 내 불편함을 지켜보는 유일한 증인은 소나무 위로 날쌔게 돌아다니는 붉은털원숭이들과 내 뒤를 참을성 있게 따라오는 친근한 동네 개들뿐이었다.

지리적 특성으로 이동하기 어려운 곳이 있다면 그게 바로 히말라야다. 지리적으로 말해서 히말라야는 넘어갈 수 없는 장벽을 형성한다. 한편으로는 북쪽의 차디찬 공기가 아래쪽에 있는 남녘의 열대 평야에 이르지 못한 채 고여 있다. 다른 한편으로는 다른 곳에서 이동해 온 몬순 구름이 산 정상과 맞부딪치면서 마치 막 수문이 열려 물이 쏟아져 나오듯 비를 뿌린다.

　　하지만 이곳에서조차도 생명은 이 거대한 장벽에 맞서 그 어떤 영구적인 닻에 매이지 않고 조금씩 움직이고, 떠다니고, 기어오른다. 숲에 있는 묘목들은[8] 매년 산의 경사진 곳에서 조금씩 더 높은 곳으로 자리를 옮긴다. 호기심 많은 과학자들이 띠 모양의 표본 지역을 정해놓고 나무의 수령을 측정해 무슨 일이 벌어지는지를 밝혀냈다. 1880년 이후로 숲이 10년마다 19미터씩 산 위쪽으로 꾸준히 올라가고 있었다. 그러면서 진달래속식물들과 사과나무들, 그리고 그 속에서 살아가는 곤충들 역시 함께 이동한다. 히말라야 북쪽의 고위도 툰드라 지역인 티베트에서는 사람들이 2009년 처음으로 가려움에 시달리고 있다고 전했다. 그곳 사람들이 모기에 물린 최초의 기억이 바로 그때였다.

　　여기서는 사람 역시 이동한다.[9] 사람들의 이주 경로는 계곡으로 들어가서 산등성이를 굽이굽이 지나 히말라야 고원지대의 작은 길로 이어진다. 티베트 고원에 살던 10만 명 이상이 중국 정부의 박해와 억압을 피해 800킬로미터가량 떨어진 맥레오간즈로 꾸준히 흘러들어 온다. 많은 이들이 제14대 달라이 라마를 따라온 불교 승려들이다. 달라이 라마는 1959년에 도착해서 지금은 내가 묵고 있는 이 소박한 호텔에서 좁고 굽이진 길을 따라 내려가기만 하면 나오는 쇠락한 사원 단지에 살고 있다. 나는 밝은 황색 법의를 두른 승려들이 동네 카페에서 카푸치노를 홀짝이는 모습이나,

샌들에 울로 짠 숄 차림으로 법의 속에 찔러넣은 스마트폰에 대고 서로 수다를 떨며 마을 주변의 가파른 암벽 길을 쾌활하게 오르는 모습을 보았다. 비행기와 택시를 타고 도착한 나와는 달리 그들은 두 다리로 산을 넘어서 이곳에 왔다. 빙하와 높은 산을 지나는 이 위험한 여정은 한 달이나 걸렸다.

점점 더 늘어나는 이주 인구

오늘날에는 거의 매일같이 이동하는 사람들에 대한 뉴스가 넘쳐 난다. 기근과 박해에서 도망친 아프리카 이주민들이 지중해를 넘기 위해 물이 새는 비좁은 배를 가득 채운다. 폭탄과 참수에서 도망친 아프간인과 시리아인들은 낡디 낡은 난민캠프 생활에 지칠 대로 지쳐 다시 무리 지어 되돌아간다. 엉덩이에 어린애를 매단 여성들이 온두라스와 과테말라에서 수백 킬로미터를 걸어 미국 국경으로 향한다. 내가 이 글을 쓰는 동안 옆에 있는 휴대전화가 속보와 함께 울려댄다. 4등급 허리케인이 다가오면서 재난의 위험이 커지자 플로리다 주지사가 100만여 명의 플로리다 주민에게 소개령을 내린 것이다. 플로리다주의 도로는 이제 곧 더 높은 지대를 찾아 나선 가족들로 가득 찰 것이다.

야생생물의 이동은 주로 각자의 생물학적 역량에 따른 한계와 이들이 이동하면서 만나게 되는 지세地勢의 특수한 속성에 따라 결정된다. 예를 들어 산비탈의 가파른 정도나, 해류의 속도와 염도 같은 것들이다. 반면 인간 이민자들이 선택하는 경로는 주로 추상적인 것들에 달려 있다. 멀리 떨어진 곳의 정치 지도자들은 정치적·경제적 고려사항에 따라 규칙을 정해서 누구는 들어오는 것을 허락하고 누구는 들어오지 못하게 한다. 이들은 생물학적으로 임의대로 풍경 위에 보이지 않는 선을 그리고 또 그린다. 운수회사는 바람, 날씨, 조류보다는, 어느 쪽이 가장 많은 이윤을 남기는지에 따라 어떤 경로는 운행하고 어떤 경로는 운행하지 않는다.

그런데도 우리는 이동한다. 오늘날 그 어느 때보다 많은 사람이 자신이 태어난 국가 밖에서 살고 있다. 이유는 다양하다. 2008년부터 2014년 사이[10] 홍수, 폭풍, 지진 같은 이유로 매년 2,600만 명이 이동했다. 불안정한 사회에서는 폭력과 박해 때문에 이동이 일어나기도 한다. 2015년에는 1,500만 명 이상이 어쩔 수 없는 이유로 자신의 나라에서 탈출해야 했다. 이는 제2차 세계대전 이후로 가장 많은 숫자다. 국경을 건넌 사람이 한 명일 때, 이주를 도모했으나 아직 자국을 벗어나지 못한 사람은 25명 이상이었다. 이 모든 흐름의 특징은 더 넓은 하나의 흐름으로 모아진다. 바로 농촌 인구가 세계의 도시들로 유입되는 것이다. 2030년이 되면 대도시로 흘러드는 사람들의 움직임이 가속화되어 대다수 인구가 도시 거주자인 상황이 처음으로 펼쳐질 것이다. 그리고 이러한 움직임의 규모도 앞으로 수년간 증가할 가능성이 크다. 2045년이면 사하라 이남 아프리카의 사막지대가 더 넓어져 6천만 명이 거주지를 떠나야 할 것으로 예상된다. 2100년이면 해수면 상승으로 1억 8천만 명이 추가로 이 대열에 합류하게 될 것이다.

이 충격적인 통계는 오늘날의 이주 규모와 속도를 부분적으로 보여줄 뿐이다. 지금으로선 인간의 이주에 대한 데이터를 수집하는 중앙기구 같은 게 존재하지 않는다. 국경을 넘는 사람들에 대한 기록이 국경 이편 또는 저편의 어떤 기관에서 이루어질 수도 있지만 그 장소와 시간이 한정적이다.

기관들은 주로 누가 들어오는지를 셈할 뿐 빠져나가는 행렬에는 눈길을 주지 않는다. 그리고 움직이는 사람 중에는 눈에 띄지 않게 은밀히 움직여서 공식적인 관심을 피하려는 경우가 많다. 아니면 국경 내에서 이동하기 때문에 감시망에서 완전히 벗어난다. 정부 관료들은 허가 없이 국경을 넘는 사람들의 수를 추정하려 하지만[11] 아무리 최선을 다해도 단편적인 근거로 얻을 수 있는 것은 어림짐작뿐이다. 즉 국경 검문소가 현장에서 붙잡은 사람들의 수, 현장에서 붙잡힌 사람 중에서 다시 시도할 의지가 있음을 인정한 사람들의 수, 실제로 다시 시도했다가 한 번 더 잡힌 사람들의 수 같은 것들이다. 하지만 인간 이주자의 완전한 범주―가령 계절형 일자리를 위해 국경을 넘나드는 사람들―는 그 어떤 공식적인 통계에도 포함되지 않는다.

이 모든 상황을 고려하면 인간 이주자의 진정한 수를 완전히 파악하기는 불가능하다. 하지만 핵심적인 사실은 분명하다. 야생의 사촌들처럼 인간 역시 이동한다는 점이다.

지난 짧은 몇 년간 인간의 이동방식에 대한 기후의 영향력이 점점 분명해졌고, 이제는 생물학과 역사에서 이주가 중요하다는 증거가 속속 드러나고 있다. 새로운 유전학 기술은 인간의 역사에서 이주가 얼마나 오래전부터 진행되었는지를 밝혀냈다. 새로운 항법 기술들은 지구 곳곳에서 펼쳐진 인간과 야생생물의 움직임 규모와 복잡성을 알아냈다. 앞으로 진행될 이주가 변화하는 기후의 속도를 충분히 따라잡지 못할 수도 있지만, 갈수록 늘어나는 증거로 볼 때 생물다양성과 복원력 있는 인간사회를 보존하는 최선은 이주일 수 있다.

이주자와 이주에 대한 생각

다음의 대이주는 우리 차례다. 문제는 우리가 아주 어릴 때부터 동식물과 인간은 어떤 장소에 속한다고 배운다는 점이다. 이런 이유로 우리는 '캐나다'거위, '일본'단풍나무라는 이름을 사용한다. 또한 낙타를 중동의 대명사로, 캥거루를 오스트레일리아의 대명사로 사용한다. 이것이 사회적 상호작용에서부터 의료 서식에 이르기까지 만사에 자신을 설명하는 간단한 표현으로 우리가 출신 대륙을 사용하는 이유다. 우리는 '아메리카인'이거나, '아프리카인'이거나, '아시아인'이거나, '유럽인'이다. 이 수백 년 묵은 표현법은 우리가 실제로는 어디서 살든지 간에 피부색과 머리칼의 질감을 통해 시각적으로 구현된다.

우리는 인간과 동식물 종이 어떤 장소의 '출신'이라고 설명함으로써 과거에 대한 특정한 사고를 촉발한다. 이는 유럽의 자연연구가들이 처음으로 자연계를 분류하기 시작한 18세기에서 그 유래를 찾을 수 있다. 이 자연연구가들은 인간과 야생생물이 아주 오래전부터 각자의 서식지에 대체로 붙박여 있다는 가정을 바탕으로 그 장소를 근거로 생물과 민족의 이름을 지었다. 아득한 옛날부터 서로 다른 존재가 같은 범주였다는 듯이 뭉뚱그려서 말이다.

수백 년 묵은 이러한 분류법은 인간의 생물학적 역사에 대한 근대적 사고의 초석이 되었다. 오늘날 생태학에서부터 유전학과 생물지리학에 이르는 광범위한 분야에서 생물 종과 인간들이 서로 다른 서식지에서 진화하면서 머나먼 과거에 긴 고립의 시기가 있었음을 시사한다.

역사에서 이런 부동성을 사고의 중심에 놓자 이주자와 이주는 변칙과 교란을 일으키는 원흉이 되어버린다. 20세기 초 자연연구가들은 이주를 생태적으로 쓸모없고 위험하기까지 한 행위라며 일축하고는, 만일 이주하는 동물이 마음껏 돌아다니게 놔두면 "재난과 다를 바 없는 결과"가 초래될 것이라고 목소리를 높였다.[12]

자연보호론자들과 여러 과학자는 인간의 이주 역시 생물학적 재난을 초래한다고 경고했다. 선도적인 과학자들은 이주의 가장 예측 가능한 결과—서로 다른 장소에 조상을 둔 사람들 간의 성적인 재생산—는 퇴보한 돌연변이 잡종으로 귀결되리라고 주장했다.

전후의 집단생물학자들은 나비와 쥐 군집의 역학에 관한 연구를 들먹이며 사람들을 마음대로 돌아다니게 두면 굶주린 외국인 무리가 국내에 들끓게 될 거라고 말했다. 어떤 이는 글을 통해 앞으로 인간 이주자는 "우아하게 굶주리지는" 않을 것이라고 주장하며[13] 이들의 이주가 우리를 파멸로 몰아넣을 것이라고 했다. 20세기 말의 생태학자들은 야생생물의 이동이[14] "환경 재앙"을 유발하리라고 덧붙였다.

이주자와 이주에 대한 이런 생각은 허술한 근거를 바탕으로 했다. 예를 들어 사실상 존재하지 않는 불가사의한 여성의 신체 일부, 전혀 확인된 바 없는 잡종 괴물, 야생생물이 북극해로 뛰어드는 이야기로만 존재하는 충격적인 장면, 현실에서는 일어나지 않는 밀집에 의한 광적인 공격성과 탐욕 같은 현상들이다. 그런데도 이들은 수십 년간 이주의 장래성에 대한 진실을 억눌렀다. 보편적인 이주의 역사적 사실을 발견한 유전학자들은 그 범위를 축소했고, 야생의 생명체와 사람들이 지구 곳곳으로 널리 퍼져나간다는 사실에 당황한 생물지리학자들은 오래전 지질학적 힘 때문에 이들이 수동적으로 반응한 것일 뿐이라며 능동적인 이동의 가능성을 일축했다.

이주를 무질서의 한 형태로 여기는 과학 분야의 사고방식은 소수의 학술지에 국한된 잘 보이지 않는 이론적 경향이 아니었다. 이런 생각은 대중문화에도 폭넓게 전파되어, 20세기 초 미국 국경이 폐쇄되는 데 영향을 미쳤고, 나치의 파시스트적인 꿈에 영감을 불어넣었으며, 오늘날 반^{反}이민 로비스트와 정책 입안가 들에게 이론적인 토대를 제공했다.

오늘날 이 사고는 다음의 대이주에 대한 공포와 공황의 소용돌이를 일으켜 지구상에서 가장 힘 있는 나라들의 정치를 바꾸고 있다. 자연보호론자들은 이미 토착종이 사는 서식지로 이동한 외래종의 '침략적인' 성격을 경고한다. 생물의학 전문가들은 이주하는 종들이 새로운 장소에 낯선 미생물을 옮겨 공중의 건강을 위협하는 전염병을 유발할 위험을 경고한다. 외교 정책 전문가들은 기후변화가 강제한 대량 이주의 필연적인 결과로서 불안정과 폭력을 예고하고, 반이민 정치인들은 경제적 재앙과 그 이상의 나쁜 일들에 대해 말한다.

이주를 추적하게 된 이유

이주가 혼란을 초래한다는 생각은 저널리스트로서 내 작업에 기름을 끼얹었다. 나는 수년간 동식물이 일으키는 피해를 보도하고 글을 써 왔다. 넓은 경관과 국가를 넘나드는 모기가 사회에 어떻게 말라리아 기생충을 퍼뜨리고 제국의 흥망에 영향을 미쳤는지, 그리고 상인과 여행자의 몸 안에 들어가 대륙을 넘나드는 이동을 하는 콜레라 박테리아가 어떻게 전염병을 유발하고 전 세계 경제를 바꿔놓았는지를 조사했다. 제자리를 벗어난 이런 미생물들의 파괴적인 영향은 그 이동이 비정상적이고 변칙적인 현상이어서 검토와 설명이 필요하다는 내 느낌과 맞아떨어졌다. 그리고 그것은 설명이 필요한 다른 이상한 사실, 우리 가족이 이주한 과거 때문에 시작된 내 몸의 공간적 부조화와 공명을 일으켰다.

이주와 연결된 나의 과거는 19세기 말 인도 서해안 구자랏의 두 어촌마을로 거슬러 올라간다. 해안이 아라비아해 쪽으로 돌출한 이 두 마을에 처음 정착한 사람들은 유럽, 동남아시아, 아프리카에서 온 이민자들이었다. 그 후 초기 정착민들은 지역 주민으로 합류한 상인, 침입자, 식민지 주민들의 물결에 수차례 휩쓸렸다. 페르시아인, 마케도니아인, 무굴인, 영국인 등이다.

내 증조부들은 이 두 마을에서 성장했다. 한 분은 면으로 된 사리를 팔러 다니는 곱사등 행상이었고, 다른 한 분은 금속 조리도구를 판매하는 작은 가게를 운영했다. 두 증조부 모두 주변의 이주 물결에 저항해온 관습 속에서 자랐다. 예컨대 자신의 가문과 같은 자이나교 종파에 속한 가문하고만 결혼할 수 있는 제약이 있었다. 오늘날 구자랏주 전체 인구 가운데 어떤 종파든 자이나교도인 사람은 1퍼센트 미만이라는 점을 감안하면[15] 이런 규칙은 선택의 폭을 매우 좁힐 수밖에 없었다.

두 분의 아들, 즉 나의 할아버지들은 집안의 관습을 지켜서 부유한 다른 부락 가문의 어린 딸들과 결혼했지만, 19세기에 전 지구적으로 일어난 이촌향도離村向都의 흐름에서 예외일 수는 없었다. 한 할아버지는 사람이 바글대는 뭄바이에 정착한 후 도시에 넘쳐나는 자신과 같은 노동계급 이주자를 위해 특별히 지어진 촐chawl이라는 다세대주택의 방 두 개짜리 집에 다섯 명의 아이를 밀어넣었다. 다른 할아버지는 타밀어를 쓰는 남쪽의 코임바토르로 가서 자신을 고용한 회사 소유의 작은 집으로 이사했다. 그곳에서 할머니는 가구도 변변치 않은 돌바닥 방의 매트리스 위에서 여덟 아이를 낳았고, 이 중 여섯이 살아남아 성인으로 성장했다. 이 멀리 떨어진 두 집안은 코임바토르와 뭄바이에서 총 열한 명의 자식 중 두 명인 나의 어머니와 아버지에게 자원을 쏟아부었다. 이들은 각각 교육을 받고 의대에 진학했다.

어머니와 아버지가 졸업할 즈음 새로운 이민 경로가 열렸다. 20세기 초 이후로 미국 국경은 아시아, 아프리카, 그리고 남유럽과 동유럽 출신자들에게 닫혀 있었다.[16] 당시 우생학이 첨단과학으로 통했는데, 우생학에서 이들을 정신적으로 결함이 있고 생물학적으로 바람직하지 않다고 여겼기 때문이다. 하지만 새로 만들어진 정부 프로그램인 메디케어와 메디케이드(1965년 사회보장법을 통해 마련된 노인 및 저소득층 의료보장제도-옮긴이)를 가동할 의료인력이 필요해지자 미국 내에서 극심한 의사 부족 현상이 일었다. 린든 존슨 대통령은 1965년 10월 상쾌한 어느 날 자유의 여신상 발치에 앉아 과거 우생학을 근거로 시행했던 금지조치를 되돌리는 법안에 서명함으로써 해외 전문인력에 대한 문호를 열었다. 1년 뒤 내 부모님은 뉴욕시의 의료직 취업 제안을 워낙 많이 받아서 제안서 중에 아파트가 포함되어 있는지, 그 아파트에 발코니가 있는지를 근거로 판단할 정도였다.

아버지가 미국으로 먼저 떠나고 나서 6주 뒤에 어머니가 사리에 차팔chappal 차림으로 JFK공항에 도착했다. 어머니의 얇은 양말은 한 개뿐인 발가락 끼우는 곳 주위에 뭉쳐 있었다. 두 사람은 그해 미국에 들어온 4천 인도 이민자의 일부이자 새로운 이민 물결의 선봉이었다.[17]

50여 년이 흐른 지금 부모님의 이주는 두 분의 삶에서 여전히 중요한 지점이다. 두 분이 언제나 완벽한 망고를 먹고 싶어 하는 것도, 아버지의 휴대전화에 깔린 음성인식 앱이 문법적으로는 흠잡을 데 없는 아버지의 영어를 절대 이해하지 못하는 것도, 두 분이 숱한 생일과 말싸움과 가족 드라마를 놓친 것도 모두 이주 때문이다. 두 분이 어떤 면에서 자신의 과거와 단절되고, 혈연들이 두 분의 삶을 더는 이해하지 못하게 된 것도. 할머니는 아들이 미국에서 저녁 식사 후에 설거지한다는 이야기를 듣고 울곤 하셨다. 할머니가 아버지를 키운 아파트에서는 설거지가 일용직 노동자의 일거리였다. 그들은 공용세척장의 불결한 타일 바닥에 엉덩이를 대고 쪼그려 앉았고, 테라스에 얇고 거친 매트를 깔고 잠을 잤다.

나는 부모님이 미국으로 이주하고 몇 년이 지나서 뉴욕시에서 태어났다. 미국 이민 물결의 후예 400만여 명 중 하나였다. 이민을 수 없을 정도로 간단한 과거 사건의 결과들이 내 뼛속 깊숙이 꽂혀서 살짝 어긋난 금속 인공보형물처럼 격렬한 통증과 욱신거림을 전했다. 한편으로 나는 부모님의 과거에서 자유롭다는 것이 기뻤다. 두 분이 큰 바다를 건너옴으로써 내가 항상 존중하지는 않았던 생활양식과 나를, 그리고 내 동생을 연결하던 실이 싹둑 잘렸고, 우리는 풍선처럼 둥실 떠 올랐다. 나는 사촌들처럼 시를 외거나 연장자에게 몸을 납작 엎드리고 싶지 않았고, 가족의 연으로 정해진 미래의 남편이 어떤 아내는 구타할 필요가 있다는, 인도인들의 관계에 대한 당시의 합의사항에 동의를 표할 때 체념의 한숨을 쉬고 싶지도 않았다. 그건 내가 아주 어릴 때부터 분명했다. 나는 어릴 때 부모님이 미국에서 몇 년 더 살다가 이사할 계획으로 뭄바이에 구입한 고층 아파트에서 돌아다닌 기억이 남아 있다. 놀랄 만큼 아름다운 해변 풍경을 만끽할 수 있는 그 아파트는 브루클린 카나르시에 있는 비좁은 우리 지하 아파트를 훨씬 능가했다. 그런데도 부모님이 결국 뭄바이로 이사하지 않기로 했을 때 나는 마치 사형선고를 면한 기분이었다.

동시에 부모님의 이주는 내 안에 왠지 이곳이 내가 있을 곳이 아닌 것 같다는 기분을 통렬히 주입했고, 그걸 가라앉히는 데 거의 50년이 걸렸다. 어린 시절 나는 작은 일조차 부끄러웠다. 다른 아이들이 사족을 못 쓰는 흠 잡을 데 없는 미국 초콜릿보다 수상할

34

정도로 과일 향이 강한 딸기 아이스크림을 더 좋아하는 내 취향 같은 것마저도. 인도를 방문했을 때는 향신료가 강한 음식과 지나치게 익은 망고를 참을 수 없어 하는 것에 똑같이 부끄러움을 느꼈다. 모든 사람이 내가 자기네 일원이 아님을 단박에 알아보는 것 같았고, 그렇게 말하는 데서 더 큰 행복을 느끼는 것 같았다. 미국에서는 주변 사람들이 내 검은 머리카락과 갈색 피부를 보고 "정말로" 어디 출신인지 물어보면서 내가 이런저런 미국 도시들과 교외에서 거주하는 것을 있는 그대로 받아들이지 않곤 했다.

사람들은 수년간 내가 북미 대륙에서 공간을 점유하는 것을 비정상적인 일인 양 바라보았고, 나는 그런 시각을 그저 받아들였다. 나를 특이한 존재로 보는 그들의 시각을 받아들이면서 나는 나자신을 중심에서 주변으로 밀어냈다. 나는 자신을 한 번도 일반적인 미국인으로 여겨본 적이 없었고 항상 주변에 머무는 변형된 존재라고 생각했다. 가령 남아시아계 미국인이나 인도계 미국인처럼 말이다. 보스턴에서 10년 이상 살았음에도 나는 레드삭스가 우승했을 때 공개적으로 환호하거나, 그 도시의 다양한 비극을 대놓고 슬퍼하지 못했다. 그건 주제넘은 짓 같았다. 내가 그곳에서 두 아이를 낳았음에도 그 장소 '출신'이라고 여길 수 없었기 때문이다. 지금은 볼티모어 외곽에서 10년 넘게 살고 있는데도 아직 볼티모어 '출신'이라고 말하지 못한다.

나는 몇 년간 직접 이민자가 되기도 했다. 아이들이 어렸을 때 남편과 나는 오스트레일리아 남동부로 이주했다. 남편이 그곳에 있는 한 대학에서 연구직 일자리를 수락했던 것이다. 남편은 그곳에서 계속 지내고 싶어 했고 가족 전체가 아예 시민권을 얻기도 했다. 하지만 두 아들이 오스트레일리아식 억양으로 말하고 인종에 대한 그 지역 주민들의 비뚤어진 사고에 젖어 들면서 대륙 간

이동—그것은 절대 대단히 멋지지 않았다—에 대한 내 열정은 시들어갔다. 나는 부모님이 미국에서 나고 자란 자식들에 대해 어째서 늘 자신감 같은 게 부족해 보였던가를 이해하기 시작했다. 마치 우리가 두 분이 수행하는 어떤 실험의 결과물이고, 두 분은 아직 그 결과를 분석 중이라는 듯이 말이다. 나는 세대 간의 균열을 한 번 더 만들고 싶지 않았다. 게다가 내가 전화하자 아빠가 전화기에 대고 울먹였다.

몇 년 뒤 우리는 그곳을 떠났지만, 이주가 유발하는 혼란에 대한 내 의혹은 그대로였다. 그 소란의 근원을 이주 그 자체와 그것을 유발하는 일견 삐딱한 충동 속에서 찾는 관례적인 사고에 동의하기는 너무 쉬웠다.

하지만 그때부터 나는 전 세계의 이주 경로를 추적하기 시작했다.

아프가니스탄에서 독일로

잘생긴 이목구비에 검은 수염, 은발이 섞인 짧은 머리의 굴람 하크야Ghulam Haqyar는 할리우드 배우라고 해도 믿을 것 같았다. 하크야는 아프가니스탄 북서쪽 구석에 있는 헤랏 지역에서 넉넉한 보수를 받으며 국제 비정부기구 관리자로 일했고 아내와 네 자녀와 함께 헤랏에서 안락한 가정을 꾸렸다. 언젠가부터 이들 가족은 하크야의 처남이 사는 독일로 이주하고 싶었다. 우리가 몇 년 전에 만났을 때 그와 그의 아들은 독일 생활을 대비해서 수년째 독일어를 공부하고 있었다.

그러던 어느 날 탈레반 반란군이 하크야의 동료 한 명을 나포해서 잔인하게 살해했다. 그다음은 자신일 거라는 생각에 두려움에 사로잡힌 하크야와 그의 아내는 급히 집을 살 사람을 구해 이틀 만에 구매가의 4분의 1 가격에 팔았다. 이들은 독일에서 필요할 하크야의 독일어 교재 여러 권을 비롯해 서둘러 짐을 꾸려 네 아이와 함께 떠났다. 산을 넘어 파키스탄을 지나 이란으로 향했다. 공식적인 서류를 챙길 시간은 전혀 없었다. 경찰이 이들을 수색할 때 이 강직한 사람들은 도망쳐 몸을 숨겼다. 갑상선 문제가 있는 아내가 쇼크에 빠져서 하크야가 업고 다닌 적도 있었다. 나중에 아들 한 명이 탈수가 너무 심해서 죽을 고비를 넘길 뻔한 적도 있었다.

마침내 이들 가족은 터키에 도착했다. 이곳에서는 밀수업자들이 에게해를 건너는 공기주입식 소형보트에 앉을 수 있는 자리를 막대한 돈을 받고 제공했다. 감질날 정도로 짧은 여정이었다. 겨우 몇 킬로미터밖에 안 되는 바다가 터키와 아시아 본토를 그리스의 레스보스섬과 나머지 유럽과 갈라놓고 있었다. 하지만 터키와 레스보스섬 사이의 좁은 바다가 아무리 얕게 찰랑거려도(해수면이 이보다 더 낮았던 마지막 빙하기에는 에게해가 마른 땅이었다) 이 이주 경로는 위험천만할 수 있었다. 이 길에 도전하는 많은 사람이 수영할 줄 몰랐고, 밀수업자들 가운데 보트에 음식이나 물, 안전장비를 챙겨 싣는 사람은 거의 없었다. 때로 밀수업자들은 자신들에게 몸을 의탁한 승객들을 갑판 아래의 어둡고 악취 나는 공간으로 밀어 넣었고, 그 안에서 사람들은 유독물질로 인해 옷과 피부에 화상을 입기도 했다.

하크야와 그의 가족 역시 그런 불안한 선박에 몸을 실었다. 배가 물결을 가르며 바다를 건너는데 갑자기 엔진이 꺼졌다. 배는 해류를 따라 앞뒤로 떠다녔다. 하크야는 다른 많은 사람이 이미 그랬듯 아이들과 함께 물에 빠져 죽겠구나 싶었다. 그들의 시신은 그리스의 섬 곳곳에 널린 아름다운 리조트가 있는 해변으로 쓸려가리

라. 레스보스 해변에서 일하는 웨이터와 카페 주인들은 떠밀려 온 시체들을 보았다. 한번은 어떤 사진작가가 얼굴을 바닥으로 향한 채 반쯤 모래에 파묻힌 세 살짜리 아이의 생명이 빠져나간 몸을 사진에 담았다. 파도가 미동도 없는 아이의 발에서 부드럽게 찰싹거렸다. 순식간에 세계의 이목이 그 사진에 쏠렸다.

다행히 하크야와 그의 가족은 그런 운명에 처하지 않았다. 마침내 그들은 바다를 건넜다. 하크야는 소중한 독일어 교재 몇 권만 희생했을 뿐이었다. 독일에서의 새로운 삶을 준비하며 산을 넘고 국경을 지나 아프가니스탄에서부터 3천 킬로미터가 넘는 거리를 짊어지고 온 교재들. 에게해의 물이 책장에 스며 흠뻑 젖는 바람에 읽을 수가 없게 되었다.

하크야는 못 쓰게 된 책들을 같은 경로로 이동한 다른 수십만 명이 남긴 잔해 더미에 버렸다. 거추장스러운 짐을 덜고 서쪽과 북쪽으로 향하는 여행을 지속하기 위해 레스보스 해안에 떨궈놓은 개인물품이 만든 더미가 작은 산을 이루었고, 거기서 만들어진 그늘에서 이주자가 버린 밝은 오렌지빛 구명조끼가 도드라졌다. 구명조끼는 비상등처럼 환하게 빛났다.[18]

사람들이 주로 이동하는 이주 경로 중 하나는 아프리카 동쪽 해안의 홍해를 따라 펼쳐진 작은 땅으로, 세계에서 보기 드문 구석으로 이어져 있다. 중세시대에는 그냥 메드리 바흐라Medri Bahra('바다 땅')라고 했고, 나중에 '붉은 바다'를 뜻하는 고대 그리스어 에리트라 탈라사Erythra Thalassa에서 에리트레아라는 이름을 얻은 나라다. 수십 년간 이 나라의 잔인한 독재자들은[19] 국민에게 군부에 복종할 것을 강요했고, 불복하면 비밀 지하감옥에 가뒀다. 2015년 유엔의 추정에 따르면 깔때기처럼 생긴 이 나라에서 매달 5천 명이 짐을 꾸려 다른 어떤 이주집단보다 더 멀리, 더 자주 떠난다.

마리암은 깊은 눈매와 심각한 표정이었다가 갑자기 소녀 같은 환한 웃음을 지으며 조심스럽게 행동하는 편이다.[20] 그녀는 어느 날 아침 7시 에리트레아 농촌에 있는 부모님의 집에서 몰래 빠져나왔다. 가족과 작은 외양간을 뒤로한 채. 그보다 앞서 그녀는 가족에게 자신의 계획을 이야기했다. 어머니는 가지 말라고 애원했지만 떠날 수밖에 없었다고 그녀는 내게 담담한 목소리로 털어놓았다. 약 24시간 동안 군인과 그들의 총구를 피해 울창한 산을 걷고 걸어서 에티오피아 국경에 도착했다. 이는 거의 10년간 지속된 다국적 이주의 1단계였다. 마리암은 고작 열네 살이었다.

마리암은 에리트레아를 떠나 이 세상에서 가장 광범위하고 그만큼 대대적인 이주에 동참했다. 이 이주의 경로에는 모든 방향으로 길고 구불구불한 샛길이 뻗어 있다. 마리암은 처음에 에티오피아로 갔다. 소피아는 에리트레아의 수도 아스마라에 부모님과 세 살 된 딸을 남겨놓은 채 밀수업자에게 돈을 주고 자동차로 북쪽에 있는 수단으로, 그다음에는 카이로로 넘어갔다. 다른 많은 에리트레아 사람들이 굴람 하크야가 지나간 위험천만한 경로에 합류하여 에게해를 건너 유럽으로 가고자 한다. 일부 가장 용감한 부류는 북아메리카에 가겠다는 희망을 품고 대서양을 건넌다. 그곳에 닿으려면 먼저 중앙아메리카에 있는 무법의 정글을 가로질러야 한다.

장피에르 가족의 험난한 여정

미국과 캐나다로 바로 가기가 어렵다 보니 많은 이주자가 비행기를 타고 먼저 남아메리카 국가로 간 뒤 거기서 육로를 통해 미국 국경으로 향한다. 이는 파나마에서 두 대륙을 연결하는 난해한 미로 같은 땅을 가로질러야 한다는 뜻이다.

이 S자 모양의 지협地峽은 몇백만 년 전 바다에서 떠오른 이후로 온갖 이주자에게 통로 역할을 했다. 동시에 파도 때문에 오랫동안 닿을 수 없었던 생명체들을 연결하는, 땅으로 된 최초의 다리를 만들어냈다. 생물학자들은 그 이후 극적으로 이루어진 뒤섞임과 새로운 질서의 형성을 '미대륙간대이동(Great American Interchange)'이라고 부른다. 북미의 사슴, 낙타, 토끼, 라쿤이 남쪽으로 내려가 탐험하고 더 따뜻한 기후에 정착했다. 이들은 가는 길에 북쪽으로 향하는 원숭이, 아르마딜로, 고슴도치를 지나쳤다. 처음으로 경계를 넘은 이들은 양쪽의 생태계를 변화시켰고, 오늘날 유명세를 치르는 독특한 경관을 만들어냈다.[21]

오늘날 파나마 운하는 그 중간에 길을 파서 배들이 대서양에서 태평양으로 갈 때 남아메리카 전체를 우회하여 약 1만 3천 킬로미터를 이동하는 대신 수십 킬로미터 만에 가로지를 수 있게 해준다. 그 외에도 이 나라에는 간선도로와 고속도로가 교차하는 곳이 많다. 어떤 도로는 태평양 연안의 화려한 파나마시티에서 곧장 카리브해 연안의 쇠락한 콜론으로 이어진다. 나는 작은 흰색 렌트카로 그 길을 1시간 만에 달렸다. 내가 원하기만 했다면 비슷한 직선 길을 따라 이 나라를 가로 방향으로 횡단할 수도 있었으리라. 동서로 이어지는 도로를 따라 달리면 코스타리카와의 국경에 바로 닿는다.

하지만 파나마 동쪽 끝, 콜롬비아 국경 근처에서 도로가 뚝 끊긴다. 그곳에는 오지의 정글과 산맥, 빽빽한 식물집단이 흘러넘치는 습지로 이루어진 넓고 긴 땅이 있다. 독사와 어슬렁거리는 재규어들, 모기가 득실대는 미로 같은 길이다. 후텁지근한 열대의 야생이 이 지협 전체에 펼쳐져 있고 콜롬비아까지 이어진다. 알래스카

프루도만에서 시작해서 남아메리카 아르헨티나의 최남단에 있는 우수아이아에서 끝나는 3만 킬로미터에 달하는 세계에서 가장 긴 국제고속도로 팬아메리칸하이웨이^Pan-American Highway가 유일하게 끊어진 곳이어서 '다리엔 갭^Darien Gap'이라고 부른다.

다리엔 갭에서 차를 타고 길을 찾는 것은 불가능에 가깝다. 탐험가들이 시도해본 적은 있다. 1959년 산악인 8명, 선원 4명, 그리고 맞춤설비를 갖춘 랜드로버 두 대로 최초의 시도가 이뤄졌다.[22] 이 트랜스다리엔탐험대의 용감한 모험가들은 강을 180번 건너고, 125개의 통나무 다리를 만들고, 세 차례의 차량전복사고를 겪고, 수차례 말라리아에 걸리고 나서야 이 다리엔 갭을 관통했다. 100여 킬로미터에 걸친 이 여행은 넉 달 반이 걸렸다.

이보다 더 빠른 길은 두 발과 배를 이용하는 방법이다. 그리고 오늘날의 이주자들은 바로 이런 식으로 다리엔 갭을 통과한다. 이 주자들의 출신국은 다양하다. 에리트레아, 파키스탄, 쿠바 등. 나는 북아메리카를 최종목적지로 삼아 이미 브라질, 베네수엘라, 그외 남아메리카의 여러 나라를 떠돌고 나서 그곳에 도착한 아이티 출신들을 여럿 만났다.

몸이 떡 벌어진 서른 살의 장피에르^Jean-Pierre가 그런 사람이었다. 그는 인간의 행동에 관한 날카롭고 비판적인 관찰을 프랑스어, 스페인어, 그리고 크레올어를 써가며 낮고 비통한 어조로 전달한다. 베네수엘라에서 회계사 교육을 받았지만 정체성은 무엇보다 사회주의자이자 작가인 그는 마치 그것을 입증하겠다는 듯 염소수염을 기르고 있다. 그는 몇 년 전 콜롬비아의 항구마을 터보에서 다른 이주자 100여 명을 모아서 아내와 일곱 살짜리 아들과 함께 다리엔의 끄트머리에 도착했다. 한 동네 선박 소유주가 돈을 받고 이주자들을 화물선 몇 대에 태워 다리엔 정글까지 배로 3시간

걸리는 거리를 데려다주었다. 터보에서 다리엔 행 배에 오르는 이주자들을 목격한 한 기자에 따르면, 그들은 전혀 야생의 모험을 할 준비가 되어 있지 않았다. 직업정신이 있는 가이드라면 이런 종류의 야생을 관통할 때 참가자들에게 아주 최소한으로 구급장비, 응급 교신장비, 식수여과기, 방충처리가 된 옷, 튼튼한 부츠, 비옷을 챙기라고 이를 것이다. 터보에 모인 이주자들은 슬리퍼를 신었고, 많은 이들이 장피에르처럼 팔에 어린 자녀를 안고 있었다.

장피에르와 그의 가족이 배에서 내릴 무렵에는 인원이 상당히 줄어들어 있었다. 과적을 한데다가 원래부터 여객용이 아니었던 배 몇 대가 오는 도중에 전복되었다. 운 나쁜 이들이 터보의 탁한 물속에서 허우적거릴 때 생존자들은 정글 속으로 몸을 숨겼다. "길이 아주 좁았어요." 역시 아이티 출신인 매킨슨이라는 젊은 남자가 이렇게 기억했다. 그는 장피에르와 같은 경로로 이동했다. "말 한 마리도 지나갈 수 없을 정도로요. 사람들이 길에서 다리가 부러졌는데 버리고 가야 했어요. 아마 죽었을 거예요." 그들은 여러 날 동안 걸었다. 장피에르 무리의 일부는 길옆의 낭떠러지로 떨어져 다리엔의 휘몰아치는 강물에 순식간에 휩쓸렸다. 낙오되었던 또 다른 무리는 다리엔의 미로 같은 야생에서 숨어 지내는 강도와 마약 밀수업자들의 공격을 받았다. 장피에르 가족은 밤이면 뱀을 쫓고 가까운 데서 살금살금 돌아다니는 보이지 않는 동물의 소리에 귀 기울이며 불편한 잠을 청했다. 많은 이주자가 강물을 마시며 버텼지만 장피에르는 그런 도박은 하지 않았다. 이동 중 힘들었을 때 그와 아내와 아들은 소변을 받아 마셨다.

엿새 뒤 이들은 정글에서 벗어나 도로에서 멀지 않은 빈터에 닿았다. 콜롬비아를 떠날 때 그들과 함께 움직인 100여 명이 겨우 15명 남짓으로 줄어든 상태였다. 장피에르는 그 장면을 사진에 담

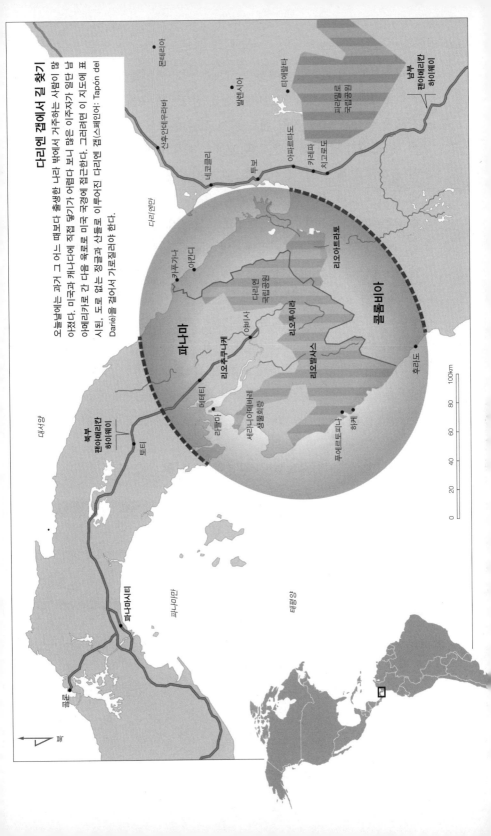

다리엔 갭에서 길 찾기

오늘날에도 과거 그 어느 때보다 출생한 나라 밖에서 거주하는 사람이 많아졌다. 미국과 캐나다에 직접 닿기가 어렵다 보니 이주자가 일단 남아메리카로 간 다음 육로로 미국 국경에 접근한다. 그러려면 이 지도에 표시된, 도로 없는 정글과 산들로 이루어진 다리엔 갭(스페인어: Tapón del Darié)을 걸어서 가로질러야 한다.

북 펜아메리칸 하이웨이

남 펜아메리칸 하이웨이

파나마

콜롬비아

다리엔 국립공원

파라밀로 국립공원

대서양

대평양

파나마만

파나마시티

콜론

토티

리오추쿠나케

메테티

라팔마

세다이아디가나

생물학랑

푸에르토피나

하케

훈라두

리오발사스

리오투이라

야비사

카푸가나

아칸디

이킨디

리오어트라토

산후안데우라바

네크로클리

투보

아파르타도

카레파

치고로도

몬테리아

티에랄타

발렌시아

북

0 20 40 60 80 100km

았다. 사진에서 프레임 대부분을 차지하는 건 카메라 쪽으로 등을 돌리고 있는 그의 아내다. 그녀는 손을 엉덩이에 올리고 구부정한 자세를 취하고 있다. 지칠 대로 지친 사람이 보이는 보편적인 자세. 흰 소매가 달린 짙은 청록색 상의가 해져 안에 입은 먼지투성이 검은색 브래지어를 드러내며 3인치 길이의 끈에 매달린 채 몸에 늘어져 있다. 어두운색 청바지는 진흙이 뭉쳐져 있다. 그녀의 짧은 머리칼에는 나뭇가지가 대롱대롱 붙어 있다. "아주 잔인했어요, 친구." 장피에르가 다리엔에서의 시간을 떠올리며 내게 말한다. "아들은 그 일만 생각하면 눈물을 흘린답니다."[23]

장피에르 가족은 파나마에서 며칠간 텐트에서 지내면서 몸을 추스르고 다음 단계의 여정을 준비했다. 이들의 길은 파나마에서 끝난 게 아니었다. 버스로, 기차로, 도보로 여남은 나라를 굽이굽이 지나 마지막 종착지를 향해 수천 킬로미터를 걸었다. 멕시코와 미국을 가르는 선, 이 세상에서 가장 많은 이들이 건너는 국경을 향해.

국경을 통과하지 못하는 사람들

그 국경은 나비가 내 발치에서 펄럭대며 날아다니는 산미겔산의 초원에서 16킬로미터 정도 떨어져 있다. 산 사이의 계곡을 눈에 보이지 않게 관통하면서.

내가 그쪽으로 내려가자 할인상점과 체인 식당과 주차장이 여기저기 나타나더니 점점 밀도가 높아진다. 마침내 수백 미터의 국경 안에 미로 같은 경사로와 도로, 알 수 없는 콘크리트 건물들이 문과 울타리들을 다양한 방식으로 난해하게 배치하여 스스로를 위압적인 요새처럼 에워싼 모습이 눈에 들어온다. 간선도로와 고

속도로가 합쳐지면서 휘감기고, 위에는 불길한 표지판이 걸려 있다. 한 표지판에는 '멕시코에는 총이 불법임', 다른 표지판에는 '미국으로 돌아가지 못함'이라고 적혀 있다.

내가 만난 나비 전문가 중 한 명이 근처에서 어린 시절을 보냈다. 그는 나비처럼 손쉽게 국경을 건넜다고 기억한다. 낚시 여행을 가거나 저녁으로 먹을 랍스터 몇 마리를 잡으러 자유롭게 오갔다는 것이다. 재규어, 큰뿔양, 오셀롯, 붉은스라소니, 늑대, 곰이 남쪽에 있는 번식 장소와 열대의 더위를 피할 수 있는 북쪽의 피난처를 찾아 주기적으로 국경을 넘나들었다. 새와 나비가 매년 이동하느라 하늘을 가득 메우며 이쪽으로 날아갔다가 돌아오곤 했다. 오늘날 공식적인 국경을 통과하는 데는 몇 시간이 걸리는데 그 이유를 아는 건 어렵지 않다. 수 킬로미터 늘어선 자동차 행렬이 꼼짝을 못하기 때문이다.

나는 그 행렬에 동참하는 대신 차를 주차하고 걸어서 넘기로 한다. 그마저도 만만할 것 같지 않다. 출입문들과 알 수 없는 일련의 경사로에 에워싸인 미로 같은 콘크리트 덩어리 속으로 들어가야 한다. 그곳은 마치 거의 항상 뱅글뱅글 돌게 만들어서 웬만해서는 잘 들어가지 않는 거대한 다층식 주차장을 연상시킨다. 입구와 출구를 찾기가 쉽지 않지만 나는 성공적으로 문을 찾아내고, 지붕이 있는 보행로를 따라 계단을 오르내리고, 몇 개의 문을 더 지난 뒤 휑한 복도에 들어선다. 내 서류를 확인하고 가방을 검사하는 곳이다. 경비가 서류를 검사할 수 있는 부스 몇 개와 컨베이어벨트가 달린 보안검색대가 있다.

그곳은 비어 있다. 아무도 없다.

사람을 불러야 하나? 의아했다. 어딘가 클립보드에 모서리가 접힌 서명 종이가 끼워져 있으려나? 안내문 같은 것도 없다. 이러면 안 될 것 같다는 불편한 기분에 시달리면서 걸음을 멈추지 않고 국경을 건넌다. 몇 분 만에 티후아나의 언덕 가운데 자리한 어지러운 판잣집과 고층건물 들이 눈에 들어온다.

물론 북쪽으로 향하는 차량의 흐름은 규제가 엄격하다. 공식적인 교차점—캘리포니아에 9개, 애리조나에 12개, 텍사스에 29개를 비롯해 총 48개가 있다—이 3천여 킬로미터에 달하는 미국과 멕시코 국경에 점점이 흩어져 있다. 이 국경 교차점은 매년 국경을 넘는 3억 5천만 명을 처리한다. 국경 교차점에서 수 킬로미터 너머에 자리한 150여 곳의 검문소는 트롤선의 어망처럼 사람들을 감아올려 공식적인 교차점을 요행히 통과한 이주자들을 잡아낸다.[24]

나는 사우스텍사스에 있는 검문소를 통과한다. 그 앞에 군용견부대와 연방수사요원의 경고가 담긴 안내판이 서 있는데, 순식간에 내 혈압을 올린다. 내 옆에 있는 배낭 안에는 파란색 미국 여권이 안전하게 들어있는데도 말이다. 막 다리엔 정글을 빠져나온 장피에르와 그의 가족 같은 사람들이 검문소 직원들에게 자신들이 통과할 만한 하다는 확신을 심어줄 수 있기를 희망하며 이런 검문소에서 검문받을 때 경험했을 현기증 나는 긴장감은 나로서는 상상할 수밖에 없다.

서류를 보여달라는 요구에 응하기 힘든 많은 이들은 다른 길을 택한다.

사우스텍사스에서는 황량한 2차로가 수 킬로미터에 달하는 바싹 마른 목장 지역을 지나 국경으로 이어지는 유일한 길이다. 북쪽을 향하는 이주자 가운데 검문소를 피하고자 하는 이들은 이 위협적인 풍경을 걸어서 통과해야 한다. 목장을 에워싼 철조망 너머에서 태양이 가시로 뒤덮인 식물들을 말려 죽일 듯 작열한다. 이제는 말라붙어 웅덩이가 되어버린 얕은 호수의 염분기가 남긴 흰 얼룩이 눈에 들어온다. 그 주위에서 몇몇 동물이 간신히 연명한다. 한 무리의 말, 몇 마리의 소. 이들은 고인 물의 움직임 없는 수면을 둘러싼 건조한 흰 모래 위에 소리 없이 서 있다. 도롯가에서는 검고 둥그런 멧돼지들이 허옇게 탈색된 채 바스락거리는 풀 속에 주둥이를 파묻고 로드킬당한 독수리 패거리의 시체를 깨작거린다.

이 인적 없고 바싹 마른 땅을 건너려면 여러 날이 걸린다. 젊고 튼튼한 체사르 쿠에바스^Cesar Cuevas^는 이 사막을 걸어서 북쪽에 있는 미국까지 가는 데 나흘이 걸렸다고 내게 말했다.[25] 물 15리터, 육포, 토르티야를 짊어지고 만반의 준비를 하고서. 얼마나 실력이 좋았던지 '코요테'라는 지역 밀거래자들이 그를 가이드로 고용하고 싶어 할 정도였다. 대부분의 다른 사람들은 충분한 물을 짊어지는 것만으로도 버거워한다. 1인당 하루 3.8리터 정도 물이 필요하니 금세 14킬로그램에 육박할 수 있다. 물을 충분히 챙기지 않은 사람들은 목장주들이 가축을 위해 설치한 더러운 물탱크나 인권단체가 뚜껑 내부에 GPS 좌표를 적어놓고 지나가는 이주자를 위해 가끔 채워놓는 파란 통으로 해결해야 한다. 길을 잘못 들어서 이런 물통을 만나지 못하거나, 충분한 물을 들고 오지 못했거나, 뒤처지거나 길을 잃으면 사막의 태양 때문에 그들은 몇 시간 만에 탈수상태에 빠진다. 그리고 며칠이 지나면 목숨을 잃을 것이다.

회색 수염을 북슬북슬하게 기른 키가 크고 마른 돈 화이트^Don White^는 은퇴한 모토롤라 전자공학기술자이지만 지금은 수색구조 전문가로 자원활동을 한다. 도움이 필요할지 모르는 스트레스 상태의 이주자를 찾아 사우스텍사스 국경을 따라 이 사막 지역을 수색하라며 돈을 주는 사람은 아무도 없으므로 그는 지역보안관 사무실을 위해 자발적으로 일을 한다. 그는 몇 개월에 한 번씩 수분공급 전용 배낭을 가득 채우고 주머니가 주렁주렁 달린 복잡한 사파리 조끼를 입은 채 며칠간 사막으로 향한다. 그는 북쪽으로 향하는 이주자가 남긴 모래 속 발자국을 찾는 일부터 시작한다. 그들은 희미한 자취를 남긴다. 나 역시 집에서 편안하게, 구글맵이 찍은 위성 이미지를 확대에서 그런 자취들을 본 적이 있다. 화이트는 그런 자취를 남긴 사람들이 장시간 야외 노출이나 탈수, 그 외 사막에서 여러 날 헤매면서 심해진 외상 같은 것들에 시달리고 있는지에 대한 감을 근거로 어느 자취를 추적할지 결정한다. 탈수가 오면 걸음걸이가 바뀐다. 그는 발자국의 패턴에서 탈수의 영향을 알아볼 수 있다.

추적해야 할 자취를 찾아내면 서둘러 움직여야 한다. 사막은 느림보를 봐주지 않는다. 한번은 과테말라에 있는 한 여성이 보안관 사무실로 전화를 걸어 자신의 조카가 사우스텍사스 국경 근처에서 밀수업자에게 버려졌다고 설명했다. 그녀가 아는 건 그게 소금호수 근처 어딘가라는 사실뿐이었다. 열흘 뒤 화이트는 야영까지 하면서 바로 그 호수 근처를 수색했지만, 너무 늦은 뒤였다. 바람이 바뀌자 부패하는 살 냄새가 훅 끼쳐왔고 이 냄새로 조카의 시신과 이 젊은 남자의 뒷주머니에 단정하게 꽂힌 『성경』을 찾아냈다.

생명은 늘 움직인다

몇 년 뒤 한 로봇공학과 교수가 난민의 15년 치 움직임을 동영상으로 된 지도상에 표시했다.[26] 이 지도는 몇 분에 걸쳐 천천히 재생시킬 수도 있고, 나처럼 성격 급한 사람이라면 몇 초 만에 빠르게 볼 수도 있다. 지도상의 빨간 점 하나는 난민 10여 명을 나타낸다. 처음에는 이 점들이 지도 전체에 어지럽게 흩어져 있다. 동영상이 시작되면 점들이 움직이기 시작한다. 얼마 안 가 빨간 점들이 서로 합쳐지면서 지도 이쪽에서 저쪽으로 내달리는 가는 빨간 선이 된다. 이동에 합류하는 사람들이 늘어나면서 가는 선이 굵어지고, 갈라지고, 뻗어 나가 대륙과 대양을 가로지르는 난해한 격자무늬가 나타난다.

지난 몇 년간 막스플랑크협회의 생물학자들은 지구상을 떠돌아다니는 8천 마리의 동물에 GPS를 장착하여 수집한 데이터로 비슷한 동영상을 만들었다.[27] 이렇게 한 번에 모아놓은 여정이 일으킨 시각효과는 혼을 쏙 빼놓는다. 이주 경로는 사막을 관통하고, 대륙의 해안을 오르내리고, 태평양의 섬들을 순회하고, 대양을 가로지르고, 북극을 향한다. 마지막에 가서는 뒤얽힌 실타래처럼 지구를 에워싼다. 그들은 모든 곳에 있다.

하지만 콘크리트 구조물 위에 지어진 밀폐된 집 안에서 편안히 지내는 우리의 일상생활에서는 주변 풍경이 안정돼 보인다. 나는 매일같이 식료품점 통로에서 똑같은 얼굴을 마주치고, 스쿨버스 정류장에 아이들을 데리고 나온 똑같은 부모들에게 손을 흔든다. 우리 집 진입로 울타리 위에서 매일 똑같이 추레한 다람쥐가 달음질을 치고, 집 앞 보도 틈새에 똑같은 잡초가 올라온다. 우리는 신참자를, 이주자를, 침입자를 예외로 여기는 압도적인 정주의 감각에 빠져들기 쉽다.

하지만 생명은 움직인다. 어제도, 오늘도. 수 세기 동안 우리는 이주가 본능이라는 사실을 숨기고 그것을 공포의 조짐이라며 악마화했다. 우리의 과거와 몸과 자연계에 관한 이야기를 만들어낼 때 이주를 비정상으로 취급했다. 이는 착각이다. 그리고 그것이 한번 무너지면 온 세상이 뒤집힌다.

2장

이주에 대한 반감

내가 어렸을 땐 지구의 평화와 안정을 위협하는 정책과 행위가 국경을 넘는 사람들과는 무관했다. 그런 것은 거의 전적으로 수십 년에 걸친 미국과 소련 간의 권력투쟁을 중심으로 돌아갔다.

대학을 졸업할 즈음 냉전체제가 난데없이 무너져내렸다. 1989년 말 동독에서 친소련 관료들이[1] 베를린 장벽—서베를린을 에워싼 140킬로미터 길이의 벽으로 냉전의 가장 강력한 상징 중 하나였다—을 허물겠노라고 선언했다. 그 뉴스가 전해지던 날 밤 우리는 텔레비전으로 환호하는 수천 젊은이들이 그 벽으로 몰려가 그 위에서 밤새 즉흥 댄스파티를 벌이는 모습을 시청했다. 몇 달 뒤 남아프리카공화국 대통령이 27년간 수감생활을 하던 혁명 지도자 넬슨 만델라를 석방하고 '아파르트헤이트Apartheid'라는 극단적 인종차별정책의 종식을 알렸을 때도 다시 거리에서 춤판이 벌어졌다.

나 같은 대학원 신입생들은 깊은 안도감을 느꼈다. 핵전쟁을 벌이겠노라 으름장을 놓던 두 열강이 사라지고 이 세상이 더없이 안전해진 것 같았다. 하지만 얼마 안 가 새로운 전 지구적 괴물이 출현했다. 핵미사일보다 훨씬 큰 혼돈과 파괴를 초래할 수 있는 괴물이었다.

국가안보 전문가 로버트 카플란^{Robert D. Kaplan}은 "다가오는 아나키"라는 제목의 1994년 《아틀랜틱》 기사에서 이렇게 설명했다.[2]

미국과 소련이라는 자석의 양극은 불안정을 일으키는 숱한 힘을 유예시켜왔다. 사람들이 워낙 미사일 비축량과 으스스한 양국의 설전에 정신이 팔려서 아무도 그것을 알아차리지 못했다. 이 양극이 비활성화된 지금 억눌렸던 요소들이 풀려나리라. 냉전의 종식은 평화와 안보의 가능성을 높이는 대신 정반대의 상황을 야기하리라.

문제는 사람들이 움직이기 시작한다는 것이다.

카플란의 설명에 따르면 사막이 확장되고 삼림이 줄어들면서 자포자기 상태가 된 가난한 사람들이 떼를 지어 이미 과부하 상태인 도시로 어쩔 수 없이 이주한다. 약소국을 지원하는 열강체제가 사라진 상태에서 이주자들이 야기한 소동은 사회 붕괴와 '범죄의 아나키 상태'로 귀결될 것이다. 유혈갈등이 일어나고 치명적인 질병이 창궐할 것이다. 서아프리카 전역에서는 이미 젊은 남성들이 점화되기 직전의 "아주 불안정한 사회적 유체 상태의 헐거운 분자"처럼 "떼를 지어" 움직이기 시작했다고 그는 말했다. 다른 이들이 곧 그 뒤를 따를 것이다. 새로운 이주의 시대는 "외교 정책의 핵심과제가 되고 나머지 문제는 결국 거기서 파생할 것이다."

이주자가 쓰나미처럼 육지를 덮쳐 국가안보를 위협한다는 생각은 상상력을 자극한다. 지리학자 로버트 맥레만^{Robert McLeman}은

카플란의 기사가 "클린턴 행정부 고위직 참모 사이에서 필독 자료가 되었다"고 말한다.[3]

국가안보와 외교 정책 전문가들은 새로 움직이기 시작한 기후이주민이 유발하는 위협에 대한 보고서와 백서를 쏟아내기 시작했다. 국제연합대학의 전문가들은 2020년이면 5천만 명이 움직이게 되리라고 추정했다. 환경안보분석가 노먼 마이어스Norman Myers는 2050년이면 2억 명이 될 것이라고 선언했다. 비정부기구인 크리스천에이드는 10억 명이라고 예상했다.[4] 그들의 화법에서 돌아다니는 사람들은 미래의 예외적인 위협이고, 마이어스의 표현에 따르면 '우리 시대에서 가장 중대한 위기 중 하나'였다.[5]

사실 모든 이주 전문가가 보여주듯이 이주는 그와 정반대였다. 평범한 진행형의 현실이었다. 그리고 환경변화가 그 역학관계를 정하긴 했지만 그 방식이 예측 가능할 정도로 단순하지 않았다.

이주 전문가들은 이동과 기후 간의 직관에 반하는 복잡한 관계를 파악하려고 애써왔다. 그들은 수자원이 점점 줄어들면 갈등이 아니라 초국적인 협력이 일어나 오히려 이주가 줄어들 때도 있음을 발견했다.[6] 예를 들어 20세기 전반기에 물 부족 문제 때문에 수자원 협력 관리를 위한 국제 물 협약이 300개 가까이 만들어졌다. 이 중에는 오랜 앙숙인 인도와 파키스탄 간의 협약도 있는데, 이들의 협약은 세 차례 전쟁을 거치면서도 건재했다.

전문가들은 삼림 파괴가 사람들의 이동을 촉발한다는 추정의 역명제는 참이 아니라는 것을 확인했다. 예를 들어 도미니카공화국에서는 재조림이 이주 흐름을 만들어냈다. 경관이 다시 녹화하면서 관광산업이 커지고 노동자가 새롭게 유입되었다. 또한 해수면이 상승한다고 해안에 살던 사람들이 계산하기 쉬운 규모나 속도로 자동으로 이주하는 것도 아니라는 사실을 확인했다. 빠른 속도로 범람이 일어났다가 물러갈 때 단거리 이주가 일시적으로 발생할 수 있다. 영구적이고 장기적인 이주는 점진적인 기후변화 이후에 나타날 가능성이 더 크다.

미래에 몰려올 이주자 군단에 대한 경고음을 울리는 국가안보 전문가들은 이런 미묘한 지점을 거의 고려하지 못했다. 이들은 맥레만의 표현에 따르면 이주가 마치 "단순한 자극-반응 과정"처럼 기후 스트레스에 대응하여 진행된다고 가정했다.[7] "기후변화 한 단위가…… 이에 상응하여 추가 단위의 이주를 유발한다"고 보는 것이다. 이들은 기후로 인한 이주가 대대적으로 일어나고 여기에는 통제 불가능한 파괴적인 결과가 동반될 것으로 내다보았다. 이주 다음에는 갈등이, 그다음에는 수자원 고갈이 일어나리라고 말이다. 이들은 환경문제가 일어나리라 예상되는 장소에서 사는 사람의 수를 곱해서 앞으로 닥칠 혼란스러운 이주의 규모를 계산했다. 삼림 파괴로 인해 이주자가 될 사람의 수는 숲이 파괴된 곳에 사는 사람들의 수와 같았다. 해수면 상승 때문에 이주하게 될 사람의 수는 물결에 침수될 것으로 예상되는 지역에 사는 사람들의 수와 같았다.[8] 정치적 맥락, 개인적 선택, 지리적 특징, 그리고 이런 결과를 결정할 수 있는 기술적 가능성은 아무런 역할을 하지 못했다.

이주가 국가안보를 위협한다는 생각은 조금씩 대중의 관심을 모았고, 세계에서 제일 중요한 국제안보조직에도 스며들었다. 2009년 저널리스트 밥 우드러프Bob Woodruff가 미국 방송 ABC에서 2시간짜리 황금시간대 특별 프로그램을 진행했다. 이 특별 프로그램 〈지구 2100〉은 기후변화로 치명적인 전염병이 일어나 인구의 절반이 목숨을 잃고 멕시코에서 국경을 넘으려는 사람들이 물밀듯이 밀어닥쳐 문명이 붕괴하는 미래 사회를 그렸다. 약 4백만 명이 이 프로그램을 시청했다.[9]

한편 유엔 안전보장이사회의 회의실에서는 관료들이 마약 밀매, 테러리즘, 대량살상무기 같은 위협으로부터 국제 질서를 지키기 위해 무력 사용을 논의하는 대신 그들의 관심은 기후이주자로 인한 위험으로 옮겨 갔다.[10] 2011년에는 안보리의 관료들이 이 주제를 놓고 두 차례 공개토론회를 개최하기도 했다.

당시 대량 이주라는 유령은 마치 인기 텔레비전 프로그램에 나오는 좀비 떼처럼 관념의 산물이었다. 그러다가 정치적·지리적 환경이 맞물리면서 카플란과 다른 사람들의 경고처럼 유럽 남쪽 해안에 이주자가 눈에 띄게 몰려오는 구경거리가 연출됐다.

대이동을 촉발한 아랍의 봄

2011년 3월 초 어느 날, 수년간 이어진 가뭄과 방치로 쇠락한 시리아의 먼지투성이 마을 다라Daraa에서 지루해하던 10대 몇몇이 빨간 페인트 한 통을 발견했다.[11]

소년들은 이 빨간 페인트로 어딘가에 자기 이름이나 좋아하는 소녀의 이름을 휘갈길 수도 있었다. 하지만 혁명의 이미지가 텔레비전 화면을 가득 채우던 시절이었다. 독재자의 억압에 맞서는 봉기와 저항이 곳곳에서 분출했다. 튀니지와 이집트에서 일어난 대규모 시위로 불과 몇 주 만에 정부가 전복되었고, 독재자는 물러나지 않을 수 없었다.

훗날 '아랍의 봄'으로 불린 혁명의 열기가 하품 나는 다라뿐만 아니라 시리아 내 다른 어떤 곳에도 아직 이르지 못한 상태였다. 시리아 지도자 바샤르 알-아사드 박사Dr. Bashar al-Assad를 상대로 페이스북에서 조직된 '분노의 날'은 많은 군중을 모으지 못하고 흐지부지되었다. 이 소년들은 빨간 페인트통을 동네 학교로 들고 가서

벽에 페인트를 흘려가며 붓으로 세 단어의 경고문을 남겼다. '당신 차례요, 박사.' 내 생각에 이들 소년은 아마도 좌절감과 지루함과 치기의 힘을 빌렸던 듯하다.

당시에는 충분히 무해해 보였을 수도 있다.

하지만 예기치 않게 격분한 아사드 정권은 이들 10대를 구금하고 고문했다. 이 소식이 서서히 퍼져나가면서 전국에서 시위가 일어났고, 아사드는 훨씬 더 광포하게 날뛰었다. 시리아는 금세 유혈 내전에 빠져들었다. 결국 수십만 명이 목숨을 잃었다.

이 소년들의 작은 저항 행위가 근현대사에서 가장 야만적인 내전 중 하나에 불을 댕긴 것이다.

시리아 내전은 대이동을 촉발했다.[12] 사람들이 마치 체에서 빠져나온 물처럼 이 나라에서 흘러나와 온갖 방향으로 향했다. 수십만 명이 이라크와 요르단으로 몸을 피했다. 100만 명 이상이 인근 레바논으로 이동했다. 약 200만 명이 유럽으로 가기 위해 일단 터키로 향했다.

동시에 아랍의 봄은 유럽으로 향하는 이민 행렬의 또 다른 봇물을 터뜨렸다. 리비아의 독재자 무아마르 카다피Muammar Gaddafi가 집권했을 때는 유럽으로 가기 위해 이 나라를 성공적으로 통과할 수 있는 이주자는 거의 없었다. 하지만 아랍의 봄 동안에 미국 주도의 동맹군이 카다피를 끌어내려 살해하는 데 힘을 실어주었고, 그와 함께 한때 이주자가 이 나라를 통과하지 못하게 막고 있던 안보 인프라 역시 허물어졌다. 사하라 사막 이남 아프리카 전역의 이주자가 유럽으로 향하는 길에 모두 리비아에 집결해 이들을 도우면서 큰 이익을 남기는 밀무역이 등장했다.

시리아에서 유럽으로 향하는 이주자 흐름에, 리비아를 새롭게 관통할 수 있는 두 번째 이민자 흐름까지 더해지면서[13] 금세 국제

전 세계 난민 이동

2015년 시리아, 아프가니스탄 등지에서 100만여 명이 폭력과 빈곤을 피해 유럽으로 갈 방법을 찾아 대항 이주에 대한 극도의 공포가 유럽과 미국에서 고조되었다. 이 지도가 보여주듯 자국 내에서 터전을 잃은 사람들의 대다수는 아프리카 남부에서 남아시아에 이르는 명확한 지역에 몰려 있고, 아시아와 아프리카 내에서 국가 간 이동을 하는 사람이 유럽으로 이동하는 사람보다 더 많다. 2018년 12월을 기준으로 난민, 망명 신청자, 자국 내에서 터전이나 자국을 잃은 사람들의 원의 크기는 수에 비례한다.

출처: United Nations High Commissioner for Refugees; United Nations Office for the Coordination of Humanitarian Affairs; United Nations Relief and Works Agency for Palestine Refugees in the Near East; Norwegian Refugee Council; Internal Displacement Monitoring Center; United States Center for Refugees and Immigrants; Red Cross; Red Crescent; International Organization for Migration.

적인 구경거리로 등극했고 유럽과 북아메리카의 헤드라인을 장식했다. 사람들이 반드시 그 규모에 압도되는 건 아니었다. 유럽으로 향하는 이주자보다 아프리카와 아시아 내에서 서로 다른 나라로 움직이는 이주자가 더 많았다. 하지만 유럽으로 향하는 이주는 다른 곳의 산이나 정글을 가로지르는 이주와는 달리 여러 방향에서 출발해서 아주 눈에 띄면서도 그림 같은 단 하나의 관문으로 수렴되었다. 바로 지중해였다.

이주자 위기를 떠들 뿐인 언론

'가운데'를 뜻하는 라틴어 메디우스^{medius}와 '땅'을 뜻하는 테라^{terra}를 합쳐서 이름을 만든 지중해(Mediterranean Sea)는 북으로는 유럽, 남으로는 아프리카, 동으로는 아시아 같은 땅덩어리에 둘러싸여 끼어 있는 형국이다. 접근성이 아주 좋은 이 바다는 길이가 수천 킬로미터에 달하지만 폭은 가장 좁은 지점의 경우 몇 킬로미터밖에 되지 않는다. 약 20개에 달하는 서로 다른 나라들이 그 해안선을 조금씩 나눠 갖고 있다. 2015년 100만여 명—85만여 명은 터키 해안에서, 18만여 명은 리비아 해안에서 출발했다[14]—이 승선인원을 훨씬 초과한 배를 타고 이 바다로 밀려들면서 후줄근한 함대는 이목을 끌지 않을 수가 없었다.

사진작가들은 이주자들이 탄 넓게 부푼 듯한 목선과 엉성한 뗏목을 카메라에 담았다. 어떤 배는 전복되는 바람에 승객들이 무력하게 뱃전을 붙들거나 물거품이 일어나는 바다에서 첨벙첨벙 헤엄을 쳤다. 그들은 그리스 섬의 해변으로 쓸려온 익사한 사람의 온기 없는 시신을 카메라에 담았다. 배우 수잔 서랜든과 안젤리나 졸리, 행동주의 예술가 아이 웨이웨이, 가톨릭교회 수장인 프란치

스코 교황을 비롯해 영화 제작자, 예술가, 온갖 부류의 명사들이 이주자의 배가 정박한 그리스 섬으로 밀려와 추위와 두려움에 떠는 이주자들이 배에서 내리는 것을 돕고 차를 대접하며 온기를 되살려주는 자신의 모습을 영상에 담았다.[15] 매일 수천 명의 새로운 이주자들이 도착해서 도보로, 버스로, 기차로, 할 수 있는 온갖 방법으로 다른 유럽 지역으로 퍼져나갔다.

언론에서는 즉시 이 신참자들의 도착을 '이주자 위기'라고 떠들어대며 이주자가 항구와 선착장으로 '밀려들어' 도시 전체를 '인질'로 삼는 '이주자 침략'에 대한 이야기를 늘어놓았다.[16] 당시 유럽의 보도에 대한 한 분석에 따르면 기사의 약 3분의 2가 이주자가 유발할 수 있는 여러 부정적 결과를 강력하게 강조했고—심지어 이런 결과가 실제로는 아직 한 번도 나타나지 않은 초창기에마저—실제든 예상으로든 이주자가 유발할 수 있는 긍정적 결과에 대해서는 전혀 떠올리지 못했다. 기자들은 이주자들을 가장 피상적인 방식으로만 묘사했고, 이들을 이름과 나이, 성별과 직업을 갖춘 온전한 개인으로 지칭하는 일은 거의 없었다. 대부분은 단 한 가지 특징, 즉 그들이 외국 국적이라는 점만 언급했다.

전체 인구가 5억이 넘는 유럽이 추가로 100만 명을 흡수할 가능성을 검토하는 이는 없었다. 사실 그리스와 헝가리 같은 나라에는 이주자에게 제공할 숙소와 일자리가 많았다.[17] 아테네에서는 30만 채의 주거용 부동산이 비어 있었다. 헝가리는 인력 부족이 심각해서 고용주들이 빈자리를 채울 충분한 노동자를 구하지 못하는 지경이었다.

하지만 많은 구경꾼이 보기에 새롭게 이목을 끄는 대량 이주라는 구경거리는 불길했다. 그들의 눈에는 분열과 파괴의 잠재력으로 가득한 기계장치와 다를 바 없는 이주자 군단일 뿐이었다.

2015년에는 시리아, 아프가니스탄, 그 외 다른 곳에서 밀려온 100만 명 이상이 유럽을 향해 움직였다. 주로 독일이 목적지였지만 스웨덴과 다른 곳을 향하기도 했다.[18] 이들이 밀려들자 이주자에 대해 가혹한 새로운 조치를 약속하는 정치인들이 유럽과 미국 전역에서 대거 권력을 잡았다. 미국 유권자들은 도널드 트럼프를 선출했다. 이 뜻밖의 포퓰리스트는 멕시코에서 건너온 사람들을 강간범에다 범죄자라며 조롱하고, 이들의 이동을 가로막을 "장벽을 건설하자"라고 연호하며 군중을 이끌었다.

영국 국민은 유럽연합과 국경 개방에서 탈퇴하는 데 표를 던졌다. 외국인의 침입에 맞서 싸우고, 단 한 명의 난민도 입국을 허용하지 않고, 난민을 캠프에 억류하겠다고 맹세한 정당들이 유럽 각국의 의회에서 전례 없는 의석을 얻었다. 폴란드에서는 다수 석을 얻었고 독일에서는 처음으로 의회에 진입했으며 오스트리아에서는 집권 연합에 합류했다. 체코에서는 어떤 난민도 받지 않겠다며 거부한 정치인이 총리가 되었다. 이탈리아에서는 모든 이주자를 추방하겠다고 공언한 정당의 정치인이 총리가 되었다.

한때 이민자 환영에 전념하던 정부 기관들은 이들을 막는 방어자로 자신들의 목적을 재정립했다.[19] '이민자의 나라로서 미국의 약속'을 지키는 것을 목표로 삼았던 미국 이민국은 2018년 초 이 사명을 개정하면서 그 표현을 삭제했다. 이 조직의 새로운 사명은 '조국의 안보'를 지향하는 것이다. 새롭게 강화된 유럽 국경 내부의 메시지도 이만큼 분명했다. 국경 개방 원칙에 따라 조직된 유럽연합의 수장 도널드 투스크Donald Tusk는 솔직하게 "당신이 어디 출신이든, 유럽으로는 오지 마시오"라고 말했다.

반^反이주 성향의 정치인들이 집권하면서 그들이 내세우는 반이주 정책의 긴박함과 필요성을 드높이는 것이 정치적 필수조건이 되었다. 모든 체제가 그렇듯 그들과 그 지지자들은 자신들의 정치적 입장이 정당하다는 것을 부단히 입증해야 했다. 그 프로젝트의 핵심은 이주자들이 유발하는 혼란을 강조하는 것이었다.

전문가들이 예상한 영향—범죄의 물결, 전염병, 경제의 파국—은 소소한 것들이 아니었다. 이주자가 유입되는 규모를 고려하면, 그들이 야기하는 혼돈의 증거를 쉽게 제시할 수 있어야 했다.

반이주 정책을 정당화하는 허무맹랑한 서사들

2016년 1월 첫 며칠간 여성 수십 명이 독일 전역의 도시에 있는 경찰서를 찾아가서 그 전해 12월 31일에 일어난 일에 대한 고소장을 제출했다.[20] 이 여성들은 새해 행사를 마치고 기차를 타러 가거나 집으로 가는데, 모르는 사람들이 자신들을 둘러싸더니 몸을 더듬고 물건을 빼앗고 성폭행을 했다고 말했다. 이 여성들이 가해자들의 옷과 억양으로 추정한 바에 따르면, 가해자들은 최근 아랍과 북아프리카 국가에서 넘어온 이주자들이었다.

매체들은 이 이주자들이 지역 여성을 강간하는 걸 특히 좋아한다고 암시하는 기사들을 쏟아냈다.[21] 독일에서 한 잡지는 커버 스토리로 진흙투성이 손자국으로 뒤덮인 백인 여성의 몸 이미지를 담았다. 그 이미지 밑에는 '여성들이 이주자의 성폭력에 항의하다'라는 설명이 달렸다. '우리는 인심이 좋은 건가, 눈이 먼 건가?' 또 다른 기사는 아랍 남성의 '정신상태'를 주제로 한 심리학자와의 인터뷰를 실으면서 검은 손이 흰 다리 사이로 뻗쳐 있는 이미지를 삽입했다. 네덜란드에서는 한 신문이 〈노예시장(The Slave

Market)〉이라는 그림의 복제화를 사용했다. 아랍 남성들이 백인 여성들을 성노예로 팔기 전에 옷을 벗기는 그림이었다. 폴란드에 서는 한 잡지가 "이슬람의 유럽 강간"이라는 제목의 커버스토리를 실으면서 금발 여성이 입은 유럽 국기가 프린트된 옷을 검은 손과 갈색 손이 찢는 이미지를 사용했다.

그해 봄, 독일 내무부는 최근 이주자 물결을 받아들인 이후 독 일에서 40만 2천 건의 추가 범죄가 일어났음을 보여주는 보고서 를 발표했다.[22] 이 충격적인 통계는 전 세계 신문에 대서특필되었 다. 특히 한 선정적인 사건으로, 이주자 한 무리가 독일에서 가장 오래된 교회 중 하나를 방화하고 난 뒤 구호를 외치며 흥겨워하는 모습이 동영상에 담기기도 했다.

독일에서 이주자의 범죄가 넘쳐난다는 뉴스는 대서양 건너편 까지 휩쓸었다.[23] 미국에서는 외국인에 대한 혐오로 악명 높은 브 레이트바트 같은 인기 있는 우익 뉴스매체들이 '강간 난민들'이 저 지른 '새해 강간 공포'에 대한 뉴스를 실었다. 트럼프는 수백만 팔 로워들에게 "독일에서 범죄 증가 추세"라는 트윗을 남겼다. "수백 만 명의 입국을 허용함으로써 강력하게 그리고 난폭하게 문화를 바꿔놓는 크나큰 실수를 유럽 전역에서 저질렀다!"

몇 달 뒤 스웨덴에서 날아든 뉴스는 독일에서 퍼지는 범죄의 아나키 상태가 그곳에서도 점화되었음을 시사했다. 스웨덴이 받아 들인 국민 1인당 이민자 수는 유럽 어느 나라보다 많았다. 아미 호 로위츠[Ami Horowitz]라는 다큐멘터리 영화 제작자가 이 상황을 보도 하기 위해 로스앤젤레스에서 스웨덴을 찾았다.[25] 그는 스웨덴 내에 서 강간 신고가 급증했음을 알게 되었다. 세련된 가구와 사우나로 유명했던 스웨덴이 '이제는 유럽의 강간 수도'라고 그는 보도했다.

동네 전체가 새로 온 이주자에게 잠식되었다. 스톡홀름의 녹음이 우거진 교외 지역 링케비Rinkeby는 "완전히 이슬람 동네"가 되었다고 호로위츠는 말했다. 지역 경찰들은 새로운 이주자가 점령한 스웨덴의 다른 많은 동네가 그렇듯 링케비가 워낙 무법천지라서 자기들도 들어가기가 겁난다고 호로위츠에게 말했다. 그들은 그 동네를 '접근 불가' 지역이라고 불렀다.[26] 매일같이 총성이 울렸다. 열두 살짜리 애들이 무장한 채 거리를 돌아다녔다. 한 무리의 젊은 이주자들은 링케비를 영상에 담으려던 오스트레일리아 출신의 〈60분〉 영화팀을 에워싸고 공격했다. 호로위츠는 그들이 찍은 참혹한 장면을 직접 눈으로 확인했다.

스웨덴의 이주자 위기에 대한 호로위츠의 다큐멘터리 〈스톡홀름 신드롬〉은 2016년 가을 폭스 뉴스의 웹사이트에서 방영되었다.[27] 몇 달 뒤 보수 성향의 뉴스 해설자 터커 칼슨Tucker Carlson이 시청자가 약 300만 명에 달하는 황금시간대 시사프로그램에서 호로위츠를 인터뷰했다. 호로위츠는 스웨덴이 "이슬람 이민에 대한 개방 정책 때문에" 공격에 시달리게 된 거라고 설명했다. 다음 날 새로 선출된 도널드 트럼프 대통령이 플로리다 멜번에서 열린 한 집회에서 9천 명의 팬들에게 호로위츠의 주장을 언급했다. "어젯밤 스웨덴에서 무슨 일이 일어났는지를 보세요." 그는 시끌시끌한 군중을 향해 소리쳤다. "스웨덴 말입니다, 누가 이걸 믿겠어요?"

며칠 만에 미국 전역의 우익 언론매체들이 스웨덴의 범죄 물결에 대한 뉴스를 보도했다.[28] 매일 밤 200만 명 넘는 시청자를 상대로 프로그램을 진행하는 우익 언론인 빌 오라일리Bill O'Reilly 같은 뉴스 해설자들이 스웨덴 국가안보보좌관 같은 인물의 인터뷰를 내보내며 호로위츠의 충격적인 보도의 신빙성을 확인시켰다.

이주자를 범죄자로 묘사하는 요란한 뉴스와 정부 보고서가 쌓이는 동안 그 옆에는 그것들의 근본 논리상의 허점을 찌르는 같은 양의 비판이 마치 도플갱어처럼 차곡차곡 쌓였다.

2007년 여름 공영라디오인 NPR의 한 기자는 독일에서 범죄가 늘고 있다는 보고서를 검토했다. 기자의 확인에 따르면 12월 31일의 공격은 실제로 있었지만 예외적인 사건이 아닐 수도 있었다. 독일에서는 다른 곳과 마찬가지로 성폭력이 끊이지 않는 위기 상황으로, 매년 7천 건 이상의 강간과 성폭력이 벌어져 독일 여성의 3분의 1 이상이 피해를 보았다. 전문가들은 신고하지 않은 성폭행은 이보다 더 많다고 말했다. 그리고 한 BBC 통신원의 설명에 따르면 매년 개최되는 독일의 12월 31일 행사는 온갖 범죄를 넉넉하게 가려주기 때문에 독일 도시 곳곳의 거리가 술꾼들의 요란한 파티와 폭동의 교차로로 변했다. "길거리 음주는 내 생각에는 미국에서는 볼 수 없는 수준"이라고 그는 NPR 기자에게 말했다. 2015년의 차이라면 범인이 그 나라를 배회하던 친숙한 성범죄자가 아니었다는 점이었으리라.[29]

또한 범죄의 물결이라는 것도 존재하지 않았다. 독일 정부의 보고서를 자세히 들여다보니 40만 2천 건의 '초과' 범죄는 대부분 사전 허가 없이 국경을 넘은 '범죄'였다. 정의 자체가 새로 들어온 이주자만 저지를 수 있는 범법 행위였던 것이다. 데이터에서 이런 위반사항들을 제외하고 나니 독일의 범죄율은 그 전해나 이주자 수천 명이 도착한 다음 해나 거의 동일한 것으로 나타났다. 2018년에는 독일의 범죄율이 30년 만에 최저치를 기록했다.[30]

NPR의 이 기자는 새로 들어온 이주자들이 의도적으로 독일의 시설물을 파괴했다는 증거도 전혀 찾지 못했다. 이주자들은 어떤 교회도 방화한 적이 없었다. 시리아 이주자들이 불을 지르고 나서 고소해했다는 기독교 교회는 그 화재를 포착한 선정적인 영상이 시사하듯 고의적인 방화를 당한 게 아니었다. 경찰과 지역 신문

기자들이 밝힌 바에 따르면 실제로 일어난 일은 그보다는 상당히 시시했다. 시리아 난민들이 시리아의 휴전을 축하하던 중에 폭죽 하나가 잠시 그 교회 구조물에 있던 그물 같은 것에 불을 붙인 것이었다. 동영상의 화염 장면에는 그런 맥락이 빠져 있었다.[31]

스웨덴에서도 범죄의 물결 같은 건 없었다.[32] 호로위츠의 주장을 파고든 언론인들은 이 중 그 어떤 것에 대해서도 근거를 찾지 못했다. 폭스 뉴스에서 '국가안보보좌관'이라며 인터뷰했던 스웨덴 전문가는 사실 "아주 오랫동안 스웨덴에서 거주하지 않았다"고 스웨덴국방대학교의 한 교수가 《워싱턴포스트》에 말했다. "그리고 스웨덴 안보 계통의 그 누구도…… 그를 아는 것 같지 않다"고 덧붙였다.

스톡홀름은 결코 '강간 수도'가 아니었다.[33] 스웨덴의 범죄 실태조사에 따르면 2015년에 강간당했다고 밝힌 사람은 인구의 0.06퍼센트였다. 《바이스Vice》의 기자들이 확인한 바에 따르면 이는 인구의 0.17퍼센트가 강간 피해자인 잉글랜드와 웨일스에 비해 나은 상황이었다. 이른바 '접근 불가' 지역도 존재하지 않았다. 호로위츠가 다큐멘터리에서 인터뷰했던 경찰 두 명은 자신의 말에서 맥락이 빠져버렸다고 말했다.[34] 한 경찰은 스웨덴 최대 일간지인 《다겐스 뉘헤테르Dagens Nyheter》의 기자에게 "그가 대답을 편집해버렸다"고 말했다. "우린 인터뷰에서 완전히 다른 질문에 대답하던 중이었어요."

이주자가 오스트레일리아 영화팀을 공격했다는 호로위츠의 설명에서도 중요한 맥락이 누락되었다.[35] 경찰 관계자는 스웨덴의 공영라디오방송의 기자에게 "링케비의 젊은 이주자와 영화팀 간에 실랑이가 있긴 했지만, 이 영화팀은 호로위츠의 보도가 은연중에 암시하듯 그런 중립적인 관찰자들은 아니었다"고 말했다. 그들은 내외신에서 인종주의 성향의 반이민 혐오 사이트로 등장하는 '아브픽슬라트^{Avpixlat}'라는 웹사이트와 협업 중이었던 것이다. 피해나 부상이 전혀 없어서 경찰은 이 사건을 한바탕 소동으로 치부하고 종결했다.

목초지나 숲에 가면 가끔 댕구알버섯(Calvatia gigantea)이라는 유별난 버섯을 볼 수 있다. 이 버섯은 다른 버섯처럼 기둥 위에 포자가 줄지어 있는 처진 모자를 단, 전형적인 우산 모양이 아니다. 그 대신 이 버섯은 축구공만큼 커다란 흰색 구 형태로 자란다. 포자는 그 안에 보이지 않게 차곡차곡 들어찬다. 성숙 단계에 이르면 이 버섯 같은 소위 '먼지' 버섯들은 포자가 워낙 빽빽하게 들어차서 비 한 방울 같은 사소한 충격에도 겉껍질이 터져버린다. 막대기로 찌르거나 살짝 발로 차면 포자들이 매캐한 구름을 피워 올리며 안에서부터 폭발해서 텅 비고 쪼글쪼글한 껍질만 남게 된다.

반이주 정책을 정당화하는 데 사용된 서사들 역시 이와 비슷하다. 모두 부풀려지고 허무맹랑한 것으로 드러났다. 밖에서 아주 살짝 긁기만 했는데도 연기구름 속으로 홀연히 사라져버렸다.

부풀려진 이주자의 범죄

미국에 들어와 사는 불법 이주자의 수는 2007년 이후로 꾸준히 줄고 있음에도[36] 정부 보고서와 반이주 정치인들은 미국 내 그리고 국경을 따라 일어나는 이주자의 범죄를 이와 비슷하게 과장했다. 마치 대서양을 건너온 어떤 보이지 않는 해류를 통해 더욱 자신감이라도 얻은 듯했다. 도널드 트럼프 대통령 재임 기간에 발표된 정부 보고서는 미국-멕시코 국경에서 국경순찰대를 대상으로 자행된 공격이 급증해서 2016년에는 20퍼센트였다가 2017년에는 70퍼센트를 넘어섰다고 밝혔다. 미국 국경순찰대 대장은 의회 증언에서 국회의원들에게 국경을 지키는 남성과 여성 들이 연방의 모든 법 집행관 중에서 가장 높은 비율의 공격에 시달린다고 말했다. 그리고 상황은 더 나빠지고 있었다. "작년 같은 기간보다 올해 공격이 200퍼센트까지 증가하고 있다"고 그는 말했다.

2017년 가을에는 두 명의 국경순찰대원이 웨스트텍사스 쪽 국경의 2.5미터 깊이 콘크리트 배수로 바닥에서 피투성이 시신으로 발견되었다.[37] "이 대원들이 공격을 받았을 가능성이 크다"고 한 국경순찰대원이 기자들에게 말했다. 폭스 뉴스 진행자는 그 공격이 "너무 소름 끼쳤다"고 덧붙였다. 트럼프 대통령은 불쌍한 대원들이 "잔인하게 구타당했다"고 트위터 팔로워들에게 전했다. 사실 무슨 일이 벌어진 건지 알아내려면 약간의 탐정 활동이 필요했다. 대원 중 한 명은 병원으로 급히 수송된 직후에 숨을 거뒀고, 다른 한 명은 뇌를 다쳐서 착란과 기억상실 상태였기 때문에 둘 중 누구도 무슨 일이 벌어졌는지를 이야기할 수 없었기 때문이다. 하지만 생존자가 머리에 둔력에 의한 외상을 당했고, 그와 그의 파트너는 발견 당시 암석에 둘러싸여 있었으므로 국경순찰대원들은 매복 같은 것이 있었으리라 추측했다. 한 무리의 이주자가 대원들을 에워싸고 커다란 바위로 그들의 머리를 내리쳤으리라는 것이다. 국경순찰대 관료들은 이런 시나리오가 입수 가능한 증거와 깔끔하게 맞아떨어진다고 말했다.

텍사스 주지사는 이 시나리오를 철석같이 믿고서 당국이 이 야만적인 공격을 감행한 범인들을 잡아서 처벌하는 데 도움을 주는 사람에게 포상하겠다고 밝혔다. 텍사스주 상원의원 테드 크루즈는 이 공격은 범죄를 저지를 생각이 있는 이주자가 남쪽에서 쏟아져 들어오게 만든 "불안한 국경" 때문에 이 나라가 위협에 처했음을 상징한다고 설명했다.

이주자들이 미국 국경 안에서 문제없이 거주하고 있음에도 이들로 인한 안보 위협을 폭로한다고 주장하는 새로운 분석들이 잇따랐다.[38] 2018년 초 국토안보부와 법무부는 2011년부터 2016년 사이에 국제 테러리즘 혐의로 기소된 피고의 4분의 3이 외국 출생자임을 보여주는 보고서를 발행했다. 법무부 장관은 이 보고서를 발표하면서 이것이 "반박 불가능한 냉엄한 현실, 즉 우리의 이민 시스템이 국가안보와 공중의 안전을 침해해왔음을 보여준다"고 주장했다. 이주자의 범죄는 워낙 위기 수준이라서 대통령은 이주자가 저지른 범죄 피해자를 돕는 데 특화된 특별정부기구를 만들 정도였다.

정치인과 우익 뉴스매체들은 이주자가 야만적으로 행동한 사례를 하나하나 부각시켰다.[39] 내가 사는 볼티모어 외곽에서 가까운 곳의 한 악명 높은 사례를 보자. 미등록 이주자 두 명이 고등학교 화장실에서 14세 소녀를 집단강간했다고 전해졌다. 정치인들은 이 범죄를 여성과 소녀를 상대로 자행되는 지속적인 전염병 같은 폭력의 결과라고 보기보다는 이주자를 이 나라에 받아들이는 게 문제라고 주장했다. 한 지역 국회의원은 이 범죄에 대응하여 선거구민들에게 "우리는 우리 국경 안에 누가 있고 누가 이곳에 속하지 않는지를 알 필요가 있습니다"라고 적어 보냈다. 한 백악관 대변인은 이 강간을 언급하면서 "이주가 합법적으로 이루어지지 않으면 우리 국민에게 대가를 요구한다"고 설명했다. "이 사건이 또 다른 실례"라면서.

이주자가 일으킬 범죄의 아나키 상태에 대한 사회적 공황이 확산되자 전문가와 관료들은 이주자가 형법을 위반하든 말든 이주자와 범죄자를 동일시하기 시작했다.[40] 정부 고위 관계자들은 달갑지 않은 이주자를 미국에서 내보내려는 노력을 범죄와의 전쟁에 버금가는 일이라고 묘사했다. 법무부 장관은 북부 캘리포니아의 한 시장이 미등록 이주자를 뿌리 뽑으려는 연방 이민담당관들의 노력을 꺾고 "수배 중인 범죄자들"이 "활개를 치고" 돌아다니게 했다면서 꾸짖었다. 미국 이민세관집행국의 특별자문은 미국에서 범죄조직을 없애려면 좀 더 일반적으로 모든 이주자를 겨냥해야 한다고 말했다. 이주자와 범죄조직은 한 몸이기 때문이란다. 이민관세집행국 관료들은 증거가 있건 없건 이주자를 범죄조직원으로 분류했다. 한 이민관세집행국 관료는 현장을 급습할 때 기자를 데려가서 체포된 이주자를 공식적으로 범죄조직원으로 표기하게 했다. 그렇게 평가할 만한 근거는 전혀 없었다. 이 관료는 "그 사람을 범죄조직원 또는 공범자로 분류한 목적은 그 사람에게 불리한 증거를 정확하게 반영하기 위해서"라고 설명했다. "일단 그 사람이 이주 담당 판사 앞에 갔을 때 보석으로 풀려나는 걸 원치 않기 때문"이라고 덧붙였다.

　미국에서도 유럽에서처럼 이주자의 범죄가 물밀듯 일어난다는 주장이 날조되었다.

　미국-멕시코 국경에서 국경순찰대원을 상대로 한 공격은 전혀 급증하지 않았다. 2015년 국경순찰대는 대원을 상대로 한 공격을 계산하는 법을 변경했다. 대부분의 다른 전문가들이 그러하듯, 그리고 그들 역시 과거에 그랬듯 공격받은 요원의 수를 세는 대신 공격당한 요원의 수에, 공격자의 수를 곱하고, 공격자가 그 공격에서 사용한 물건의 수까지 곱해서 계산하기 시작한 것이다. 만일 두어 명의 이주자가 국경순찰대원 몇 명에게 두어 개의 돌이나 막대를 던졌으면 각각의 이주자가 던진 돌과 막대기 하나하나가 독립적인 하나의 사건으로 계산되었다.

예를 들어 2017년 2월 14일, 6명의 이주자가 국경순찰대원 7명이 모여 있는 곳을 향해 돌과 병과 막대기를 던졌다. 국경순찰대 관료들은 인심 좋게도 이 사건을 126건의 개별 공격으로 기록했다. 이주 전문기자 데비 네이선Debbie Nathan이 조사를 통해 밝혔듯 국경순찰대원을 상대로 한 공격 건수가 늘어난 것은 전적으로 이런 비정상적인 새로운 방식 때문이었다.

이보다 전통적인 방식을 이용해서 공격 건수를 집계할 경우 국경순찰대원들은 법집행관 가운데 가장 높은 비율의 공격을 당하지 않았음을 통계에서 확인할 수 있다. 오히려 이들에 대한 공격률은 가장 낮았다. 국경순찰대원의 사망률은 주민 치안을 담당하는 미국 법집행관의 3분의 1에 불과했다.

FBI 관료와 지역보안관은 사우스텍사스의 배수로 바닥에서 피투성이로 발견된 국경순찰대원들은 이주자들에게 습격을 당한 게 아니었다고 《워싱턴포스트》에 이야기했다.[41] FBI는 2개월 이상 조사했지만 그 어떤 '소름 끼치는' 구타의 증거도 발견하지 못했다. 이 대원들은 무기를 발포하지도 않았다. 누군가가 이들의 무기를 탈취하려한 흔적도 전혀 없었다. 두 대원은 달도 없는 캄캄한 밤에 까다로운 지형을 순찰하다가 2.5미터 깊이의 지하 배수로 바닥에서 발견되었다. 살아남은 대원은 뇌 손상으로 기억이 훼손되기 전, 처음으로 구조를 요청했을 때 두 사람이 "어쩌다 보니 배수로에 빠졌다"고 말하기도 했다.

국제 테러리즘으로 기소된 4명 중 3명이 외국 출생이라고 밝힌 법무부 보고서는 그 자체로는 틀린 말이 아니었지만[42] 그 내용을 발표하면서 이주가 "우리의 국가안보와 공중의 안전을 침해했다"고 선언한 법무부 장관의 주장을 뒷받침하는 건 아니었다. 탐사보도 전문기자 트레버 아론슨Trevor Aaronson의 지적처럼 국내외를 아우르는 모든 테러리즘 공격에서 국제 테러리즘은 극히 일부를 차지했기 때문이다. 외국 출생자가 전체 테러리즘 혐의 가운데 다수를 차지하는지는 분명하지 않았다. 법무부는 국제 테러리즘 혐의로 기소된 사람의 명단밖에 보유하지 않았기 때문이다. 그들에게는 국내 테러리즘으로 기소된 사람의 명단 같은 건 없었다.

결국 미등록 이주자가 저지른 범죄와 관련된 가장 소름 끼치고 자주 언급되는 일화는 역시 실체가 없는 것으로 드러났다.[43] 피해자라고 했던 사람의 이야기가 허물어져 내리자 수사관들은 고등학교 화장실 집단강간으로 고발된 미등록 이주자에 대한 기소를 취하했다. 이후 이 범죄를 이주자들이 일반적으로 수상쩍은 성향을 지닌 증거로 내세웠던 백악관도, 메릴랜드 지역 정치인들도 자신들이 호도한 수천 명 선거구민에게 아무런 정정 발언을 하지 않았다.

이주가 전염병을 유발한다?

질병사를 연구하는 학자들은 전염병과 현대의 이주 간에 존재하는 체계적인 연관 관계를 전혀 찾아내지 못했다. 그럼에도 이주가 전염병을 유발할지 모른다는 의심은 일견 완벽해 보이는 논리를 발판으로 끈질기게 이어졌다. 많은 이주자가 피신한 나라에서는 백신 접종 프로그램이 전무하거나 붕괴해버렸다. 이는 이론적으로는 이들이 입국하는 나라에서 통제되던 병원체를 이들이 보유하고 있다가 치명적인 전염병을 촉발한다는 의미였다.

유럽의 공중보건 연구자들은 이를 확인하기 위해 이주자의 몸을 더 면밀하게 검사하기 시작했다.[44] 이들은 이주자가 독일로 유입된 2015년에 독일의 결핵 발병률이 30퍼센트 치솟았음을 확인했다. 영국에서는 인구의 13퍼센트를 차지하는 외국 출생자가 결핵 발병자 중에서는 70퍼센트 이상, 말라리아 발병자 중에서는 60퍼센트 이상이었다. 연구자들은 이탈리아에서 시리아 난민의 몸 안에서 이상하게 생긴 미생물을 발견했는데, 이 중에는 "이탈리아나 다른 선진국에서 보기 드문 독특한 박테리아와 곰팡이균", 그리고 "확산 가능성이 있는…… 잠재적으로 위험한 병원균에 해당할 수 있는 것들"도 있었다고 말했다. 독일에서는 난민들이 살모넬라와 이질균에 감염되었다고 의사들이 밝혔다. 스위스에서는 난민이 보유한 항생제 내성 박테리아 비율이 지역 주민보다 5배 더 높다는 사실을 의사들이 밝혔다.

순식간에 이주자로 인한 전염병에 대한 공포가 치솟았다.[45] 2013년 이주자 관련 기사에 대한 불가리아의 한 연구는 가장 흔하게 등장하는 두 단어가 '위협'과 '질병'이라고 밝혔다. 영국에서는 "살인벌레 이주자를 집으로 보내라" 같은 신문 헤드라인으로 요란을 떨었다. "결핵균을 보유한 이주자를 집으로 보내야 한다." 그리스에서는 병약한 이주자를 뿌리 뽑는 게 목적인 우익 자경단원들이 병원으로 쳐들어가서 환자와 의사들에게 체류 관련 서류를 내놓으라고 요구했다. 아직 이주자로 인한 전염병이 한 번도 발발한 적이 없음에도 폴란드의 한 반이주 정치인은 "오랫동안 유럽에서 보지 못했던 아주 위험한 질병이 나타날 조짐이 이미 있다"고 말했다. "그리스의 도서 지역에서는 콜레라, 빈에서는 이질, 이 사람들의 몸 안에서는 위험하지 않지만 여기서는 위험할 수 있는 다양한 기생충과 원생동물들"이라며 도널드 트럼프는 이주자가 미국으로 전염병을 끌고 들어올 거라고 주장했다. 트럼프의 독특한 표현을 빌리자면 이주자는 스스로 병원성 세균으로 바뀔 수 있었다. "엄청난 전염병이 국경을 넘어 쏟아져 들어오고 있다"고 말했다.[46]

하지만 이주자의 몸 안에 미생물이 있다고 해서 그 자체로 다른 사람들보다 타인의 건강을 위협할 가능성이 크다는 의미는 아니었다. 어떤 사람이든 몸 안의 미생물을 조사해보면 미심쩍은 이름의 목록이 길게 늘어질 수 있다. 공중보건 연구자들은 불쾌한 직장면봉법(rectal swab)으로 난민들의 몸 안에 이런 미생물이 있음을 폭로했지만, 정작 거주민들의 몸은 똑같은 방식으로 검사하지 않았다. 이주자들과 함께 일하는 한 공중보건 전문가는 "영국인들에게 똑같이 검사해보면 그들에게도 있었을 것"이라고 지적했다.[47]

사실 미국에 입국한 난민처럼 눈에 잘 띄는 일부 이주자 집단들은 미국 거주민 중에서 가장 혹독한 건강검진과 백신 접종 대상이었다.[48] 이 때문에 이주자들은 기존에 거주하던 집단에 비해 타인에게 위험하지 않을 공산이 더 컸다. 그리고 이주자 100만여 명이 유럽으로 향한 이후 유럽 대륙에서는 시시한 질병들이 손에 꼽을 정도로 일어났을 뿐이었고, 그마저도 모두 빠르게 감지하여 통제했다.

이주자가 경제에 부정적 영향을 미친다?

경제학자들은 오랫동안 이주자가 지역 주민들에게 가하는 부정적인 경제적 영향을 찾으려고 애썼다. 2015년 하버드대학교 경제학자 조지 보르하스George Borjas는 이주자가 미치는 경제적 부담의 증거를 발견했다고 주장했다.[49] 보르하스는 이주자의 빠른 유입이 마이애미 노동시장에 미치는 영향을 분석했고, 그 결과 이들이 들어오면서 고등학교 중퇴자들이 "극적이고 상당한" 영향을 받아 그들의 임금이 무려 30퍼센트나 하락했음을 밝혔다.

보르하스의 결과는 수십 년에 걸친 다른 경제학자들의 분석을 뒤집어놓았다. 다른 경제학자들은 보르하스와 동일한 데이터를 사용했지만—쿠바 마리엘항에서 10만 명 이상이 승선하여 마이애미로 도망친 사건인 '마리엘 긴급해상수송'과 관련된—이주자가 폭증했던 다른 도시들과 비교했을 때 임금이나 고용에 미친 별다른 영향을 찾지 못했다.

보르하스는 고등학교 중퇴자들에게 미친 경제적 영향을 분리해서 분석함으로써 이주자가 경제에 지우는 부담을 찾아냈다. 보수적인 뉴스 해설자 앤 콜터Ann Coulter는 페이스북 팔로워 60만 명에게 보르하스가 이를 통해 이상할 정도로 미미했던 이주자의 경제적 영향에 대한 사례 연구로 마리엘 사례에 "핵공격을 감행했다"는 주장을 펼쳤다.[50]

트럼프의 법무부 장관 제프 세션스Jeff Sessions는 보르하스를 이주자가 경제에 미친 영향에서 "아마 세계에서 가장 유능하고 식견 있는 학자"일 거라고 추켜세웠다.[51] 이주자가 임금을 하락시켰다는 보르하스의 결론은 세션스에게 "깊은 영향을 미쳤다"고 《뉴욕타임스》는 보도했다. 백악관 고문 스티븐 밀러Stephen Miller는 보르하스의 연구를 인용하면서 미국이 입국을 허용하는 이주자의 수를 반으로 줄여야 한다고 주장했다.

새 정부는 이민자들에 의해 야기된 것으로 추정되는 다른 경제적 피해를 상세히 분석했다. 2017년 보건복지부는 이주자에게 들어가는 1인당 사회서비스 비용이 일반 미국 거주자보다 더 많다고 밝혔다. 국립과학원이 밝힌 바에 따르면 2011년부터 2013년 사이에 들어온 이주자들 때문에 미국 경제가 지출한 비용은 550억 달러였다. 한 백악관 대변인은 "전쟁으로 초토화된 나라에서 유입된 미숙련 이주자들이 정부의 혜택을 더 많이 받고…… 미국 경제에는 실익을 주지 않는다"고 설명했다.

대통령은 2017년 국회 연설에서 "이주자는" 미국에 "수십억"의 부담을 지운다고 주장했다.[52]

사실 보르하스는 잠재적인 '교란요인(confounding factor)'을 누락했다.[53] 이주 전문가 마이클 클레멘스Michael Clemens의 지적에 따르면 보르하스가 연구한 시기에 마이애미 인구조사국은 고등학교 중퇴자를 계산하는 방식을 바꿨고, 이 때문에 보르하스가 비교 대상으로 선택한 다른 도시에 비해 마이애미의 고등학교 중퇴자가 더 많은 결과가 발생했다. 보르하스는 고등학교 중퇴자의 임금이 줄어든 것을 이주자의 탓으로 돌렸지만, 이 명백한 감소의 원인은 전적으로 인구조사국이 방법론을 바꿨기 때문일 수 있었다. 그리고 난민들이 기여한 경제적 편익은 이들이 정부의 혜택을 누리면서 발생시킨 비용을 상쇄하고도 남았다.[54] 《뉴욕 타임스》와 다른 뉴스매체의 보도에 따르면 지난 10년간 난민에게 들어간 비용보다 630억 달러 더 많은 돈을 미국으로 유입시켰다. 국립과학원 보고서는 이주자가 2011년부터 2013년 사이에 미국 경제에 지운 부담이 574억이라고 밝혔지만, 같은 보고서는 이 이주자들의 자녀가 미국 경제에 305억 달러의 순 편익을, 그리고 이들의 손자녀들은 무려 2,238억 달러의 순 편익을 추가했다고 밝혔다.

미국과 유럽을 휩쓴 이주자에 대한 공포

"많은 사람이 살해당하고 있어요!" 한 지역 이주 전문가가 형광등이 밝혀진 재향군인회 연회장에 모인 작은 규모의 군중에게 이렇게 전했다. 머리는 점점 벗어지고 있지만 뺨은 아이처럼 발그레한 배불뚝이 남자 조너선 하넨Jonathan Hanen이 양손으로 연단을 부여잡고서 발표했다. 키가 커서 앞으로 45도 정도 구부정하게 기울어 있다. 내가 사는 동네에 있는 공화당원 모임은, 이 모임의 회장이 서두에서 썼던 표현을 빌리자면 "진흙탕 속에 빠진 주제를 분명하게 설명"해달라며 그를 초청했다. 그리고 그는 표와 도표로 빽빽한 밀도 높은 14쪽짜리 발표자료를 배부하고, '불법 이방인'들이 어떻게 상대적으로 더 많은 수의 범죄를 저질러 미국을 위기에 빠뜨리는지를 보여줌으로써 요구에 부응했다. 그는 군중에게 이야기했다. "학점이 4.0인 어떤 학생이 졸업식 바로 다음 날 불법 이방인이 모는 차에 치였어요. 이런 이야기가 전국에 널렸어요."

하넨이 발표자료에서 두드러지게 언급했듯 불법 이주자들의 범죄가 연방 범죄 통계에서 과도하게 나타난 것은 사실이었다.[55] 하지만 그것이 이주자가 거주민보다 더 많이 범죄를 저질렀다는 하넨의 주장을 뒷받침하지는 않았다. 연방의 범죄는 전국에서 저질러지는 범죄의 일부만 나타낼 뿐이고, 90퍼센트는 주와 지방의 범죄 통계자료에 나온다. 전국 단위로 범인을 이주 지위로 구분하는 데이터는 없지만, 사회과학자들의 확인에 따르면 이주자가 다른 곳보다 많이 사는 장소나, 새로 이주자가 유입된 장소의 범죄율이 더 높게 나타나지는 않는다. 1990년부터 2013년 사이에 미국 내 미등록 이주자의 수는 3배 늘었지만 폭력범죄의 비율은 거의 절반으로 줄었다.

하넨은 그 점을 언급하지 않았다. 이주자에 대한 잘못된 교육 자료를 배포하는 많은 이주 전문가들이 그렇듯 그 역시 댕구알버섯과 다를 바 없었다. 그는 교육자도, 이주 전문가도 아니었다. 그는 고대 그리스철학 박사학위 소지자였고, 이념적 싱크탱크, 정치운동, 반이주 로비집단을 위해 선동가로 일하면서 고대인들이 '궤변술'이라고 부를 만한 활동을 펼쳤다.

어느 추운 1월 저녁, 참석자 대부분에게는 이주가 특별히 절박한 사안은 아니었다. 하넨은 발표 초반에 두꺼운 검정 테 안경 너머로 많지 않은 군중을 응시했다. "여기 계신 분 중에 엠마 라자러스Emma Lazarus가 누군지 아는 분 있나요?" 자유의 여신상 하단에 새겨진 "자유롭게 숨쉬기를 염원하며 옹송그린 대중"을 환대하는 유명한 말을 작성한 시인을 언급하며 하넨이 물었다. 참석자들이 당황스러워하면서 서로를 슬쩍 쳐다보았다. 그곳에 있는 중년의 전문직 대부분은 직장에서 바로 퇴근해 실용적인 구두와 구겨진 정장을 여전히 입고 있었다. 이들은 미국사에서 중요한 사건을 재고찰하기보다는 지역 고등학교에 새로 생긴 청년공화당원 모임에 대해 수다를 떨고 시원한 잉링맥주와 피자를 즐기는 데 관심이 더 많았다. 환한 형광등 불빛과 실용적인 단모 카페트가 바닥 전체를 뒤덮은 교외의 그 연회장에서 바다와 사막과 정글과 산맥을 가로지르는 동료 인류의 여정은 코모도왕도마뱀만큼이나 낯설었다. 손을 드는 사람은 아무도 없었다.

하지만 그 자리에 모인 회원들은 하넨이 발표하는 동안 연신 고개를 주억거렸다. 하넨이 국경 폐쇄를 정당화하기 위해 "엠마 라자러스는 국회의원으로 선출되지도 않았어요!"라며 의기양양하게 주장하자 회원들은 킬킬거렸다. 여전히 많은 사람이 그녀가 누군지도 모르면서 말이다. 발표가 끝나자 회원들은 정중하게 손뼉을 쳤고 하넨에게 몇 가지 평범한 질문을 던졌다. 어떤 사람들은 하넨이 설명한 이주자 위기에 특별히 사로잡힌 것도 아니면서 자기가 속한 다른 모임에 그의 프레젠테이션을 제안하고, 공적인 회의나 선출직 관료들 앞에서 이주에 대해 3분 발언을 할 때 그가 제공한 발표자료를 사용할 것이다. 그렇게 하지 않더라도 최소한 몇 가지 세부사항이나 일반적인 인상을 기억했다가 집에 가서 아이와 이웃들에게 전하리라. 축구장에서, 스포츠 바에서, 가족 단위 바비큐 모임에서 가볍게 대화를 나누다가 언급되고 또 언급되리라.

이주자의 범죄 성향과 질병에 대해 중립적인 척하는 정보는 문화적 대화 속에 잠입해 멀리 그리고 널리 퍼져나갔다. 2017년이 되자 알래스카에서도 미국 도로 시스템의 끝자락에 있는 인구 6천 명 남짓 되는 작은 마을 호머Homer의 주민들조차 유럽의 이주자 위기에 대한 소식을 접하고 맹공을 펼칠 태세를 갖췄다. "불법 체류자들을 들인다는 거군요. 네, 그 사람들은 틀림없는 범죄자라고요."[56] 한 주민은 호머 시의회의 한 회의에서 호머로 찾아올 수도 있는 일체의 이주자를 환대하자는 불운한 제안에 대해 열을 올리며 말했다. 이 마을이 워낙 오지에 있다 보니 이제껏 그런 사람이 온 적도 없었고 앞으로도 그럴 일은 없어 보였다. "자, 그 사람들은 지하세계에서 산다고요. 우리가 신경 쓰는 게임의 룰에는 관심도 없어요. 누군가가 처음으로 강간이나 살해를 당하자마자 호머 시의회로 직행해서 고소하면 좋겠군요!"

이런 상황이 미국과 유럽 전역의 지역사회에서 재연되었다. 그리고 그때마다 이주자는 전 지구적 위협이라는 인상이 대중의 머리에 각인됐다.[57] 이주자의 규모는 점점 커졌다. 미국인과 유럽인 모두 자기 인구 내에서 이주자의 비율을 대단히 과대평가했다. 한 연구에서 미국인들은 미국 내 이주자의 비율을 200퍼센트 과대평가했다. 유럽 국가 내에서는 절반 또는 그 이상이 새로 유입된 난민들이 테러 공격을 할 가능성이 크다고 믿었다. 미국인의 45퍼센트는 이주자가 범죄율을 높인다고 생각했다.

대통령은 미국 국경에서 3,200킬로미터 떨어진 곳의 2018년 이주자 집단을 "범죄자와 미지의 중동인들"이 뒤섞여 "우리나라를 침략"하는 것이라고 묘사했다.[58] 대통령은 이들을 쫓아내기 위해 국경으로 군대를 보냈다. 일리노이주 스파르타의 한 여성은 트럼프 대통령의 어떤 집회에서 이주자들이 "미국을 파괴하려는, 그리고 우리를 무릎 꿇리려는 공작"이라고 말했다. "난 그걸 용납하지 않을 거예요. 싸우지도 않고 넘어지지도 않을 거라고요." 한 라디오 진행자는 이주자들의 유입이 "우리가 아는 바대로 미국의 종말"을 가져올 거라고 말했다.

오류를 수정하고 해명을 하자 댕구알버섯에 구멍이 생기면서 그 텅 빈 내부가 드러났지만 완전히 파괴하지는 못했다. 포자가 공중으로 떠올라 바람을 타고 다른 지역으로 이동해서 자리를 잡고 뿌리를 내리고 새순을 틔웠다. 2018년 초 미국 대통령은 이 나라의 이민 정책을 논하기 위해 입법가 몇 명을 불러들여 집무실에서 사적인 모임을 열었다. "어째서 우리가 거지소굴 같은 나라에서 온 온갖 사람들을 받아들이는 거지?"[59] 대통령은 입법가들에게 이런 식으로 닦달했고 이 말은 언론에 유출되었다. 그의 관심은 특히 한 집단의 이주자를 향했다. "우리가 왜 아이티인이 더 필요한 거야? 그들을 내보내." 그전에 그는 이렇게 투덜거리기도 했다. "아이티 출신들은 다 에이즈에 걸렸다고."

아이티에서 대거 사람들이 도망쳐 나온 것은 2010년 참혹한 지진이 발생하고 나서였다. 미국 정부는 '임시보호 신분'이라는 프로그램을 통해 약 6만 명의 아이티인들이 미국 내에서 머물 수 있도록 허용했다. 이 프로그램은 자연재해나 장기 소요로 고통받는 나라의 국민에게 18개월간 법적 지위를 부여하는 것이다. 아이티 지진 생존자들은 자신들이 구조된 잔해 더미의 먼지를 여전히 뒤집어쓴 채 긴급수송선을 타고 미국에 도착했다.

하지만 환대는 그리 오래가지 않았다. 지진이 일어난 지 몇 달 뒤 미국 관료들은 공군 화물용 비행기를 아이티로 보내 감히 미국으로 오려는 사람은 누구든 체포해 송환될 거라는 메시지를 널리 퍼뜨렸다. 미국으로 갈 수 없게 된 수천 명의 아이티 지진 생존자들은 대신 브라질과 다른 곳으로 이주했다.

얼마 후 브라질 경제가 폭삭 주저앉았다.[60] 장피에르와 그 가족들처럼 그곳에 정착한 아이티 지진 생존자들은 한 번 더 움직이기 시작했다. 2015년 말이 되자 수천 명이 입국 허가를 받아서 미국에 이미 정착한 초창기의 지진 생존자에게 합류할 수 있으리라는 희망을 품고 미국-멕시코 국경으로 몰려갔다.

수년간 미국 이주기관 관료들은 18개월마다 정기적으로 아이티 이주자들의 임시보호 신분을 갱신했다. 어쨌든 피난처를 필요하게 만든 위기는 아직도 이어졌다. 2017년 11월 난데없이 미국 이민국 프랜시스 시스나L. Francis Cissna는 아이티가 2010년 지진에서 회복하는 데 "큰 진전을 보였음"을 확인했다고 주장했다.[61] 이는 아이티가 "더는 (임시보호 신분) 지정조건을 충족하지 못한다"는 것을 의미했다.

남쪽 국경에서 미국 입국을 기다리는 아이티인들은 즉결로 아이티로 강제추방될 터였다. 집과 사업체를 다져놓은 가족들—임시보호 신분인 사람들의 약 절반이 집을 소유했고, 80퍼센트 이상이 노동시장에 참여했다. 반면 나머지 미국 인구 가운데 노동시장에 참여하는 비중은 60퍼센트를 조금 웃돈다—은 이 나라를 자발적으로 떠나지 않으면 강제추방될 처지가 됐다.[62]

지진 이후 미국으로 건너온 포르토프랭스(아이티의 수도-옮긴이) 출신의 변호사 에마뉘엘 루이스Emmanuel Louis는 간호조무사로 야간 근무를 하다가 이 소식을 들었다.[63] "웃으며 행복하게 지내다가 누군가가 그러는 거예요, 자네 사무실 매니저한테 좀 가보라고." 그는 이렇게 기억했다. "행복했죠. 임금이 인상될 모양이라고 생각했거든요! 그런데 그 사람들이 그러는 거예요, 그거 아나, 자네 노동 허가가 곧 만료된다네." 그의 친구들은 출근하지 않고 아이들을 학교에서 데려와 집에 있게 했다. "친구들은 모든 걸 두려워해요." 그가 말했다. "모두가 서로에게 말하죠. 조심해, 조심하라구!"

전국의 지역사회 활동가들이 겁먹은 아이티인 고객들에게 이민국 관료들이 이들을 강제추방하려고 끌고 갈 때 전화해야 하는 사람들의 번호를 외우라고 조언했다.[64] 전화기는 압수될 가능성이 컸다. 에마뉘엘 루이스 같은 사람들이 소유한 집과 사업체 역시 이들이 지금 명의를 다른 사람들에게 이전하는 절차를 시작하지 않으면 잃게 될 것이었다. 미국에서 태어난 수만 명의 아이들 역시 그랬다. 부모가 강제추방 당했을 때 그 아이들은 국가의 피보호자가 될 것이었다. 어떻게 해야 할지 모르겠는 부모들에게 지역사회 활동가들은 아이들의 양육권을 다른 사람들에게 이전해야 한다고 조언했다.

장피에르의 가족들은 약식추방을 간신히 면했다.[65] 미국으로 넘어온 뒤에 구금을 당하긴 했지만—다리엔 정글의 뱀에 대한 악몽을 지금도 꾸는 일곱 살짜리 아들에게까지 수갑이 채워졌다—망명신청 심리를 위한 법원 출석일이 예정되어 있어서 일주일 후에 나가도 좋다는 허락이 떨어졌다.

장피에르가 올란도에 도착했을 때 친구 한 명이 1년간 구금당하던 끝에 강제추방 당했다는 소식을 들었다. 장피에르는 영혼이 으스러지는 트라우마를 자기 몫 이상으로 경험한 상태였다. 그는 수만 명의 목숨을 앗아간 지진에서, 아이티 안에서 자신과 친지들의 목숨을 위협하던 집단폭력에서, 그리고 다른 무엇보다 생존을 위해 자기 오줌을 마실 수밖에 없었던, 은신처를 구하기 위한 목숨을 건 여정에서 살아남았다. 디즈니월드에서 일했던 것은 말할 것도 없다. 신실한 사회주의자인 그에게 이 역시 이루 말하기 힘든 고통이었으리라. 그러나 그를 무너뜨린 것은 친구의 강제추방 소식이었다. 그는 마치 자신의 목숨을 잃은 기분이었다고 말했다.

이주자에 대한 잘못된 확신

반이주 정치인들의 말마따나 이주자들이 병약하고 범죄 성향이 있으며 경제적으로 재난을 초래한다면 행정당국이 아이티인들을 추방할 논리를 만들어내는 건 식은 죽 먹기였을 것이다.[66] 그러나 사실 그들은 온 힘을 다해 주장을 짜내야 했다. AP통신에 유출된 이메일에 따르면 트럼프 행정부는 범죄로 기소되거나 공적 혜택을 부정으로 수급한 임시보호 신분의 아이티인들과 다른 이주자 수에 대한 자료를 적극적으로 찾아 나서야 했다. 이민국 관료는 부하 직원에게 "임시보호 신분인 사람이 저지른 범죄 활동에 대한 일체의 보고를 찾아내라"고 지시했다. 미국에서 이들이 계속 안식처가 필요하다는 주장을 뒷받침하는 "'아이티는 정말로 가난해'라는 이야기를 넘어서는 게 있어야 한다"는 것이었다.

미국 이민국 국장 시스나[Cissna]는 아이티가 "상당히 진전"했다고 주장하면서 국무부 같은 기관뿐만 아니라 자기 직원들의 확인 사항을 무시했다.[67] 이민국 직원들은 내부 보고서에서 아이티 사람들의 이주를 초래한 열악한 환경이 꾸준히 이어지고 있음을 확인했다. 음식을 구하기 힘들었고, 콜레라가 창궐했으며, 자연재해가 되풀이되어 '기존의 인도주의적 상황을 심하게 악화했다'.

국무부의 해외여행자 대상 경보에 따르면 정치적 폭력도 만연했다.[68] "타이어 방화와 도로 봉쇄를 비롯한 저항이 빈발하고 종종 동시에 일어난다"는 것이었다. "유괴와 인질극이 누구에게든 영향을 미칠 수 있고", "아이티 당국의 위기대응 능력은 제한적이고 일부 지역에서는 전무하다". 국무부 관료들은 아이티의 안보 상황이 워낙 형편없다는 판단을 내려서 대사관 직원들이 특별허가를 받지 않고서는 그곳으로 여행하지 못하게 했다. 그리고 난 뒤에도 국무부는 '필요하면 그 나라를 빠르게 탈출'하기 위한 계획이 있어야 한다고 요구했다.

뻣뻣한 야구모자에 색깔이 입혀진 대형 선글라스를 쓴 건장한 텍사스 사람 대럴 스키너는 텍사스 델 리오에 있는 도로변 식당인 딩크스 카페의 빨간 비닐 덮개 의자에 구부정하게 앉아 있다. 미국-멕시코 국경에서 30킬로미터 남짓 떨어진 곳이다.

"당장 국경에 뭔가 조치하지 않으면 이 나라는 50년 안에 존재하지 않게 될 거예요."[69] 스키너는 이렇게 선언했다. 머리 위에 독서용 안경을 걸쳐서 금발의 단발머리를 뒤로 고정한 카페 주인 셰릴 하워드 역시 여기에 동의했다. "그들이 거기에 머물러 있게 해야 해요"라고 그녀는 멕시코 손님들이 듣지 못하게 신경 쓰듯 주위를 힐끔거리며 무슨 음모라도 털어놓듯 말했다.

이주자를 공격하는 주장의 텅 빈 속내가 드러났음에도, 그들이 우리의 존재를 위협한다는 확신은 건재했다. 그것의 뿌리에는 불경함이라는 더 깊은 감각이 있다. 어떤 사람과 종이 고정된 장소에 속한다는 생각은 서구 문화에서 역사가 길다. 그 논리에 따르면 이주는 자연의 질서에 반하므로 재난일 수밖에 없다.

그 질서는 수백 년 전 성性에 미친 스웨덴의 한 분류학자가 정한 것이었다. 그 근본원리는 단순하게 요약할 수 있다.

우리는 여기에 속한다.

그들은 거기에 속한다.

3장

이주에 대한 부정적 인식의 기원

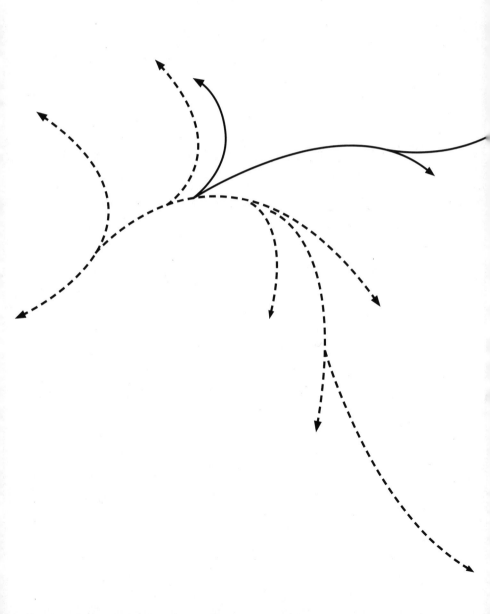

1707년 스웨덴 남부의 깊고 맑은 호숫가에서 가난한 루터파 교회 성직자와 목사의 딸 사이에서 태어난 칼 린네^{Carl Linnaeus}는 아버지의 정원에서 꺾은 꽃으로 장식한 요람에서 강보에 싸여 첫울음을 터뜨렸다.

유년기에는 호숫가 숲속에서 산책하고 눈에 들어오는 동식물의 해부학적 구조를 주의 깊게 관찰하며 시간을 보냈다.[1] 그에게 자연은 창조주의 물그림자였다. 그리고 창조주는 완벽하므로 자연 역시 완벽해서 각각의 살아 있는 피조물은 완수해야 할 특정 기능을 가지고 제자리에 있었다. 린네에 따르면 자연은 목적이 없는 것은 절대 만들어내지 않는다. 그 아름다움에 그는 완전하게 넋을 잃었다.

그는 인간의 설계에 길들여진 풍경에 둘러싸여 성장했다. 한때 그 지역에서 우세했던 야생의 숲은 오래전에 베어지고, 평탄하고 경작 가능한 목초지와 질서 잡힌 곡물 들판으로 바뀌었다. 린네의 아버지는 교구 목사관 근처에서 원예의 경이를 창조했다. 돈워 올린 원형의 화단에 다양한 잔치 음식과 손님들을 상징하는 특수한 식물과 관목을 심은 아버지의 정원 중 한 곳은 잘 차려진 정찬 테이블의 식물학 버전이었다. 린네는 거기서 몇 시간씩 놀곤 했다. 나중에 그의 팬들은 그를 꽃의 왕자라고 불렀다.[2]

질서는 린네를 황홀하게 만들었지만, 자연사학자로서 그는 그 모든 역동적이고 야성적인 혼돈 속에 있는 이 세상의 생물다양성을 설명해달라는 요청을 받았다. 18세기의 사회는 지구상의 살아 있는 생명의 기원과 분포에 대한 질문, 그리고 그와 함께 우리의 유사성과 차이의 역사와 본질, 그것을 만드는 데 이주가 했던 역할에 대한 질문이 소용돌이쳤다.

오늘날이라면 종과 인간의 기원 및 분포에 대한 이런 질문은 매혹적이기는 하나 일반적으로 대중의 관심을 받기에는 난해한 과학의 한 분야로 인식되는 '생물지리학(biogeography)'에서 한정적으로 다뤄질 것이다. 하지만 당시에는 생물지리학의 이론이 미치는 영향이 지대했다. 교회의 권위, 과학에 대한 교회의 지배력, 그 그늘에서 서서히 벗어나고 있는 과학, 식민지 기업의 합법성—그리고 여러 세대의 후손들이 이주자를 어떻게 바라보고 단속할지—등 모든 게 불확실한 상태였다.

당시 이러한 가장 중요한 질문에 대답을 내놓는 것은 린네 같은 자연사학자의 몫이었다. 외국인들과 이상한 종들은 어디에서 왔으며, 그들은 원래 어디에 속했는가?

탐험가들이 지어낸 이야기

항해술이 향상되고 더 크고 빠른 배 덕분에 그 어느 때보다 긴 거리를 여행할 수 있게 된 유럽 탐험가들은 아시아, 아프리카, 그리고 신세계 속으로 깊숙이 들어갔고, 거기서 전에는 상상도 할 수 없었던 광대한 생물다양성과 맞닥뜨렸다. 네덜란드 동인도회사 같은 회사는 이 세상의 외딴 장소들로 탐험가와 식민자 대대를 보내 자원을 약탈하고 새로운 영토의 소유권을 주장하며 새로운 무역 경로를 만들어냈다. 포부가 남다른 젊은 자연연구가들은 남태평양과 아시아로 떠나는 수년에 걸친 탐험에 합류했다.

그들이 항해에서 돌아올 때는 바다 건너에서 일별한 이상하게 생긴 외국인과 생명체에 대한 숨 막힐 듯한 이야기를 넘치도록 안고 왔다.[3] 17세기 중반에 네덜란드 동인도회사와 함께 니코바르섬(인도양 벵골만의 도서 지역-옮긴이)을 방문했던 닐스 맷슨 키오핑 Nils Matsson Kioping은 "색이 짙은 노란색인 크고 험악한 사람들"이 그 섬에 산다고 전했다. 그들은 앵무새의 목을 비틀어서 날로 먹는다는 것이다. 그는 그들이 떼로 몰려서 자신의 배에 올랐을 때 그 모습을 직접 보았다. 각자 "등에 꼬리가 하나씩 있어서 고양이 꼬리처럼 흔들었다"고 밝혔다.

볼테르라는 필명으로 저술 활동을 한 유명 작가 프랑수아-마리 아루에 Francois-Marie Arouet는 빨간 눈을 가진 소인 부족에 대해 묘사했다. 콩고에 사는 이들은 겨우 스물다섯 살까지밖에 살지 못했다. "아주 작고 정말 희귀한 민족"이라고 그는 설명했다. "힘이 워낙 약해서 자신들이 살고 있는 동굴 밖으로 거의 나오지 못한다." 이런 낯선 종족들에게는 이상한 초자연적인 풍습이 있었다. 여행자들이 밝힌 바에 따르면 아프리카 일부 지역에서는 부족 전체 차원에서 남성들에게 한쪽 고환을 절제하는 의식을 거행하도록 강요하기 때문에 남자들이 모두 '홀 고환'이었다.

18세기 여행작가들은 외국인을 인간으로 인식하고 묘사할 때마저도 유럽인과 비유럽인 및 동물 간의 유사성보다는 차이를 강조했다.[4] 이들은 외국 종족의 피부색을 흙빛의 정도 차이가 아니라 '빨강', '노랑', '검정', 그리고 '흰색'이라는 거칠게 과장된 범주로 표현했다. 또한 아프리카 일부 지역에서는 여성의 가슴을 그냥 단순하게 '크다'가 아니라 워낙 무거워서 여성이 누우려면 먼저 가슴을 바닥에 내려둬야 하고 워낙 풍만해서 담배 주머니로 내다 팔 수 있을 정도라고 묘사했다.

이런 이야기들은 목격자의 진술처럼 제시되긴 했지만 대체로 민속설화, 신화, 두 사람 이상을 건넌 가십을 가지고 짜깁기한 것들이었다.[5] 유럽 바깥세상에 대한 천 쪽짜리 삽화집을 만든 네덜란드 선교사 아놀두스 몬타누스Arnoldus Montanus 같은 왕성하게 작품 활동을 한 작가 중에는 유럽 대륙을 한 번도 떠나본 적이 없는 사람들도 있었다.

예컨대 콩고에서 동굴에 산다는 부족에 대한 프랑스 작가 볼테르Voltaire의 묘사는 다양한 고대 신화를 꿰맞춘 것이었다.[6] 헤로도토스는 '혈거인(troglodytes)'이라는 인간과 유사한 생명체에 대한 글을 남겼는데, 이들은 동굴에서 도마뱀을 먹고 살았다. 플리니우스는 이 존재가 야행성이고, 햇볕에 노출되면 막 태어난 강아지처럼 배를 붙인 채 기어 다니고, 말을 하는 대신 '이를 가는 소음'을 낸다는 식의 세부사항을 덧붙였다. 볼테르는 충분히 신빙성이 있어 보이는, 하지만 독자들이 직접 그 주장을 확인할 수 없을 정도로 충분히 먼 특정 장소—중앙아프리카—를 이들의 고장으로 지정하고, 이런 뒤죽박죽 설명에 일관성을 입혀 실제 부족인 듯한 인상을 주었다.

노란 꼬리가 달린 남자들을 만났다는 키오핑의 설명 역시 비슷하게 신화를 토대로 했다.[7] 지금은 1만 3천 년 전부터 니코바르 인근 도서 지역에 신장이 90센티미터 정도인 '호빗' 인류, 호모 플로레시엔시스Homo Floresiensis가 다른 인간들과 함께 살았다는 사실이 알려져 있다. 키오펑은 그 지역을 방문했을 때 이들에 관한 이야기를 들었을 수 있었다. 수 세대 동안 구전을 거치면서 마치 그리스의 성자 니콜라스가 북극에 사는 날아다니는 순록의 지배자로 변신하듯 이 사람들은 그가 묘사한 꼬리 달린 인간으로 변신했을 수 있다. 그러고 난 뒤 그는 문학적인 과장을 입혀 개인적 경험이라는 드라마의 형태로 이 신화를 다시 들려줬던 것이다.

유럽인들은 어째서 동료 부족들과 똑같이 공유하는 현저한 유사성이 아니라 차이에 그렇게 압도당했을까? 유럽인들이 다른 지역 사람보다 아주 동질적인 부족으로 이루어진 집단도 아니면서 말이다. 집단으로서 유럽인들은 다양했고, 서로 간에 그렇듯 다른 장소의 사람들과도 많은 공통점이 있었다. 어쨌든 아프리카, 아시아, 아메리카의 사람들은 예나 지금이나 친족이다.

일설에 따르면 유럽인들이 외국인의 이질성을 과장해서 인식한 것은 당시 여행의 성격이 바뀌고 있었기 때문이다. 장거리 해상 여행의 시대가 도래하기 전까지만 해도 여기저기 흩어진 인간집단 간의 차이에 대해 상인과 여행가들의 인식은 희미했다. 유럽인들은 터벅터벅 걷는 정도로 느리게 이동하여 다른 인간집단과 다른 유럽인들을 만났다. 상인과 탐험가들은 육로로 여행하면서 적이든 동지든 인간이 사는 동네면 어디서든 볼 수 있는 갈등과 로맨스로 가득한 일반적인 관계뿐만 아니라 중첩되는 지리적 특성과 기후를 공유한 인접 지역들을 차례로 통과했다. 한 집단 안에서 나타나는 그 어떤 생물학적 특징도 비슷한 기후와 유전적 관계로 연결되어서 다음에 등장하는 특징들로 부드럽게 바뀌었다. 이런 식으로 지나쳐 가는 사람들은 다양한 피부색, 몸의 형태, 안면의 특징들을 미묘하게, 그리고 어쩌면 알아차리기 힘들 정도로 단계적으로 바뀌는 것으로 인식하고 집단 간의 어떤 극적인 육체적 차이를 알아차리지 못했을 것이다.

따라서 18세기 탐험가들에게는 그렇게 충격적으로 보였던 외국인들의 일부 측면들, 예를 들어 피부색의 차이 등이 그 앞선 시대에는 마치 개의 반점 유형처럼 별로 중요하지 않은 세부사항으로 치부되었다.[8] 예컨대 누비아 왕국은 이집트 남쪽, 즉 오늘날 수단 지역에 있었던 왕국으로, 하부 누비아(Lower Nubia)와 상부 누비아(Upper Nubia)로 나뉘어 있었다. 고대 이집트 대도시에서는 사람들의 피부색이 이들이 살고 있는 약 6,500킬로미터의 나일강 계곡을 가로지르는 15도의 위도에 따라 밝은색에서 어두운색까지 다양했다. 하지만 당대의 예술작품들이 피부색의 다양성을 묘사할 때 피부색의 차이는 그들이 수천 년간 유지했던 사회적 위계와는 어떤 관계도 없었다. 계몽주의 이전 유럽에서도 예술가와 지리학자들이 해외의 민족들을 유럽인들과 육체적으로 유사하게 그리는 경향이 있었다. 1595년에 그려진 〈호텐토트Hottentot〉는 아프리카인들로 어렴풋이 정의된 그림으로, 브라운대학교의 생물학자이자 사학자인 앤 파우스토-스털링Anne Fausto-Sterling의 지적에 따르면, 그들을 "고전 그리스인들처럼 생긴 두 사람"으로 그렸다. 당시의 피부색은 오늘날의 머리카락 색과 유사해서 눈에 들어오긴 해도 사회적으로는 무의미한 세부사항이었다.

18세기 유럽인들의 탐험은 인간의 다양성에 대한 이제까지와는 확연히 다른 경험으로 이어졌다.[9] 탐험가들은 육상으로 연결된 인접 지역들을 거치며 이동하는 대신 사람을 볼 수 없는 바다로 수천 킬로미터를 이동했다. 그들은 기후와 지리적 특성이 완전히 다른 새로운 지역에 갑자기 내리게 되었다. 이는 인간 다양성의 연속성이 충격적일 정도로 단절적으로 보이게 만든 이유였으리

라. 그것은 마치 얕고 따뜻한 물에서 조금씩 더 차갑고 깊은 물 속으로 천천히 걸어 들어가는 것이 아니라, 바로 깊은 물로 뛰어드는 것과 같았다.

이상하고 이질적인 타인에 대한 묘사와 이야기들—그림책, 회화, 태피스트리 등의 예술품에 등장하는—은 유럽인들의 감각에 황홀함과 즐거움, 그리고 당혹스러움을 안겼다.[10] 가끔 이동 전시회를 통해 살아 있는 표본들이 유럽을 찾아왔고, 덕분에 고된 해외여행을 꺼리는 유럽인들조차 자신들의 해안 너머에 존재하는 기이한 자연계를 엿볼 수 있었다. 부유한 엘리트들은 동물원을 만들어서 살아 있는 영양, 사자, 원숭이, 플라밍고, 그리고 그보다 훨씬 환상적인 맹수들을 모았다. 함부르크의 한 전시꾼은 자연사학자들이 유럽 대륙 건너편 여행에서 보고 온 머리가 일곱인 히드라를 자신의 수집품에 포함했다며 으스댔다. 그것은 족제비의 일부를 풀로 붙인 뒤 뱀피를 씌워 합성한 가짜였지만, 외래종의 기이한 생물학적 특성에 대한 대중들의 경솔한 관심은 진짜였다. 전시꾼들은 인어, 호텐토트, 혈거인이라고 광고하는 여성들을 전시했지만, 그들은 백색증이 있는 작은 아프리카 어린이와 남아메리카 어린이일 때가 많았다.

핵심은 외래부족과 장소의 세부사항을 정확하게 설명하는 데 있지 않았다. 외래성에 대한 유럽인들의 보편적인 감각을 드러내는 것이 중요했다. 호텐토트와 혈거인 이동 전시와 머리가 일곱인 히드라로 가득한 동물원은 충격을 주기 위한 기획이었지만 어떤 면에서는 충격 그 자체의 표현이기도 했다. 그들이 누구건, 어떻게 생겼건, 유럽 국경 너머 외래의 존재들은 품종 자체가 달랐다.

사람들 간의 차이에 대한 집착은 이주에 대한 분명한 고려에서 나온 게 아니었다. 하지만 과거 역사에서 이주의 역할을 인지하려면 생물학적 공통성이라는 개념부터 받아들여야 한다. 우리가 인간이라는 공통된 사실은 과거에 이주가 있었음을 인정해야 논리에 맞는다. 그렇지 않고서야 어떻게 인간이 온 세상에 있을 수 있겠는가? 또한 과거에 이주에 성공했다는 것은 미래의 이주도 비슷하게 성공할 수 있음을 시사한다. 하지만 외국인에 대한 외설스럽고 선정적인 묘사로 배를 불리는 출판업자와 전시꾼 들이 판을 치다 보니, 외국인은 기이하다는 유럽인들의 인식은 꾸준히 증가했다.

유럽 대륙 전역에서 새롭게 결성된 과학협회에 모인 지식인과 엘리트 들 사이에서 논쟁이 소용돌이처럼 일어났다.[11] 노란 꼬리 인간 같은 표본을 창조한 이는 누구인가? 교회의 말처럼 신성한 조물주인가 아니면 아직 알려지지 않은 자연 내의 다른 어떤 창조적인 힘인가? 이런 존재들이 성서가 밝힌 바에 따르면 아담과 이브의 자손인 유럽인들과 실제로 관계가 있을 수 있나? 그리고 만일 그렇다면 그들은 어떻게 유럽 탐험가들이 그들을 만난 그 먼 지역까지 갔을까? 대부분의 18세기 탐험가들은 직접 대양과 대륙을 건너는 여행을 했음에도, 다른 누군가가 똑같은 일을 할 수 있으리라고는 상상하지 못했다.

서로 다른 대륙의 사람들 사이에 존재한다고 생각하는 간극이 점점 벌어짐에 따라 동일한 기원이라는 개념, 그리고 그와 함께 과거와 미래의 이주 가능성은 점점 신빙성을 잃었다.

'무례한 촌뜨기' 린네

린네는 이 세상의 생명다양성의 규모에 대해서는 직접 아는 바가 거의 없었다.[12] 그는 웁살라대학교 의학도였을 때 딱 한 번 탐험 여

3장 이주에 대한 부정적 인식의 기원

행을 떠난 적이 있었다. 여행 계획은 보수적이었다. 그는 자기 나라 스웨덴 안에서 라플란드 북쪽 지방보다 더 멀리 가지 않았다. 그런데도 그는 여전히 문화와 생물학적 다양성의 본성을 공부하고 이해할 충분한 기회를 만끽했다. 지금은 사미족으로 알지만 린네에게는 라플랜더였던, 순록 떼를 몰고 다니는 유목민이 거주하는 길들어지지 않은 북부 툰드라에 대한 당시의 이해는 턱없이 부실했다. 웁살라과학협회는 사미족이 이스라엘의 잃어버린 부족이거나, 어쩌면 수수께끼 같은 방식으로 이식된 신세계 사람들일지 모른다고 추측했다. 일부 학자들은 이들이 스키타이인으로 알려진 중앙아시아 유목민이거나 소인족일지도 모른다는 가설을 세우기도 했다.

린네는 길잡이 몇 명을 고용한 뒤 6개월에 걸친 라플란드 도보 여행을 떠났다. 최대한 안전한 경로를 택해 가능한 한 오랫동안 해안 지역을 따라 움직이며 동식물상에 대해 휘갈겨 적고 특이한 식물과 곤충을 수집했다. 그는 비참했다. '여행을 시작하지 말걸' 하고 어느 순간 자신의 일기에 적었다. 그는 '동반자를 갈구'했고, '이 황량한 야생'에 패배당한 기분이었다. 그리고 그는 사미족에 대해 많이 배우지도 못했다. "내가 만난 몇 안 되는 원주민들은 낯선 억양으로 말했다"고 그는 불평했다.

린네는 뛰어난 모험가가 아니었다. 그는 스웨덴어가 아닌 언어를 쓰는 사람들을 용납할 수 없었다. 나중에 어쩔 수 없이 핀란드를 방문했을 때—그는 여행의 불편함을 견딜 수 없어 했다—거기 사람들이 스웨덴어를 쓰지 않는다며 남몰래 불평했다. "그들은 핀란드어밖에 쓰지 않는다"며 경멸을 담아 지적했다. 또한 핀란드 사람들을 '싸움꾼'으로 여겼고, '시큼한 흰 생선의 역겨운 악취'에 진저리를 쳤다. 린네의 전기작가 중 한 명인 리스벳 쾨르너Lisbet

Koerner는 그를 '감상적이고 미신적이며 교양이 없는 무례한 촌뜨기'라고 불렀다.

여행은 실패였다. 웁살라로 돌아와 크게 안도한 린네는 여행의 결함을 감추려고 안간힘을 썼다. 그는 여행자금을 대준 사람들에게 자신이 겪은 고난을 과장한 자료를 제출했다. 그중에는 너무나도 기이한 육체적 기량과 대담함이 요구되는 어떤 관찰 여행에 대한 세부사항까지 들어 있어서 현대의 생물학자들은 그가 지어낸 이야기라고 확신할 정도였다. 그는 사미족 여성의 모자와 북을 포함해 의상을 대충 갖춘 뒤 그것을 실제 사미족의 의상으로 치부했고, 특별한 행사 때 입었다. 심지어 그 옷을 갖춰 입고 초상화를 그리게 하기도 했다. 린네는 사미족에 대해 많은 걸 배우지 못했지만, 다른 누구도 사미족에 대해 많이 알지 못하기는 마찬가지였다. 린네는 수년간 자신과 사미족을 떼어놓을 수 없을 정도로 경험 많은 사미족 전문가 행세를 했다.

린네의 후원자들은 감명을 받았다.[13] 어떤 사람은 이렇게 말했다. "린네처럼 자연사의 모든 부문에서 학식 있는 사람을 본 적이 없어요. 얄팍하지 않고 철저하게 말이에요."

논란을 일으킨 린네의 분류법

데이터의 혼돈 속에서 질서를 창조하고자 하는 모든 학문 분과에는 두 부류의 사람들이 있었다. 훗날 찰스 다윈Charles Robert Darwin은 이들을 '병합파'와 '세분파'라고 불렀다. 세분파는 데이터 지점 간의 차이점에 초점을 맞추고, 이를 필요한 만큼의 범주로 쪼개 아무리 사소하더라도 변별사항을 바탕으로 서로를 구분한다. 반면, 병합파는 이질적인 데이터 지점 간의 기저에 있는 유사성을 식별하여 통합할 수 있는 공통점을 가지고 묶어내려 한다. 차이의 조짐을 귀신같이 냄새 맡아서 또 다른 생물학적 경계를 그리곤 했던 린네는 세분파였다.

린네는 네덜란드 동인도회사의 책임자가 소유한 식물원 부지의 큐레이터이자 개인 의사로 일하는 한편 획기적인 분류체계— 이 세상의 생물다양성에 이름을 붙이고, 설명하고, 분류하는 체계—에 대한 글을 쓰기 시작했다.[14] 그는 누구든 사용할 수 있는 간단한 분류체계를 만들어냈다. 그는 모든 종에 두 개의 라틴명을 부여했다. 첫 번째는 일반적인 범주를, 두 번째는 독특한 성질을 의미하는 것으로.

처음에 린네는 외국인의 기원과 분류방식에 대한 골치 아픈 질문은 건드리지 않았다. 많은 자연사학자에게 외국인의 다양한 피부색—특히 아프리카인들의 어두운 피부색—은 어떤 깊은 생리학적 차이가 있을 수 있음을 의미했다. 사과의 겉껍질 색이 배와 다르듯이 말이다. 하지만 린네는 그 가능성을 자신의 분류체계 안에 어떻게 끼워 맞출지를 고심했다. 만일 『성경』에서 말하듯 모든 사람의 기원이 같다면 린네는 유럽인들이 원시적이고 야만적이며 생물학적으로 이질적이라고 생각하는 외국인들과 친족 관계임을 인정해야 했다. 그것은 달갑지 않은 선택이었다. 그렇다고 해서 서로 별개의 혈통임을 시사할 경우 아담과 이브 이야기가 틀렸다고 주장하는 셈이 될 터고, 그건 신성모독이었다. 린네는 이 문제를 회피했다. 인간에 관해 설명할 때는 설명 대신 'Nosce te ipsum'이라고 적었다.[15] '너 자신을 알라'는 의미의 라틴어였다. 여기서는 기본적으로 각자가 알아서 생각해내라는 뜻이었다.

그럼에도 불구하고 인간의 신체와 관계는 린네의 초창기 분류법에 지대한 영향을 미쳤다. 성적 재생산의 중요성을 알아본 그는 식물을 생식기의 해부학적 특성에 따라 분류했다. 수컷 식물은 수술로, 암컷 식물은 암술로 분류한 것이다. 어쩌면 그는 다른 방식을 생각해낼 수 없었기 때문에 인간의 성관계를 묘사할 때 사용하는 언어와 비유를 자신의 설명에서 사용했던 것인지도 모른다.

린네는 식물들의 결혼, 남편, 아내, 매춘부에 관해 서술했다.[16] 그는 식물의 생식기를 인간의 생식기에 비유했다. 수컷의 꽃밥과 꽃가루, 꽃실(수컷 식물의 생식기)은 인간 남성의 고환, 정액, 수정관에 해당했다. 암술대와 암술관, 과일 껍질, 씨앗 같은 식물의 여성적 생식기들은 인간 여성의 음부인 질, 난관, 난소, 난자에 해당했다.

그는 이렇게 적었다. "모든 동물이 성적 충동을 느낀다.[17] 그렇다, 식물에게도 사랑이 찾아온다. 수컷과 암컷, 심지어 자웅동체마저 혼례를 올린다…… 실제 꽃잎은…… 위대한 조물주가 근사하게 준비한 신방으로만 기능한다. 너무나도 고귀한 침대 커튼으로 장식하고 아주 많이 달콤한 내음으로 향수를 뿌려 신랑과 신부가 그곳에서 더욱 근엄하게 자신들의 혼례를 축하할 수 있게 한다."

이 때문에 린네는 위험한 영역에 발을 들이게 되었다. 18세기 유럽인들이 점잖다고 여기는 성적인 행동에 부합하는 식물은 얼마 되지 않았기 때문이다. 일부 암컷 식물들은 20개의 서로 다른 수컷 식물과 짝짓기를 했고, 수컷 식물들은 정기적인 동반자와 다른 암컷 식물들과 짝짓기를 했다. 어떤 식물은 자기 자손과 번식 활동을 했다. 린네는 독자들이 수컷 식물과 암컷 식물 간의 번식 행위를 예쁘게 꾸민 신방에서 치러지는 초야와 유사하게 여기게 함으로써 은연중에 훨씬 도발적인 다른 행위—근친상간, 일부다처제, 간통—역시 인간의 관점에서 바라보게 했다.

1735년 린네의 『자연의 체계(Systema Naturae)』 초판이 나왔다. 비판가들은 그 책이 혐오스럽고 외설적이며 상스럽다고 몰아 세웠다.[18] 프러시아의 식물학자 요한 시게즈벡Johann Siegesbeck은 "혐오스러운 매춘 행위"라며 성토했다. 린네의 성적인 분류법으로 린네를 식물-여성으로 분류한 어느 비평가의 예리한 분석은 널리 회자되기도 했다. "나는 모두에게 웃음거리였다"며 린네는 투덜댔다. 이런 맹비난 때문에 그는 신경쇠약에 걸릴 지경이었다.

모든 인간은 같은 혈통이라는 뷔퐁의 반박

린네의 경쟁상대인 프랑스의 자연연구가 조르주-루이 르클레르 George-Louis Leclerc는 동부 프랑스 디종 지역에 있는 뷔퐁 마을의 대농원에서 어린 시절을 보냈다.[19] 이 대농원은 공직자인 부모님이 종조부에게 물려받은 돈으로 산 것이었다. 그는 대학에서 수학과 의학을 공부했고, 친구인 킹스턴 공작과 유럽 여행을 다녔다. 여행에서 돌아온 그는 뷔퐁 마을을 사들이고 자신의 이름에 '드 뷔퐁'이라는 접미사를 추가한 다음 파리로 가서 왕의 의료용 정원의 큐레이터로 임명되었다.

린네가 세분파였다면, 뷔퐁은 병합파였다. 그의 아이디어는 린네의 분류법을 헤집어놓았다.

자연이 변화하지 않고 경직된 질서를 따른다고 설명했던 린네와 달리 뷔퐁은 자연을 변이 가능하고 역동적이라고 생각했다.[20] 뷔퐁에 따르면 모든 자연은 '감지하기 힘든 미묘함'과 '미지의 단계들'만으로 구분되는, 끊어지지 않는 하나의 연속체로 구성되었다. 뷔퐁의 자연관은 기원전 6세기의 그리스 철학자 헤라클레이토스 같은 고대의 생각을 부활시켰다. 암석의 견고함, 물길의 윤곽, 살아 있는 피조물들의 습관은 어떤 근원적으로 변치 않는 물질적인 자연을 나타내는 게 아니었다. 그것들은 고정된 실체가 전혀 없는, 흐름의 상태를 일시적으로 표현할 뿐이었다. 영속성은 환상이었다. 실재하는 것은 변화였다.

뷔퐁은 이를 통해 인간의 역사와 생물학에 대한 급진적인 사고에 도달했다. 모든 인간은 어디에 살든, 피부색이 어떻든 '같은 혈통에서 비롯되었고 같은 가족'이라는 게 그의 생각이었다.

유럽인과 아프리카인이 가령 말과 당나귀처럼 생물학적으로 다르다면, 부모 중 한 명은 유럽인이고 다른 한 명은 아프리카인인 아이는 노새처럼 불임일 것이었다. 하지만 그렇지 않았다. 그에 따르면, "백인과 흑인의 혼혈 인종인 물라토가 정말 노새면 실제로 완전히 다른 두 종이 존재하게 될 것이고…… 백인과 니그로가 절대 기원이 같지 않다고 생각하는 것이 맞을 것이다. 하지만 이 추정은 현실에 의해 논박되었다."

무엇보다 뷔퐁은 오늘날 백색증이라고 부르는 현상에 대해, 그리고 그것이 피부색이 어두운 아프리카인들에게 일어난다는 사실을 알고 있었다. 대플리니우스, 프톨레마이오스, 로마의 지리학자 폼포니우스 멜라가 백색증이 있는 아프리카인에 대한 글을 남겨놓았다. 탐험가 에르난 코르테스는 1519년에 몬테수마(멕시코 아즈텍 왕국의 마지막 황제)의 왕궁에서 백색증인 사람들을 만난 적이 있다고 주장하기도 했다. 피부색이 어두운 부모를 둔 피부색이 밝은 자식들의 이런 상태는 18세기 관찰자들에게 큰 관심거리였다. 일부 논평가들은 백색증이 천연두와 비슷한 피부질환의 하나일 거라는 이론을 제시했다. 어떤 사람들은 아프리카인의 백색증은 밝은 피부색이 어두운 피부색보다 먼저 존재했었다는 증거라고 주장하기도 했다. 백색증인 아프리카인은 개량된 원예종에서 원형으로 되돌아가는 야생의 곁가지 같은 거라는 것이다.

99

뷔퐁이 보기에, 아프리카인들의 백색증은 유럽인과 아프리카인의 공통된 인간적 특성 위에 피부색이 덧입혀진 피상적이고 변이 가능한 특질임을 보여주는 증거였다.[21] 뷔퐁의 친구 볼테르는 "니그로 인종은 스패니얼 종이 그레이하운드 종과 다르듯 우리와는 다른 종"이라고 말했다. 하지만 뷔퐁은 그럴 순 없다고 지적했다. 아프리카인 부모는 아무리 피부색이 어두워도 피부색이 밝은 아기를 낳을 수 있었다. 하지만 스패니얼은 그레이하운드 강아지를 낳지 않는다.

뷔퐁은 다른 민족 사이에서 관찰되는 차이는 내재적인 생물학적 차이가 아니라 가변성이 있는 변화와 적응의 과정에서 비롯된다고 말했다.

처음으로 이주의 역사를 상상하다

뷔퐁은 외국인을 인간으로 상정함으로써 모든 인류의 근원을 에덴동산에서 찾는 『성경』의 이야기를 고수할 수 있었다. 하지만 이를 위해서는 외국인들이 어떻게 전 세계에 분포하게 되었는지, 그리고 이들이 모든 유럽인처럼 아담과 이브의 후손이라면 어떻게 어두운 피부색과 이상한 이목구비를 갖게 되었는지를 설명해야 했다.

그는 이주의 역사를 상상했다.

뷔퐁은 왕의 정원에 만든 미로로 유명했다. 그는 이와 유사하게 과거의 인간들이 에둘러 돌아가는 경로를 따라 움직였다고 생각했다. 당시에는 장거리 이주의 증거가 전혀 없었지만, 러시아 원정대들은 베링해협을 가로지르는 지협이 있었을 거로 추정했다. 이런 지협이 있었다면 사람들은 바다를 오가는 배의 도움을 받지

전 세계로 퍼져나가는 인류

사람들이 어떻게 전 세계로 퍼져나갔는가 하는 주제는 18세기 유럽 사회를 휘저어놓았다. 근대 분류학의 아버지 칼 폰 린네는 그 원인이 이주일 가능성을 일축한 반면, 그의 경쟁상 대였던 조르주 루이 르클레르 드 뷔퐁 백작은 이주를 퇴화의 과정이라고 상상했다. 이 지도 는 유전자 분석을 근거로 아프리카에서 퍼져나간 인간의 이동을 재구성한 것이다.

출처: R. Nielsen, J. Akey, M. Jakobsson, et al. "Tracing the Peopling of the World through Genomics," Nature 541 (2017): 302–10.

대서양

북극해

태평양

인도양

▬▬▶ 5,000~2,500년 전

▪▪▪▪▶ 25,000~10,000년 전

▬ ▬ ▬▶ 65,000~45,000년 전

⬤ 인구 계류지

않고도 구세계에서 신세계로 걸어 다닐 수 있었으리라는 게 뷔퐁의 생각이었다. 어쩌면 오래전 과거 어느 때 우리 조상들은 에덴동산을 떠나 일련의 장거리 이주를 했고, 그래서 유럽 탐험가들이 최근에 발견한 멀고 다양한 그 모든 장소에 있게 되었으리라.[22]

이런 이주와 분산—당시로는 순전히 이론일 뿐이었지만—은 18세기 청중들을 그토록 사로잡고 집착하게 만든 이질적인 인간의 다양한 시각적 측면뿐 아니라 세계 곳곳에 인간이 분포하게 된 것도 설명할 수 있었다. 뷔퐁은 다른 대륙과 지역의 민족들이 이주 후에 여러 독특한 환경조건에 적응하면서 신체가 여러 형태와 색으로 변형되었으리라고 추측했다.

날씨의 양상과 기후대가 인체의 건강과 형태에 영향을 미친다는 생각은 아리스토텔레스와 히포크라테스로 거슬러 올라간다.[23] 나중에 과학자들이 보여주듯 이주와 그로 인해 야기된 변화는 유럽인들이 살롱과 과학협회에서 화제로 삼았던 눈에 보이는 많은 변이를 해명한다. 사람들이 이주한 지역들은 몸에 표시를 남겼다. 지역의 음식을 소화하고, 지역의 기후를 견디고, 지역의 병원균에게 목숨을 빼앗기지 않으려고 유전자를 진화시켰다. 북극의 극한적인 추위를 견디기 위해 신진대사율이 높고 몸집이 크고 다부지며 사지가 짧은 형태로 진화하여 열 손실을 줄였다. 피부색도 다양하게 진화시켰다. 비타민 D를 선사하는 일광이 제한적인 고위도에서는 자외선을 더 많이 흡수할 수 있도록 더 하얀 피부와 젖당 소화 능력을 진화시켰다. 젖당을 소화할 수 있으면 우유 안에 있는 비타민 D를 섭취할 수 있기 때문이다. 적도를 가로질러 이주한 사람들은 땀으로 유실된 나트륨을 유지하는 능력과, 열 손실을 촉진하여 몸을 서늘하게 유지하는 긴 팔다리를 진화시켰다. 다양한 피부색과 신체 유형을 비롯한 18세기 탐험가들이 지적한 많은 생물학적 특징들이 실은 최소한 부분적으로는 서로 다른 지역에 신체가 적응하는 과정에서 비롯된 것들이었다.

하지만 오늘날 사람들이 뷔퐁을 기억하는 것은 그의 통찰 때문이 아니다. 뷔퐁과 린네 모두 중세시대 이후로 철학자와 신학자를 통해 전해진 관행적인 지식에 발을 딛고 있었다. 그것은 바로 지구상의 모든 물질과 생명이 위계적으로 조직되어 있다는 것인데, 고대인들은 이를 '존재의 거대한 사슬(Great Chain of Being)'이라고 불렀다. 생명 또는 물리적 물질의 각 부류 또는 계급은 그 사슬 안에 있는 고유한 고리로, 그 위치는 긍정적인 속성의 측면에서 그 지위를 나타낸다. 사슬의 맨 아래에는 암석이 있었다. 에메랄드와 사파이어 위에 루비가, 그 위에 다이아몬드가 있었다. 조금 더 위에 식물이 있었다. 맹금류는 울새처럼 벌레를 먹는 새보다, 그리고 벌레를 먹는 새는 참새처럼 씨앗을 먹는 하찮은 새들보다 더 서열이 높았다. 동물 위에 사람이 있었다. 농노는 서열이 가장 낮고, 그다음이 성직자, 귀족, 왕 순이었다. 그 위로 가장 높은 곳에는 천사와 신이 있었다.

그래서 뷔퐁이 보기에 이주를 통해 발생한 외국인과 유럽인 간의 차이는 도덕적으로 중립적이지 않았다.

뷔퐁의 이론에 따르면 사람과 동식물 종이 에덴동산에서 나와 이주를 하면서 새로운 식습관과 기후가 이들을 '퇴화'시켰다. 에덴동산은 유럽 인근 어딘가에 있었기 때문에 유럽인들은 완벽한 원형의 상태를 많이 보유했다. 그는 아프리카인, 아시아인, 아메리카인에게는 그만큼 많이 남아 있다고 말할 수 없었다. 이들이 너무 덥거나 추운 기후로 이주하면서 18세기 항해자들이 묘사한 기형적이고 도덕적으로 문제 있는 피조물로 바뀌었기 때문이다.

뷔퐁은 이주로 인한 퇴화는 아메리카인들이 왜 '야만적'인지 그 이유를 알려준다고 주장했다.[24] 그들은 북아메리카의 습하고 추운 기후에서 썩어버렸다. 그는 이렇게 밝혔다. "야만인은 장기기관이 약하고 작다. 수염도 없고 여성을 사로잡을 매력도 없다…… 감각 능력이 떨어지고 겁은 많다…… 온종일 잠을 자거나 멍청하게 궁둥이를 붙이고 쉴 것이다…… 자연의 가장 고귀한 불꽃은 그들에게 주어지지 못했다." 그는 아메리카 대륙에 정착한 식민지 주민들 역시 비슷하게 질이 나빠졌다고 생각했다. 그는 그들 사이에 시인과 천재가 없다는 점을 생각해보라며 지적했다. 심지어 북아메리카의 동물들은 연약하고 왜소해졌다. (11세기 이슬람 철학자 아키베나Acivenna도 비슷한 방식으로 설명했지만 그의 체계에서는 유럽인들이 자신이 속한 중앙아시아 사람들보다 정신적으로 열등했다. 그의 주장에 따르면 유럽인들은 일광을 받지 못해서 날카로운 이해력과 명료한 지적 능력이 부족한 데 반해 햇빛을 너무 많이 받는 누비아인들과 에티오피아인들은 자기통제력과 지구력이 부족하다. 그는 두 집단 모두 노예가 되기에 안성맞춤이라고 생각했다.)

뷔퐁은 장장 36권에 달하는 방대한 백과사전 『박물지(Historie naturelle)』에 자기 생각을 상세하게 풀어냈다. 이 박물지의 첫 세 권은 1749년에 나왔다.

토머스 제퍼슨 같은 미국인들은 자기 나라 사람들을 퇴화했다고 보는 뷔퐁의 달갑잖은 설명에 반박했다. 제퍼슨은 자신의 유일한 저서 『버지니아주에 대한 비망록(Notes on the State of Virginia)』에서 길게 한 장을 할애하여 이 주장을 반박했다. (그의 주요 반증은 북아메리카에서만 발견되는 건장한 체격의 무스였다.) 하지만 다른 곳에서는 『박물지』가 인기를 얻어서 유럽 대륙에 있는 교육받은 사람 모두가 읽을 정도였다.

파리, 베를린, 런던 등지의 상위과학협회가 회원가입 초대장을 보내왔고,[25] 왕족들이 보낸 선물이 쇄도했다. 왕은 그에게 뷔퐁 백작 칭호를 내리고, 조각가에게 그를 닮은 흉상을 제작하게 했다.

이주와 변화를 무시한 린네

린네는 감흥을 느끼지 못했다.[26]

그는 '장황한 설명'이라고 신랄하게 쏘아붙였다. "관찰력이 없는 거나 다름없고…… 엉터리"라며 말을 이었다. "모두를 비판하지만 스스로를 비판하는 건 망각한다. 오류가 제일 많은 건 그 자신인데 말이다. 모든 방법론을 증오하는 인간."

린네는 수년에 걸쳐 『자연의 체계』를 조금씩 정교하게 손질하여 새로운 판본을 출간했다. 외설적이든 아니든 린네가 고안한 시스템은 살아 있는 생명체의 보편적인 명명법을 통일시켰다.[27] 린네 이전의 자연연구가들은 수생 포유류를 어류에 포함시켰고, 네발동물을 크기에 따라 분류했고, 박쥐와 맹금류를 같은 부류로 묶고, 새를 둥지의 위치에 따라 구분했다. 그들은 자신이 발견한 견본을 손으로 채색한 값비싼 구리 동판화 책에 나오는 그림과 비교해서 누가 먼저 그 견본을 본 적이 있는지, 그랬다면 그 사람이 뭐라고 불렀는지를 확인했다. 하지만 린네의 분류법이 등장하면서 더는 그럴 필요가 없었다. 수필가 앤 패디먼Anne Fadiman은 "파타고니아나 남태평양에서 새나 도마뱀이나 꽃 무엇이든 아마 수 세기 동안 그 지역의 이름으로 불렸을 무언가를 가져와서, 라틴어로 된 이명법二名法으로 새롭게 이름을 붙이면 끝!"이라고 말한다.[28] 그것은 유럽의 작은 식민지가 되었다. 사학자 리처드 홈즈Richard Holmes는 린네의 분류법이 유럽의 정복 전쟁에서 막강한 도구인 "일종의 정신적 식민화이자 제국 건설"이라고 말한다. 어디에 있든 모든 살아 있는 피조물은 그 질서에 끼워 맞춰질 수 있었던 것이다.

유럽 전역의 전문가와 신분 높은 후견인들이 이 명망 높은 자연연구가를 찾아왔다.[29] 이들은 코카투앵무, 공작, 화식조, 네 종류의 앵무새, 오랑우탄, 원숭이, 아구티, 라쿤을 비롯한 이국적인 동물을 선물로 들고 와서 린네의 동물원을 풍성하게 해주었다. 전 유럽의 학생들이 웁살라대학교로 몰려와서 린네가 식물학, 자연사, 식습관 그리고 질병에 대해 늘어놓는 말에 귀를 기울였다. 그 가운데 가장 운 좋은 이는 린네가 재능의 성질을 판별해주는 즉석 두개골검사에 참여한 사람들이었으리라. 많은 현장 생물학자가 그러듯이 조용히 숲으로 들어가 표본을 채취하는 대신 유명세로 기고만장해진 린네는 현수막을 나부끼고, 뿔피리를 불고, 드럼을 치며 "린네 만세!"를 외치는 학생행렬과 함께 출발했다.

린네는 여러 민족과 동식물 종이 여기저기 분포하게 된 이유로 이주에 초점을 맞추는 뷔퐁의 입장을 허튼소리로 여겼다. 뷔퐁의 이론은 이주를 통한 변화를 중시함으로써 자연의 영구성에 이의를 제기했고 창조주의 완벽함에 도전했기 때문이다.

린네는 자연에서 가장 확연한 이주마저 무시했다.[30] 공정하게 하자면 당시에는 야생의 이주에 대해 별로 알려진 게 없었다. 예를 들어 그때는 누구도 산과 바다를 건너는 새의 움직임을 쉽게 추적할 수 없었다. 해안에서 수 킬로미터 떨어진 바다에서 새들이 날아다니는 모습을 보았다는 이야기를 종종 전해 오는 선원들을 통해 어떤 비밀의 겨울철 통로 같은 것이 있을지 모른다는 암시가 있긴 했다. 그리고 어떤 새들은 아프리카의 새소리—수화물에서 달랑대는 항공사 꼬리표에 해당하는 청각적 등가물—를 재잘거리며 봄에 다시 나타났다. 심지어 아프리카식 투창으로 생긴 상처를 달고 나타나는 새도 있었다. 몸에 투창이 관통된 상태로 유럽에 도착한 어떤 황새처럼(독일인들은 이 새를 'der Pfeilstorch', 즉 '화살 황새'라고 불렀다).

하지만 이주 외의 다른 가능성으로도 그 현상을 설명할 수 있었다. 린네를 비롯해 당대 많은 사람이 지지하던 이론은 새들이 가을에 사라지는 이유는 겨울을 나기 위해 동굴이나 숲, 물속에 숨기 때문이라는 것이었다. 아리스토텔레스는 제비가 호수 바닥에서 동면한다고 주장했다. 이 생각은 "수백 년간 사실로 여겨졌다"고 역사학자 리처드 암스트롱Richard Armstrong은 설명한다. 린네는 이에 대해 의문을 품지 않았다.

16세기 스웨덴의 올라우스 마그누스Olaus Magnus 대주교는[31] 자신의 자연사 저작『북방민족들의 역사와 자연(History and Nature of the Northern People)』에 흠뻑 젖은 제비들이 가득한 그물을 물속에서 끌어 올리는 한 어부의 그림을 실었다. 이 제비들은 마치 물속에서 정신을 못 차리고 있다가 막 깨어나기라도 한 것 같았다. 17세기 프랑스 조류학자들은 새장에 갇힌 새들이 계절성 수면을 하는지 확인하기 위해 사계절 내내 관찰해 새들의 겨울 동면을 확인하려고 애먼 짓을 하기도 했다.

겨울 동면설의 황당함과는 별개로 새들이 대륙과 바다를 건너 수천 킬로미터를 매년 이동한다는 생각은 기독교의 변치 않고 질서정연한 세계라는 패러다임과 충돌했다.[32] 교회는 헤라클레이토스의 생각을 이교도적이고 낙후했다며 비난했다. 3세기의 기독교 신학자 히폴리투스는 헤라클레이토스의 생각을 "불경스러운 헛소리"라고 했다. 만일 피조물들이 대륙 사이의 먼 거리를 이주한다면 창조주는 그들을 어디에다 그리고 어떤 장소에 '고정'해놓은 것인가? 주변의 자연계가 이렇게 안정되고 조화로운데, 먼 곳에 있는 이질적인 기후대로 떠나는 목적이 무엇인가? 어쨌든『성

경』에서는 이동하는 피조물은 하나님의 완벽함이 아니라 천벌을
의미했다. 예를 들어 성서에 가장 많이 인용되는 이동하는 벌레들
을 생각해보자. 하나님은 초기 이집트인들을 벌하기 위한 재앙으
로, 불복종에 대한 저주이자 종말의 조짐으로 이 벌레들을 보낸다.

린네의 관점에서 과거에는 단 한 번의 확산이 있었을 뿐이
다.[33] 그는 에덴동산을 원시의 바다에 있던 산악 지형의 열대섬이
라고 상상했다. 이 섬에서는 한대성 피조물은 산꼭대기에서 살았
고 난대성 피조물은 평지를 벗어나지 않았다. 바다가 물러나면서
그곳에 있던 동식물들이 에덴을 나와 지구의 추운 곳과 따뜻한 곳
에 있는 지금의 위치로 서서히 퍼져나갔다. 이 확산은 초기에 한
번만 일어났다. 그 이후로는 어떤 종도 새로 등장하거나 소멸하지
않았다. 린네에 따르면 전지전능하신 창조주가 만들어낸 것은 무
엇이든 사라질 수 없다. 변화조차 없었다. 그것은 창조주의 완벽함
과 전지전능함의 당연한 귀결이었다.

린네는 이주와 변화, 기후 적응에 대한 뷔퐁의 연구와 아이디
어를 아예 거들떠보지도 않았다. "그는 있어 보이는 장광설을 늘
어놓고 있긴 해도 특별히 학식이 있는 것은 아니다"라며 린네는
투덜거렸다.[34]

역동성과 유동성을 강조하는 멋들어진 기술법으로 자연을 열
거하는 뷔퐁의 방법은 깊이는 없고 허세만 가득했다. 린네는 심지
어 뷔퐁이 백과사전을 자신이 읽을 수 없는 '프랑스어로' 서술했다
고 지적하며 잔뜩 인상을 썼다. 린네에게 뷔퐁의 이론과 그것을 설
명하는 방식은 거만한 파리지앵의 엘리트주의 냄새를 풍길 뿐이
었다.

그는 냄새가 고약한 어떤 잡초에 이 백작의 이름을 따서 '뷔포
니아'라는 이름을 붙였다.[35]

가장 권위 있는 『자연의 체계』 열 번째 판에서 린네는 뷔퐁과 그의
생각을 영원히 짓밟아놓았다.[36] 이 책에서 그는 4천여 가지 동물과
8천 가지에 달하는 식물에 이름을 붙이고 분류를 했다. 또한 확정
적인 인간 분류체계를 밝힘으로써 외국인과 유럽인 간의 차이라
는 문제를 최종적으로 해결했다.

외국인은 모호하나마 유럽인과 생물학적으로 다르다는 이해
가 일반적이긴 했지만 가장 피상적인 측면을 넘어서는 차이가 관
찰되었다는 증거는 좋게 봐도 들쭉날쭉했다. 유럽의 현미경 전문
가와 해부학자들은 유럽인과 다른 민족 간의 눈에 들어오는 육체
적 차이를 체계적으로 설명할 수 있는 생물학적 근거를 연구해왔
다. 수십 년간 연구가 진행되었지만, 최고의 근거는 1665년으로
거슬러 올라갔다. 현미경 전문가 마르첼로 말피기Marcello Malpighi가
아프리카인의 어두운 바깥층과 하얀 안쪽 층 사이에서 말피기의
표현에 따르면 'reticulum mucosum' 또는 '말피기층'이라는 제3의
피부층을 발견했다고 주장한 것이다. 말피기에 따르면 아프리카
인에게서 광범위하게 나타나는 이 신기한 생리학적 특징은 출처
를 알 수 없는 빽빽한 검은 지방유동체로 구성되었다.

말피기층은 아프리카인들이 정말로 유럽인들과 생물학적으
로 다르다는 사실을 입증하는 명백한 증거로 사용되었다. 볼테르
는 "자연이 근육과 피부 사이에 펼쳐놓은 이 점액의 세포막 또는
네트워크 때문에 우리는 흰색이고, 그들은 검은색 또는 구릿빛이
다"라고 했다. 하지만 말피기층을 더 파고들자 공상이라는 게 바
로 드러났다. 1702년 프랑스 해부학자 알렉시스 리트레Alexis Littré
는 아프리카인의 피부를 다양한 용액에 담가서 그 층의 젤라틴 성

분을 따로 떼어내는 시도를 해본 뒤 그 뻑뻑한 검은 지방유동체를 추출할 수 없음을 발견했다. (그는 아프리카 남성의 성기에서 검은색의 근원을 찾기 위해 해부하기도 했다.)

1739년 보르도 왕립과학원이라는 프랑스의 한 과학협회가 과학계에 도전과제를 던졌다. 과학원은 "니그로의 색이나 그들의 모발 특징 그리고 그런 퇴화의 육체적 원인은 무엇인가?"라는 질문을 던지면서 이에 대한 최고의 대답을 내놓은 자연사학자에게 포상을 약속했다.

네덜란드 해부학자 안톤 판 레이우엔훅Antonie van Leeuwenhoek은 연구 끝에 아프리카인의 피부색은 검은 비늘에서 유래한다고 믿었다.[37] 의사인 피에르 바레르Pierre Barrere는 아프리카 노예들을 해부하고 난 뒤 그것은 몸 안에 있는 검은 담즙에서 뿜어져 나오는 것으로 이 담즙이 피부조직과 피부 전체를 어둡게 만든다고 추정했다. 이 중 그 어떤 것도 확정적이지 않았다. 파리의 한 해부학자는 연구를 위해 화학합성물로 아프리카 남성의 피부에 물집이 일어나게 만든 뒤 떼어냈다. 그는 별로 놀랍지 않게도 어두운 바깥층이 흰색의 안쪽 층 위에 덮여 있음을 알게 되었다. 이것은 유럽인과 아프리카 출신 외래민족의 가장 두드러진 육체적 차이의 정도와 기원에 어떤 의미가 있을까? 별로 큰 의미는 없었다. 유럽인들 내에서도 피부색은 서로 다양했다. 그는 태양이 이들의 피부를 태운 거라고 추측했다.

과학원의 질문에 마땅한 대답이 나오지 않았지만 궁극적으로 린네에게는 그게 중요하지 않았다. 그가 어떤 민족이 어느 장소에 속하는지를 평가할 때, 파악하기 힘들긴 마찬가지지만 다른 생물학적 특징이 훨씬 큰 영향을 미치는 것으로 드러났기 때문이다.

린네는 생식과 관련된 해부구조에 완전히 사로잡혔다.[38] 생식기의 여러 변주가 그의 분류체계의 바탕을 이루었다. 하지만 그게 다가 아니었다. 그는 '가슴'을 뜻하는 라틴어 '맘마mamma'를 따다가 '포유류(mammals)'라고 이름 붙인 피조물의 공통 특색으로 그들 특유의 털이나 턱뼈 같은 다른 공통의 특색보다 가슴을 중요하게 여겼다. 그는 아들을 위해 특별한 책을 저술하면서 간통, 근친상간, 자위에 대한, 그리고 여성이 어떻게 남성 파트너에게 성관계를 불쾌하게 만들 수 있는지 같은 다양한 주제에 대한 임상적 세부사항을 넣었다. 린네의 한 전기작가에 따르면 그의 동물원에 있던 동물이 죽으면 생식기를 해부하는 게 린네의 규칙과 같았다.

다른 민족의 생식기관에서 어떤 차이가 있다면 린네의 분류법 체계에서 눈에 띌 것이었다. 그리고 당시의 보고서에 따르면 외국인의 신체—특히 아프리카 일부 지역 여성의 신체—는 유럽인들에게는 전혀 볼 수 없는 정말로 독특한 생식기를 지녔다.

그것은 '호텐토트 앞치마', '시누스푸도리스sinus pudoris' 또는 '생식기 덮개'라는 것이었다.[39] 최초로 보고한 사람은 프랑스 탐험가 프랑수아 르 바양François Le Vaillant이었다. 그의 글을 영어로 번역할 때 번역가들이 이 기관의 특징에 대한 그의 설명을 누락하긴 했지만, 그의 설명은 직접 관찰한 바를 근거로 삼았다고 여겨져 널리 소개되었다. 그 설명에 등장하는 여성은 나체였고, 소음순에 매달린 두 개의 길고 가는 꼬리들이 무릎 정도까지 늘어졌다.

처음에 유럽 여행자들은 이 시누스푸도리스가 생식기를 훼손해서 만들어낸 거라고 추측했다.[40] 르 바양은 그것이 일종의 패션이라고 주장했다. 네덜란드 동인도회사의 선원 니콜라우스 그라프는 그것을 육체의 '장신구'라고 묘사했다. 하지만 18세기가 흘러가고 외국인은 생물학적으로 다르다는 생각이 강화되면서 시누스푸도리스를 진짜 육체의 일부로 생각하는 유럽 자연연구가들이 늘어나기 시작했다. 뷔퐁은 그것을 "치골뼈에서 자라난 넓고 뻣뻣한 피부"라고 설명했다. 프랑스 동물학자 조르주 퀴비에Georges Cuvier는 그것을 아프리카인들이 인간이 아니라는 증거라고 여겼다. 그에 따르면 호텐토트의 생식기는 '생의 일정한 시기에 정말 괴물처럼 자라나는…… 암컷 개코원숭이, 바분 등의 생식기'와 유사했다.

시누스푸도리스는 다른 해부학적 차이들과 함께 린네의 인간 분류학을 규정하는 경계선이 되었다.

그는 어떤 인간은 완전히 별개의 종이라고 말했다.[41]

혈거인(Homo Troglodytes)은 "분명 인간과 같은 종이 아니고, 우리와 혈통이나 조상이 같을 리가 없다"고 그는 밝혔다. 꼬리인(Homo Caudatus)은 "남극에 사는 사람들"로 "불을 피울 수 있고 날로 먹긴 해도 고기를 먹었다"고 주장했다. 꼬리인에는 그가 키오핑을 통해 접한 보르네오와 니코바르의 꼬리 달린 남자들이 들어갔다. 그는 같이 몇 달간 생활했던 사미족들 역시 비인간종인 괴물인(Homo Monstrosus)으로 분류했다. 여기에는 난쟁이와 파타고니아 거인들이 들어갔다(뷔퐁은 사미족들을 자신의 퇴화 이론에 따라 '난쟁이 같은 퇴화인'으로 분류했다).

인간종 역시 그 자체는 동질적이면서 각자 지역 내 그리고 도덕질서 내에서 고유한 자기 장소를 갖는 특징적인 생물학적 범주—심지어 아종亞種—로 나뉘었다.

유럽인을 지칭하는 호모 사피엔스유러파에우스Homo Sapiens Europaeus는 '희고, 진지하고, 강인하며' 찰랑거리는 금발 모발에 파란 눈을 지녔다. 그들은 '적극적이고, 아주 영리하며, 창의적'이라고 린네는 자신의 분류법에 적었다. '꼭 맞는 옷을 입음. 법의 지배를 받음.'

아시아에 사는 사람들은 이와는 다른 호모 사피엔스아시아티쿠스Homo Sapiens Asiaticus라는 아종이었다. '노랗고, 음침하고, 탐욕스럽다'고 그는 적었다. '검은 모발. 검은 눈. 사납고, 오만하고, 욕구를 따른다. 헐렁한 옷을 입음. 의견의 지배를 받음.'

아메리카 민족들은 호모 사피엔스아메리카누스Homo Sapiens Americanus라는 아종이었다. '빨갛고, 성미가 고약하고, 예속 상태'라고 린네는 설명했다. '모발이 검고, 곧으며, 굵다. 콧구멍이 넓다. 얼굴이 거칠고 수염이 거의 없다. 집요하고, 자족적이며, 자유롭다. 직접 자기 몸에 빨간 선을 칠한다. 관습의 지배를 받음.'

그리고 마지막으로 전체 중에서 가장 특징적인 아종은 호모 사피엔스아페르Homo Sapiens afer였다. 린네는 개인적으로 이 아종은 완전한 인간이 아닐 수 있고, 인간과 혈거인의 교배종에서 내려온 후손일 거라고 추측했다.[42] 그의 분류법에는 '검고, 무표정하고, 게으르다'고 나와 있다. '모발이 꼬불꼬불하다. 피부가 부드럽다. 코가 평평하다. 입술이 두껍다. 여성에게 생식기 덮개가 있고, 가슴이 크다. 교활하고, 굼뜨고, 멍청하다. 몸에 기름을 바른다. 변덕의 지배를 받음.'

인간 분류체계를 이런 식으로 정립한 린네는 자연사가 교회의 가르침과는 독립적이라고 주장하면서 과학을 종교와 분리하고 국가와 동맹을 맺었다.[43] 이런 식의 재배치를 통해 근대과학의 권위가 점점 확고해진다. 인간은 각자의 자리에 해당하는 별개의 대륙에 고정된 생물학적으로 서로 다른 집단—아프리카에는 흑인, 아메리카에는 홍인, 아시아에는 황인, 유럽에는 백인—으로 나뉜다는 린네의 생각은 신성모독일 가능성이 있었지만 다른 한편으로는 유럽의 정치경제적 이해관계에 맞아떨어졌다. 뷔퐁의 주장처럼 외국인들이 유럽인과 친족이라면 그들 역시 다른 민족들과 동일한 권리와 특권, 도덕적 고려의 대상이 되어야 마땅하다는 주장이 성립했지만, 이는 외국의 땅과 신체를 대상으로 한 식민지 설계에 심각한 지장을 초래할 것이었다. 식민지 관점에서는 외국인이 워낙 이질적이어서 친족 관계가 아니거나 어쩌면 아예 인간이 아닐 수 있다고 보는 쪽이 더 편했다. 예를 들어 네덜란드가 처음으로 남부 아프리카에 정착했을 때 자신들이 침략한 땅에 있던 지역민들을 인간이 아닌 동물로 취급했다. 심지어는 가끔은 그들을 총으로 쏴서 먹을 권리가 있다고 주장하기도 했다. 이제 이런 행동이 세상에서 제일 유명한 자연사학자에게 허락을 받은 셈이다.

과학사학자 필립 슬론^{Phillip R. Sloan}에 따르면 린네의 최종 인간 분류법이 포함된 『자연의 체계』 10판이 출간되면서 뷔퐁에 대한 린네의 '신속한 역사적 승리'가 시작되었다.[44] 영향력 있는 18세기 작가들은 뷔퐁의 퇴화 이론을 거부하고, 그 대신 외국인은 대륙에 따라 색깔로 구분된 서로 다른 인간의 아종이라는 린네의 생각을 받아들였다.

1774년 루이 15세는 린네의 분류체계를 공식적으로 채택하라고 명했다.[45] 장 자크 루소는 "지구상에서 그보다 더 위대한 남자는 알지 못한다"고 주장했고, 괴테는 자신의 사상에 그보다 더 큰 영향을 미친 인물은 셰익스피어와 스피노자뿐이라고 했다. 1776년 꽃의 왕자는 칼 폰 린네^{Carl von Linne}라는 귀족 칭호를 받았다.

린네의 분류법에서는 자연이 생물학적 경계로 구분된 별개의 단위로 존재한다. 각각의 피조물과 인간은 서로 동떨어져 고립된 상태에서 자신의 장소에서 생존했다.

이주자들이 사람과 장소 사이에서 만들어낸 세포의 결합조직은 주목할 만한 생물학적 역할을 거의 하지 못했다. 거의 존재하지도 않았다.

린네가 근대 분류학의 아버지로서 역사 속 한자리에 등극할 때, 자연과 역사의 힘으로서 작용한 이주자와 이주는 뒷전으로 물러났다.

외국인 혐오의 근거가 된 시누스푸도리스

린네의 분류법에서 서로 다른 대륙에 사는 사람들이 서로 생물학적으로 이질적이라는 주장,[46] 수 세기에 걸친 외국인 혐오와 수 세대에 걸친 인종폭력의 도화선이 된 가장 폭발력이 큰 그 주장의 근거는 단 하나의 신체 기관 '시누스푸도리스'였다. 하지만 이 기관을 언급한 이들 중에서 실제로 본 적이 있는 사람은 얼마 되지 않았다. 아무도 없었을 가능성이 크다.

린네도 보지 못했다. 그는 라플란드에 방문했을 때 어떻게든 보려고 시도했다. 한 전기작가에 따르면, 라플란드에서 나이 든 사미족 여성이 짧은 원피스를 입고 린네 앞에 편하게 앉았을 때 그는 '그녀의 외음부' 또는 음부를 '상세하게 적어둘 수 있는' 기회를 잡았다. (린네의 통찰이 담긴 이 특정 부분은 아직 라틴어로 번역되지 않았다.) 그는 스웨덴 동인도회사에 자신이 개인적으로 살펴볼 수 있도록 '혈거인'을 확보해달라고 요구하는 편지를 썼다. (비슷한 맥락에서 그는 스웨덴 과학원에 그들이 유틀란트에서 전시할 거라고 주장한 덴마크 인어를—살아 있는 상태로든 죽어서 가공 처리한 상태로든—자신에게 팔라고 애원하기도 했다. 그는 "이런 일은 백 년이나 천 년에 한 번 이상 일어나지 않는 현상"이라고 설명했다.)

마침 그가 인간 분류법에 대한 글을 쓰고 있을 즈음 혈거인 이동 전시가 런던에 도착했다. 과학사학자 군나르 브로베르크Gunnar Broberg에 따르면 린네는 한 번도 그렇게 즐거웠던 적이 없었다. 그는 그 언어—실제로는 백색증이 있는 자메이카 출신의 10세 소녀였다—가 '완전히 하얗지만 흑인의 이목구비'를 가졌고, 거기에 '창백한 노란 눈은 어두울 때 더 잘 보긴 하지만 마치 일광을 견디지 못하고 실눈을 뜨는 것처럼 호기심 어린 표정으로 바뀐다'는 소식을 들었다.

린네는 처음에는 그 소녀를 구입해서 웁살라로 데려오려고 했다.[47] 이 시도가 실패하자 그는 학생 한 명을 런던으로 보내면서 그녀의 생식기를 가까이에서 관찰하라는 지시를 내렸다. 하지만 성공하면 명망 높은 웁살라 과학협회 회원자격을 얻게 해주겠다는 린네의 약속에도 불구하고 이 학생은 빈손으로 돌아왔다. 이 소녀의 관리자가 그를 보낸 유명한 자연연구가의 지위에도 아랑곳하지 않고 그의 요청을 들어주지 않았던 것이다.

유럽 과학자들은 수십 년간 좌절을 거듭했다.[48] 1810년 네덜란드의 한 사업가가 남아프리카공화국 케이프타운 인근에서 네덜란드 농부의 하인으로 일하던 사르지에 바트먼Saartjie Baartman이라는 여성을 구매해서 전시용으로 유럽에 데려왔다. 그는 그녀를 '호텐토트의 비너스'라고 불렀다. 유럽의 수도를 돌아다니는 순회 전시는 폭넓은 관심을 모았다. 당시 반反노예운동가들의 표현에 따르면 바트먼은 전시 기간에 야생의 짐승처럼 연출되었고, 인간이라기보다는 사슬에 매인 곰처럼 자신의 우리 안에서 앞뒤로 움직이고 나가고 들어가라는 명령을 받곤 했다. 관람객들은 추가 요금을 내면 그녀를 뒤에서 찔러볼 수도 있었다.

유럽에서 제일 유명한 과학자들이 그녀의 시누스푸도리스가 실제로 존재함을 확인할 수 있을지 모른다는 희망에 부풀어서 전시에 구름 떼처럼 몰려들었다.[49] 찰스 다윈의 사촌 프랜시스 골턴Francis Galton은 육분의를 들고 전시장을 방문하여 그녀의 정확한 체적을 파악하려고 모든 각도에서 그녀의 몸을 측정했다. 하지만 이동 전시 중 대중 앞에 설 때는 보통 무화과 잎으로 문제의 부위를 가렸다.

퀴비에는 동물학자와 생리학자로 구성된 위원회를 조직해 파리에서 사흘간 진행되는 연구 기간에 바트먼을 살펴볼 수 있게 했다.[50] 바트먼은 검사가 진행되는 동안 몸을 두르는 손수건을 꼭 쥐고 있었다. 과학사학자 론다 쉬빙거Londa Schiebinger의 표현에 따르면 '아주 슬프게도' 잠시만 그 수건을 내리는 걸 허락받았다. 그 자리에 모인 과학자들은 평범한 것 이외에는 아무것도 보지 못했지만 충분한 시간을 주지 않아서 제대로 보지 못했다고 생각했다.

바트먼은 1815년 스물여섯 살에 세상을 떠났다. 퀴비에는 그녀의 시신을 해부해서 18세기 해부학의 성배를 완전히 거머쥘 기회를 잡았다.

하지만 그는 르 바양과 린네가 묘사한 것과 비슷한 건 아무것도 찾지 못했다.[51] 그녀의 생식기에 달린 길고 가는 꼬리 같은 건 없었다. 그가 찾은 건 지극히 평범한 음순이 전부였다. 퀴비에에게 이 음순은 '두 개의 쪼글쪼글한 살로 된 꽃잎'처럼 보였다. 할 수 있는 말은 기껏해야 "아주 커 보인다" 하는 정도였다.

그런데도 증거의 부재는 부재의 증거로 받아들여지지 않았다.[52] 퀴비에는 가장 의미심장하고 시사적인 발견이라는 온갖 수식과 함께 자신의 연구 결과를 제시했다. 해부에 대한 16쪽짜리 체험기 가운데 9쪽을 바트먼의 가슴과 엉덩이, 골반과 함께 생식기에 대한 세세한 묘사에 할애하면서 그녀의 기이한 생식기 구조를 짐작한 린네의 추정에 찬사를 보냈다. 퀴비에는 바트먼의 시신에서 생식기를 해부한 뒤 표본 단지에 넣어서 파리 인류학 박물관에 보관했다.

수십 년간 박물관과 전시자들은 바트먼의 신체를, 비유럽인은 생물학적으로 이질적이라는 린네의 주장에 대한 증거로 내세웠다. 바트먼의 인체 석고 모형, 확대한 그림, 심지어 그녀의 실제 피부로 만든 박제 전시물이 유럽 대륙 전역의 박물관과 전시장에 등장했다. 수천만 명이 마치 그녀의 평범한 인체가 자기들과는 뭔가 다르기라도 하다는 듯 그 앞에서 경이로워했다. 1937년 파리만국 박람회 역시 그런 현장 중 하나였다.

고생물학자 스티븐 제이 굴드는 1987년 파리 인류학 박물관에 방문했던 경험을 글로 남겼다. 그는 퀴비에가 만든 외음부 표본 단지가 지하의 한 선반에 놓여 있는 것을 확인했다.

린네의 분류체계가 미친 영향

린네의 분류체계는 근대 자연연구의 근간이 되었다.[53] 후대의 분류학자들은 그의 분류방식을 개선하긴 했지만 기본 구조는 유지했다. 린네의 전기작가 리스벳 쾨르너에 따르면 과학자들 대부분은 린네의 추정보다 '더 곁가지가 많고 지리적으로 분산되어 있음'을 발견하면서 이름에 어떤 종의 지리적 위치를 반영하는 린네의 시스템을 신뢰할 수 없었다. 그들은 이리저리 돌아다녔다. 하지만 곤충을 파리, 벌과 말벌, 나비, 풀잠자리, 반시류와 진딧물, 딱정벌레로 나누는 그의 분류법은 과학자들이 수십만 가지 새로운 곤충의 종을 발견한 뒤에도 수년간 유지되었다. 그의 인간 분류체계도 그렇게 많이 알려지지는 않았지만 그만한 영향력을 행사했다. 린네는 다양한 인간 아종들이 모두 아담과 이브의 후손이 아닐 수 있다는 이단적인 주장을 할 정도로 대담하지는 않았다. 교회를 거역했다간 왕의 검열을 초래할 위험이 있었다. 가령 린네와 유사하게 아프리카인들을 유럽인들과 별개의 종으로 묘사했던 18세기 자연연구가 피에르 루이 모로 드 모페르튀Pierre-Louis Moreau de Maupertuis는[54] 이런 이상한 외국인들이 같은 어머니의 후예일 수 있는지 묻는 말에 "Il ne nous est pas permis d'en douter", 즉 "우리에게는 그것을 의심하는 것이 허용되지 않습니다"라고 대답했다.

린네 역시 그것을 감히 의심하지는 않았지만 그렇다고 해서 굳이 외국의 인간 아종에 대한 자신의 묘사와 『성경』을 화해시키기 위해 애쓰지도 않았다. 그는 그저 자신의 인간 분류체계를 발표했고 해석은 사람들에게 맡겼다.

린네는 그 함의를 설명하기를 거부했지만 그보다 더 과감한 과학자들이 있었다. 그들은 사람들이 지구상에 흩어진 데는 이주가 아무런 역할을 하지 않았다고 말했다. 여러 민족 사이에는 공동의 조상이 없었다. 외국인들은 생물학적으로 이질적이었고, 마치 고양이와 개가 다르듯 토착민들과 달랐다.

린네의 시대에는 이런 생각들이 일반인들의 일상을 침해하지 않았다. 대부분 사람들은 다른 대륙에서 태어난 사람들과 자유롭게 뒤섞이지 않았다. 하지만 대서양을 횡단하는 해상수송을 통해 유럽과 아시아, 아프리카 사람들이 모두 함께 대거 신대륙으로 건너가면서 이런 상황은 바뀐다. 먼 장소에서 온 사람들은 멀리서 서로를 힐끔거리거나 서로에 관해 이야기를 읽기만 하는 게 아니다. 복도에서 서로 스치고, 같은 술집에서 술을 마시고, 공장에서는 옆자리에서 일한다. 그들은 사랑에 빠지고, 아기를 낳는다.

과학자들은 생물학적 재난을 예언했고, 이는 수십 년 동안 과학의 탐구와 법과 정치를 결정하게 될 사회적 공황에 불을 지폈다.

4장

잡종 문화의 탄생

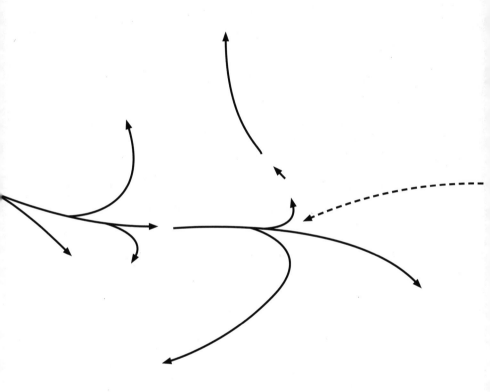

20세기 초 뉴욕 거리에서는 매일같이 외국인과 토착민들이 원하든 원치 않든 서로 몸을 부딪쳤다.

린네가 외국인을 직접 만져보는 데 실패한 이후 한 세기 반 이상이 지난 뒤였다. 그 이후로 유럽인들은 아프리카에서 1,200만 명이 넘는 사람들을 포획해 남북아메리카로 끌고 와 린네가 묘사한 인간 이하의 존재로 취급하며 노예로 삼았다. 아프리카계 아메리카인들은 대서양을 건너는 강제이주가 막을 내림과 거의 동시에 노예를 소유하는 미국 남부의 도시와 마을에서 조금씩 흘러나오기 시작했다. 하지만 노예제가 폐지된 이후 이 작은 흐름은 개울이 되고 강이 되었다.

1910년대 남부에서 도망친 아프리카계 미국인은 50만 명이 넘었다. 1920년대에는 90만 명 이상, 1930년대에는 약 50만 명의 흑인이 남부에서 다른 곳으로 이주했다. 최종적으로 600만 명 이상이 남부를 탈출했다. 이들의 이주는 미국을 바꿔놓았다. 20세기 초 흑인이 전체 도시 인구의 2퍼센트 미만이었던 시카고는 1970년에 이르자 인구의 3분의 1이 흑인이었다. 마찬가지로 디트로이트의 흑인 인구는 1.4퍼센트에서 44퍼센트로 팽창했다.

동시에 유럽, 아시아, 카리브해 지역의 중앙아메리카 등지에서 이주한 사람들이 값싼 농지나 공장 일자리를 찾아, 사금을 채취하기 위해, 유혈이 낭자한 혁명을 피해 미국으로 흘러들어 왔다.[1] 1880년부터 1930년 사이 2,700만여 명이 미국으로 유입되었다. 증기선들은 아일랜드, 폴란드, 러시아 등지에서 기근과 가난, 박해를 피해 도망친 수만 명을 매주 뉴욕시의 항구에 토해냈다. 1870년대 10년 동안 300만 명가량의 이주자가 뉴욕시로 유입되었고, 1880년대에는 단 3년 만에 300만 명이 추가로 들어왔다. 1890년에는 엘리스섬에 이들만 전담해서 처리하는 특별기관을 만들어야 했다.

이주자들은 중고 의류나 청어와 조개를 팔러 다니거나, 제화공과 부두 노동자로 고된 노동을 하면서 꾀죄죄한 아이들에게 겨울옷을 지어 입히고, 밤에는 창문 없는 다세대주택과 이주자용 기숙사에 들어가 몸을 누였다.[2] 온갖 나라의 말이 뒤섞인 뉴욕의 더러운 길거리와 무도장에서는 남부에서 막 도착한 아프리카계 미국인들과 대서양을 건너온 이주자들이 어깨를 비비며 아일랜드 지그춤과 아프리카계 미국인의 셔플댄스를 혼합한 탭댄스 같은 고유한 댄스 형태로 가득한 새로운 잡종 문화를 만들어냈다.

맨해튼 남부에 있는 위풍당당한 주택에 살고, 여름이면 벙커힐에서 피크닉을 즐기던 오래된 뉴욕 엘리트들의 생활양식은 사라졌다.[3] 개발업자들은 다세대주택을 만들기 위해 웅장하고 오래된 주택들을 헐었다. 뉴욕이 그저 하품 나는 항구마을이었을 때 선조들이 이곳에 자리를 잡은 헨리 페어필드 오스본Henry Fairfield Osborn과 매디슨 그랜트Madison Grant 같은 가문들의 문화적·인구학적 권세 역시 약화했다. 20세기에 들어설 때쯤에는 이주자와 그 자손들이 부모가 모두 미국에서 태어난 사람들보다 수적으로 우세했다. 뉴욕시에 거주하는 180만 명 가운데 최소한 부모 한 명이 외국에서 태어난 사람이 140만 명이었다.

오스본과 그랜트는 학식 있고 귀족적인 뉴욕 엘리트 집단에 속했다.[4] 널찍한 어깨에 단정한 수염, 그리고 사람을 꿰뚫어 보는 듯한 움푹한 눈의 오스본은 철도계 거물의 아들이었다. 프린스턴 대학교에서 지질학과 고생물학을 공부한 그는 도시 생활을 하다가 한 번씩 머나먼 곳으로 공들여 계획한 여행을 떠나곤 했다. 한 번은 고생물학 탐험에서 티라노사우루스와 벨로키랍토르의 이름을 짓고 해설을 달아 명성을 얻기도 했다. 17세기 위그노교도와 청교도 정착자들로부터 귀족적 유산을 물려받은 그의 친구 그랜트는 테오도르 루스벨트 같은 친구들과 대형동물 사냥을 즐겼다. 야생에 대한 열정이 남달랐던 그랜트는 나중에 글레이셔와 데날리 국립공원을 만드는 데 일조한다. 심지어 그의 이름을 딴 'Rangifer tarandus granti(고슴도치순록)'라는 카리부 종까지 있었다.

뉴욕시의 탈바꿈은 의심의 여지 없이 그랜트와 오스본을 여러 차원에서 괴롭혔다. 하지만 두 친구는 날로 권위 있고 남성 중심적인 과학 탐구의 세계에 지분 또는 보증서를 갖춘 '과학인'이라는 데서 자부심을 느꼈다. 이런 그들에게 충격을 안기고 행동하게 한 것은 이주의 생물학적 함의였다.

인간 아종 이론의 득세

20세기 초 미국인이 생물학을 이해하는 방식에 그랜트와 오스본은 지대한 영향력을 발휘했다. 이들은 '과학인'일 뿐 아니라 과학을 대중화했다. 그랜트는 브롱크스 동물원 설립에 기여했고 숱한 영향력 있는 과학협회와 자연보호협회 소속이었다. 오스본은 미국자연사박물관을 총괄했다. 그의 전시—벽화, 디오라마, 골격으로 된 입상—는 세계적으로 명성이 높아서 수백만 명이 이 박물관의 휑뎅그렁한 전시실로 홀린 듯 찾아왔다.

20세기 초 다른 과학자처럼 그랜트와 오스본은 둘 다 뉴욕시의 다세대주택과 빈민가에 밀집한 아프리카, 아일랜드, 폴란드, 러시아, 이탈리아 사람들에 의해 야기된 생물학적 도전을 인정했다.

19세기를 거치며 유수의 과학자들은 전해 들은 가십과 설화, 위조된 신체 일부를 뒤섞어 근거로 삼긴 했지만, 린네의 인간 아종 이론을 과학적 진실로 격상시켰다. 1850년 당대의 가장 영향력 있는 과학자였던 하버드대학교 동물학자 루이 아가시^{Louis Agassiz}—그는 케임브리지에 하버드 비교동물학박물관을 설립했고, 그래서 그곳에는 그의 이름을 딴 길과 학교가 많다—역시 같은 주장을 했다. 그는 미국과학진흥회 동료 회원들에게 "동물학적 관점에서 일부 인종은 (……) 눈에 띄는 차이가 있습니다"라고 말했다.[5] 아가시와 다른 과학자들은 1853년 베스트셀러 『인류의 유형(Types of Mankind)』 같은 교재를 통해 그리고 마치 여러 동물 종을 그린 그림도표처럼 여러 인간 아종을 제시한 사진집을 통해 린네의 인간 아종 신화를 퍼뜨렸다. 아가시 본인은 사우스캐롤라이나 아프리카 노예들과 브라질 노동자의 나체 이미지를 여러 묶음 주문하여 세계의 '순수한 인종 형태'의 시각 자료로 보존했다.[6]

자연과학자들이 인간 아종이 실재한다는 확신을 얼마나 강하게 품었던지 이들의 생물학적 특성을 연구하는 완전히 새로운 연구 분야인 '인종과학'이 등장할 정도였다.[7] 파충류학자들이 파충류의 생물학적 특성을, 곤충학자들이 곤충의 생물학적 특성을 세세히 탐구하듯 인종과학자들은 인간 아종 또는 인종의 생물학적 특성을 세세히 파고들었다. 피부색이 인종 간의 생물학적 경계로서는 주관적일 수 있음을 의식한 인종과학자들은 마치 나비 날개에 있는 서로 다른 패턴으로 제왕나비와 바이스로이나비를 구분하듯 인간 아종을 서로 구분하는 데 필요한 다른 생물학적 지표를 탐색했다. 그들은 각 아종에는 특징적인 '두개 지수(cephalic index)', 즉 두개골의 최대 길이와 최대 넓이의 비율에 100을 곱한 수가 있다고 말했다. 그리고 각 아종에는 중위 앉은키를 중위 신장으로 나눠서 계산하는 고유한 '앉은키 지수'가 있다고 말했다. 이 데이터에 따르면 아프리카인의 평균 측정치는 50.5, 아메리카인의 평균 측정치는 53.0이었다. 1900년 과학자들이 인간의 혈액은 다양한 혈액세포 유형으로 구성된다는 사실을 밝혔을 때는 인간 아종에 따라 이 차이가 다르게 나타나리라 추측하기도 했다.

인종과학 연구의 정치경제적 가치는 분명했다.[8] 인종 서열의 과학적 근거는 자국 내 인종차별적 경제와 해외의 식민지 정복을 정당화했다. 하지만 인종과학은 골치 아픈 데이터상의 모순을 붙들고 씨름해야 했다. 이후 과학자들이 확인했듯, 인간은 같은 조상을 두고 있는 데다 경계를 넘어 다니는 경향이 있다 보니 인구집단 간의 차이라는 게 피상적이고 일시적이다. 상거래와 납치, 정복을 통해 서로 다른 문화권과 대륙의 사람들이 꾸준히 충돌하며 문화를 융합하고 유전자를 공유하면서 서로 간의 차이를 지워갔던 것이다. 인종과학자들이 찾아낸 경계는 아무리 좋게 봐도 흐릿했다.

그들이 인간 아종의 가장 권위 있는 척도로 여겼던 두개 지수마저도 숱한 현장에서 패배를 거듭했다. 예를 들어 터키, 잉글랜드, 하와이 출신들의 두개 지수는 동일할 때가 많았다. 인종과학에 따르면 이들은 완전히 다른 인종인데도 말이다. 고립된 인구집단 출신이라고 해서 혼합이 많은 인구집단에 비해 두개 지수가 더 균질하지도 않았다. 인종과학의 논리에 따르면 그래야 함에도 말이다.

하지만 이런 변칙적인 결과들은 더 많은 데이터를 수집하고 더 많은 기준을 고안해서 사람들 간의 생물학적 경계를 규명하겠다는 인종과학자들의 결심을 더 단단하게 만들 뿐이었다. 이들은 경로를 수정하지 않았다. 궁극적으로 생물학에 혁명을 일으키게 될 과학자의 반론 역시 큰 도움이 되지 않기는 마찬가지였다.

찰스 다윈은 1859년에 이 세상에 나온『종의 기원』에서 인간 진화에 대한 일체의 언급을 의도적으로 뺐다.[9] 린네처럼 그에게 정치적 후폭풍이 일어날 수도 있다는 두려움에 자신의 생각이 인간 사회에 어떻게 반영되는지를 명백하게 드러내지 못했다. 그의 진화 이론에 특별히 호응하는 집단을 찾을 수도 없었다. 런던린네협회에서 진화에 대한 다윈의 논문을 읽고 난 다음 해, 이 협회 회장은 "지난해에는 혁명적인 발견이 전혀 없었다"라고 말했다. 아가시는 그 책을 사실의 측면에서는 오류가 많고, 방법론의 측면에서는 비과학적이며, 경향성의 측면에서는 유해한 '과학적 실수'라고 표현했다.

다윈은 사람들 사이의 차이를 아가시가 말한 동물 종 간의 차이와는 전혀 다르게 보았다.[10] 다윈은 아이라고 해도 개와 고양이의 차이를 구별할 수 있지만 인종에 따른 미세한 차이들을 알아차리려면 이에 대한 교육을 받아야 한다고 지적했다. 만일 인간 아종 간의 차이가 아가시와 다른 사람들의 주장처럼 생물학적으로 유의미하다면 그것은 호랑이의 꼬리나 나비 날개의 무늬와 더 비슷해야 하지만 그렇지 않았던 것이다. 마지막으로 진짜 아종이라면 동일한 영토를 공유할 때도 부지불식간에 섞여버리지 않아야 하지만, 브라질과 칠레, 폴리네시아 등지에서 유독 두드러지듯, 인간

'아종' 내에서는 항상 그런 일이 일어났다. 다윈은 뷔퐁처럼 사람들 사이의 사소한 차이는 식습관과 기후 같은 국지적 조건에 대한 적응에서 기인한다고 느꼈다. 이런 차이는 그 지역의 성적 선호에 따라 과장될 수 있다는 것이 그의 생각이었다.

하지만 인종과학자들이 점점 자신만만해지자 다윈의 자신감은 위축되었다.[11] 글쓰기는 투쟁이 되었다. 다윈의 전기작가들이 표현한 바에 따르면 그는 '발작적인 울음'과 '죽어가고 있다는 기분'에 시달렸다. 인간의 다양성에 대한 자기 생각을 공개하는 일이 지연될수록 상황은 나빠졌다. 인종과학의 권위는 계속 기세등등해졌고, 단일한 인간집단에 대한 그의 생각은 점점 불온해졌다. 설상가상으로 동인도회사와 영국 식민지에 있는 여러 군의관에게서 데이터를 얻으려 했던 노력마저 무산되었다. 인간 아종 이론을 무너뜨릴 기회가 그렇게 사라졌다.

다윈이 1871년 인간 아종 개념에 대한 반론을 제시하며 『인간의 혈통(The Descent of Man)』을 출간했을 때는 『종의 기원』을 발표하고 나서 10년 넘게 흐른 뒤였다.[12] 이제는 너무 늦었다. 기성 과학계에 대한 다윈의 영향력은 회복 불가능해 보일 정도로 떨어져 있었다. 19세기의 내로라하는 과학자들은 그의 생각을 주변적이고 지엽적이라고 판단했다. 독일 의사 루돌프 피르호Rudolf Virchow는 다윈이 '무식쟁이'라고 말했다. 유명한 황열병 연구가이자 앨라배마의학대학교 설립자인 조시아 노트Josiah Clark Nott는 "그 남자는 미친 게 분명하다"고 덧붙였다. 그의 주장에 대한 어떤 공격에는 "다윈주의의 임종을 지켜보며"라는 제목이 달렸다.

수십 년이 흐른 뒤에야 다윈의 『종의 기원』은 부활한다. 그러나 인간 아종이 존재하지 않는다는 이 유명한 생물학자의 관점은 점점 잊혀갔다. 다윈의 전기작가들은 『인간의 혈통』을 '다윈의 저

인류, 이주, 생존

술 중 가장 위대하지만 읽히지 않은 책'이라고 부르곤 한다.[13]

　그래서 오스본과 그랜트처럼 과학을 대중에게 전달하는 사람들은 인종과학의 연구 결과를 논란의 여지가 있는 이론이 아니라 확정된 사실로서 정당하게 제시할 수 있었다.[14] 자연사박물관에는 큐레이터들이 만든 '인간의 시대실'이 있어서 방문객들이 진화의 경로를 따라 걸어가면서 전시물을 볼 수 있었다. 그 끝에는 생물학적으로 구분된 인간 소집단과, '인간의 인종들'이라는 서로 다른 민족 간의 위계적인 진화적 관계에 대한 전시가 있었다. 브롱크스 동물원에서는 그랜트가 호모 사피엔스아페르를 부분적인 인간으로 규정한 린네의 구분을 비롯한 인종과학의 여러 통찰을 바탕으로 더 노골적인 전시품을 모아놓았다. 한 전시에서 그랜트의 큐레이터들은 오타 벵가Ota Benga라는 콩고 출신의 남성을 원숭이 우리에 가둬놓았다. 철창 반대편에서는 동물원 방문객들이 벵가가 오랑우탄과 함께 뛰어다니고, 혼란스러운 표정으로 캔버스화 한 켤레를 살펴보는 모습을 구경할 수 있었다. 어리둥절하던 방문객이 낄낄대며 웃음을 터뜨릴 때마다 하나의 종에서 이주를 한 인류 역사가, 그리고 우리 서로 간의 차이가 피상적이라는 사실이 수면 아래로 가라앉았다.

우생학의 등장

그랜트와 오스본은 인종과학의 통찰을 퍼뜨리는 데서 그치지 않고 생물학적 유전에 대한 새로운 개념을 유포했다. 당시 사회개혁가들은 위생, 영양, 교육, 보건 서비스의 개선은 인구집단의 건강과 지적 능력을 향상시킬 거라며 옹호했다. 하지만 그랜트와 오스본은 생물학적 유전에 대한 최신 연구 결과가 그와 반대 방향을 가리킨다고 생각했다. 또한 그들은 이주의 생물학적 위험에 대한 과학적 우려를 더욱 심화시켰다.

19세기 거의 내내 유전적 속성에 대한 전문가의 의견이 분분했다. 소위 혼합 가설은 각 부모의 형질이 마치 흰 우유에 초코우유가 섞이듯 자손에게는 '혼합'되어 나타난다고 상정했다. 그런 일은 분명 일어났지만 동시에 그게 다가 아닐 수도 있었다. 속성들이 혼합될 경우 키가 큰 어머니와 키가 작은 아버지는 중간 키의 자식들을 만들어낸다. 하지만 유전에서 혼합이 유일한 과정일 경우 충분한 수의 세대가 지나고 나면 키가 작거나 큰 사람은 더 이상 나오지 않게 되지만, 이는 분명 사실이 아니었다. 어떤 사람들은 한 세대에서 그다음 세대로 전달되는 속성들이 개체의 일생 동안 바뀔 수 있다고 믿었다. 뷔퐁의 제자인 장 밥티스트 라마르크 Jean Baptiste Lamarck는 기린들이 나무 꼭대기에 있는 잎사귀를 먹기 위해 많은 시간을 들여 목을 늘이기만 해도 긴 목으로 진화할 수 있다고 가정했다.

1899년 발생학자 아우구스트 바이스만 August Weismann은 다섯 세대의 흰 쥐에서 꼬리를 체계적으로 제거함으로써 두 이론을 모두 논박했다.

혼합 가설에서 제기하듯 부모의 형질이 자식 안에서 섞일 경우, 또는 라마르크 등의 주장처럼 환경의 조건이 한 세대에서 다음 세대로 넘어가는 형질에 영향을 미칠 경우, 바이스만은 꼬리 자르기 의식의 어떤 유전적 영향을 확인할 수 있어야 했다. 여러 세대가 지나면 꼬리가 없는 쥐의 후손은 꼬리 없이 태어나거나 최소한 꼬리가 짧아진 상태로 나올 것이었다. 하지만 실제로는 그렇지 않았다. 매번 다음 세대는 정상적인 꼬리로 태어났고, 혼합도 환경의 영향도 전혀 나타나지 않았다.

그로부터 얼마 지나지 않아 유럽의 몇몇 식물학자는 수십 년 전 그레고르 멘델Gregor Johann Mendel이라는 아우구스티누스회 수사가 시도한 잘 알려지지 않은 실험들을 부활시킨 논문들을 발표했다. 멘델은 완두콩을 가지고 수만 건의 실험을 하여 주름진 완두콩인지 둥근 완두콩인지, 같은 속성들이 어떻게 여러 세대에 걸쳐 이동하는지를 세심하게 기록했다. 또한 그는 속성은 서로 혼합하거나 환경조건에 따라 바뀌기보다는 어떤 단일하고 고유하며 바뀌지 않는 요소를 근거로 스스로를 드러내며 한 세대에서 다음 세대로 바뀌지 않고 전달된다는 사실을 확인했다. 그 근거는 바로 그 형질이 '우성'인가 아니면 '열성'인가였다.

멘델의 연구는 바이스만의 결과가 시사한 경직된 과정의 타당함을 보여주는 것 같았다. 이렇게 해서 '바이스만설(Weismannism)'이라는 새로운 이론이 탄생했다. 이 이론에 따르면 유전된 형질은 외부 조건이나 다른 형질의 영향에 휘둘리지 않고 마치 식도를 따라 내려가는 돌맹이처럼 여러 세대를 관통해서 나아갔다.

하지만 바이스만의 실험은 그 자체로 유전된 형질이 수 세대를 거치며 변화하는 복잡한 방식이나, 그 과정에서 환경이 미치는 영향에 대해 아무것도 입증하지 못했다.[15] 나중에 유전학자들이 공부한 바에 따르면 사실 유전된 형질과 그것을 결정하는 유전자는 온갖 다채로운 방식으로 혼합하고 조화를 이루며 재결합한다. 또한 광범위한 환경의 영향을 받아 우리 몸에서 표현된다. 멘델의 실험은 유전의 한 가지 형태는 조명했지만 그것은 전체 그림의 극히 일부일 뿐이었다. 유전자는 다양한 일을 했고 그가 발견한 단순한 메커니즘 이외의 온갖 방식으로 자신을 표현했다.

그럼에도 불구하고 과학자들은 바이스만설이 인간 안에서도 기능하다는 생각을 뒷받침하는 데이터를 수집할 수 있었다.

인간의 경우 멘델의 패턴을 따르는 건 눈 색깔, 그리고 소변의
색을 어둡게 만드는 알캅톤뇨증이라는 효소 결핍증, 그리고 부분
적으로는 모발과 피부색 등 극히 일부 형질뿐이다. 그렇다고 해서
학업성취나 운동선수의 기량, 경제적 부 같은 복잡한 형질은 세대
를 거쳐 전해져 내려오지 않는다는 말이 아니다. 이런 형질들도 세
대를 거쳐 내려오지만, 그것은 생물학적 과정이 아니라 문화적·경
제적 과정을 거친다. 과학자들은 사회적으로 전해 내려온 형질과
생물학적으로 전해 내려온 형질을 구분하지 않기 때문에 여러 복
잡한 형질 속에서도 바이스만이 말한 과정을 감지할 수 있다고 주
장했다. 그들이 사용한 방법은 단순했다. 한 가지 형질을 고르고
난 뒤 누가 그것을 가지고 있는지 알아내고 나서 실시간으로 또는
가계도 기록을 가지고 수 세대를 거치며 그것이 어떻게 이어졌는
지를 추적하는 것이다.

예컨대 찰스 다윈의 사촌 프랜시스 골턴은 천 명의 '저명한'
남자들과 그 친척들을 연구하여 마치 멘델의 완두콩에서 주름이
라는 형질이 이어지듯 '저명함'이라는 형질이 여러 세대를 거쳐 전
해 내려왔음을 확인했다. 이 주제에 대해 영향력 있는 교재를 집
필한 동물학자 찰스 대븐포트Charles Davenport는 가계도 연구를 통해
'민첩하고 활발함', '유창한 대화 능력', 그리고 새로운 언어를 배
우는 능력이 마치 '명백한 노력 없이도 휘파람으로 곡조를 연주하
거나 노래를 부를' 수 있는 형질처럼 어떤 가문에 집중되어 나타난
다고 주장했다. 그리고 이 점을 이런 형질들이 생물학적으로 여러
세대에 걸쳐 전해진다는 증거로 내세웠다.

과학계는 바이스만설에 열광했다. 과거의 개념들은 불완전하
긴 해도 유전을 신비하고 변형 가능하며, 거의 완전히 통제할 수
없는 과정으로 인식했다. 그런데 바이스만설은 과학자들이 유전

과정을 해독할 뿐만 아니라 지배하여 민족의 운명을 결정할 수 있음을 시사했다.

그러니까 바이스만설에 따르면 지성, 정신력, 음악성, 그 외 사회적으로 유익한 성질은 사회개혁가들의 말처럼 훌륭한 영양이나 계몽된 교육, 도덕적 가르침으로 조심스럽게 육성해야 하는 게 아니라는 의미였다. 그런 것들은 그저 생물학적 선물로 마치 튼튼한 코나 약한 턱처럼 미래 세대에게 주어져야 했다. 최고의 형질을 가진 자들이 가장 많은 아이를 낳는 한, 사회는 훌륭하고 아름다우며 도덕적으로 강직한 대중을 확보할 수 있었다.

골턴은 정책 입안가들에게 새로운 유전학을 발판으로 사회 개조 프로그램을 재조정하도록 촉구하는 새로운 운동을 진두지휘했다. 그는 이 운동을 '우생학'이라고 불렀다. 우생학을 뜻하는 'eugenics'는 '좋은'을 의미하는 'eu'에 '발생'을 의미하는 'genesis'를 붙인 단어였다. 우생학자들은 정책 입안가들이 자원을 학교와 영양 개선에 쏟는 대신 누가 누구와 성관계를 하는지에 초점을 맞춰야 한다고 말했다. 골턴의 입장에 동의한 오스본과 그랜트는 미국에서 우생학의 복음을 퍼뜨리기 위해 골턴협회를 창립했다.

당시에는 누구도 여러 세대를 거쳐 이동하는 그 수수께끼 같은 물질이 무엇으로 구성되는지 알지 못했다. 수년 뒤에야 과학자들은 생물유전의 근원으로 DNA를 지목하고 그것이 인체 안에서, 그리고 자연과의 관계에서 기능하는 다양한 방식을 이해하기 시작했다. 오스본과 그랜트 같은 사람들은 그들이 '멘델 요인' 또는 '생식질' 등 다양하게 부른 어떤 불가사의한 물질이 오래 지속된다고만 알았다. 오스본은 그것을 '이제까지 발견된 물질 가운데 가장 안정적인 물질'이라고 불렀다.[16]

이주의 생물학적 위험에 대한 과학자들의 우려

오스본과 그랜트는 1년에 두 번 턱시도와 흰 타이로 한껏 치장하고 상류층 모임인 반달클럽(Half-Moon Club) 회합에 나가 동료 회원들과 함께 초청 연사가 들려주는 과학 탐험계의 가장 최근의 정복 이야기에 귀를 기울였다.

매사추세츠공과대학교의 경제학자이자 인종 이론가인 윌리엄 리플리William Z. Ripley가 이 회합에서 "인종의 이주"라는 제목으로 연설한 적이 있다. 거기서 리플리는 바이스만설과 인종과학이 멀리 떨어진 대륙에서 시작된 대량 이주를 경험하는 그들 자신의 사회와 같은 곳에서 갖는 함의를 설명했다. 이주자들이 숫자로 사회를 압도하는 데 그치는 게 아니었다. 이주자의 몸 안에는 아주 미세한 시한폭탄이 들어 있었다. 만일 그들의 생식질이 인구 안에 유입되면 그 열등한 형질로 영구적인 오염을 일으킬 것이라고 했다.

생물학적으로 구별되는 사람과의 성관계에 대한 과학계의 우려는 남북전쟁 이후 몇 년간 처음으로 폭증했다.[17] 과학자들은 노예제도가 유럽계 미국인과 그들이 노예로 삼은 아프리카 출신 강제 이주자들의 관계를 저지할 수 있었지만(공개적으로 인정하는 사람은 거의 없지만 실제로는 그렇지 않았다) 노예제도가 폐지되면 아프리카 혈통과 유럽 혈통이 더 자유롭게 뒤섞일 거라며 우려를 표했다. 하버드대학교 생물학자 에드워드 머리 이스트Edward Murray East는 생물학적으로 다른 아종 간의 이종교배는 "수백 세대에 걸친 자연선택에 따라 각 인종 안에서 부드럽게 작동하는 하나의 통일체로 확립된 정상적인 육체적·정신적 특성을 무너뜨릴"것이라고 밝혔다. 인종 간의 성관계와 결혼을 금지하는 타 인종 간 출산 금지법이 1860년대에 통과되어 이런 결과가 나타나는 것을 막고 있었다. 하지만 이런 법은 러시아, 폴란드 등지에서 증기선을 타고 매일 도착하는 더 원시적인 아종들로부터 이 나라의 더 선진적인 아종들을 지켜주지는 못했다.

리플리만 경고를 보낸 것은 아니었다. 하버드대학교 동물학자이자 콜드스프링하버 우생학 기록 사무소의 설립자 찰스 대븐포트, 그의 상무이사 해리 라플린Harry Laughlin, 그리고 손꼽히는 공중보건 전문가 같은 유수의 우생학자들이 여기에 동참했다.

이종교배의 정확한 결과는 여전히 분명하지 않았다.[18] 일부 우생학자들은 키가 큰 인종이 키가 작은 인종과 이종교배를 할 경우 키는 큰데 장기가 너무 작거나, 장기는 기괴할 정도로 큰데 키가 작은 자식을 낳을지 모른다고 우려했다. 이런 식의 짝짓기는 마치 개량종 식물이 다시 야생종으로 돌아가듯, 한쪽 부모의 더 진화된 인종적 속성을 잃고 다른 부모의 오래된 원시 형태로 되돌아간 미개한 자손이라는 결과로 귀결될지 몰랐다.

대븐포트는 "아메리카인들은 빠르게 색소가 어두워지고, 신장이 작아지고, 변덕스러워지며, 음악과 예술에 더 집착하게 될 수 있다"고 경고했다.[19] 또한 절도, 납치, 폭행, 살인, 강간, 비도덕적 성범죄 성향이 더 커질 수 있다고 했다.

의사인 월터 애시비 플레커Walter Ashby Plecker는 생물학적 결과가 어떠하든 잡종은 미국 사회에 '절대적인 붕괴'를 의미한다며 미국공중보건협회 연설에서 경고했다.[20] 그의 동료들도 동의하며 《미국공중보건학회지(American Journal of Public Health)》에 그의 연설 내용을 그대로 실었다.

대형동물 사냥을 즐기는 그랜트는 미국의 풍채 좋은 거대 포유류들이 줄어드는 상황을 목격했다. 이주의 생물학적 함의를 깨달은 그랜트와 오스본은 그와 유사한 장소 이탈 과정이 인간을 상대로 펼쳐지고 있음을 알았다.

그랜트는 "이종 간 출산은 멸종을 향한 첫 단계"라고 밝혔다.[21] 이주자들은 열등한 생식질로 사람들을 오염시킴으로써 우등한 인간 아종을 소멸시킬 것이었다. 반달클럽의 상류층 회원들이 웅장한 궁전 양식의 클럽하우스에서 인상을 쓰는 동안 밖에 있는 뉴욕의 길거리에서는 이주자들이 잡종 괴물들을 낳고 있었다.

제1차 세계대전 이전 몇 년간 대부분의 미국인은 일반적으로 어떤 민족—아시아인과 아프리카인 같은 외국인들, '정신 박약'이라고 여겨지는 사람들—은 후진적이고 바람직하지 않아서 적당한 거리를 유지해야 한다는 생각을 받아들였다.

이미 1882년 의회는 중국에서 오는 사람들과 정신병이나 지적 장애가 있다고 판단되는 사람이면 누구든 미국으로 들어오지 못하게 막았다.[22] 미국 전역의 수십 개 주州는 '정신 박약'인 사람들의 결혼을 금지했다. 그들의 '정신 박약' 후손들이 대중들을 오염시킬지 모른다는 우려 때문이었다. 일부 주는 이들에 대한 강제 불임시술을 법제화하기까지 했다. 1913년 루스벨트 대통령은 대븐포트에게 보내는 서한에서 '사회는 퇴화한 자들이 그런 부류를 재생산하는 걸 허락할 필요가 없다'고 썼다. 《뉴욕 타임스》는 브롱크스 동물원을 찾은 방문객들이 피그미족 청년 오타 벵가의 철창 우리에 꾸준히 몰려들어 '대부분 시간 동안 폭소를 터뜨렸다'고 전했다.

하지만 사람들은 인종과학과 바이스만설의 미세한 부분을 알아차리지 못했다. 손쉽게 국경을 넘어서 미국으로 들어오는 멕시코인들이나, 역시 미국으로 거의 마음대로 들어올 수 있는 유럽인들이 야기하는 생물학적 위험을 감지하지 못했다.

과학 엘리트들은 이주의 생물학적 위험을 시시콜콜 늘어놓았지만, 대중문화는 이주를 포용했다.[23] 1886년 노동자들이 뉴욕항에 자유의 여신상을 세우고, 난민 지지자 엠마 라자러스의 시 '나에게 당신의 지치고 가난한 / 자유를 들이마시기를 갈망하는 당신의 옹송그린 사람들을 보내주오'가 새겨진 명판을 발치에 고정하자 수십만 명이 환호했다. 뉴욕시 전역에서는 소위 사회복지관들이 신참자들에게 출신 지역의 관습을 버리고 미국의 관습에 적응할 수 있도록(예를 들어서 19세기 후반의 미국 전문가들이 '지나치게 자극적'이고 소화가 안 된다고 여겼던 고기, 채소, 파스타로 된 전형적인 지중해식 음식보다는 크림을 바른 대구와 옥수수죽 먹기) 요리 교실과 토론 모임과 바느질 수업을 마련하여 동화시키기 위해 애썼다.

1908년 뮤지컬 〈용광로(The Melting Pot)〉는 이주자의 동화^{同化}를 극찬한다. 극 중 주인공인 러시아 출신의 유대교도 난민은 기독교도 난민과 사랑에 빠져 결혼한다. 그는 미국이 혼합과 융합의 나라라고 선언한다. "미국은 하나님의 도가니, 유럽의 모든 인종이 녹아들어 다시 형태를 갖추는 위대한 용광로!"라고 외친다.

> 착한 사람들이여, 당신들은 이곳에 있지, 나는 생각해, 엘리스섬에서 당신들을 볼 때, 당신들은 50가지 집단, 50가지 언어와 역사, 그리고 50가지 피의 증오와 경쟁과 함께하지. 하지만 그렇게 오래 걸리지 않을 거야. 형제들, 당신들이 찾아온 이곳은 하나님의 도가니이니. 당신들의 반목과 복수 따위는 아무것도 아니야! 독일인과 프랑스인, 아일랜드인과 잉글랜드인, 유대인과 러시아인이 당신들 모두와 함께 도가니 속으로! 하나님이 미국을 만들고 있다네.

루스벨트 대통령은 각료들과 함께 첫날 저녁 공연에 참석했다.[24] 《뉴욕 타임스》 보도에 따르면 루스벨트는 공연을 열정적으로 관람했다. 어떤 지점에서는 관람석에서 몸을 앞으로 기울이며 어떤 대사에 "훌륭해!" 하고 소리쳤고, 2막이 끝났을 때는 앞장서서 박수갈채를 이끌었다.

정치인들은 새로운 이주자들이 제기할 수 있는 잠재적인 생물학적 영향보다 그들이 유발할 긍정적인 경제적·문화적 영향—그리고 그들이 선거에서 투표로 승패를 좌우할 수 있는 능력—에서 더 큰 인상을 받았다. 한 당대 인사의 표현처럼 제1차 세계대전 이전의 미국 정치인 대부분에게는 '많을수록 좋았다'.[25]

게다가 국회의 의뢰로 진행된 20세기 초의 한 연구—오늘날까지 이 연구는 미국에서 시행된 최대 규모의 이주 연구로 남아 있다—는 오스본과 그랜트, 그리고 기성 과학계의 나머지 사람들이 그렇게 우려한 생물학적 위험 가운에 어떤 것도 찾아내지 못했다. 9명으로 구성된 초당적 위원회는 최신의 모든 사회과학 기법을 동원해서 이주가 범죄율과 교육에서부터 공중보건에 이르기까지 모든 영역에 어떻게 영향을 미쳤는지를 살펴보았다. 이 위원회는 광역에서의 노동수요, 교정시설과 자선기관 내 외국 출생자의 비율에 대한 통계를 냈다. 이민선移民船 내부 환경을 조사하고 음식의 질을 평가하기 위해 비밀조사원을 보냈다. 이주자가 미국의 지역사회 안에서 어떻게 받아들여지는지를 분석했다. 이들이 노조에 가입하는지, 노조는 이들을 어떻게 받아들이는지, 이들의 존재가 토착민 출신 노동자의 고용률에 영향을 미치는지, 다른 노동자들에 비해 임금 수준은 어떤지, 이들은 어떤 유형의 일자리를 얻는지, 이들이 토착민 출신 노동자보다 사고를 더 많이 일으키는지, 이들의 자녀들이 학교에 등록하는지, 그들이 영어를 할 수 있는지, 이들이 가진 범죄 성향의 본질은 무엇인지, 건강 상태는 어떤지, 얼마나 자주 정신 이상이 일어나는지 등등. 개혁 성향의 인류학자

프란츠 보아스Franz Boas는 수천 명에 달하는 이주자의 취학 자녀의 신체 치수를 측정하기 위해 위원회를 설득하여 몇천 달러를 얻어 내기도 했다. 이는 이주 과정이 이들 자신의 신체를 어떤 식으로 바꾸는지에 대한 단서를 찾기 위한 시도였다.

위원회는 2만여 쪽에 달하는 보고서를 41권으로 펴냈다. 위원들은 이주와 관련된 그 어떤 생물학적 위험(또는 다른 어떤 위험)도 발견하지 못했다. 더 나아가 외국인의 몸에 치유 불가능한 결함이 있다면서 이를 이주의 생물학적 위험을 경고하는 근거로 삼은 과학자들의 입장이 잘못되었다고 밝혔다.

보아스의 연구는 이주자와 그 자녀들의 신체 치수가 변치 않는 생식질에 의해 영구적으로 고정된 게 아니라 미국에 도착하는 순간부터 변화 과정을 겪기 시작했음을 보여주었다.[26] 뮤지컬 〈용광로〉가 시사하듯 새로운 식습관과 환경은 이들을 육체적으로 탈바꿈시켰다.

이 위원회의 연구가 특별히 바이스만설과 인종과학의 가설을 검증하기 위해 고안된 것은 아니었지만, 하다 보니 이들의 예상과 정면으로 충돌하는 모양새가 됐다. 그랜트는 보아스의 '어처구니 없는' 결과를 개인적으로 비웃었다.[27] 그는 이주자 자녀들의 매춘부 같은 엄마들이 '진짜' 미국인들과 몰래 불륜을 저질러서 그 자녀들이 새로운 생식질을 갖게 된 거라고 마음대로 생각했다. 하지만 진실은 그게 아니었다. 그랜트와 오스본과 다른 정상급 과학자들이 불안해하는 영향을 아무리 열심히 찾아봐도 발견하지 못한 것이었다.

그랜트는 처음에 이 위원회의 연구 결과가 '우리 도시에 넘쳐나는 엄청난 양의 쓸모없는 유대인과 시리아인들을 막아내는' 법으로 귀결되기를 희망했다.[28] 하지만 이 보고서는 단 한 건의 입법으로 이어졌고 그마저 윌리어 하워트 태프트 대통령이 신속하게 거부권을 행사하는 바람에 아무런 성과를 남기지 못했다.

무익한 잡종 인종이라는 인식의 확산

미국이 제1차 세계대전을 향해 진군할 무렵부터 마침내 이주의 생물학적 위험이 대중의 관심을 끌기 시작했다.

그랜트는 1916년에 『위대한 인종의 소멸(The Passing of the Great Race)』을 펴냈다. 책에서 그는 인종 서열의 뿌리 깊은 생물학적·역사적 기원과 이주로 인해 뒤집힐 위험에 대해 풀어놓았다. 이 책은 서서히 베스트셀러로 등극했다. 루스벨트는 이 책이 너무 흥미 있어서 그냥 읽는 게 아니라 "공부하겠다"고 말했다.[29] 퓰리처상을 받은 언론인들이 자신의 기사에 이 책을 인용하면서, 케네스 로버츠Kenneth Roberts가 《새터데이이브닝포스트》에서 그랬듯, 이주로 인해 미국인들이 '중앙아메리카와 남동유럽의 아무짝에 쓸모없는 똥개들만큼이나 가치 없고 무익한 잡종 인종'으로 바뀌게 될 거라고 주장했다.[30] 일반 대중을 겨냥한 다른 수백 권의 책이 과학의 이름으로 비유럽 인종이 열등하다는 주장을 설파했다.

미국 전역의 대학에서 과학자들이 유전의 생물학을 가르쳤다.[31] 1914년부터 1928년 사이에 우생학을 가르치는 대학의 수는 44개에서 376개로 껑충 뛰어올랐는데, 이 중에는 하버드대학교, 컬럼비아대학교, 브라운대학교 같은 상위권 대학도 있었다. 공적인 행사에서는 미국 우생학회 같은 대중 과학교육 집단들이 양질의 생식질이라는 경이에 대한 의식을 고양하기 위해 '더 나은 아기' 경연대회와 '미래의 난롯가에 더 적합한 가족' 경연대회를 기획했다. 영화팬들과 독자들은 휴먼드라마와 수정주의 역사를 통해 바이스만설의 핵심 전제를 흡수했다. 예를 들어 할리우드 영화 〈먹황새(The Black Stork)〉에서는 생식질이 어울리지 않는 한 부부가 아기를 갖지 말라는 경고를 무시했다가 슬프게도 '결함 있는' 아이를 가져 아이의 죽음을 감내하게 된다는 이야기를 담았다.

1917년 러시아 혁명 이후에는 반독일 선동과 공산주의자에 대한 우려가 외국인에 대한 미국인들의 불안을 자극했다.[32] 또한 이주자에 대한 새로운 사회과학 연구를 통해 그들의 생물학적 후진성을 폭로했다. 1917년에 엘리스섬에 도착한 이주자를 대상으로 새로 개발된 지능검사를 한 결과, 유대인의 83퍼센트, 헝가리인의 80퍼센트, 이탈리아인의 79퍼센트, 러시아인의 87퍼센트가 '정신 박약'인 것으로 나타났다.

정신의학 시설 입원환자의 국적에 관한 한 연구에서는 최근의 이주자가 지나치게 많은 것으로 나타났다. 전체 인구 중에서 13퍼센트인 이주자들이 정신질환자 가운데서는 19퍼센트인 것으로 나왔다. 《뉴욕 타임스》는 이 연구 결과에 관한 기사에 "제정신이 아닌 외국인의 꾸준한 유입"이라는 제목을 달았다. 《하퍼스위클리》는 '외국인은 50명 중 한 명이 정신질환자인 데 반해 토착 미국인 중에서는 그 비율이 450명 중 한 명'이라고 주장했다. 전쟁 기간에 약 200만 명 신병들을 대상으로 지능검사를 한 공무원들은 흑인 병사의 89퍼센트가 '천치'에 해당하고, 외국에서 태어난 사람들의 지능은 서쪽에서 동쪽으로 갈수록 꾸준히 떨어져 잉글랜드와 네덜란드 사람들이 높고 러시아, 이탈리아, 폴란드 사람들이 낮다는 사실을 발견했다.

당시에는 잘 알려지지 않았지만 이런 연구 결과는 방법론적인 편견에서 비롯됐다.[33] 지능검사는 지적인 능력을 측정하기 위한 것이었지만, 실제로는 특정 계급과 문화권에 속한 사람들만 알 수 있는 질문에 대한 대답을 요구했다. 예를 들면 『로빈슨 크루소』의 저자나 모빌만의 북군 사령관, 벨벳조라는 캐릭터가 광고하는 제품, 최고 타율이 얼마인지 같은 것들이다. (지능검사 관리자 중 하나였던 칼 브링엄Carl Brigham은 최초의 미국 대입시험 SAT를 개발하는 데까지 이른다.) 주류 중산층 문화와 거리가 있는 사람은 누구든 답할 수가 없었다.

엘리스섬에서 공무원들이 한 검사는 한마디로 문화적으로 편향되어 있었다. 게다가 영어를 거의 못 하고, 혼란스럽고 두려운 입국 과정을 앞두고 있으며, 혹독한 조건 아래 며칠간 이어진 고된 여정에서 이제 막 벗어난 이주자들을 상대로 말이다.[34] 모두가 워낙 탈진한 상태여서 편향되지 않은 어떤 종류의 검사를 했다고 해도 좋은 결과를 얻기는 어려운 상태였으리라. 이와 비슷하게 정신병원에 있는 이주자에 관한 연구는 나이 분포를 수정하지 않았다. 즉 이들이 정신병원에 균형에 어긋날 정도로 많은 것은 이주자의 인구 분포가 전반적으로 토박이 미국인에 비해 젊은이 쪽에 몰려 있었기 때문이다.

잡종의 신체적 퇴화를 검증하려는 시도

이주자의 생물학적 열등함을 보여주려는 오점투성이의 연구가 아무리 쌓여도 그것이 전 국민에게 제기하는 '인종의 잡종화'라는 가장 긴박한 위협은 대체로 이론일 뿐이었다.

서로 모순되는 증거가 등장했던 것이다. 아종 이론은 잡종이 순종보다 생식능력이 떨어지거나 심지어 노새처럼 생식을 전혀 하지 못하리라고 예측했지만[35] 혼합인종 커플의 자손에 관한 연구를 통해 이와 정반대 상황임이 밝혀졌다. 토박이 미국인 여성 577명을 상대로 한 보아스의 연구에 따르면 이들은 평균적으로 5.9명의 자녀를 두고 있었다. 반면 그가 연구한 혼합인종 커플의 여성 141명은 평균 7.9명의 자녀를 뒀다. 나중에 나치당의 뉘른베르크법의 과학적 기초가 된 독일 인류학자 오이겐 피셔Eugen Fischer조차도 자신이 연구한 혼합인종—보어 식민지의 자녀들과 남서아프리카의 '호텐토트들'—은 완벽하게 생식능력이 있는 것으로 보인다고 언급했다. 스웨덴의 의사 헤르만 룬드버그Herman Lundborg는 라플란드인과 핀란드인과 스웨덴인의 자식들 사진을 면밀히 살펴보면서 얼굴을 측정했다. 놀랍게도 잡종이 순종인 조상보다 키가 크고 튼튼하며 우아해 보였다. 보아스는 혼합인종 자녀들이 섞이지 않은 아이들보다 키가 크다는 사실도 확인했다.

그런데도 잡종에 대한 비아냥과 추측이 난무했다.[36] 많은 과학자가 소위 물라토, 즉 부모 중 한쪽은 백인이고, 한쪽은 흑인인 사람들에게 기능 이상의 신호가 나타난다고 확신했다. 대븐포트는 이들은 "치아 구조가 일정하지 않다"고 주장했다. 또한 이들은 '다른 사람들에게 골칫거리'인데 그 이유는 생물학적으로 우등한 백인 부모에게서 야망을 물려받았지만 흑인 부모로부터는 '지적 부적합성'을 물려받았기 때문이다. 필라델피아카운티의료협회의 회장은 물라토의 두개골에는 시상봉합이 없어서 측면 팽창에 지장을 준다고 단언했다. 다른 과학자들은 아이티를 보라며 손가락질했다. 1791년 프랑스의 식민통치에 맞선 혁명이 대븐포트의 동료인 해리 라플린이 '아프리카의 야만으로의 회귀'라고 부른 상태를 초래했다고 말했다. 그들이 그 섬에 대해서 들은 식인 풍습과 그외 더 심한 풍습에 대한 충격적인 가십은 아마 물라토 인구가 워낙 많아서 그런 거라고 그들은 말했다.

중대한 질문에 관한 연구에는 여러 난관이 있었다. 과학자들이 마치 품종이 다른 토끼나 개를 교배시켜서 그 자식들의 건강을 평가하듯 서로 다른 인종의 사람들을 교배시킬 수는 없었다. 과학자들은 사회에서 자연스럽게 등장한 혼합인종 커플에게서 데이터를 얻어야 했다. 그래서 일단 이들은 혼합인종인 사람들을 찾아야 했다. 하지만 이들을 향한 사회적 경멸을 고려하면 그건 쉬운 일이 아니었다. 보아스는 인류학자이자 작가인 조라 닐 허스턴$^{Zora\ Neale}$ ^{Hurston} 같은 대학원생들을 할렘의 길거리로 내보내 손에 캘리퍼스 (둥근 물체의 직경을 재는 도구-옮긴이)를 들고 지나가는 물라토를 잠시 멈춰 세워 두개골을 측정하게 했다.

잡종의 인종사를 '순종' 조상이 나올 때까지 거슬러 올라가서 재구성하는 것은 또 다른 도전과제였다. 피험자 중에는 조상의 역사를 모르는 경우가 대부분이었고, 설사 안다 해도 다른 사람에게 알리고 싶어 하지 않았다. 교회에서 보관한 기록 같은 것들은 생물학적 아버지보다는 양육 중인 부모를 나열할 때가 많아서 신뢰할 수 없기는 마찬가지였다.

결국 잡종의 신체적 퇴화를 파악하려면 수완이 필요했다. 가령 토끼의 잡종 실험에서 과학자는 토끼가 낳은 새끼들의 수를 세거나 귀가 곧은지 아니면 처졌는지를 살펴보고서 잡종의 건강 상태를 판단할 수 있었다. 하지만 잡종 인간의 육체적 퇴화를 파악하려면 수십 가지 세세한 측정치가 필요했다. 이주의 산물인 잡종이 누가 봐도 괴물 같다면 모를까. 이들의 기괴함을 파악하려면 세부 사항에 관심을 기울여야 했다.

연구자들은 서로 다른 인간 아종들이 사회적 낙인 없이 공개적으로 뒤섞이는 곳에서 연구를 수행하기를 열망했다. 많은 인종 과학자가 최적의 장소는 하와이 같은 태평양 도서 지역이라는 데 의견을 모았다. 미국은 1898년 식생이 우거진 하와이의 화산섬들을 합병했다. 이후 수십 년간 미국, 일본, 중국 등지의 이주자들이 밀려 들어와 지역 인구를 바꿔놓았다. 백인은 하와이인과, 하와이인은 중국인과, 중국인은 일본인과 결혼했다. 이들의 혼합인종 자녀들은 다른 혼합인종 자녀들과 결혼했다.《뉴욕 타임스》에 따르면 잡종화가 닥치는 대로 진행되는 이 태평양 섬들은 '자연이 이질적인 유형의 융합이라는 기적을 수행하는 모습을 관찰할 수 있는 일종의 실험실'을 제공했다. 그에 대한 사회적 낙인은 전혀 없었고, 인구조사기록과 사망 증명서로 전 과정을 추적할 수 있었다. 공중보건 통계 전문가 프레데릭 호프만Frederick Hoffman은 "이 세상에서 인종적 측면에서 이보다 더 흥미로운 지역은 없으리라"며 열광했다.

오스본의 자연사박물관은 종종 과학 탐험을 후원했다. 박물관은 북극으로, 지도에 나오지 않는 시베리아 지역으로, 외몽골로, 적도아프리카의 정글로 탐험가들을 보냈다. 인종의 뒤섞임에 관한 생물학이 국가가 직면한 가장 중대한 과학적·정치적 사안으로 부상하자 자연사박물관은 이 문제를 확실하게 연구하기 위해 새로운 탐험을 후원했다. 박물관은 컬럼비아대학교 박사과정 학생인 루이스 설리번Louis Sullivan을 하와이로 보내 필요한 연구를 수행하게 했다.

바이스만설과 인종과학에 대한 중요한 국제과학학술대회를 한창 조직하던 오스본은 이 학술대회를 통해 이주에 대한 여론을 완전히 뒤흔들기를 희망했다.[37] 인종의 잡종화와 관련된 생물학이 주요 의제가 될 터였다. 운이 좋아서 설리번이 제때 확실한 결과를 내놓으면 그것을 근거로 주장을 펼칠 수 있을 것이었다.

혼혈의 위험에 관한 확실한 증거를 찾아서

1921년 9월 말, 미국, 유럽 등지의 유명 과학자들이 제2차 국제우생학대회가 열리는 뉴욕시로 몰려들었다. 이 모임을 위해 미국자연사박물관 4층 전체를 완전히 비웠다. 발명가이자 과학자인 알렉산더 그레이엄 벨과 다윈의 아들이자 왕립지리학협회장인 레너드 다윈 소령을 비롯해 당대의 과학 전문가들이 대거 참석했다.

오스본은 개막 연설에서 그 학술대회의 정치적 목적을 설명했다. 그는 수백 편의 논문과 전시를 통해 인종과학과 바이스만설의 최신 연구 결과가 알려지고, 이주와 인종혼합의 종식이 과학적으로 긴박한 문제임이 드러날 것이라고 설명했다. 그는 그 자리에 모인 참석자들에게 "우리는 (……) 부적격자들의 진입을 금지함으로써 우리의 역사적 제도들을 유지해나가야 하는…… 진지한 투쟁에 임하고 있습니다"라고 말했다.[38]

박물관의 전시실에서는 100건이 넘는 전시물이 늘어섰다. 매디슨 그랜트의 베스트셀러에서 가져온 확대한 지도도 있었고, 아프리카계 미국인 태아의 뇌가 백인의 태아보다 더 작다는 걸 보여준다는 주장과 함께 태아의 석고 모형을 앞세운 엽기적인 전시도 있었다. 또 다른 전시는 범죄자의 뇌와 '정신 박약'의 뇌를 확대한 사진을 서로 비교했다. 이주자의 생식능력을 보여주는 도표들도 있었다.

인구조사국은 인종과 이주에 관한 어떤 지점을 부각시키는 의도가 담긴 몇 가지 도표를 제공했다.[39] 그중에는 정신병원에 있는 백인의 수와 비백인의 수를 비교하는 표도 있었다. 대븐포트는 "미국 가족 내 천재성과 재능의 유전"이라는 제목으로 해군 장교가 많은 페리 집안, 배우가 많은 제퍼슨 집안, 과학자가 많은 아가

146

시 집안 등 열 개의 가계도를 보여주었고, "미래의 미국 인구 생식질을 보유한 사람들"이라는 제목으로 엘리스섬의 최근 이주자 사이에서 볼 수 있는 '인종 유형' 사진 61장을 전시했다.

대회 참석자들은 일주일 동안 강의를 들었다.[40] 레너드 다윈 소령은 "문명공동체의 타고난 특성들이 악화하고 있다"고 주장했다. 콜드스프링하버 우생학 기록 사무소에서 온 과학자들은 음악, 문학, 예술 방면의 소질이 어떻게 생물학적으로 유전되는지를 설명했다. 의도적으로 천재를 만들어내는 것이 가능한지, 빨간 머리들은 어째서 '서로를 싫어하는지', 어째서 키가 큰 남자들은 키가 작은 아내를 선택하고 키가 작은 남자들은 키가 큰 아내를 선택하는지에 대한 의견을 피력한 사람들도 있었다. 과학자들은 어째서 우수한 지능은 사회적 지위가 우수한 부모의 자녀 안에서 5배 더 일반적인지, 그리고 '자애로운 설교를' 늘어놓는 '민주적 성향의 사람들'이 이런 자연에 대한 과학적 사실에 어떻게 저항하는지를 설명했다.

하지만 이 대회에서 가장 중요한 과학 문제는 이주로 인한 근본적인 생물학 문제, 바로 인종혼합의 생물학에 대한 것이었다. 참석자들은 하와이에서 결과가 날아들기를 목이 빠지게 기다렸다. 설리번은 하와이에서 뭔가 대단한 게 걸려들었다고 확신했다.

'나는 폴리네시아 문제에 홀딱 빠져 있습니다'라고 설리번은 자신의 후원자들에게 적어 보냈다.[41] 그는 곧 인종 관계의 궁극적인 해법을 발견하기를 희망했다. 그는 약 1만 1천 명의 하와이인들을 측정했고 300여 개의 두개골을 분석했다. 혼혈 아이들의 신체를 측정했고, 혈액 샘플을 얻었고, 모발 샘플을 채취했고, 옷을 입고 있는 연구대상자의 사진을 찍었고, 그다음에 오스본이 자신의 전시를 위해 나체 사진이 필요하다고 하자 옷을 입지 않은 연

구대상자의 사진을 다시 찍었다. 그는 사적인 서신에서 '백인 또
는 중국인의 관점에서' 인종혼합은 '당연한 실패'라고 자신만만하
게 적었다. 하지만 그것을 확실히 밝히려면 양적인 측면에서는 압
도적이지만 아직은 아리송하기 그지없는, 색인 카드에 휘갈겨놓
은 산더미 같은 데이터를 꼼꼼히 추려낼 시간이 더 필요했다. 설리
번은 그 대회에는 참석할 수 없었지만 사진과 얼굴 주형과 도표를
보냈고, 큐레이터들이 '순수한' 하와이인, 중국인, 일본인, 포르투
갈인과 그들의 자식인 '혼혈'을 대비하는 통계와 사진과 함께 "하
와이의 인종 문제"라는 제목의 전시에서 그가 보낸 자료들을 사용
했다.

한 동료는 대회장에서 하와이에서 온 몇 가지 예비적인 근거
를 제시하며 설리번의 '권위 있는 해설'이 곧 나올 거라고 청중들
을 안심시켰다.[42] 그사이 대회 연사들은 아직 결론이 나오지 않은
인종의 혼합에 관한 연구를 뒤죽박죽 발표했다. 카네기연구소의
한 과학자는 품종이 다른 쥐를 교배해본 결과 잡종인 쥐가 순종인
부모보다 힘이 세고 미로를 더 잘 빠져나갔다는 연구 결과를 제시
했다. 다른 연사는 혼혈 결혼에 대한 논문을 발표하면서 미국과 잉
글랜드처럼 인종의 잡종화가 더 많이 이루어진 나라는 중앙아시
아와 아프리카의 나라들처럼 잡종화가 적게 이루어진 나라에 비
해 그의 표현에 따르면 더 높은 단계의 '정신적 진화'를 보여주었
다고 지적했다.

하지만 오스본이 가장 좋아한 것은 인간과 설치류에서 인종
간 혼합을 연구한 노르웨이의 생물학자 욘 알프레드 미에엔Jon Alfred
Mjøen의 발표였다. 오스본은 미에엔의 논문이 "아주 훌륭한 기여"를
했다고 칭찬했다. 미에엔은 여러 품종의 토끼를 교배했고, 그다음
에는 잡종인 자식들을 서로 간에 교배했다. 이런 식으로 다섯 세대

의 교배를 진행하자 생식능력이 없고 퇴화해서 병약한 토끼들이 태어났다. 첫 세대에서 11퍼센트였던 사망률은 다섯 번째 세대에서 38퍼센트로 늘어났고, 그쯤 되자 토끼들이 장애가 너무 심해서 짝짓기를 할 수 없는 데다 어떤 토끼는 한쪽 귀는 꼿꼿한데 다른 한쪽은 늘어진 짝짝이였다는 것이다.

토끼들이 장애를 얻은 것은 작은 집단으로 고립된 상태에서 다섯 세대에 걸쳐 근친교배를 했기 때문이다. 하지만 미에엔은 토끼의 몸에 나타난 징후들—가령 이상하게 비정상적인 귀 모양—을 품종을 뒤섞은 결과로 해석했다. 그리고 그것은 이 털북숭이 몸 깊은 곳에 숨은 악영향들을 가장 가시적으로 보여주는 것이라고 생각했다. "왜 귀만 영향을 받겠어요?" 그는 청중들에게 질문을 던졌다. "모든 장기를 의심해야 합니다. 심장, 폐, 신장, 뼈까지요. 사실 이렇게 가장 충격적인 부조화를 볼 때는 이 잡종의 몸 전체를 의심해야 해요."

미에엔은 인간의 몸에서도 유사한 결과를 발견했다고 주장했다. 몇 년 전의 린네처럼 그는 라플란드인들, 그중에서도 특히 라플란드-노르웨이 잡종들의 심신상에 나타난 결함을 살펴보았다. 확인 결과, 대부분 'M.B. 유형'이라는 문제가 나타났다. 이는 'Mang-Lende 균형'의 약칭으로 '균형 부족'을 뜻했다. 이들은 온화하고 활기가 있었지만, 혼혈인의 주요 증상인 절도, 거짓말, 음주에 취약해서 균형과 믿음직함이 부족하다는 것이 그의 결론이었다. 그는 일례로 판잣집 앞에서 구겨진 담요 위에 앉아 있는 세 소년의 사진을 보여주며 정신적으로 퇴화한 혼혈들이라고 설명했다. 미에엔은 그렇게 말하지 않았지만 현대인의 눈에는 누가 봐도 조잡한 조작에 불과했다.

미에엔은 자신의 연구가 혼혈의 위험에 대한 확실한 증거를 전혀 제시하지 못했음을 인정했다. 설리번의 결과를 기다려야 했다. 하지만 그는 청중들에게 혼혈의 명백한 위험을 고려하면 신중한 정책 입안가들은 확실한 증거가 없더라도 '강력하고 건강한 인종의 천성을 육성하고 개발'하는 것을 목표로 삼아야 한다고 말했다.[43] 이주자를 위한 언어수업과 다른 동화 서비스를 중단해야 한다고 덧붙였다. 이런 서비스는 인종 간에 가교를 놓게 되고, 그 결과를 두고 '우리는 너무 늦어서야 개탄하며 후회할 것'이기 때문이라고 했다.

그 행사의 마지막 날인 일요일에는 대회 참가자들이 브롱크스 동물원으로 특별 견학을 한 뒤 헤어졌다.[44] 그 뒤 오스본은 이 대회의 전시를 워싱턴 D.C.로 보내 국회의사당에서 전시하도록 주선했다.

동시에 그랜트와 오스본은 대회에 참석했던 다른 과학자들과 함께 최신 과학 연구 결과를 구체적인 정책으로 만들기 위한 새로운 조직을 꾸렸다. 그랜트를 대표로 앞세운 이들은 자신들의 동료 중 하나인 앨버트 존슨Albert Johnson 국회의원이 국회에 가져갈 새 이민법을 작성했다.

이민법의 통과

국회 이민귀화위원회 의장이었던 존슨은 의원들 사이에서 이주의 생물학에 대한 의식을 고양하는 역할을 했다. 그는 대븐포트의 동료인 해리 라플린을 위원회의 우생학 전문위원으로 지명하여 '기묘하고 생경한 잡종'을 어째서 이 나라에 들여서는 안 되는지를 증언하게 하고, 소책자로 출간된 그의 증언을 '국회 위원회에서 내놓은 가장 값진 문서 중 하나'라고 불렀다. 존슨은 1923년 말 그랜트의 위원회가 작성한 이민법안을 제출했을 무렵에는 이주에 대한 과학적인 문제들이 '상하원 의원의 마음속에서 해결되었음'을 확실하게 느꼈다고 개인적인 서신에서 밝혔다. 그랜트도 같은 생각이었다. "당신 뒤에는 이 나라와 가장 인기 있는 대의가 있습니다"라며 그랜트는 존슨에게 큰소리를 쳤다.

존슨 뒤에는 이제 막 선출된 대통령도 있었다. 불과 몇 달 전 워런 하딩 대통령이 급작스럽게 사망하고 나서 캘빈 쿨리지가 대통령직을 이어받았던 것이다. 쿨리지는 1921년 《굿하우스키핑》 기사에서 '어떤 비정상적인 사람과 뒤섞이거나 혼합되어서는 안 된다는 생물학적 법칙'에 대해 이야기했다.

법안에 대한 논쟁이 시작되자 〈용광로〉를 상영하던 들뜬 시절 이후로 이주자 동화의 가치에 대한 기성 정치인들의 관점이 크게 바뀌었음이 분명해졌다. 그랜트의 책은 투표 전 몇 달 동안 너무 불티나게 팔려서 6개월마다 새로 인쇄해야 할 정도였다.

한 국회의원은 "미국의 피는 순수하게 유지해야 한다"고 주장했다.

또 다른 국회의원은 "우리는 다른 인종"이라고 덧붙였다.

이주자는 "우리 인구를 더럽힐 것이다."

어떤 국회의원은 지능검사에 따르면 이미 미국에 와 있는 외국 태생 중 거의 절반이 "열등하거나 아주 열등하다"고 지적했다. "지적 능력이 낮은 개인들이 이런 식으로 꾸준히 침입했을 때 미국인에게 미칠 영향을 쉽게 이해할 수 있습니다." 미래 세대는 열등한 외래의 생물 물질에 오염되어 영구적인 손상을 입을 것이다.

법안은 증기선회사, 이주 옹호자, 몇 안 되는 친이주 성향의 국회의원—우등한 인종에 대한 그랜트의 생각을 '터무니없는 표현', '오만한 허접쓰레기', '교조적인 헛소리'라고 청산유수같이 퍼부어댄 사람 같은—의 불만을 일축하며 상하원 모두에서 압도적인 찬성으로 통과되었다.

　전쟁 중인 1914~1918년에 이주를 일시적이고 부분적으로 제한하는 법이 이미 통과된 상태였다.[45] 그랜트와 오스본이 작성한 법안은 전쟁 중이든 아니든 이 제한을 확대하고 영구화하고자 했다. 쿨리지 대통령은 기꺼이 법안에 서명했고 "미국은 미국으로 남아야 한다"고 주장했다.

샤피로의 연구 결과

설리번은 인종의 뒤섞임에 대한 자신의 '권위 있는' 연구를 끝마치지 못했다. 결핵에 걸려 연구를 중단해야 했다. 그는 1925년에 세상을 떠났다. 미국자연사박물관은 하버드대학교 인류학자 해리 샤피로Harry Shapiro를 보내 설리번이 끝내지 못한 연구를 이어가게 했다.

　누구든 이 연구를 마칠 수 있다면 샤피로도 할 수 있을 것이다. 그는 인정사정없이 질주했다. 한번은 어떤 묘지에 최근에 묻힌 두개골이 있다는 이야기를 듣고 밤에 몰래 현장에 가서 두개골을 훔친 뒤 자신의 세탁물 안에 숨겼다. 또 한번은 타히티섬의 높은 산에 매장지가 있다는 이야기를 듣고 동료와 함께 가서 위험천만한 도굴을 했다. 이들은 손에 도끼를 들고 등에는 훔친 두개골로 묵직한 배낭을 메고 가파르고 우거진 경사를 조심조심 걸어 내려왔다. "난 언제든 곤두박질칠 것 같다는 기분을 꾸준히 느꼈다"고 그는 그때를 회상했다. "마침내 산에서 내려왔을 때는 안경 때문에 거의 앞을 볼 수가 없었다." 그의 안경이 흙과 땀으로 뒤범벅이 되었기 때문이다. 두 연구자는 그날 밤 스테이크 만찬으로 성공을 축하하고 나서 그 뼈들을 의기양양하게 박물관으로 보냈다.

하지만 연구가 진행될수록 이 연구의 근본적인 전제에 대한 샤피로의 믿음이 흔들렸다.[46] 그의 과제는 이주의 가장 일반적인 결과인 혼혈 출산의 위험에 대한 근거를 찾는 것이었다. 그런데 어째선지 그는 자신의 연구대상자에게 끌렸다. 과학적 호기심만이 아니라 열정과 욕망을 품게 된 것이었다. 그는 하와이 사람의 집에서 살았고, 그들이 선물하는 조개와 바구니와 음식을 받았으며, 우정 어린 입맞춤과 악수를 나눴다. 그는 그들의 '촉촉한 눈'과 '부드럽고 나른한 표정'을 흠모했다. 어느 순간 샤피로는 자신의 연구대상과 성관계를 맺었다.

혼란이 깊어지자 샤피로는 하와이를 떠나 다른 곳에서 이 문제를 파고들기로 마음먹었다. 그는 하와이보다는 피트케언섬이 훨씬 나은 혼혈 연구 장소라고 믿었다. 1789년 영국 해군선 바운티호의 영국 반란군 9명이 일군의 폴리네시아 여성과 함께 이 섬에 정착해서 혼혈인들을 낳았다. 하지만 태평양의 망망대해에 작디작은 티끌 같은 피트케언은 접근이 쉽지 않았다. 1923년 샤피로는 파나마에서 뉴질랜드로 가는 배를 타고 이 배가 피트케언과 가까워질 때 작은 배로 갈아타는 방법으로 그곳에 들어간다는 계획을 세웠다. 하지만 배가 피트케언 근처에 도착했을 때 열대성 폭풍으로 선장은 경로를 바꾸지 않을 수 없었다. 결국 작은 배로 옮겨서 뭍으로 몰래 노를 저어간다는 샤피로의 계획은 무산되었다.

마침내 1934년 샤피로는 피트케언에 도착했다. 그는 그곳에서 인종의 혼합으로 인한 퇴화의 '확실한 증거'를 찾을 수 있기를 희망했다. 그는 피트케언에 사는 사람들은 부모의 인종이 워낙 다르므로 혼혈인 후손들에게서 광범위한 부작용을 찾을 수 있으리라 예상했다. 건강 상태의 변화, 질병, 신장, 피부, 생식능력 등등.

하지만 막상 섬사람들을 만나 보니 괴물이 아니었다. 그는 이 사람들이 '고된 일로 못이 박히고 거칠어진 발과 못생기게 옹이 진 손을 가진 잉글랜드 항만 노동자 무리에 더 가깝다'는 사실을 알게 되었다고 밝혔다. 그는 그들의 신장과, 머리의 길이와 폭과, 비중격과 비강경로 간의 거리와, 입술의 두께를 꼼꼼하게 측정했다. 눈과 모발과 피부색을 기록했다. 하지만 수십 가지를 측정해봐도 피트케언 사람들이 정상인과 다른 무언가로 발달했다는 증거는 찾을 수 없었다. 그들은 몸이 튼튼했고, 병에 잘 걸리지 않았고, 지능은 평균적이었고, 건강한 아기를 많이 낳았다.

그는 이렇게 보고했다. '피트케언인들은 여러 세대에 걸쳐 인종 간 결혼을 했지만, 그로 인한 어떤 부작용도 보이지 않는다. 이들은 잉글랜드 인종이나 폴리네시아 인종보다 더 키가 크고 최소한 일부 측면에서는 육체적인 발달 상황이 더 나아 보인다.'

그가 찾아낸 유일하게 안 좋은 점은 치아 상태가 나쁘다는 것이었다.[47]

인종의 뒤섞임에 대한 다른 연구자들의 연구 역시 이와 비슷하게 흐지부지되었다. 대븐포트는 1929년에 자메이카의 인종혼합에 관한 자신의 연구를 발표했다. 그는 그곳에 있는 흑인과 백인, 그리고 이들의 혼혈 자녀 사이에서 큰 차이를 찾지 못했다. 그는 "육체적인 면에서 이 세 집단의 차이는 거의 없다"고 인정했다.[48] 그가 혼혈에게서 찾아낸 가장 나쁜 결과는 개인적으로 '보통밖에 안 된다'고 평가한 지능, 그리고 일부 '니그로의 긴 다리와 백인의 짧은 팔'을 갖게 되었다는 사실이었는데, 그는 이런 신체 특징 때문에 이들은 "땅에 떨어진 물건을 집을 때 불리하다"고 주장했다. (그런데 이 주장마저도 과장이었다. 나중에 한 동료가 대븐포트의 데이터를 다시 분석해서 혼혈인 피험자의 팔은 기껏해야 순종인 부모에 비해 단지 1센티미터 짧다는 것을 확인했다.)

샤피로가 미국에 돌아왔을 때는 다른 사람이 되어 있었다. 그는 연구 활동의 많은 시간을 혼혈의 위험한 생물학적 영향을 기록하는 데 썼는데, 자신이 신기루를 좇고 있었음을 깨달았던 것이다.

그는 전환의 계기가 된 피트케언 여행에 대한 자신의 기록을 바탕으로 책을 쓰면서 혼혈의 생물학적 결과에는 별 관심을 쏟지 않고, 대신 이주자와 토착민이 만들어낸 기발한 문화적 전통에 초점을 맞췄다. 그리고 이주가 우리 몸에 어떻게 영향을 미칠 수 있는지—인종이나 아종의 고정된 특징이 아니라—를 보여주는 획기적인 연구를 꾸준히 이어갔다. 이 연구에서 그는 하와이로 이주한 일본인들과, 하와이에서 태어난 그들의 자녀, 그리고 이주하지 않고 일본에 남아 있는 그들의 친척을 비교했다. 몇십 년 전 보아스가 확인했듯, 이들이 이주한 환경은 이들의 몸을 바꿔놓았다. 일본 이주자의 자녀들은 일본에 남아 있는 친척의 자녀들보다 키가 더 컸다. 그들이 공유한 '인종'은 그것과는 전혀 무관했다.

샤피로는 "인간은 역동적인 유기체로서 모습을 드러내고, 따라서 어떤 환경에서는 단 한 세대 안에서 아주 큰 변화가 가능하다"고 밝혔다.[49] 기나긴 이주의 역사에서 그 형태가 정해지는 인간의 몸은 어떤 한 장소나 유형, 아종이나 인종에 경직된 방식으로 제한되지 않으며, 생식질이나 다른 무엇의 명령을 로봇처럼 따르지도 않는다.

1930년대 중반에 이르자 샤피로는 한 세대의 과학자들과 연방의 이민 정책, 수년에 걸친 그의 연구에 동력을 제공한 과학적 가설들을 모두 폐기했다. 다른 장소에서 온 사람들의 뒤섞임에는 아무런 위험이 없을뿐더러 오히려 그 반대였다. 샤피로의 전기작가는 이주는 변화와 혁신을 문화적 실천 속에 녹여냄으로써 "문명사에서 필수적인 요소로 작용한다"고 말했다.[50] 하지만 인종혼합의 생물학이 폭발하는 즈음에는 너무 늦어서 어떻게 손을 쓸 수가 없었다.

국경을 닫아걸다

국회는 이주가 생물학적 피해를 초래한다고 확신하며 그랜트의 우생학 위원회가 작성한 이민법을 통과시켰다. 1924년 이민법 혹은 존슨리드법(Johnson-Reed Act)에 따라 과학자들이 인종적으로 열등하다고 생각하는 사람들을 미국에 들어오지 못하게 막았다. 이 법의 엄격한 신규 할당제 조항에 따르면 매년 이주자 할당량의 80퍼센트 이상이 서유럽과 북유럽 출신자들에게 배당되었다. 비백인 이주자 대다수와 동유럽 및 남유럽 출신자들은 입국이 금지되었다. 새롭게 결성된 국경순찰대가 국경에서 법을 집행했다.

1921년에 80만 명이 넘었던 미국행 이주자는 1929년 28만 명으로 급감했고, 그 이듬해에는 10만 명에도 미치지 못했다.[51] 수도꼭지를 조이자 이주자의 흐름이 느려지다가 똑똑 떨어지는 수준이 된 것이다. 엘리스섬의 이민청은 1954년에 문을 닫았다. 이 서비스가 더는 필요하지 않게 되었다. 유럽을 향해 국경이 열려 있던 시절은 끝이 났다.

새로 등장한 미국이라는 요새와 그 근간이 되는 과학 원리를 설명하는 말들이 전 세계를 돌아다녔다. 독일에 있는 친나치 성향의 한 출판사가 1925년 그랜트의 책을 출간했다. 아돌프 히틀러는 바이에른의 한 감옥에 갇혀 있을 때 그 책을 읽었다. 그는 자기 나라에서 외부인을 몰아내는 자체 프로그램을 구상할 때 '이 책은 나의 성경'이라고 그랜트에게 편지로 전했다.[52]

유대인을 비롯해 환영받지 못한 다른 외부자들이 히틀러의 인종학살 체제를 피해 대거 독일을 탈출할 때도 미국은 국경을 닫아건다는 신념을 굽히지 않았다. 국회 이민위원회의 한 위원은 "흐느끼는 감상주의자와 국제주의자들의 눈물을 무시해야 한다"고 말했다.[53] "새로운 이민 물결이 밀려와도 우리나라의 문을 영원히 잠그고 빗장을 지른 다음 열쇠를 던져버려야 한다"고 강조했다. 1930년대 말에 벌인 여론조사에서 미국인의 3분의 2가 여기에 동의한다고 답했다.

1939년 2월 나치 치하의 유대인 아동 2만 명에게 망명처를 제공하기 위해 초당적 법안이 국회에 제출되었다. 루스벨트 대통령은 딱히 아무런 입장도 취하지 않았다. 그의 아내 엘리너 루스벨트도 마찬가지였다. 이주에 반대하는 국회의원들이 그 법안을 무산시켰다. 미국 이민위원의 아내인 한 옹호자는 2만 명의 "매력적인 아이들은 모두 순식간에 2만 명의 못생긴 어른들로 자랄 것"이라고 증언했다.

몇 개월 뒤 망명 신청자 900여 명을 태우고 독일에서 출발한 원양정기선이 마이애미에 도착했다.[54] 미국 관료들은 이 배의 정박을 거부한 뒤 해안경비대의 증원을 요청했다. 며칠간 이 배는 발코니에서 흐느껴 우는 승객들을 태운 채 플로리다의 해안을 빙빙 돌았고, 그러다가 결국 선장은 다시 대서양을 가로질러 전쟁의 참화가 가득한 유럽으로 배를 몰았다. 승객 중 일부는 영국으로 갔다. 대부분은 네덜란드, 벨기에, 프랑스에 도착했고, 얼마 안 가 나치 점령에 직면했다. 홀로코스트로 250명 이상이 죽었다.

5장

자살 좀비 이주자

그랜트와 오스본이 지리적·생물학적 경계를 뛰어넘는 이주자들이 일으키는 무질서에 대한 두려움을 조장하는 동안 영국 과학자들은 경계 안에서 점점 늘어나는 인구 문제로 골머리를 앓았다. 자연의 질서에 대한 이들의 관점에 따르면 이주자의 역할은 섬뜩했다. 유수의 과학자들이 이주 여정에 가장 걸맞은 마무리는 죽음이라고 떠들었다.

이주는 죽음으로 귀결된다는 설이 시작된 곳은 북극지방이었다. 이곳에서 과학자들은 북극에서 거주하는 레밍이라는 털북숭이 설치류에 관한 이야기를 처음으로 접했다. 1924년 찰스 엘턴 Charles Elton은 옥스퍼드대학교에서 동물학을 공부하는 스물네 살의 대학생이었다. 탐사 여행 조교로 고용된 그는 당시에는 사람이 살지 않던 노르웨이와 북극 중간의 섬 스피츠베르겐으로 떠났다. 북극곰, 바다코끼리, 순록, 레밍을 비롯해 눈 속 풍경을 어슬렁대는 여러 북극 생명체의 생태 조사를 거들었다.

이 탐사는 야심만만한 젊은 과학자에게 값진 기회였다.[1] 엘턴은 옥스퍼드대학교 최고의 과학자들과 몇 주간 함께 모험하고 생활 공간을 같이 쓰며 친밀해졌다. 올더스 헉슬리의 형인 유전학자 줄리언 헉슬리, 나중에 런던경제대학교 원장이 되는 사회학자 알렉산더 카-손더스, 로즈장학생이던 하워드 플로리(페니실린을 개발해 1945년 노벨 의학상을 공동 수상한 과학자-옮긴이)까지 다양했다. 카-손더스는 스피츠베르겐을 배경으로 대표작을 집필하고—엘턴은 '일반적인 자연에 대한 흥미로운 아이디어로 가득하다'고 생각했다—플로리는 페니실린 개발을 이어갈 수 있었지만, 엘턴은 스피츠베르겐 조사를 이용해서 자신의 경력을 화려하게 꽃 피울 기회가 희박해 보였다. 엘턴은 자연사에 족적을 남기는 데 도움이 될 만한 비범한 동물이나 이전에 한 번도 본 적 없는 행동을 찾아내지 못했다. 심한 침체기 때는 얼음을 깨고 호수로 들어가서 목만 내놓고 물속에 있기도 했다.

엘턴은 그 섬을 떠나기 전까지 어떠한 기회도 잡지 못했다.[2] 그와 다른 과학자들이 배를 타고 옥스퍼드로 돌아가던 중 노르웨이 북부에 있는 트롬쇠시에 잠시 들렀다. 엘턴은 북극광으로 밤에도 환한 조명을 받는 수백 년 된 목조주택들을 지나 도시 이곳저곳을 돌아다니다가 작은 서점을 발견했다. 서점을 둘러보던 그의 눈에 노르웨이의 동물학자 로버트 콜렛Robert Collett이 1895년에 펴낸『노르웨이의 포유류(Norway's Mammals)』가 눈에 들어왔다. 그는 서가에서 그 책을 끄집어내 훑어보았다. 그 서점에서 그의 관심사인 자연사를 다룬 책은 그것뿐이었지만 모두 노르웨이어로 되어 있었다. 노르웨이어는 한마디도 읽을 수 없었다. 엘턴이 읽을 수 있는 무언가가 포함된 몇 쪽을 펼치지 않았더라면 그 책을 다시 서가에 꽂아놓았으리라. 그런데 숫자들이 세로로 늘어선 표가 여러 개 있었다.

그 숫자들이 무엇을 의미하는지 전혀 알 수 없었던 그는 그 책을 서점직원에게 들고 가서 물어보았다. 직원은 "레밍이 극성이었던 해"라고 말했다.

개체군 증감 사이클의 수수께끼

엘턴은 뛰어난 동물학도이긴 했지만 전통적인 자연사에는 거의 관심이 없었다. 그가 보기에 자연사는 괴짜 동물애호가들이 작성한 개별 생명에 대한 기이한 묘사투성이였다. 그것은 기근, 전쟁, 해충과 병원균의 창궐 같은 사안을 중심으로 돌아가는 당시의 시급한 문제들과는 별로 관련이 없었다. 그는 자연사를 혁명적으로 바꿔 20세기 초의 물리학과 화학처럼 만들고 싶었다. 힘과 패기가 넘치고, 경제를 바꿀 실용적인 통찰을 제시할 수 있는 학문으로 말이다.

엘턴은 동물학이 개별 동물의 행태를 들여다보는 대신 '동물의 사회학과 경제학'을, 그러니까 개체군 전체가 서로와의 관계에서 그리고 환경과의 관계에서 어떻게 행동하는지를 공부해야 한다고 생각했다. 그런 점에서 콜렛의 책에 실린 노르웨이 포유류에 대한 묘사는 별로 구미가 당기지 않았지만 콜렛의 표에 있는 숫자들은 달랐다. 그는 '레밍이 극성인 해'가 간헐적으로 나타난다는 것을 알 수 있었는데, 그건 레밍의 수가 주기적으로 오르락내리락한다는 뜻이었다.

당시 동물학자들에게 개체군 크기의 이런 변화는 미스터리였다. 혼란의 원인은 과학자들이 자연은 생물학적으로 독립적인 서식지로 나뉜다고 이해했기 때문이었다. 동식물 연구가들은 야생의 생명이 사는 장소를 '적소(niches)'라고 표현했다. 이 단어는 '보금자리를 만들다'라는 의미의 중기 프랑스 단어 'nicher'에서 온 것이었다. 이 단어는 원래 조각상을 넣어두기 위해 움푹 파낸 벽 안의 우묵한 장소를 가리켰다. 동물학자들은 야생동물 각각의 적소는 이와 비슷하게 고유하고 독특한 곳, 즉 그 장소를 점유한 그 한 종에게 맞춰진 장소일 거로 생각했다. 각각의 종은 자기만의 자연 공간 속에서 살고 그 주위에는 생물학적 경계가 그어졌다고 본 것이다.

하지만 이런 이해방식은 역설로 귀결되었다. 과학자들은 연구실에서 실험용으로 적소를 만들어 연구했다. 적소는 한 종의 생명을 유지하는 데 필요한 것들이 갖춰진 폐쇄된 장소였기 때문에 실험실에서 쉽게 모방할 수 있었다. 가령 설탕물을 가득 채운 시험관에 효모균 군집을 정착시키는 식이었다. 하지만 실세계의 적소는 실험용 적소와는 다른 방식으로 돌아갔다. 연구실 실험에서는 시험관 적소에 있는 효모균 군집의 크기가 그 관에 있는 설탕의 양에 따라 오르내릴 것이다. 과학자들이 계속 설탕을 추가하면 효모는 계속 늘 것이고, 더 이상 추가하지 않으면 효모는 증식을 멈출 것이다.

과학자들의 생각처럼 야생의 생명체가 닫힌 경계로 둘러싸인 적소에서 산다면 개체군의 크기는 이와 유사하게 식량과 물의 획득 가능성에 따라 커졌다 작아졌다 해야 한다. 하지만 동물학자들이 야생에서 관찰한 모습은 그렇지 않았다. 동물 개체군은 식량 공급이 끊어져 아사하는 개체가 속출한 뒤부터 늘어났다. 개체의 수는 어느 지점까지 늘어난 뒤에는 마치 눈에 보이지 않는 천장에 닿기라도 한 것처럼 다시 감소하기 시작해서 끊임없이 주기적으로 오르내리기를 반복했다. 식량과 안식처의 획득 가능성은 아무런 차이를 만들어내지 못했다. 연료로 가득한 시험관에 든 효모 세

163

포가 며칠 동안 증식했다가 며칠 동안 줄어들었다가 다시 증식하는 것처럼 수수께끼 같은 일이었다.

린네는 소위 개체군 사이클이라고 하는 이 수수께끼에 대해 알고 있었다. 그는 이 문제가 하나님과 관련이 있다고 생각했다. 엘턴의 시대에는 동물학자들이 신의 개입 가능성을 배제했다. 하지만 동물학자들이 들여다본 다른 외부 요인들, 즉 식량 공급도, 환경의 개입도, 포식자도, 질병도 이 문제를 설명하지 못하기는 마찬가지였다. 눈에 보이지 않는 X라는 요인이 마치 저울을 누르고 있는 손가락처럼 몰래 개체군의 성장을 조절하는 것 같았다. 하지만 그게 무엇일까?

개체군의 수수께끼 같은 증감은 동물의 매력적인 기행이 전혀 아니었다.[3] 엄청난 경제적 의미를 지닌 현상이었다. 예를 들어 여우 같은 모피 동물의 개체군 사이클이 저점일 때는 사냥꾼들이 배를 곯고 모피 가격이 치솟는 반면, 들쥐와 메뚜기 개체군 사이클이 고점일 때는 이 넘치도록 많은 생물이 수익을 내기 위한 벌채 지역과 농지를 초토화했다. 하지만 개체군 사이클을 좌우하는 요인에 대한 과학적 이해가 거의 없는 상태에서는 이런 상황을 예측할 수도, 통제할 수도 없었다.

젊은 엘턴은 야심이 컸다. 1905년 물리학에 혁명적 변화를 일으켰을 때 아인슈타인은 겨우 스물여섯 살 아니었던가? 콜렛의 책을 통해 엘턴이 레밍 개체군이 어떻게, 그리고 어째서 증감을 거듭하는지 짚어낼 수 있게 되면 X 요인 역시 찾아내 오래 계속되던 수수께끼를 풀 수 있을 터였다. 어쩌면 개체군 사이클이라는 현상을 수학 공식으로 추출해낼 수도 있으리라. 곰팡내 나는 낡은 자연사를 견고한 계량과학으로 전환할 수 있으리라. 심지어 동물 개체군의 증감을 예측하고 통제할 수 있을지도 몰랐다. 허드슨베이사

(모피무역을 위해 17세기에 설립된 북미에서 가장 오래된 회사-옮긴이)
와 브리티시페트롤륨 같은 힘 있는 회사들은 이런 연구에 자금을
대는 데 분명 관심을 가질 것이었다.

엘턴은 그 책을 구입했다. 옥스퍼드로 돌아와서는 노르웨이
어-영어 사전을 구해서 한 단어 한 단어 서툴게 책을 번역했다.

레밍의 자살 행위

엘턴은 이 책에서 레밍의 수수께끼 같은 이상한 행동에 대해 알게
되었다.

이 책에는 레밍이 떼 지어서 북극의 벼랑을 향해 돌진한 뒤 바
다로 뛰어들었다는 목격담이 담겨 있었다.[4] 여름이면 노르웨이에
서 지내는 두파 크로치Duppa Crotch라는 한 목격자가 그 현상을 한
번 이상 보았다. 그의 이야기는 1891년 《네이처》에 실렸다. 그는
물에 빠진 레밍들을 보고 진로를 막기 위해 레밍을 향해 배의 노
를 저어 다가갔다. 하지만 레밍들은 결연히 헤엄쳐서 그를 지나쳤
고 곧장 익사했다고 그는 전했다. "자연사에서 이보다 더 충격적
인 일은 없을 것"이라고 그는 밝혔다.

1888년에는 레밍이 '땅 전체를 까맣게 뒤덮을 때까지' 모이더
니[5] '16킬로미터 앞에 있는 바다 쪽으로 움직이기' 시작했고 나흘
에 걸쳐 행렬이 이어졌다. "레밍들은 해빙까지 올라가서는 결국
물속에 뛰어들어 물가에서 헤엄치다 익사했다"고 또 다른 목격자
가 전했다. 19세기의 선원들은 수백만 마리의 레밍이 노르웨이의
깊고 좁은 피오르드 속에서 허우적대는 모습을 보았다고 주장했
다. 한 선원이 말하길, "어찌나 많은 레밍이 트론드하임 피오르드
안쪽에서 헤엄쳐 나오던지 정기선이 그것들이 다 지나갈 때까지

15분 정도 기다려야 했다." 대대적인 이주는 이들에게 안 좋게 막을 내렸다. 얼음으로 뒤덮인 호수 위에 얼어 죽은 채 널브러진 레밍의 사체를 많은 사람이 목격했다.

이 모든 게 무슨 의미였을까? 고대 라플란드인의 전설에 따르면 원래 신성한 산에 살던 레밍은 하늘에서 비처럼 내리면서 갑자기 등장했다. 그 뒤 이들은 무리를 지어 돌아갈 길을 찾기 시작했다. 어떤 사람들은 레밍을 만지면 독이 옮는다고 말하기도 했다. 크로치는 레밍이 바다로 이동하는 모습에서 고대 아틀란티스를 떠올렸다. 크로치는 '과거에 획득한 경험이라는 맹목적이며 때로는 해롭기도 한 유산' 때문에 레밍들이 바다로 대거 이동하는 거라고 추측했다. 어쩌면 한때 그들의 목적지는 마른 땅, 그러니까 북부 노르웨이 어딘가에 숨어 있는 아틀란티스인지도 모른다고 그는 생각했다.

콜렛의 이야기는 엘턴에게 다른 인상을 주었다.[6] 레밍들이 바다로 향한 것은 어딘가에 가려는 시도가 아니라 그와 정반대 이유 때문인지 모른다고 짐작했다. 그러니까 그들은 바다가 끝이라는 걸 알았기 때문이라는 것이다. 이는 엘턴의 멘토인 알렉산더 카-손더스가 저술하고 엘턴이 탐독한 베스트셀러에 나오는 행위와 유사했다. 카-손더스는 책에서 푸나푸티라는 태평양 섬에서는 모든 여성이 살아 있는 자녀 4명을 갖게 될 때까지 신생아를 2명에 1명 꼴로 살해하고, 자녀가 4명이 된 뒤에는 여성들이 낳는 모든 아이를 살해하는 의식이 있다고 밝혔다. 이 문화적 관습은 조잡하지만, 효과적인 인구조절법이라는 게 카-손더스의 설명이었다(그는 감상적인 외부인이 인구 폭발에 개입한다면 그 사회를 망치게 될 거라고 경고했다).

레밍들은 확실한 죽음을 향해 이주함으로써 푸나푸티 사람들과 동일한 결과에 도달했다. 개체군을 추려서 없앰으로써 군집 전체가 식량 공급의 한계에 봉착하는 재난을 예방하는 것이다. 어쩌면 자살 성향을 지닌 레밍의 이주는 오류나 조작이 아니라 바로 그런 이유로 등장해서 꾸준히 지속되는 것인지도 모른다고 엘턴은 짐작했다. 레밍 개체군이 일정한 지점까지 늘어나면, 그다음에는 이주를 통해 대대적인 자살을 감행하여 개체군을 감소시키는 것이다. 개체군의 수수께끼 같은 증감이 기근이나 재난과 일치하지 않는 것도 이 때문일 수 있었다.

엘턴은 콜렛이 발견한 내용에 독창적인 변주를 가미해서 과학 논문을 한 편 써냈고, 이 논문은 1924년 《영국실험생물학회지(British Journal of Experimental Biology)》에 실렸다.[7] 논문은 이 현상에 대해 상당히 중립적인 묘사로 서두를 시작했다. "수년간 레밍들은 가을철에 저지대로 떼를 지어 이주함으로써, 그리고 많은 경우 엄청난 속도와 결단력으로 바다 속에 뛰어들어 헤엄치다 죽어감으로써 노르웨이 남부에서 주기적으로 대중의 관심을 받았다." 문학가와 아동도서 작가의 아들이자 장래 시인의 남편이었던 엘턴은 레밍의 이주는 고사하고 레밍을 한 번도 본 적이 없으면서 서정적으로 문장을 다듬고 싶은 유혹을 이기지 못했다. 그는 레밍들이 '무아지경 속에 철교 끝쪽으로 몸을 던졌고 위험을 망각한 채 혼잡한 통행량을 가로지르는 직선 경로'를 택했으며, 바다에는 '죽은 레밍들이 추풍낙엽처럼 흩어져 있었다'고 적었다.

이런 현란한 묘사는 동료 동물학자들의 관심에 불을 붙였다. 게다가 엘턴은 레밍이 왜 이런 행동을 하는지를 깔끔하게 설명했고, 이를 통해 개체군 변화의 근원에 대한 경제적으로 긴박한 더 폭넓은 문제에 실마리를 던졌다. 그는 "이 현상은 인간 사이에서 나타나는 영아살해와 유사하다······ 이주의 직접적인 원인은 과잉

인구"라고 설명했다.[8]

엘턴은 동물 개체군이 주기적으로 늘어났다가 줄어드는 이유를 설명하는 수수께끼 같은 X 요인을 발견했다.[9] 그것은 바로 개체군의 규모를 조절하려는 비밀스러운 충동이었다. "통찰력이 있고", "중대하다"는 호평을 받은 엘턴의 논문은 개체군 변동에 대한 동물학자들의 관심을 부활시켰다. 《생물학 리뷰(Biological Reviews)》에 실린 2001년의 한 논문에 따르면 그 논문은 '당대 생태학의 초석'이 되었다. 옥스퍼드대학교는 새로운 동물개체군연구소를 설립하고 엘턴을 책임자로 앉혔다. 과학자들은 개체군 사이클에만 초점을 맞춘 학술대회를 조직했고, 유럽과 미국 전역에서 연구실 실험과 현장 연구를 하고 자체 숫자를 조절하는 동물의 충동을 묘사하고 설명하는 수학 공식을 찾아 헤맸다.

생물학자들은 레밍 이외의 종에서도 자살을 위한 이주라는 비밀스러운 충동이 나타난다는 사실을 발견했다.[10] 예를 들어 미시건대학교 동물학자 마스턴 베이츠Marston Bates는 남아메리카의 나비들이 저지르는 '대량 자살'에 관한 글을 썼다. "늘어난 숫자의 압력이 새로운 지역으로의 폭발적인 이주로 귀결되고, 거기서 이주한 개체들은 죽는 것으로 보인다"고 그는 설명했다. "그것은 일종의 대량 자살이다." 그는 수백만 마리의 남아메리카 나비들이 '확실한 죽음을 향해', '자연의 균형'이라는 결과를 향해, 바다로 날아가는 모습을 보았다. 과학자들은 물고기 떼가 선 채로 일부러 몸을 던져 죽고, 자살 성향이 있는 고래들이 스스로 뭍에 올라온다고 생각했다. 어쩌면 이들의 자기 파괴 충동 역시 자기가 속한 개체군의 크기를 자각하고, 그에 따라 형제들을 위해 자신을 희생하려는 욕구 때문일 수 있었다.

수준 높은 교육을 받은 기성 과학자들이, 사람이 자식을 의도적으로 살해하고, 야생생물이 일부러 목숨을 끊는다는 주장을 쉽게 받아들였다는 사실은 충격적이다. 그들은 이주하지 않고 닫힌 경계에 둘러싸인 세상에 대한 신념이 있었다. 사실 생물 종들은 유리벽으로 된 시험관에 갇힌 효모처럼 드나들 수 없는 경계에 둘러싸인 적소에 갇혀 있지 않았다. 개체들은 무리 안팎을 드나들었다. 그리고 서식지 내 환경 역시 역동적이어서 개체들은 고유한 방식으로 거기에 대응했다. 어떤 개체들은 잘해나갔고, 다른 개체들은 그에 못 미쳤다. 개체군의 규모가 오르락내리락한 것은 개체군의 구성과 주변 환경이 꾸준히 변했기 때문이었다.

과학자들에게 개체군 사이클이 역설로 보였던 것은 단지 그들이 서식지 주변의 경계가 출입 가능하고 활발한 이주를 가능하게 한다는 사실을 몰랐기 때문이다. 그리고 그들이 자살을 위한 이주라는 생각을 받아들인 것은 당시에는 아직 다윈의 자연선택설이 널리 받아들여지지 않았기 때문이다. 자연선택설은 자살을 위한 이주가 진화할 수 있는 그 어떤 메커니즘도 허용하지 않았다. 개체군을 지배하는 것은 의도적으로 스스로를 파괴하는 개체들의 형질이 아니라 다른 개체보다 자손을 더 많이 양육하는 데 성공한 개체들의 형질이었다. 자살 성향이 있는 레밍들이 등장했다면 그들이 자살하고 난 뒤 무모하게 벼랑에서 뛰어내리지 않은 레밍들이 그 자리를 대신했을 것이다. 즉 반복적인 대량 자살 행위는 자연상에 존재할 수 없었다.

하지만 당시 동물학자들이 보기에 적소 내에 자리한 단일한 개체군이 인구 통제의 일환으로 이주한다는 생각은 일리가 있었다. 20세기 동물학자들은 생태계와 사회에 생명을 불어넣는 생물학적·문화적 다양성의 매개체인 이주를 죽음의 매개체라고 생각했다.

가우제의 법칙

린네와 마찬가지로 엘턴이 가진 반이주 사상은 과거와 관련이 있었다.[11] 엘턴이 보기에 자연은 언제나 정적인 상태로 존재했다. 지리는 영구불변이었다. "중요한 땅덩어리와 바다는 전 시대를 아울러서 대체로 지금과 같은 형태로 존재했다"고 그는 밝혔다. 시간이 흐르면서 이 변치 않는 경관에 야생의 생명체들이 살게 되었고, 각각의 종은 자기만의 적소에 자리를 잡았다. 엘턴은 한 책에서 '거의 모든 동물이' 자신의 고유한 적소에서 억겁의 시간 동안 거주하면서 "협소한 환경조건 안에서 생명을 유지하는 데 어느 정도 전문가가 되었다"고 설명했다.

과거에 대한 이런 생각은 이주자보다 토착민을 중시하는 일반적인 관습에 부합했다.[12] 한 장소에 이미 자리 잡은 동식물은 자신의 서식지와 특권적인 각별한 관계를 누린다는 생각이 사회 전반에 표출되었다. 박물관 큐레이터들은 소장하고 있는 표본을 설명할 때 어느 국가에서 가져온 것인지 말고 다른 정보는 거의 담지 않는다. 마치 그 정보만으로도 관람객이 알고자 하는 모든 것을 설명할 수 있다는 듯이 말이다.

잉글랜드 관습법에서는 출생지에 사는 사람들은 자동으로 시민권을 얻는 특수한 권리를 누리는데, 출생지주의(jus soli)라는 이 조항은 라틴어로 '땅의 권리'를 뜻한다. 역사에 대한 이런 기본 개념은 이주자들이 문제 있는 생식질을 끌고 들어오든 그렇지 않든 이들을 생태적 말썽꾼으로 몰고 갈 수밖에 없었다.

엘턴은 자연에는 이주자에게 돌아갈 만한 여유 역량이나 추가적인 적소가 전혀 없다고 생각했다. 이 주장을 입증하는 가장 유명한 실험이 1930년대 초에 실시되었다. 1932년 러시아 생물학자

인류, 이주, 생존

게오르기 가우제Georgii Gause는 설탕 용액이 든 시험관에 맥주효모 균과 시조사카로미세스Schizosaccharomyces라는 두 종류의 효모를 넣었다. 그러고는 내용물이 계속해서 완전히 섞이도록 가끔 이 작은 관을 흔들었다. 효모에 필요한 양분을 추가하고, 물을 다시 채우고, 두 효모가 먹을 수 있는 넉넉한 양의 먹이를 시험관에 공급했다. 대신 두 효모는 같은 관 안에 갇혀 있었기 때문에 나눠 먹어야 했다.

처음에는 두 효모균의 군집 모두가 꾸준하게 보충되는 영양분을 먹고 살이 찌듯 늘어났다. 하지만 그 뒤에는 물과 음식이 충분한데도 한 효모균이 힘들어하기 시작하더니 그 수가 줄어들었다. 얼마 안 가 경쟁 관계인 효모균의 군집이 기세등등해지자 줄어들던 효모균 군집이 상대가 만든 부산물 안에 든 에틸알코올의 독성 때문에 급감했다. 이 현상은 '경쟁 배제' 또는 간단하게 '가우제의 법칙'이라고 알려졌다.

가우제의 법칙에 따르면 우리가 편하게 말하는 '공유' 같은 건 존재하지 않는다.[13] 아무리 자원이 풍부해도 동일한 적소를 두 종이 공유하는 것은 생물학적으로 불가능하다. 이주종移住種이나 토착종 중 한쪽은 유리시험관에 든 알코올에 민감한 효모처럼 중독되어 파멸하고 말 것이다.

수년에 걸친 실험과 수학적 모델링이 가우제의 연구 결과가 사실임을 보여주었다.[14] 예상에 반하는 결과는 쉽게 무시할 수 있기에 가능했다. 생물학자들은 동일한 장소에 비슷한 성질을 가진 두 종을 집어넣는다. 한 종이 힘들어하고 다른 한 종이 잘 지낼 때 가우제의 법칙이 입증되었다는 결론을 내린다. 그런데 두 종 모두 잘 지낼 때는 이 두 유사 종이 사실 동일한 적소를 공유할 수 있다는 결론을 내리는 대신 둘 사이에 아직 알려지지 않은 생태적 차이가 있을 거라며 이 두 종은 서로 다른 게 틀림없다고 주장하는 것이다. 즉, 두 종이 함께 생존 가능한 것은 사실 동일한 생태적 적소를 공유하지 않기 때문이라고 보는 것이다.

영미의 전문가들은 자연은 본질적으로 '꽉 차 있다'는 믿음에서[15] 야생의 이주자들을 위험한 침입자로 여기기 시작했다. 그들이 보기에 이주자의 유입은 가우제의 법칙이 분명하게 보여준 토착종의 확실한 종말을 뜻했다. 그리고 엘턴에 따르면 이주를 위한 이동에는 긍정적인 생태적 기능이 전혀 없었다. 엘턴은 이주자들은 어딘가에 도착하기 위해서가 아니라 도망치려는 무익한 시도에서 여행을 시작한다고 말했다. "많은 동물이 딱히 어딘가를 향해 가려 하기보다는 특정 장소에서 도망치기 위해 대규모로 이주한다"는 것이다.

유럽의 동물학자들은 아메리카회색다람쥐와 다른 북아메리카 종들의 유입에 불만을 느꼈고(1930년대 초 한 BBC 라디오 시리즈에 출연한 전문가에 따르면 '외래종의 끔찍한 침입') 미국에서는 유럽에서 들어온 집참새(English sparrow)와 찌르레기의 침입을 성토했다(한 동물학자는 《뉴욕 타임스》에 '유럽의 아메리카 침입이 닥쳐오고 있다'라고 적었다. 정부 관료들에 따르면 찌르레기는 "불량시민'이자 '바람직하지 않은 외래종'이었다). "토착종과 외래종이 뒤섞인 용광로가 되어버린 생태계"라는 제목의 신문기사는 엘턴의 친구이자 생태학자인 알도 레오폴드Aldo Leopold가 '멕시코 메추라기(Mexican quail)의 몰상식한 수입'에 분통을 터트리면서 그것들이 '매사추세츠에서 강인한 북미메추라기(bobwhilte)의 피를 묽게 만들 것'이라는 우려를 표했다고 전했다.

독일에서는 조경造景에서 외래종으로 보이는 식물을 제거하기 시작했다.[16] 나치 지도부는 주민들에게 정원에서 '외국' 식물을 없

172

애고 우수한 인종에 걸맞은 새로운 조경 설계를 하도록 지시했다
(나치 정원설계사 빌리 랑게Willy Lange는 많은 사람이 보유한 전통적 정원
은 열등한 '남부 알프스' 인종의 특징을 따르고 있다며 개탄했다). 수백
만의 대량 학살을 진두지휘했던 하인리히 힘러Heinrich Himmler는 '비
토착종'으로 보이는 일체의 식물을 사용하지 못하게 금하는 조경
설계 규정을 공포했다. 독일 제국 '식생계획' 중앙사무소의 소장은
섬세한 허브인 좀물봉선화(Impatiens parviflora)를 '몽골 침략자'라
고 부르며 박멸할 것을 권고했다. 나치는 '토착종'으로 보이는 야
생종을 지키는 데 엄청난 열정을 보였다. 나치 치하에서는 독수리
를 죽이는 일로 사형에 처해질 수 있었다.

엘턴은 야생종의 이주가 야기하는 위험에 대한 자기 생각을
인간의 이주로 분명하게 확대하지는 않았다.[17] 하지만 개체군의
이동과 사이클에 관한 자신의 연구 결과가 특정 야생종을 넘어서
적용 가능한 보편적 원리를 설명한다고 생각했다. 엘턴에게는 자
연과 인간사회를 구분하는 선이 역사학자 토머스 로버트슨Thomas
Robertson의 표현처럼 '하나의 가는 선일 때가 종종 있었다'. 그는 일
반적으로 인간을 설명할 때 사용하는 표현을 동물의 행위에 적용
하는 식으로 이 생각을 분명하게 드러냈다. 가령 한번은 레밍의 이
주를 '인구가 조밀한 땅에서 달갑잖은 낯선 존재의 모든 강박적인
행태를 드러내는, 다소 비극적인 난민의 행렬'이라고 일컬었다.

한 돈 많은 엘턴의 팬은 엘턴의 아이디어가 "인구집단을 규제
하는 방식에 상당한 실마리를 던진다"며 냉소를 섞어 말했다.[18] 캘
리포니아대학교 생태학자 가렛 하딘은 가우제의 법칙 같은 원리
들은 "많은 학문 분야에 적용할 수 있다"고 덧붙였다. 그 전제를
받아들이면 '이해의 르네상스'가 도래할 것이라면서.

1930년대에는 우생학이 독일과 다른 유럽 지역에서 탄력을

받았지만 미국에서는 인기가 시들해지고 있었다.[19] 국경을 폐쇄하면서 이주자에 대한 걱정이 잦아들었고, 대공황으로 우월한 인종과 그들의 우월한 삶에 관해 이야기를 늘어놓을 열정이 줄어든 것이었다.

하지만 과학자들은 린네가 묘사한 닫힌 경계의 세상에서 이주의 비정상성에 대한 의심의 끈을 놓지 않았다.[20] 뉴욕동물학협회는 엘턴이 옥스퍼드에서 진행하는 연구에 지원금을 댔다. 1925년 이 협회의 회장직에 오른 인물이 매디슨 그랜트였다.

마침내 확인한 조류의 이동

야생 이주자들이 제물로 바쳐진 좀비이자 고약한 침입자라는 과학계 설명은 대체로 성공적이었다. 이들이 이동하는 실제 규모와 범위가 모호했기 때문이었다.

목적이 있고 역동적인 이동이 사방에서 소용돌이쳤다. 느리고 꾸준한 이동도, 거대하고 극적인 이동도 마찬가지였다. 0.5그램밖에 안 되는 작디작은 제왕나비는 북아메리카 동부에서 3천 킬로미터를 날아 멕시코 중부의 전나무 위에서 다시 결집한다. 인도기러기는 해수면 높이부터 시속 1킬로미터 이상의 속도로 해발고도가 6천 미터에 달하는 험준한 히말라야의 봉우리 위로 솟구쳐 올라 희박하고 차가운 밤공기 속을 누빈다. 서인도제도의 사르가소해(Sargasso Sea)에 있는 장어들은 대서양을 건너는 웅대한 여행을 준비하며 알아보기 힘든 형체와 색깔로 변신한다.

하지만 과학자들은 연구실에서 이주 행위를 연구할 수 없다. 쥐의 학습능력은 음식을 얻으려면 레버를 당겨야 하는 상자 안에 쥐를 가둠으로써 확인할 수 있다. 원숭이가 엄마의 보살핌이 필요

174

하다는 사실은 원숭이를 우유병과 헝겊으로 된 엄마 인형과 함께 철망으로 된 우리에 넣어두면 알 수 있다. 하지만 한 생명체가 이 주하려는 충동은 상자나 우리 안에서 쉽게 재연할 수가 없다. 그리고 당시의 과학자들에게는 야생에서 그것을 관찰할 기술이 거의 없었다.

매년 바다와 대륙을 건너 이주하는 수십억 마리의 새들이 밤의 어둠을 틈타 비행한다.[21] 목격자가 적시 적소에 있을 때만 잠시 일별할 수 있을 뿐이다. 좁은 습지대가 이리호로 뻗어 있는 온타리오 포인트펠리에서 수백만 마리의 제왕나비가 남쪽으로 날아가는 모습을 짧게 관찰할 수 있다. 파마나운하 해변에서는 50여만 마리의 맹금들이 하늘 높이 날아가는 모습을 볼 수 있다. 스웨덴 팔스테르보에서 암초가 늘어선 5킬로미터의 해변에서는 종이 다른 25가지 철새 약 200만 마리가 하늘 높이 날아가는 모습을 포착할 수 있다. 어떤 비밀 장소에서는 밤하늘을 올려다보면 철새 수천만 마리가 달 표면을 가로질러 날아가는 모습을 볼 수 있다. 단 하룻밤 만에 200킬로미터 전방으로 이동하는 5천만 마리의 철새들이 머리 위를 지나갈 수도 있다.

지리적 특수성 때문에 이주성 생물들이 고밀도로 잠시 어우러지면서 연출되는 이런 장관은 동굴 저 반대편에 있는 열대의 해변처럼 아직도 잘 드러나 있지 않은 상태다. 그러니 이 세상이 움직이지 않는다는 세계관이 주류이던 시절에는 대부분이 그걸 살펴볼 생각조차 하지 않았다.

이런 상황이 변하기 시작한 것은 영국의 공학자들이 대기 중으로 전파를 보내서 그것이 지나가는 물체상에서 만들어내는 반향을 분석하는 방법을 알아냈을 때부터였다. 이들은 '전파 탐지 및 측정'을 뜻하는 '레이더radar' 기술로 과거에는 드러나지 않았던 온갖 움직임을 추적할 수 있었다. 제2차 세계대전 동안 해변 곳곳에 세워진 영국 레이더기지는 적군의 비행기와 선박의 움직임을 추적했다.

런던에 폭탄이 비처럼 내리던 1941년 3월 어느 저녁, 한 레이더 조작원이 영국 해협을 가로질러 천천히 움직이는 거대한 비행체 편대를 포착했다. 군 당국은 이 편대를 독일군의 공습으로 추정하고 공군에 적색경보를 내렸다. 레이더 화면상에서 반짝이는 불빛이 계속 다가왔다. 이 불빛이 도싯해변 65킬로미터 이내에 들어왔을 때 영국 조종사들은 침입자를 중간에서 가로채 격추하라는 명령을 받고 조종대에 올라 어두운 해협으로 날아갔다.

하지만 조종사들이 레이더 신호의 발신 지점에 도착했을 때 찰랑거리는 수면 위에서 들리는 유일한 소리는 자신이 타고 온 전투기의 엔진소리뿐이었다. 훤한 밤하늘에는 적의 비행기라고는 한 대도 보이지 않았다.

혼란에 빠진 조종사들은 기지로 돌아온 뒤 레이더상의 불빛이 낱낱의 에코로 갈라지더니 사라져버린 사실을 알게 되었다.

전쟁이 이어지는 동안 이 이상한 신고들은 레이더 설비를 지속적으로 못살게 굴었다. 군부대들은 설명할 수 없는 이유로 동심원을 그리며 퍼지다가 천천히 소멸하는 신호 때문에 삼엄한 경계 태세에 돌입하곤 했다. 《뉴욕 타임스》는 그 신호를 만들어내는 것이 무엇인지는 몰라도 '알려진 모든 공기역학 법칙을 거부한다'고 보도했다. 이 신호는 밤낮으로 들어왔다. 바람 반대 방향으로 움직였다. 어떨 때는 바람보다 훨씬 빠르게 이동하기도 했다.

조류학자 데이비드 랙David Lack에게는 이 이상한 신호에 대한 한 가지 가설이 있었다.[22] 랙과 엘턴은 모두 줄리언 헉슬리 밑에서 수학했고 옥스퍼드에서 바로 옆에 있는 연구소 소장이 되었다. 하

176

지만 두 과학자는 마치 전혀 교차하지 않는 두 평행선처럼 아무런 교류 없이 일하고 생활했다. 독실한 기독교인에다 음악을 애호하는 조류관찰자 랙은 관리가 부실해서 이끼에 덮인 차를 타고 털털거리며 돌아다니는 반면 엘턴은 오토바이와 비행기를 타고 사방을 누볐다. 각자의 연구소는 바로 옆에 있었고 거주지는 겨우 100미터도 안 되는 거리에 있어서 지리적으로도 가깝고 직업적으로도 비슷한 분야였는데도 두 집안은 전혀 어울리지 않았다. 옥스퍼드에서 이들은 항상 두 연구소 사이에 있는 문을 굳게 잠가놓았다. 이주 그리고 자연에서 이주가 하는 역할에 대한 두 사람의 생각도 이와 유사하게 거리가 멀었다.

랙은 다른 과학자들처럼 전쟁에 징집되어 레이더 기술을 다루는 특수부대에서 복무했다. 그는 자신의 조류학 지식을 자기 앞에 나타난 문제를 해결하는 데 적용했다. 그는 수년간 새를 관찰한 이력이 있었다. 학창 시절에는 침대에 앉아 기타를 치고 삶은 달걀을 껍질까지 통째로 먹어서 칼슘을 더 많이 섭취했다. 옥스퍼드에서 연구과학자로 일하던 시절에는 많은 시간을 길고 추레한 우비를 입고 나무 사이에 숨어서 제일 좋아하는 생물들을 몰래 관찰하며 보내곤 했다. 그는 오랜 시간 새를 관찰한 덕분에 새들이 빠르게 움직이는 배와 유사한 속도로 무리 지어 날 수 있다는 사실을 알았다. 찌르레기 한 무리조차도 레이더 조작원에게 혼란을 줄 만한 에코를 만들어낼 수 있었다. 갈매기와 회색거위 같은 대형 바다새와 수변 새들 역시 마찬가지였다.

랙은 자신의 과학적 발견을 옹호하기 위해 기존 지식을 뒤엎는 것이 두렵지 않았다. 한번은 자신의 뒷마당에 울새가 1년간 살고 있다고 우기는 나이 많은 조류관찰자의 노여움을 산 적이 있다. 랙이 울새는 그렇게 오래 살지 않기 때문에 그 말이 맞을 수 없

177

다고 설명하자 그녀는 우산으로 그의 머리를 내리쳤다.

군 관계자들은 이 이상한 레이더 신호를 유발한 것이 날아가는 새들일 수 있다는 랙의 의견에 코웃음을 쳤다. 그들은 대부분 사람들처럼 새는 밤에 날 수 없다고 믿었다. 나무나 다른 물체와 충돌할 수 있기 때문이다. 게다가 새는 레이더가 추적하는 1,200마력의 다임러-벤츠 엔진이 장착된 독일 전투기와는 달리 작고 연약했다. 이렇게 작고 별 볼 일 없는 생명체를 어떻게 전시공학의 기적과 비교할 수 있단 말인가.

그들은 그 으스스한 신호가 추락한 장병들이 저세상에서 잠시 살아났을 때 들어온 유령 에코인 게 틀림없다고 결론 내렸다. 그들은 그것을 '레이더 천사'라고 불렀다.

몇 년 뒤 랙은 이 레이더 천사들이 사실 날개 달린 새들이라는 것을 확인했다. 어느 날 밤 레이더 천사 신호를 조사하기 위해 동료들과 함께 급히 밖으로 나간 랙은 찌르레기 떼가 나무를 뒤덮은 모습을 발견했다. 그들이 지켜보자 새들은 갑자기 한 몸처럼 날아오르더니 동심원을 그리며 다른 나무 위에 앉았는데, 이는 설명하지 못한 레이더 신호가 기록한 모습 그대로였다.

랙은 레이더 기술을 가지고 오랫동안 숨어 있던 새의 움직임을 드러냄으로써 조류 연구에 혁명을 일으켰다. 하지만 보려는 의지만 있으면 언제든 곳곳에 있는 이주 현상을 쉽게 포착할 수 있었다.

전쟁이 끝난 뒤 어느 오후 랙과 그의 아내는 프랑스와 스페인 사이에 있는 피레네산맥을 가로지르는 인적 드문 높은 등산로로 등산을 떠났다. 그들은 날아가는 이동성 동물을 많이 볼 수 있으리라 기대하지 않았다. 예쁜 소리를 내는 명금은 산길로 다니지 않고 나비 같은 약한 비행 동물은 정상부에서 휘몰아치는 바람을 견디지 못한다.

부부는 4시간 뒤 2,300미터에 도착했다. 몇 년 전 랙은 안면마비로 얼굴 한쪽이 마비된 상태였다. 비평가들은 그의 얼굴이 영원한 비웃음을 머금게 되었다고 묘사했지만, 그날 오후 그의 얼굴은 의심의 여지 없이 다른 무언가로 바뀌었다. 높은 산길에서 휴식을 취하던 두 사람은 하늘에서 그들을 향해 이동하는 한 무리를 보았다. 충격과 기쁨에 휩싸여 바라보니 수천 마리의 나비와 수백 마리의 명금이 그들을 빠르게 지나쳤다.

그들은 바람 반대 방향으로 날아서 산을 넘었다. 이주성 동물과 이주에 대한 지식과 안목이 있는 랙마저도 이동하는 생명체의 육체적 능력과 동력을 과소평가했던 것이다.

야생 이주자의 침입에 대한 경고

전쟁 이전에 엘턴은 대부분의 종이 각자의 자리에서 지낸다고 생각해 이주자들이 일으키는 생태적 위협에 대해 크게 우려하지 않았다. 하지만 군부대가 새로운 수송 기술의 도움을 받아서 유럽을 가로지르자 엘턴은 그렇지 않을지도 모른다는 생각을 하기 시작했다.

전쟁 기간에 징집된 그는 영국으로부터 공급되는 식량이 점점 줄어들자 설치류로부터 식량 지키는 일을 돕게 되었다. 현대의 한 비평가의 표현에 따르면 전시의 선전 활동은 설치류를 '사실상 나치와 같은 편'으로 취급하는 것이다.[23] 한때 자신이 공부했던 생명체가 박멸 캠페인의 대상이 되자 이동성 동물이 유발하는 위협에 대한 엘턴의 평가에 새로운 방향성이 추가되었다. 어디를 둘러봐도 야생 생명이 새로운 장소로 옮겨가서 재난을 초래하는 모습이 눈에 들어왔던 것이다.

그는 아시아밤나무(Asian chestnut)가 미국에 '밤나무줄기마름병'을 유발하는 밤나무줄기마름병균이라는 기생성 곰팡이균을 끌고 들어와 미국 동부의 밤나무를 거의 쓸어버리다시피 한 사실에 주목했다.[24] 유럽에서는 체코슬로바키아의 한 토지 소유주가 북아메리카사향쥐 다섯 마리를 들여왔다. 이 다섯 마리는 수백만 마리로 불어나 농경지를 초토화시키고 하천과 개울의 제방을 파고 들어갔다. 미국 중서부에서는 운하 건설로 흡혈성 바다칠성장어가 오대호로 유입되었다. 그러자 호수에 살던 송어 개체군이 급감했다. 엘턴은 이를 '전 세계 동식물상에서 중대한 역사적 격변의 하나'라고 일컬었다.

엘턴은 제2차 세계대전 이후 출간한 책, 라디오 연설, 논문에서 전쟁의 언어를 빌려 경보음을 울렸다.[25] 그는 "우리를 위협하는 건 핵폭탄과 전쟁만이 아니다"라고 주장했다. 야생 이주자의 침입은 '험악한 폭력'을 유발했다. 그것들은 '공격과 반격'으로 기습을 감행했다. 그리고 그것들의 목적은 엘턴의 동료 영국인들이 전쟁 기간에 맞서 싸웠던 나치 침략자들의 목적과 같았다. 완벽한 지배, 또는 그의 표현을 빌리면 '영토를 최종적으로 확대하고 점령하여 다시는 몰아낼 수 없게 만드는 것'이었다.

엘턴은 새로 유입된 종이 아무리 유순해 보여도 이들의 도래는 위험의 전조라고 말했다.[26] 이들은 '급속히 확산해 심각한 유해생물이 되기 위한' 만반의 준비를 하고서 대기 중일 수 있다. 때가 되면 침략자들이 승기를 잡고 원래의 거주자들을 밀어내 전체 생태계를 위축시킬 것이다. 그는 야생의 침략자들이 "결국 풍요로운 대륙의 동물상을 가장 억센 종으로 구성된 제한적인 동물상으로 축소시킬 것"이라고 경고했다. 그것들은 '동물학적 재난'을 초래할 것이다.

엘턴은 이동하는 생물을 침략자로, 그리고 그들의 영향을 재난이라고 묘사하기 위해 새로 유입된 종의 가장 파괴적인 면만을 취사선택했다.[27] 또한 새로운 종 때문에 발생한 비용만 고려할 뿐 그들을 통해 얻게 된 이익은 전혀 염두에 두지 않았다. 옥수수, 대두, 밀, 목화처럼 한 대륙에서 다른 대륙으로 넘어와 큰 소득을 안긴 식물은 한둘이 아니다.

나중에 생물학자들이 GPS 기술을 이용해서 기록한 바에 따르면 야생의 종들은 사람처럼 항상 움직인다. 자체적인 이동수단을 이용하기도 하고, 바람이나 조류, 다른 움직이는 피조물의 등을 타고 실려 다니기도 하면서 말이다. 부단히 변화하는 환경 속으로 직접 끼어드는 대부분의 종은 실패하거나, 고군분투하거나, 아니면 손수 역동적으로 짜 맞추고 또 짜 맞추는 일시적인 조합 속에 몸을 숨긴다. (이런 이유로 생물학자들은 어떤 환경에 있던 종이 다른 환경으로 유입될 경우 일반적으로 생물다양성이 증가함을 발견하곤 한다.) 호수와 섬 같은 상대적으로 폐쇄된 생태계로 유입된 포식자와 병원균이 이미 살고 있던 종들을 멸종시킬 수 있다는 것은 사실이다. 하지만 대부분의 생태계는 닫힌 경계로 둘러싸여 있지 않다.

엘턴은 〈침략자(The Invaders)〉라는 직설적인 제목의 BBC 방송 시리즈물에서 침략성 생물에 대해 경고했다.[28] 그다음에는 이 주제에 관해 짧은 책을 썼다. 역사학자 매튜 츄Matthew Chew는 이 책의 '집필이 허겁지겁 이루어졌고', 그래서 그의 다른 책에 비해 '일관성과 심도 깊은 사고가 부족했다'고 밝힌다. 이 사실을 알고 있었던 엘턴은 한 학생에게 자신이 라디오 연설을 토대로 몇 주 만에 이 책을 뚝딱 만들었다고 인정했다. 그는 "나는 방송을 했고, 이제는 그 내용을 일러스트레이션이 많은 4만 5천 단어짜리 책으로 만들고 있는데······ 9주 만에 끝날 것"이라고 밝혔다.

1958년에 출간된 그의 책『동식물의 침략 생태학(The Ecology of Invasions by Animals and Plants)』은 전 세계 동식물 보호 프로그램과 국립공원 운영에 관한 내용을 담고 있었다. 이 책은 이동하는 생물의 부정적인 영향을 기록하는 완전히 새로운 연구 분야의 개시를 알렸다. '침략 생물학(invasion biology)'이라는 이 분야는 1980년대에 인기를 얻는다. 2000년 과학저술가 데이비드 쾀멘David Quammen은 "이 책이 출간된 이래 수십 년간 이번 세기 중요한 과학 저서로 찬사를 받았다"고 평가했다.[29]

살해당한 레밍

1958년 『동식물의 침략 생태학』이 출간됐을 때 자살을 위한 레밍의 이주가 대중에게 각인되었다.

미국에서 가장 힘 있고 유명한 제작사 월트디즈니 스튜디오에서 제작한 〈화이트 와일드니스White Wilderness〉는 당시의 최첨단 영화기법을 이용해서 이제껏 대중들이 거의 접하지 못했던 기이한 북극 동토 세계를 보여주었다.[30] 《뉴욕 타임스》는 사진작가 9명이 수천 킬로미터의 툰드라, 호수 지역, 산, 얼음장 같은 하천을 아우르는 '눈으로 뒤덮인 불모지'를 돌아다니면서 이 영화를 찍었다고 전했다.

그해에 가장 많은 기대를 받았던 이 다큐멘터리 영화는, 베링 해의 섬들과 세렝게티 평원 등 지구상에서 가장 외딴 장소에서 찍은 이제껏 본 적 없는 충격적인 장면을 담아 자연계의 이상하고 신비한 현상을 보여주는 시리즈물의 열세 번째 편이었다. 이 영화에 자문으로 참여한 한 사람은 《뉴욕 타임스》에 〈화이트 와일드니스)는 시청자에게 자연 사진 기록 가운데 가장 야심만만한 대하드라마를 선사할 것이라고 말했다.

어느 폭풍우 치는 8월의 오후, 영화 관람객들이 시사회에 참석하기 위해 뉴욕 노르망디극장의 고급스러운 벨벳 의자에 자리를 잡았다. 그들은 이후 수년간, 이 다큐멘터리 영화의 가장 충격적인 영상에 관해 이야기하고 또 이야기하리라. 그 6분짜리 장면은 디즈니 표현에 따르면 '가장 이상한 자연현상' 중 하나였다.

그 장면에서 카메라는 레밍이 집결한 빙설 지역을 가로지르며 회전한다. 수염이 길고 털이 무성한 레밍은 둥글고 북슬북슬한 햄스터처럼 생겼다. 처음에는 섬세하게 땅을 킁킁대고 서로 냄새를 맡으며 돌아다닌다. 하지만 그다음부터 천천히 얼어붙은 툰드라를 가로질러 움직이기 시작하고, 점점 움직임에 탄력이 붙자 레밍의 작은 발들이 작은 눈 조각을 뒤로 튕긴다.

해설자는 화면에 잡히지 않았지만, 이들 앞에는 벼랑이 있다고 설명한다. 털북숭이 레밍 무리가 결연한 행진을 이어가는 가운데 바리톤의 목소리가 "이 앞에는 북극의 해변이 있고 그 너머에는 바다가 있습니다"라고 말한다. "그런데도 이 작은 동물들은 앞으로 몰려갑니다."

카메라는 레밍을 따라간다. "그들이 마지막 벼랑에 도착합니다." 해설자의 말이다. "돌아설 기회는 여기가 마지막입니다."

관람객 가운데 레밍의 행태에 특별한 전문지식을 뽐낼 만한 사람은 거의 없다. 하지만 모든 초등학생이 동물의 행동을 이끄는 원칙은 인간의 행동이 그렇듯 자기보존이라고 알고 있었다. 화면에서 레밍들이 돌로 된 벼랑 끝에 도착하고 날카로운 발톱으로 그 끄트머리를 움켜쥔다. 레밍은 잠시 멈춘다.

한 마리 한 마리 뛰어내린다.

그다음 장면은 공중에 붕 뜬 털 뭉치와 거기에 달린 작은 발이 허우적대는 모습이다.

그러고 난 뒤 카메라는 벼랑 밑에 있는 회색의 특색 없는 바다 쪽으로 움직이고, 레밍의 몸이 그들을 죽음으로 이끌 얼음장 같은 바다 속으로 빗발치듯 빠르게 떨어진다.

섬뜩한 장면이다. 레밍이 실수로 떨어졌을까? 이들의 추락은 어떤 기이한 방향 탐색 오류의 결과물이었을까? 관람객들은 의아해했을 것이다. 아니다. 레밍의 괴상한 죽음의 행진은 "맹목적이고 본능적인 충동에서 기인한다"라고 영화 제작자들은 설명했다. 이들의 대대적인 자살은 이상행동도 우연도 아니다. 레밍은 원래 벼랑에서 자기 몸을 내던지도록 설계되어 있다. "인간이 자연의 모든 수수께끼를 이해할 수 있는 건 아닙니다"라고 해설자는 덧붙인다.

영국학술원의 표현에 따르면 엘턴은 오늘날 동물생태학의 창시자이자 생물학의 거장으로 기억된다.[31] 하지만 엘턴은 레밍 이야기를 하고 또 했지만 사실 그도, 그의 동료도 레밍이 바다로 이주하는 모습을 본 적은 없었다. 과학자들은 수십 년에 걸쳐 이 현상을 관찰하려 시도한 끝에 이동 중인 레밍 한 마리가 담긴 흐릿한 사진 한 장을 얻었을 뿐이었다. 1935년 엘턴의 학생 중 하나였던 데니스 치티가 자신의 표현에 따르면 '레밍으로 뒤덮인' 땅을 찾아내겠다는 기대에 부풀어서 레밍 이주를 연구하러 캐나다 북극지방으로 용기 있게 떠났다. 그는 허드슨만에서 배에 올라 배핀섬을 돌아 북쪽에 있는 엘즈미어섬으로, 그다음에는 서쪽에 있는 북서 항로로 향했다. 이들은 몇 주에 걸쳐 매서운 추위를 뚫고 수천 킬로미터를 항해했다. 그들은 '케케묵은 레밍 똥 더미'는 보았지만 레밍은 단 한 마리도 보지 못했다. 50년 뒤 치티는 이번에는 노르웨이 핀세에서 다시 한 번 시도했다. 그는 그해에 레밍이 갑자기 번창했다는 소식을 접한 상태였다. 그런데 그가 도착했을 즈음에는 이미 사라진 뒤였다.

레밍에 대한 진실이 드러난 것은 생물학자들이 레밍 영토에서 눈 아래를 들여다보았을 때였다.[32] 알고 보니 레밍은 얼음장 같은 북극해 속으로 사라지는 게 아니었다. 그들은 굴을 파고 눈 밑으로 들어가 눈이 녹은 따뜻한 지면과 그 위의 눈이 만들어낸 작은 틈에서 이끼를 먹고 새끼들을 돌보는데, 이 틈을 '서브니비언 공간(subnivean space)'이라고 한다. 생물학자들은 수년간 그 속을 들여다볼 생각을 하지 못했다. 눈 밑에서 새끼를 키운다는 건 생물학적으로 불가능한 일로 여겼기 때문이다.

많은 눈이 내린 해에는 레밍들은 누구에게도 포착되지 않고 눈을 엄폐물 삼아 그 수를 불린다.[33] 눈이 녹으면 굴과 구멍이 눈녹은 물로 가득 차서 레밍은 갑자기 그곳을 떠날 수밖에 없다. 그러면 마치 레밍은 하늘에서 떨어진 것처럼 난데없이 엄청난 규모로 나타나 바다 얼음에 띄엄띄엄 흔적을 남긴다. 그러다가 겨울이 다가오고 눈이 땅을 담요처럼 덮으면 레밍은 다시 눈 밑으로 굴을 파고 들어가 마술을 부리듯 사라진다.

엘턴이 처음으로 도움을 받았던 콜렛의 책은 린네의 원原자료들처럼 신화와 전설, 노르웨이 선원들의 황당무계한 이야기들을 짜깁기한 것이었다는 게 생태사학자 페더 앵커Peder Anker의 설명이다.[34] 엘턴이 자신의 조야한 번역본에 의지하지 않았더라면 그 사실을 깨달았을지 모른다.

하지만 자살 성향이 있는 레밍의 이주에 대한 과학적 근거는 일련의 오해에서 비롯된 반면, 그것이 대중화된 것은 의도적인 사기의 결과였다. 1982년 캐나다방송협회는 영상 제작에서 일어나는 동물 학대에 관한 다큐멘터리 〈잔인한 카메라(Cruel Camera)〉를 방영했다. 이 다큐멘터리는 〈화이트 와일드니스〉에서 레밍의 이주를 어떻게 찍었는지 이야기했다.

레밍의 자살 행진은 연출된 것이었다.[35] 디즈니의 영화 제작자들은 동물 조련사를 고용했고 그 사람이 야생 다큐멘터리 제작을 위한 작은 스튜디오와 세트를 지었다. 예를 들어 그는 강풍기 앞에 포획한 거위를 놓고 거위가 날아가는 장면을 만들었다. 동물 조련사와 그의 팀은 동네 꼬마들에게 레밍 한 마리랑 25센트를 준다며 레밍을 잡아 오게 했다. 그다음에 이 레밍들을 배에 싣고 1,600킬로미터 떨어진 캘거리 외곽의 세트장으로 옮겼다. 북극 하늘을 칠해놓은 세트였다. 그들은 레밍들을 회전판 위에 올려놓고 움직이게 한 뒤 그 위를 달리는 모습을 찍었다. 이 모습은 직선으로 달리는 레밍 떼처럼 보였다.

그다음에는 레밍을 모아서 트럭 하나에 싣고 카메라가 돌아가는 가운데 하천 제방에 쏟아부었다. 레밍은 자살한 게 아니라 살해당한 것이었다.

〈화이트 와일드니스〉가 끼친 영향

폭로가 있기 전, 수십 년간 〈화이트 와일드니스〉는 이미 대중의 마음속에 자리 잡았다.[36] 레밍 자살 장면은 〈화이트 와일드니스〉가 비평가들의 찬사를 받은 히트작이 되는 데 큰 도움이 되었다. 1959년 이 영화는 아카데미 최우수 다큐멘터리상을 받았다. 수년간 전국의 공립학교에서 틀어줬기 때문에 이주는 생태적으로 죽음일 수밖에 없다는 엘턴의 음울한 관점이 대중의 마음속에 스며들었다.

나는 1970년대 말 코네티컷 교외의 한 중등학교에 다니던 시절, 형광등 빛이 환한 교실에서 레밍의 집단자살에 대해 배웠다. 다른 모든 사람처럼 나는 그 이야기가 어두운 매력을 가졌다고 느꼈다. 이 투지 넘치는 레밍이 내가 키우던 햄스터 해미와 너무 비슷하게 생겨서 충격을 받았던 것으로 기억한다. 당장 필요에 따라 움직이는 단순한 동물이라는 햄스터의 명성이 갑자기 미심쩍어지면서 오싹한 기분을 느꼈다.

레밍의 섬뜩한 이주는 온 국민을 사로잡았다.[37] 그들의 집단자살은 온갖 종류의 자기 파괴 행위를 일컫는 문화적 상징이 되었다. 캘리포니아 버클리음악대학교 출신의 한 음악 집단은 이름을 '레밍스The Lemmings'라고 짓고서 앨범 표지에 벼랑에서 바다를 향해 질주하는 자동차 행렬 이미지를 넣었다.《뉴요커》의 만화가 제임스 서버James Thurber는 "레밍 인터뷰"라는 자신의 만화에서 레밍과 한 과학자의 대화를 상상했다. 과학자가 말한다. "왜 너희 레밍들이 바다에 뛰어들어서 익사하는지 이해가 안 돼." "호기심도 많군." 레밍이 말한다. "나는 너희 인간들이 왜 그렇게 안 하는지가 이해가 안 되는걸."

영국 시인 패트리샤 비어Patricia Beer는 찬 바다로 쏟아지는 레밍의 '뜨거운 피'를 어둡게 채색했다. 심리학자 브루노 베텔하임Bruno Bettelheim은 전쟁 기간에 수백만 명이 '레밍처럼' 자신의 죽음을 향해 행진했다고 표현했다.[38] 생물학자 리처드 왓슨Richard A. Watson은 "전쟁은 절박한 어려움에 직면한 많은 남성 인구를 사로잡은 레밍 같은 광기의 궁극적인 표현"이라고 말했다.

1950년대 말 그 다큐멘터리가 처음으로 나왔을 때 자연계에서 자살을 향한 이주가 일어난다는 관념은 아직 생생한 제2차 세계대전의 트라우마를 이해하는 데 도움이 되었다. 장병들과 숨진

이들은 스스로를 희생함으로써 마치 레밍이 이주를 통해 바다에 몸을 던졌듯 자연계의 균형을 유지하는 데 도움을 주었다고 말이다. 다시 말해서 이주 행위의 적절한 결론은 죽음이었다.

미국 같은 나라 주변의 국경이 굳게 닫힌 상황에서, 이주자가 스스로 순교하지 않으면 발생할 정치적·생태적 딜레마를 숙고할 필요는 그 누구에게도 없었다.

그런데 변화가 찾아왔다.

6장

맬서스의 흉측한 신성모독

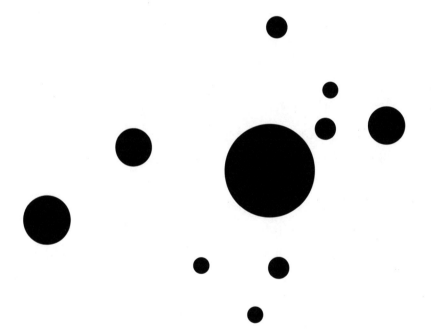

1940년대와 1960년대 사이 과학자들은 자연의 또 다른 골치 아픈 생태 현상을 기록했다. 이주의 위험성을 경고하기 위해 유수의 집단생물학자(개체 이상의 수준에 있는 살아 있는 생물에서 나타나는 고유한 현상을 연구한다-옮긴이)들이 이 현상을 들먹이곤 했다.

엘턴의 친구였던 알도 레오폴드는 1943년 카이바브Kaibab에 대한 최초의 보고서를 작성했다. 그는 그 사건을 '생태계 내 자연적 힘의 균형이 뒤집힌 결과'라고 불렀다.

애리조나 북부의 깊은 협곡에 둘러싸인 1천 평방마일 넓이의 외딴 고원지대인 카이바브는 1906년에 수렵 통제구역으로 지정되었다. 미국 삼림청은 사냥꾼들이 좋아하는 사슴 개체군을 늘리기 위해 카이바브에서 사슴 포식자들을 없애는 데 주력했다. 1907년부터 1923년까지 이들은 코요테 3천 마리, 퓨마 674마리, 밥캣 120마리, 늑대 11마리를 죽였다.

특정 동물의 수를 제한한 도태는 카이바브 고원을 탈바꿈시켰다.[1] 군침 흘리는 포식자에게서 해방된 사슴의 수가 폭증했다.

20세기 초 카이바브에서는 약 4천 마리의 사슴이 살았다. 1924년 무렵 관측자들은 사슴 개체군이 10만 마리로 불어난 것으로 추정했다.

하지만 사슴의 호시절은 오래가지 않았다. 개체군의 증가는 죽음의 씨앗을 뿌렸다. 사슴은 사시나무, 가문비나무, 전나무의 껍질을 벗겨내 나무의 성장을 방해하고 자신들이 먹을 수 있는 식생의 질을 떨어뜨렸다. 사슴은 굶주리기 시작했다. 1924년 관측자들의 보고에 따르면 거의 대부분 사슴의 갈비뼈 윤곽을 곁에서 쉽게 볼 수 있었다. 1924년부터 1928년까지 새끼 사슴의 약 4분의 3이 목숨을 잃었다.

북극의 베링해협에 둘러싸인 300미터 높이의 무시무시한 낭떠러지가 있는 세인트매튜섬에서도 비슷한 사태가 일어났다. 전쟁 기간에 해안경비대는 수백 킬로미터 떨어진 곳에서 순록 29마리를 잡아서 바지선에 태워 이 작고 좁은 섬에 데려갔다. 이 섬에 잠시 설치한 작은 무선 항행국에 배치된 장병들에게 예비 식량으로 제공하기 위해서였다. 전쟁이 끝난 뒤 이 항행국은 철거되었고, 무선 항행국 직원들의 굶주린 눈빛에서 놓여난 순록들은 지의류가 풍부하고 포식자가 전혀 없는 이 섬에서 마음껏 지내게 되었다.

1963년 연구자들이 순록을 확인하려고 이 섬에 도착했을 때 섬은 순록의 자취와 똥으로 뒤덮여 있었다. 초창기의 개체군은 6천 마리 이상으로 불어났다. 순록은 자신들의 먹이인 지의류를 회복이 안 될 정도로 짓밟아놓은 상태였다. 몇 년 뒤 연구자들이 섬을 다시 찾았을 때는 순록의 흔적이 거의 없었다. 남은 거라곤 순록의 탈색된 뼈뿐이었다.

카이바브의 사슴과 세인트매튜섬의 순록은 벼랑에서 뛰어내려 잉여개체를 희생하지 않았다. 푸나푸티 사람들처럼 아기를 2명

당 1명꼴로 살해하는 의식도, 숱한 살상을 유발하는 전투도 치르지 않았다.

그냥 계속 먹고 새끼를 낳았다. 만일 자유롭게 돌아다닐 만한 환경이었다면 다른 곳으로 이동해서 생태계를 초토화시키는 비대한 식욕을 분출했으리라.

카이바브와 세인트매튜섬에서 일어난 일은 18세기 성직자 토마스 로버트 맬서스Thomas Robert Malthus의 경고를 상기시켰다. 맬서스는 잉글랜드의 구빈법에서 규정하는 대로 가난한 사람들에게 음식과 옷을 지원하는 일은, 대부분의 사람들이 이로운 자선 행위라고 생각하지만 실은 인구 성장을 억제하는 자연의 힘을 방해하는 것이라고 지적했다. 1798년 맬서스는 이렇게 밝혔다. "어떤 식으로든 가난한 사람들을 돕다 보면 결국 그들이 그 많은 아이를 성인기까지 키우는 걸 막을 도리가 없게 된다." 가난, 질병, 굶주림을 억제하는 진보는 기하급수적인 인구 성장으로 귀결되고, 그 많은 사람의 식욕은 식량 공급을 꾸준히 능가하여 만성적인 갈등과 품귀 사태가 빚어지게 된다는 게 맬서스의 경고였다.

맬서스의 경고 이후 몇백 년이 지나면서 그가 틀렸음이 입증되었다. 사망률 하락의 모든 원인, 즉 근대화와 경제성장, 번영이 출산율 하락으로도 이어졌던 것이다. 사회과학자들은 높은 출산율과 높은 사망률이 모두 낮아진 변화를 '인구학적 천이遷移'라고 부른다.[2] 예를 들어 미국에서는 근대적인 위생과 그 외 요인들 때문에 17세기에 25퍼센트였던 사망률이 몇 세기 뒤에 10퍼센트 아래로 내려갔다. 하지만 출산율 역시 떨어졌기 때문에 재난에 가까운 인구 증가는 일어나지 않았다. 미국 백인 여성이 출산하는 평균 자녀 수는 1800년 7명에서 1940년 단 2명으로 하락했다. 영향력 있는 사상가들은 맬서스가 불필요한 우려로 호들갑을 떨었다며 비난했다. 19세기의 철학자 프리드리히 엥겔스는 맬서스의 이론을 '자연과 인류에 대한 흉측한 신성모독'이라고 일컬었다.

하지만 제2차 세계대전 이후 인구 추이가 바뀌었다. 미국과 다른 잘사는 나라에서 출산율이 급등한 것이다. '베이비붐'은 잘사는 나라에서는 사람들이 점점 작은 가정을 꾸리는 경향이 있다는 인구학적 천이론遷移論의 예측을 뒤집었다. 한편 인도 같은 가난한 나라에서는 사망률이 하락했다. 전쟁 중에 개발된 비료와 항생제 같은 화학물질이 수백만의 목숨을 앗아가던 질병과 기근을 막았던 것이다. 경제발전이나 근대화의 힘으로 이런 변화가 나타난 게 아니었기 때문에 이 역시 인구학적 천이론의 기반을 약화시켰다.

과학자들은 대중서를 연달아 출간하면서 맬서스의 개념을 부활시켰다. 그들은 인간의 입장에서 그 결과는 카이바브 고원의 몰락이 느린 속도로 일어나는 것일 수 있다고 경고했다. 일러스트가 들어간 존 제임스 오듀본의 고전 『미국의 새들(Birds of America)』에 서문을 쓴 조류학자 윌리엄 보그트William Vogt는 1948년 『생존으로 가는 길(The Road to Survival)』이라는 제목의 베스트셀러를 썼다. 헨리 페어필드 오스본의 아들로 뉴욕동물학협회의 지배권을 넘겨받은 헨리 페어필드 오스본 주니어 역시 비슷한 주제를 다룬 책을 같은 해에 출간했다.

역사학자 앨런 체이스Allan Chase는 보그트의 책에 담긴 "모든 주장, 모든 개념, 모든 권고사항이 히로시마 이후 교육받은 미국인 세대의 일반 통념에서 필수요소가 되었다"고 지적한다. 『성경』 다음으로 판매부수가 많은 출판물 《리더스다이제스트》는 보그트의 책 축약본을 재출간했다. 1956년부터 1973년 사이 일반 생물학 교재 28권 가운데 17권에 카이바브 사슴의 몰락에 대한 레오폴드 식의 해설이 실렸다.

6장 맬서스의 흉측한 신성모독

키가 크고 마른 체구에, 짙은 눈썹과 길게 손질한 구레나룻에 둘러싸인 눈빛이 형형한 스탠퍼드대학교 생물학자 폴 에를리히^{Paul}

Ehrlich는 어린 시절을 뉴저지에서 나비를 수집하고 미국자연사박물관을 돌아다니면서 보냈다.

같은 세대의 다른 사람들처럼 그는 카이바브와 세인트매튜섬에서 무슨 일이 벌어졌는지 알았다. 그는 펜실베이니아대학교 학부생 시절 보그트와 오스본의 책을 읽고 그 교훈에 심취했다. 심지어 학창 시절에 보그트가 캠퍼스에 와서 강의한 적도 있었다.

하지만 에를리히는 바둑판점박이나비를 연구했다. 이 나비들은 카이바브의 사슴과는 딴판이었다. 암컷 바둑판점박이나비는 수백 개의 알을 낳지만 수년간 두 마리가 살아남기도 힘들었다. 조금만 덥거나 비가 많이 와도 유충의 성장과 먹이의 짧은 만개 시기가 어긋나곤 했다. 유충의 먹이인 질경이는 수명이 짧을 뿐 아니라 언덕의 건조한 초지에 있는 사문암의 노두라는 희귀하고 독특한 서식지에서만 자랐다. 바둑판점박이 개체군이 살아남으려면 새로 태어난 나비가 이 특수한 식물을 찾아서 그 위에 알을 낳아야 할 뿐만 아니라 제때 제대로 된 조건에서 해야 그 식물이 죽어가는 겨울이 되기 전에 알들이 유충으로 자라서 그 식물을 먹을 수 있었다. 생물학자들이 말하는 '생물계절학의 창', 즉 짝짓기 준비가 된 성체 나비가 출현할 때부터 그 자식들이 먹을 수 있는 식물이 죽는 시기까지의 시간은 겨우 며칠일 수 있다.

상황이 나빠지면 바둑판점박이 개체군은 그냥 사그라들어 종적을 감췄다. 에를리히는 이들이 날개가 있어서 지리적 장벽이나 그 외 여러 장벽을 극복하고 새로운 지역으로 갈 수 있음에도 불구하고 상황이 아무리 나빠도 산 중턱의 자기 영역을 떠나는 일이 거의 없는 고립된 은둔자임을 알았다. 에를리히는 이를 입증하는 연구를 진행하면서 이들이 "두드러지게 방랑벽이 부족하다"고 지적했다.[3]

에를리히의 관심이 나비에 머물러 있는 동안에는 맬서스가 예측한 인구 성장의 생태적 재앙, 즉 기근이나 환경파괴 및 와해를 걱정하지 않았다. 그러다가 남아시아를 방문하게 되었다.

에를리히는 1966년 6월 말 몬순을 앞둔 심한 열기 속에 인도 뉴델리의 먼지투성이 팔람 공항에 내렸다. 아내 앤과 딸 리사 마리를 동반하고 장장 1년에 걸쳐 여러 나라를 돌아다니는 연구 여행의 마지막 정거장이었다.

대부분의 미국 방문객들은 인도를 골이 땡할 정도로 덥고 소란스러우면서도 매혹적이고 변화무쌍한 곳이라고 생각했다. 더벅머리를 한 대항문화 애호가들이 인도로 몰려와 요가, 명상, 불교 등의 고대 전통에 심취했다. 에를리히가 인도를 방문하고 나서 일주일 뒤에 비틀즈 멤버들이 델리에 도착해서 진짜 인도 고전 악기를 익혔다.

하지만 에를리히는 아니었다. 어디를 돌아보든 그의 눈에는 재난이 진행 중이었다.

'거리가 사람들로 살아 움직이는 것 같았다'고 그는 나중에 글에서 밝혔다.[4] "먹는 사람들, 씻는 사람들, 자는 사람들. 방문 중이고, 논쟁하고, 비명을 지르는 사람들. 택시 창문 틈으로 손을 밀어넣고 구걸하는 사람들. 대소변을 보는 사람들. 버스에 매달린 사람들. 동물을 몰고 가는 사람들. 사람들, 사람들, 사람들, 사람들." 그는 델리가 "지옥 같다"고 하면서 "인구 과잉이라는 느낌을 극적으로 전달한다"고 말했다.

에를리히의 가족들은 혐오감을 느끼며 델리를 떠나 북쪽으로 향했다. 위풍당당한 히말라야 사이에 자리 잡은 숲이 우거진 카슈미르의 해발고도가 높은 계곡으로 가기 위해서였다. 그들은 그곳에서 생태재난이 임박했다는 신호를 훨씬 더 많이 접했다. 에를리히에 따르면 해발고도가 높은 카슈미르의 목초지는 지면 위로 1인치도 안 될 정도로 동물들에게 뜯어먹혀서 생물학적으로 불모지가 되었다. 그는 연구하려고 했던 나비들을 거의 찾을 수 없었다. 게다가 가족들이 묵었던 호텔은 더러웠고, 카슈미르의 유명한 달 호수(Dal Lake)에서 빌린 선상가옥은 터무니없는 바가지요금이었다. 에를리히는 친구에게 보내는 편지에 카슈미르가 '너무 실망스럽다'고 적었다.

에를리히가 보기에[5] 인도인들은 세인트매튜섬의 순록처럼 지의류를 아주 제대로 짓밟아놓았다. 에를리히가 방문하기 전해에 미국에서 900만 톤의 밀을 보내주지 않았더라면 카이바브의 사슴처럼 인도는 이미 기근에 빠지고도 남았으리라는 것이 그의 생각이었다.

사실 에를리히가 목격한 군중과 환경피해는 인구성장률이 아니라 지역의 경제 및 정치 요인과 훨씬 관련이 많았다.[6] 인도의 인구가 증가하긴 했지만 델리시는 사실 세계의 다른 도시에 비해 별로 커지지 않았다. 인구 280만 명의 델리는 800만 명이 거주하는 파리에 비해 크기가 아주 작았다. 그에게 충격을 안긴 혼돈과 과밀은 지역의 인구 규모 때문이라기보다는 농촌배후지의 사람들이 공장 일자리를 찾아 도시로 이주하도록 장려한 새로운 정부 프로그램의 결과 때문이었다. 지역의 주택공급량과 도시의 기본 인프라를 압도할 정도로 새로운 이주자들이 유입된 것이다.

그리고 사실 카슈미르가 환경피해에 시달리긴 했지만, 인구를 탓하기에는 역시 무리가 있었다. 에를리히가 카슈미르를 방문했을 때는 인도와 파키스탄이 그 지역통제권을 둘러싸고 유혈이 낭자한 파괴적인 전쟁을 치른 지 채 1년이 지나지 않았을 때였다. 대포와 탱크로 무장한 수만 명의 병력이 카슈미르의 가파른 계곡으로 쏟아져 들어와 광활한 지역을 전쟁터로 만들었다. 얼마나 많은 병사가 식량과 털을 얻기 위해 지역 야생동물들을 밀렵했던지 이 계곡의 독특한 종들 가운데 멸종 위기에 몰린 종이 허다했다. 에를리히의 지적처럼 카슈미르는 '망가졌'지만, 그 과정에서 막강한 주범은 파괴적인 전투였던 것이다.

에를리히의 입장에서 이런 역사적인 특수성은 숲 대신 나무만 보는 격이었다. 자세히 들여다보면 인도의 상황은 맬서스의 예측에 들어맞지 않을 수 있지만 광각렌즈로 들여다보면 맬서스의 말대로였다. 인구가 증가했고, 환경의 질이 하락했기 때문이다. 그건 아주 간단한 문제였고, 맬서스와 보그트가 말한 그대로였다.

인구 성장에 대한 경고음

에를리히는 인도에서 집으로 돌아온 직후부터 인구 성장을 억제하기 위한 십자군 전쟁에 돌입했다.[7] 처음에는 스탠퍼드대학교 학생들에게 인간사회에서도 카이바브 같은 몰락이 일어날 수 있음을 경고했다. 얼마 안 가 지역 모임과 비정부기구들이 회원들에게 강연해달라며 그를 초청하기 시작했다.

에를리히의 스탠퍼드 연구실은 인구 성장이 촉발한 생태위기에 대한 과학적 논쟁의 허브가 되었다. 그는 스탠퍼드에서 매주 진행되는 세미나와 학술대회에 캘리포니아대학교 생태학자 가렛 하딘, 사회과학자 킹슬리 데이비스 등의 학자들을 불러 인구 폭발의 가능성과 그것이 미래에 어떤 전조가 될지에 대한 의견을 나눴다.

그들은 캘리포니아를 비롯한 온갖 곳에서 카이바브와 유사한 붕괴가 임박했다는 신호를 보았다. 1962년이 되자 캘리포니아 거주 인구가 뉴욕주를 넘어섰다. 꽉 막힌 고속도로에서 빨간 브레이크등이 번쩍였다. 도시들이 마구잡이로 뻗어 나갔다. 그리고 캘리포니아의 자동차 수백만 대가 골든스테이트(캘리포니아주의 애칭-옮긴이)의 햇볕 속으로 걸러지지 않은 배기가스를 뿜어대자 유독한 화학반응과 함께 스모그 구름이 뭉게뭉게 피어올라 산에 둘러싸인 분지 지형에 자리한 캘리포니아의 주요 도시 안에 두껍게 깔렸다. 오염이 얼마나 심했던지 공기 중에 빛이 투과하지 못할 정도였다. 로스앤젤레스 거리를 걸어 다니는 사람들은 눈을 보호하기 위해 '스모그 고글'을 쓰기 시작했다.

불길한 징조는 오염만이 아니었다. 새로운 연구에 따르면 반사회적 행동 역시 기근과 환경오염처럼 맬서스가 말한 몰락이 임박했다는 징조일 수 있었다.

존스홉킨스대학교 동물행동 전문가 존 칼훈John B. Calhoun은 그의 영향력 있는 연구에서 메릴랜드 볼티모어 외곽에 있는 한 이웃의 집 뒤편 1천 제곱미터 정도의 면적을 울타리로 에워싼 뒤 그 안에 임신한 쥐 다섯 마리를 풀었다.[8] 포식자가 없다 보니 쥐들은 수백 마리로 불어났다. 하지만 칼훈은 계속 먹이를 채워 넣었다. 그는 쥐들이 서로를 잡아먹음으로써 맬서스식의 몰락이 일어나지 않게 할 생각이었다.

그런데도 그와는 상관없이 혼란이 뒤따랐다. 쥐들의 행동이 변한 것이다. 수컷 쥐들이 호전적으로 몰려다니며 암컷과 어린 쥐들을 공격했다. 그 쥐들은 죽은 쥐의 사체를 먹었다. 암컷 쥐들은 자기가 낳은 새끼들을 방치했고 심지어 공격할 때도 있었다. 일부 쥐들은 동성애 성향을, 어떤 쥐들은 과잉성욕을 드러냈다. 결국 쥐의 행동은 더는 제대로 번식할 수 없을 정도로 무질서해졌고, 개체군 자체가 와해될 조짐을 드러냈다.

에를리히는 사회심리학자 조너선 프리드먼Jonathan Freedman에게 이런 효과가 인간에게도 일어날 수 있는지 확인하기 위한 후속연구를 진행하도록 독려했다. 에를리히는 프리드먼이 연구 결과를 공개하기도 전에 그들이 앞서 넘겨짚은 결론을 자신의 논문에 인용했다.[9] 에를리히는 혼자가 아니었다. 의회에서는 인구 성장에 요란한 경고음을 울리는 정치인들이 자신의 주장을 뒷받침하기 위해 칼훈의 연구를 제시했다. 평론가들은 칼훈의 연구 결과를 가지고 반사회적 행위를 군중과 연결시켰다. 동물학자이자 TV 진행자인 데스몬드 모리스Desmond Morris는 "통제할 수 없는 공격성은 과밀에서 비롯된다"고 말했다. 그것은 실험실 실험으로 확실하게 입증되었다. 저널리스트 톰 울프Tom Wolfe는 '뛰어다니고, 몸을 날쌔게 피하고, 눈을 깜빡이고, 소음을 만들어내는' 뉴욕 시민 군중을 '찌르레기나 쥐가 가득한 우리'에 비유했다. 사회비평가이자 철학자인 루이스 멈포드Lewis Mumford는 '순전한 물질적 혼잡'으로 인한 '추한 야만화'가 칼훈의 쥐 실험과 '부분적으로 들어맞는다'고 썼다. 하딘은 "번식의 자유가 용납할 수 없을 지경이 되었다"고 주장했다.

과학자들은 인구 성장을 경제적 번영과 건강 상태의 향상으로 인한 행복한 결과가 아니라 폭력적으로 분출하게 될 침묵의 살인자라고 일컫기 시작했다.[10] 《사이언스》는 인구 성장을 원자 폭탄과 수소 폭탄처럼 '인구 폭탄'이라고 불렀다. 《타임》은 1960년 커버스토리에 "인구 폭발"이라는 제목으로 이 문제를 다뤘다.

당시 잔뜩 겁먹은 미국 독자들은 이 문제를 자신들과 동떨어진 세상에서 일어나는 머나먼 일로 표현하는 데서 그나마 위안을 얻었다. 《타임》은 가슴을 드러낸 아프리카 여성과 사리를 두른 인도 여성이 신생아를 주렁주렁 달고 있는 콜라주 일러스트를 삽입해서 바로 그런 이미지를 주입했다. 미국인들은 그런 사람들로부터 효과적으로 차단된 상태였다. 이민법이 수십 년간 이런 부류가 미국 국경을 넘지 못하게 막고 있었기 때문이다.

인구 폭탄을 막아라

미국, 유럽 등지의 정치 지도자들은 겁먹은 유대인들과 나치의 박해를 받던 사람들로 가득한 배의 입항을 거부하고 난 뒤 여론의 뭇매를 맞고 나서야 뒤늦게 나치의 박해에서 도망친 사람들에게 도피처를 제공하는 데 동의했다. 1951년에는 유엔 난민협약에 서명했다. 민권운동이 탄력을 받고 있던 상황에서 수십 년간 이어지던 인종별 입국 할당제를 해체하라는 압력이 일었던 것이다. 《뉴욕타임매거진》이 미국을 '이민자의 나라'라고 칭한 존 F. 케네디 대통령의 영감 넘치는 에세이를 인용하고 나서 2년 뒤인 1965년 의회는 하트셀러법Hart-Celler Act을 통과시켰다. 이민자의 미국 입국 가능성을 판단하는 기준에서 인종을 제외하는 내용이었다.[11]

하트셀러법은 나의 부모님 같은 숙련된 외국인들이 메디케어와 메디케이드처럼 새롭게 확대된 정부 프로그램의 인력으로 충원될 수 있도록 해주는 한편, 소련의 폐쇄된 사회와는 달리 외부자를 환대하는 나라라는 이 나라의 명성을 드높여주는 타당한 조치로 홍보되었다. 그렇다고 해서 이 나라의 인종 구성을 실제로 바꾸려는 의도가 있었던 것은 아니었다. 그 설계자들은 하얀 피부를 가진 유럽인들이 과거처럼 이주자 흐름을 계속 주도하리라고 생각

했을 가능성이 크다. 존슨 대통령은 법안에 서명할 때 이것은 "혁
명적인 법안이 아니라"고 말하면서 "우리 일상생활의 구조를 바
꾸지는 않을 것"이라고 약속했다. 하원의원 에마뉴엘 셀러Emanuel
Celler는 "아시아와 아프리카 국가에서 사람들이 밀어닥칠 위험은
어떤 식으로든 전무하다"고 국민을 안심시켰다.

그러나 그 말은 빗나갔다. 1965년 이후 이주자 10명 가운데 9명
이 아시아, 라틴아메리카, 그 외 비유럽 지역 출신이었다. 맬서스
주의적인 생태주의자들이 묘사한, 인도 같은 나라에서 시작된 폭
발적인 혼돈이 미국 해변으로 밀려 들어올 수 있었다. 인구 폭탄은
억제되지 않을 것이었다.[12] 그로 인한 재난에 가까운 영향에다 "인
간의 전례 없는 이동성이 혼합될 것"이라고 에를리히는 밝혔다.

인구 폭탄의 뇌관을 제거하기 위한—그리고 그 효과를 미국
국경 바깥에 묶어두기 위한—대중운동이 세를 불리기 시작했다.

시에라클럽의 십자군운동 지도자 데이비드 브로워David Brower
는 대낮 토크쇼에서 인구 문제에 대해 에를리히를 인터뷰하는
내용을 들었다. 영감을 받은 그는 출판업자인 이안 밸런타인Ian
Ballantine에게 연락했다. 이들은 함께 에를리히에게 이 주제에 대한
대중서를 쓰라고 설득했다.

폴과 그의 아내 앤은 책을 공동으로 집필했다. 대학에서 불문
학을 전공한 앤은 전부터 종종 폴의 프로젝트에 함께 참여했다. 심
지어 살충제 내성에 대한 폴의 박사학위 논문에 들어갈 삽화를 그
리기도 했다. 하지만 밸런타인이 책을 출간했을 때는 마케팅상의
이유로 필자 이름에서 앤을 빼기로 했다. 또한 에를리히 부부가 제
시한 무미건조한 서술형의 제목 '인구, 자원, 그리고 환경'을 더 강
렬하게 '인구 폭탄'으로 바꾸기도 했다.

이 책에서 에를리히는 과학자들이 으레 가지고 있는 조심성

과 신중함은 생략했다. 그는 15년이면 인구 증가 때문에 '인류를 떠받치는 지구의 능력이 완전히 붕괴'하기 시작할 거라고 경고했다. 1984년이면 미국인들이 탈수증으로 목숨을 잃을 거로 예측하기도 했다.

인구 증가는 모두와 관련된 문제였지만 에를리히는 미국인과 외국인에게 완전히 다른 해법을 처방했다.[13] 미국인은 출산과 소비패턴에 대한 의식을 고양할 필요가 있는 반면, 자녀가 셋 이상인 모든 인도 남성은 불임시술을 받는 게 좋겠다고 제안했다. 그리고 인도인들이 그렇게 할 수 있도록 미국의 헬리콥터와 의사, 차량, 수술 도구를 보낼 것을 권했다. 곤궁한 나라에 식량 원조를 보내느니 굶주리도록 내버려두고 상수원에 불임약을 섞는 등과 같은 '아주 인기 없는 외교 정책적 입장'을 제안하기도 했다.

에를리히는 공공연한 인종주의자가 아니었다.[14] 오히려 민권운동을 지지했고 과학자로서 인종이 생물학적으로 다르다는 생각에 떠들썩하게 반대했다. 박사후과정일 때는 캔자스주에서 인종 분리 반대운동을 조직하는 데 힘을 보탰고, 흑인은 유전적으로 열등하므로 인구 통제의 주요 대상이어야 한다고 주장한 심리학자 아서 젠슨Arthur Jensen과 노벨 물리학상 수상자 윌리엄 쇼클리William Shockley를 비난하는 책과 논문을 쓰기도 했다. (인구 문제에 대한 글과는 달리 인종 문제에 대한 에를리히의 책은 "그가 선발한 적들의 최악의 난폭함에 필적하는 오만함과 꼬투리 잡기"라는 비난을 받았다.)

하지만 『인구 폭탄(The Population Bomb)』을 읽은 사람이라면 에를리히가 외국인을 미국인과 같이 변화할 능력과 이해력이 있다고 여기지 않는다는 사실을 눈치챌 수 있었다. 책 전반에서 그는 사람들의 다양한 실천을 변화하는 환경에 역동적으로 대응하는 것이라기보다는 변치 않는 생물학적 특성으로 규정했다.

예를 들어 그는 인도의 조혼을 개탄하면서 이로 인해 출산 기간이 수십 년으로 늘어난다는 점을 지적하면서도 이 문화적 관행을 바꾸기보다는 강제 불임시술이라는 끔찍한 정책이 더 실현 가능하다고 여겼다. 그는 거세와 불임시술의 차이를 인도인들에게 '설명하는 게 거의 불가능'하다고 여겼다. 그는 대만, 한국, 일본에서 성공한 인구 통제 정책이 가난한 나라에서는 절대 성공할 수 없다는 주장을 굽히지 않았다. "다른 아시아 지역들과 아프리카 또는 라틴아메리카에서 그와 유사한 어떤 일이 일어나리라고 생각한다면 그건 극히 멍청한 발상"이라고 그는 밝혔다. 그는 얼마나 많은 자녀를 가질지를 여성이 정하게 하는 자발적인 가족계획 프로그램을 무시했다. 교육받은 서구의 남성인 자신은 대가족으로 인한 맬서스식의 문제를 이해할 수 있었지만 여성, 그중에서도 특히 가난한 나라—또는 가끔 그가 사용하는 표현에 따르면 '발전 가능성이 전혀 없는' 나라—의 여성들이 이 문제를 이해할 수 있으리라고는 생각하지 않았다.

에를리히의 인종적 특성화는 그가 몸담고 있던 과학 분야에서 인기 있는 이론과 맞아떨어졌다. 1960년대 말부터 1970년대에 길지 않은 기간 동안 'r/K 선택'이라는 이론이 집단생물학자들을 사로잡았다.[15] 이 이론은 사실상 두 장소, 즉 생활이 쉬운 곳과 쉽지 않은 곳에서 거주하는 두 계층의 생명체를 상상했다. 생활이 쉬운 장소에는 'r-전략가들'이 거주했다. 이들은 작고, 빠르게 성숙하며, 엄청나게 번식하는 생명체로, 거의 아무 생각 없이 대가족을 지향한다. 이들은 환경에서 특별히 똑똑해지거나 검소해야 할 압박을 느끼지 않기 때문에 대체로 아둔하고 낭비가 심하다. 생활이 힘든 장소에는 덩치가 큰 'K-전략가들'이 살았다. 이들은 환경 요인 때문에 똑똑하고 검소해야만 했고, 더디게 성숙하고 몇 안 되는 자손에 더 많이 투자하는 경향이 있었다. 보존생물학자들은 r/K 선택 이론으로 쥐 같은 r-전략가들과 코끼리 같은 K-전략가들의 차이를 구분했다.

2000년 캐나다의 심리학자 존 필립 러시턴John Philippe Rushton은 r/K 선택 이론을 인종에 명시적으로 적용하면서 흑인은 r-전략가이고, '오리엔탈들'은 K-전략가이며, 백인은 그 중간이라는 주장으로 논란을 일으켰다.[16] 러시턴의 편향은 명백했다. 그는 해리 라플린이 수년간 주도했던 우생학 연구집단인 파이어니어기금의 대표였던 것이다.

에를리히의 편향은 공공연하지 않았지만, 인도인과 유럽인에 대한 그의 인종적 특성화 규정은 러시턴과 통하는 데가 있었다.[17] 시에라클럽의 데이비드 브로워는 『인구 폭탄』 서문에서 서로 다른 장소에 사는 사람들 간의 r/K와 비슷한 고정된 차이를 전제했다. 브로워에 따르면 "각 나라는 두 집단으로 상당히 깔끔하게 나뉜다. 성장률이 급속한 나라와 상대적으로 느린 나라로."[18] 그는 성장이 빠른 나라들은 "산업화를 이루지 못한 채, 비효율적인 농업, 아주 낮은 국민총생산, 높은 문맹률과 함께 그것과 관련된 문제를 보이는 경향이 있다"고 말했다. 성장이 느린 나라들은 그와 정반대인 것으로 짐작되었다.

킹슬리 데이비스 같은 에를리히의 동료 신맬서스주의 과학자들은 대놓고 이민 중단을 요구했다.[19] 데이비스는 《사이언티픽아메리칸》에서 이주자가 기술 진보를 둔화시키고 "학교문제, 건강상의 위험, 복지 부담, 인종 편견, 종교 갈등, 언어 차이를 야기한다"고 주장했다. 그는 멕시코와 중국의 이주자들이 캘리포니아주에 들어오지 못하게 막을 것을 권고했다.

에를리히는 인도 같은 곳에서 들어오는 이주자의 침입 역시 암시했다. 그는 굶주리는 인도인들이 미국의 자원을 훔칠 생각으로 국경에 범람할 것이라고 경고했다. "그들은 서양 기술의 기적이 실린 잡지에서 컬러 사진을 보았다. 그들은 자동차와 비행기를 보았다. 많은 이들이 냉장고, 트랙터, 심지어는 텔레비전 수상기를 보았다. 말할 필요도 없이 그들은 행복하지 않을 것이다." 그는 인도인들은 "가만히 앉아서 우아하게 굶주리지는 않을 것"이라고 말했다. 자신의 공정한 몫이라고 여기는 것을 얻기 위해 우리를 제압하려고 시도할 공산이 아주 크다고 목소리를 높였다.

그들이 이 나라를 뒤덮지 못하게 하려면 박력 있는 조치가 필요했다. 에를리히는 독자들에게 공감을 표하면서도 동시에 권위주의적인 조치의 필요성을 받아들이도록 미리 분위기를 조성하는 차원에서 "이 모든 게 아주 무정한 말로 들린다는 걸 안다"고 말했다.[20] 사람들에게 약물을 투여하고 시술을 강제하는 것은 억압적이었다. 하지만 '좋은 대의를 위한 억압'이라고 했다.

"그렇게 하지 않으면 무슨 일이 벌어질지를 기억하라"고 그는 말했다.

인구 폭발에 대한 두려움

200쪽에 불과한 에를리히의 도발적인 책은 재치 있고 암울하면서도 세련되게 저술되었지만, 처음에는 큰 관심을 얻지 못했다. 그러다가 1970년 초에 조니 카슨Johnny Carson이 연락을 해왔다.[21] 카슨의 심야 토크쇼인 〈투나잇쇼〉는 당시에도 그 이후에도 다른 어떤 프로그램보다 많은 돈을 벌어들이며 텔레비전을 쥐락펴락했다. 바버라 스트라이샌드, 우디 앨런, 스티브 앨런을 비롯한 한 세대의 연기자가 보여주었듯 카슨의 프로그램에 출연한다는 것은 곧장

스타가 된다는 뜻이었다.

37세의 나이에 오락계 최고 거장과 무대에 오른 에를리히는 "특별히 긴장하지는 않았다"고 나중에 회상했다. 그는 사람들의 관심을 어떻게 얻는지를 알고 그것을 즐기는, 한마디로 무대 체질이었다. 자신은 "항상 떠버리였다"고 직접 말하기도 했다. 카이바브와 같은 미래를 막는 데 필요한 급진적 개입에 대한 에를리히의 설명이 전국 가정에 있는 약 1,500만 명에게 송출되었다.

에를리히가 〈투나잇쇼〉에 처음 출연한 뒤 시청자들은 그 어떤 게스트 때보다 많은 5천 통의 편지를 보냈다. 『인구 폭탄』의 판매도 폭증했다. 1970년 첫 몇 달 동안 약 100만 부가 팔렸다. 같은 해 말경에는 약 200만 부가 팔렸다. 저널리스트 조이스 메이나드Joyce Maynard는 『인구 폭탄』을 읽으면서 두려움이 밀려오는 것을 느꼈다고 기억한다.[22] 그녀의 설명에 따르면 '개인적이고 개별적인 두려움이 아니라, 우리가 부모 나이쯤 되면 인구가 정어리처럼 빼곡하게 많아지고 하늘을 가려버린 스모그 구름 속에서 가스마스크를 쓰고 살아야 하리라는 종말론적인 두려움'이었다.

에를리히는 하룻밤 새 오늘날의 앨 고어나 닐 디그래스 타이슨 정도의 위상을 가진 유명인사가 되었다.[23] 그는 카슨의 쇼에 수십 번 출연했다. 한번은 석 달 동안 세 번 출연해서 미국이 직면한 다양한 정치 문제에 대해 카슨과 이야기를 나누기도 했다. IQ 검사의 쓸모없음에 관한 토론에서는 "리처드 닉슨이 IQ 검사를 매우 잘할 것 같긴 한데, 당신 딸이 그와 결혼하기를 바라나요?"라며 무심한 표정으로 말했다. "우린 (우리 아이들이) 갖게 될 유일한 자원을 상당히 행복하게 파괴하고 있어요"라고 지적해놓고, "근데 있잖아요, 후손이 우리한테 뭘 해준 게 있기는 한가요?"라고 재치 있는 입담을 과시하기도 했다.

명망 있는 기관들이 에를리히에게 영예를 퍼부었다.[24] 에미상 후보, 스탠퍼드 석좌교수직, 유엔과 맥아더재단, 스웨덴 한림원이 수여한 여러 상. 일회용 딕시 컵을 팔아서 큰돈을 번 휴 무어Hugh Moore 같은 기업가들이 주요 일간지에 광고비를 댔고, 에를리히를 내세운 무료 라디오 코너를 수백 개의 대학 라디오방송국에 보냈으며『인구 폭탄』에 대한 수십만 장의 리플릿과 소책자를 만들어 배포했다.

할리우드 최고의 감독과 배우들이 에를리히가 묘사한 굶주리고 과밀한 미래에 영감을 받은 공상과학 영화를 찍겠다며 계약서에 서명했다.[25] 1972년의 영화 〈Z.P.G.〉에서는 찰리 채플린의 딸이자 골든 글러브 수상 후보자였던 제럴딘 채플린이 30년간 인간의 모든 출산이 금지된 미래 세상에서 로봇 아기를 기르는 여성으로 분한다. 그다음 해에 나온 〈소일렌트 그린Soylent Green〉에서는 인구 과잉으로 인해 굶주림과 병에 시달리던 사람들이 살인적인 기업의 배급품으로 연명하는 미래의 뉴욕시를 찰스 헤스턴이 누비고 다닌다.

인구 통제가 사실은 어떤 인구집단은 통제하면서 다른 집단은 통제하지 않는 의미인지 모른다는 의심이 초기부터 이 운동을 따라다녔다. 1970년 6월의 한 콘퍼런스에서는 아프리카계 미국인 운동가 한 무리가 들이닥쳐 그곳에 모인 환경운동가와 인구통제 운동가—에를리히, 하딘 등—가 인구 문제보다는 문제적 인구에 더 관심이 많다고 목소리를 높였다. 콘퍼런스 기획자의 표현에 따르면 '생태적 불균형이라는 위험천만한 위기가 이미 존재하는' '사람들로 바글바글한 도시 지역'[26] 방문을 포함한 이 콘퍼런스의 의제는 "특정 인구, 즉 흑인, 그 외 비백인, 미국의 빈민과 일부 비백인 및 소수인종 이민자의 체계적인 감축을 겨냥한다"고 이 시위대는 성명서에서 밝혔다.

이들의 비판도 인구통제운동의 탄력을 둔화시키지는 못했다.[27] 반문화운동가들에게 이 운동은 산아제한의 장점을 앞세움으로써 이를 신성모독으로 여기는 종교 보수주의자들을 괴롭히는 기회가 되었다. 소비주의를 조장하는 제국을 건설한 산업계 지도자들에게 이 운동은 자신들의 환경파괴 책임에서 시선을 분산시킬 수 있는 손쉬운 방법을 제공했다. 서구의 비정부기구와 기성 정계에 있는 동맹 세력들에게 이 운동은 소련식의 느린 경제발전보다 돋보이는 피임기구 같은 신속한 기술적 처방을 홍보하는 기회가 되었다. 인도처럼 가난하고 인구가 빠르게 증가하는 나라들 역시 이 새로운 인구 통제 체제에 동조했다. 그런 나라의 엘리트들은 자기 나라의 빈곤과 굶주림이 자신에게 이익이 되는 만연한 부패나 억압적인 카스트제도가 아니라 빈민 여성들의 다산 때문이라는 비난에 신경 쓰지 않았다.

에를리히는 〈투나잇쇼〉에 출연해서 '제로인구성장'이라는 새로운 조직을 만들겠다고 선언했다.[28] 이 조직의 목표는 낙태와 불임시술을 더 쉽게 함으로써 맬서스가 말한 몰락을 막는 것이었다. 순식간에 6만 명의 회원이 몰려들었다. 전국의 대학 캠퍼스에서 학생활동가들이 군중에게 콘돔을 나눠주는 행사를 열었다. 이들은 참가자들을 한곳에 몰아넣고 쌀과 차로 된 '기근식飢饉食'을 먹게 하는 '인구 과잉 실험'을 했다. 정관절제수술을 홍보하기 위해 원에서 한 덩어리를 잘라낸 남성의 상징을 이미지화한 핀을 옷깃에 달고 다녔고, 자궁내피임기구로 만든 귀걸이를 하고 다녔다.

보그트, 오스본, 킹슬리 데이비스 같은 과학자들은 인구의회(Population Council) 같은 국제비정부기구를 만들어서 100만 개의 자궁내피임기구를 인도로 보냈다.[29] 록펠러재단과 포드재단 같은 자선단체들은 해외 원조 공여국들이 돈이나 식량을 받기 위한 전제조건으로 빈민 여성의 다산을 엄중 단속하도록 요구해야 한다며 미국 정부를 압박했다.

1975년 6월 인구통제운동은 큰 승리를 거뒀다.[30] 그해 여름 인도 총리는 헌법을 유예하고 급증하는 국민에게 불임시술을 감행한다는 야심 찬 계획에 착수했다. 인도 전역의 각 주에서 자녀가 셋 이상인 남성은 불임시술을 받아야 했고, 자녀 셋을 둔 여성이 임신하면 낙태해야 했다. 정부 공무원들은 수술 도구와 자궁내피임기구를 들고 할당량을 채우기 위해 전국으로 돌아다녔다.

벌집에서 수벌을 내쫓듯이

미시건 호숫가의 페토스키라는 작고 조용한 마을에 사는 존 탠턴은 뒷마당에 벌을 키우며 안과의사로 일했다. 그는 반쯤 감긴 듯한 회색 눈으로 대상을 가만히 응시하는 점잖은 남자였다.[31]

그는 에를리히의 책이 "나에게 지대한 영향을 미쳤다"고 말한다. 그는 에를리히가 〈투나잇쇼〉에 출연하기 전인 1969년에 에를리히의 제로인구성장운동에 합류했고, 『인구 폭탄』을 상자째로 구입해서 친구와 가족들에게 돌렸다. 그와 그의 아내는 열혈 자연보호론자이자 헌신적인 공동체 활동가였다. 탠턴은 오듀본협회 페토스키 지부를 설립했고 아내와 함께 가족계획연맹 지부도 공동으로 창립했다. 네이처컨저번시Nature Conservancy 종신회원이기도 했다.

하지만 그는 인구통제운동이 인구 성장을 감소시키는 주요 전략으로 출산율 낮추기에 주력하는 모습에 당혹감을 느꼈다. 그는 10대 시절부터 줄곧 가지고 있던 벌통 안에서 다른 생태적 대안의 가치를 보았다. 매해 가을이면 벌 군집 크기가 절정에 달한다. 암컷 일벌들은 하는 일 없는 수벌을 강제로 벌집에서 몰아내곤 했다. 암벌들은 벌집 입구를 막아 수벌이 안식처로 되돌아오지 못하게 막았다. 암벌들은 아직 벌집 안에 남아 있는 수벌을 모조리 끌어내 밖으로 던져버렸다. 탠턴 같은 양봉가들은 밖으로 쫓겨나 아사하거나 동사한 수벌의 날개에서 씹힌 자국이 선명하게 나 있는 것을 발견하곤 했다. 탠턴은 이들이 야만적이지만 어쩔 수 없는 인구 통제의 희생자라고 생각했다. 레밍의 집단자살과 유사한 무정한 집단 내쫓김이었다.

이 문제에 대해 생각하면 할수록 벌집과 인구 사이에 유사점이 많아 보였다.[32] 국가란 말하자면 아늑한 국경으로 둘러싸인 복잡한 문명을 갖춘 벌집 같은 곳이 아닐까? 벌 군집의 개체 수가 벌집의 수용 능력을 넘어설 때 벌들은 특단의 조치를 취했다. 부담스러운 짐을 쫓아내고 국경을 폐쇄했다. '이들의 행동은 인간의 과업에 질문을 던지는 게 아닐까' 그는 생각했다.

사실 그건 아니었다. 꿀벌은 사회 안의 개인보다는 몸 안의 세포에 더 가깝다. 더 큰 전체의 한 구성요소인 것이다. 많은 벌이 혼자서는 먹이를 얻지 못하고 대부분은 번식에 아무런 역할을 하지 않는다. 수벌을 내쫓는 것은 외국인을 추방하는 것과는 완전히 다르다. 죽은 세포를 없애는 것에 가깝다. 그리고 벌집은 국가와 다르다. 사방이 막힌 폐쇄된 서식지이다. 사적인 거주시설에 더 가까운 것이다.

하딘은 이와 유사한 잘못된 비유를 이용해서 국경 폐쇄를 요구했다.[33] 그는 1974년의 한 영향력 있는 에세이에서 세계 각국을 바다에서 표류하는 별개의 구명선에 비유했다. 그렇기에 그는 잘사는 나라가 가난한 나라의 국민이 들어오지 못하게 국경을 폐쇄해야 한다고 말했다. 이쪽 구명선에 타고 있던 승객들이 저쪽 구명선에 오르려고 기어오르다가는 결국 배가 침몰할 수 있었다.

하지만 국가는 통행하기 어려운 지형에 둘러싸인 고립되고 독립적인 단위가 아니다. 몇몇 외딴 도서 국가를 제외하면 국가는 육지로 혹은 항해할 수 있는 물길로 서로 연결되어 있다. 인간 개체군은 어느 정도 인접한 동일한 거주지를 공유한다. 이보다 더 적절하게 바다에 비유한다면 국가를 한 배의 여러 다른 부분으로, 이주를 승객들이 배의 이쪽에서 저쪽으로 움직이는 것에 빗댔을 것이다.

탠턴은 자신의 감정적 무심함과 멀리 내다볼 줄 아는 합리성, 그리고 도덕적 진실함에 자부심을 느꼈다.[34] 그는 에를리히처럼 매력적이거나 화술이 뛰어나지는 않았다. 말투가 단조로웠고 점잖았으며 현학적인 중서부의 겉모습 속에는 냉혹한 관점이 도사렸다. 그는 담배꽁초를 개울에 버리는 사람을 꾸짖는 것을 자신의 윤리적 의무로 여기는 부류, 그러니까 도덕주의자에 더 가까웠다.

그는 공개적인 발언에서 증오나 편견을 드러내지 않으려고 조심했다. 하지만 사적으로는 이민에 저항하는 이유가 따로 있었다. 외국인을 생물학적으로 이질적 존재로 여겼던 것이다.

그는 외국인을 생물학적 역량에 차이가 있는 별개의 종으로 여겼다.[35] 유럽과 미국에서 태어난 '호모 콘트라셉티부스Homo contraceptivus'는 이주자인 '호모 프로제니티바Homo progenitiva'에 비해 일반적으로 가족 규모가 작았다. 그는 사적인 편지에서 이런 외부자들은 "자신들의 전통적인 다산多産 풍습을 가지고 들어올 것"이라고 주장했다. (사실 이주자 가정의 출산율은 같은 세대의 내국인 가정과 큰 차이가 없다.)

수십 년 전 매디슨 그랜트와 헨리 페어필드 오스본이 그랬듯,

탠턴은 지능이란 세대가 바뀌어도 변함없이 이어져 내려오는 생물학적 특성으로 여겼고, 교육과 기회는 거의 또는 아무런 역할을 하지 못한다고 생각했다. 그것이 그가 동료에게 쓴 것처럼 '덜 똑똑한' 사람들이 더 똑똑한 사람들보다 '논리적으로 더 적게' 아이를 가져야 하는 이유였다. 심지어 정치문화마저 사람의 몸 안에 내장되어 있어서 이주자들은 마치 환지(phantom limbs, 절단된 뒤에도 존재하는 듯한 착각과 함께 통증을 유발하는 팔다리-옮긴이)처럼 그것들을 끌고 돌아다닌다. '만일 대량 이주를 통해 본국의 문화가 라틴아메리카에서 캘리포니아로 이식될 경우, 정치 및 사회 기관들이 라틴아메리카에서 보았던 것과 같은 수준의 성공을 거두는 것을 보리라고 생각한다'고 그는 한 사적인 편지에서 밝혔다.

탠턴이 보기에 내국인과 외국인 간에는 이렇듯 뿌리 깊은 차이가 있으므로 이주자가 미국으로 들어오지 못하게 막아야 했다. 한 사적인 편지에서 그는 '국경을 통제하지 않으면 호모 콘트라셉티부스가 어떻게 호모 프로제니티바와 경쟁할 수 있겠는가?'라며 목청을 높였다.[36]

탠턴은 인구통제운동이 이에 대해 뭔가를 해야 한다고 생각했다. "나는 제로인구성장 단체에 보내는 편지에 '당신들이 사람의 수에 관심이 있다면 사람들이 여기서 태어나든 여기로 이주하든 무슨 차이가 있습니까?'라고 썼다"고 그는 회상한다.

그들은 아무런 차이를 찾아내지 못했다. 제로인구성장은 탠턴에게 이주 정책에 관한 입장을 진전시키는 데 도움이 될 만한 배경 정보를 담은 보고서를 작성해달라고 부탁했다. 인구통제운동 내의 환경주의자들은 이 세상에 존재하는 너무 많은 사람들에서 이 나라에 존재하는 너무 많은 사람들로 초점을 바꿨다.[37] 전국야생동물연맹은 환경 강령의 하나로 이주 제한을 지지하기로

했다. 생태학자 데이비드 피멘텔David Pimentel, 보존생물학자 토머스 러브조이Thomas Lovejoy, 지속 가능 개발 지지자 L. 헌터 로빈스L. Hunter Lovins, (2014년에) 블루플래닛상(환경문제를 해결하는 데 기여한 과학 분야 연구자를 선정하여 매년 2명에게 수여하는 상-옮긴이)을 받은 경제학자 허먼 데일리Herman Daly 등 정상급 환경사상가들이 미국으로의 이민에 대해 즉각적인 중단을 요구하는 수용력네트워크(Carrying Capacity Network) 같은 조직의 이사나 자문위원으로 일했다.

탠턴은 이내 제로인구성장 단체의 지도부가 되었다.[38] 그는 이 사진에 합류했고 에를리히, 하딘과 친분을 쌓았다. 1975년에는 제로인구성장 단체의 대표가 되었다. 이 단체는 미국으로 들어오는 이민자를 90퍼센트까지 감축해야 한다고 주장했다.

탠턴은 《에콜로지스트The Ecologist》 커버스토리에서 환경주의자들이 너무 오랫동안 출산율을 낮추는 데만 관심을 두다가 '끊임없는 인구 성장에서 국제 이주가 하는 역할'을 제대로 포착하지 못했다고 밝혔다.[39] 점점 늘어나는 인구 규모는 '아직도 기꺼이 합법적인 이주자(그리고 분명 불법 이주자 역시)를 받아들이려는 일부 국가들의 수용력을 위축시킨다'는 게 그의 생각이었다.

방법은 벌처럼 하는 것뿐이었다. 잉여를 내쫓고 국경을 닫아거는 것이다.

인권침해를 서슴지 않는 인구통제운동

1977년 7월 4일, 1면에 인도의 인구 통제 프로그램을 폭로하는 폭발력 있는 2천 자짜리 기사가 《워싱턴포스트》에 실려 수백만 가정의 문 앞에 배달되었다.[40]

기사를 작성한 기자는 인도 전역의 작은 마을을 돌면서 걷잡을 수 없는 인구 성장과의 전 지구적 전쟁이 치러지는 최전선을 취재했다. 뉴델리에서 남쪽으로 2시간 정도 거리에 있는 주로 가난한 무슬림 가정으로 이루어진 우타와라는 작은 마을은 1976년에 갑자기 전기 공급이 중단된 적이 있었다. 마을 사람들은 경찰과 지역 정치인으로 구성된 소규모 파견단이 와서 설명하기 전까지는 영문을 알 수 없었다고 기자에게 말했다.

그들은 전기를 일부러 중단했으며 지역 남성들이 정관절제술을 받겠다고 동의해야만 공급을 재개하겠다고 말했다.

우타와 사람들은 정관절제술을 받는 게 너무 꺼림칙해서 두 달 동안 전기 없이 버텼다. 결국 관계 당국은 더는 기다릴 수 없었다. 어느 11월 새벽 3시, 요란한 확성기 소리가 잠자던 마을 사람들을 깨웠다. 경찰은 마을이 가솔린을 장착한 무장 경비에게 포위되었다고 선언했다. 경찰은 말했다. "도망치려 하지 마라, 그러면 너희들을 쏘고 마을에 불을 지를 것이다. 애든 어른이든 남자는 조용히 나와라."

겁을 집어먹은 남성과 소년들이 집에서 한 명 두 명 나와서 기다리고 있던 트럭과 버스에 오르자 그들을 실은 차량이 새벽하늘 아래 쏜살같이 사라졌다. 그들은 소년들을 교도소에 밀어 넣었고, 성인 남성들은 야외 진료소로 보냈다. 그곳에서 의료진은 메스로 그들의 사타구니를 시술했다.

《워싱턴포스트》는 맬서스적인 재난을 막기 위한 전쟁 속에서 자행되는 학대와 폭력의 이야기를 조금씩 꾸준히 보도했다. 인도 정부는 불임시술 증명서가 없으면 배급카드와 할당된 토지를 박탈했다. 수술을 피한 이웃을 고자질한 사람에게는 보상금을 지급했다. 우타와의 진료소처럼 즉석에서 마련된 야외 진료소에서 실시된 서툰 절제술로 200명이 넘는 인도 남성이 목숨을 잃었다.

이 같은 인권침해는 인도에 국한되지 않았다. 중국에서는 임신 7개월인 여성이 강제로 낙태수술을 받았다. 미국에서는 10여 개의 주가 복지수급 여성의 불임시술을 의무화하는 법안 통과를 고려했다.[41] 아프리카계 미국인 10대는 연방 재정으로 운영되는 가족계획클리닉에서 강제로 불임시술을 받았다.

성난 페미니스트들은 에를리히를 이 광범위한 인권침해의 배후세력이라며 몰아세웠다.[42] 집단학살에반대하는여성들(Women Against Genocide) 같은 단체는 에를리히가 참여하는 공식 행사장에서 '에를리히에게 폭탄을!'이라고 적힌 리플릿을 나눠주기도 했다.

에를리히는 물러서지 않을 수 없었다. 그는 자신의 요구가 과했던 것은 근거로 삼았던 과학이 불확실한 탓이라고 주장했다. 그는 자신의 책에 과오가 있음을 인정했지만 그건 과학이 절대 확실성을 장담하지 않기 때문이라며 강변했다. 동시에 그는 그 책이 사실은 과학에 전혀 뿌리를 두지 않았다고 인정했다. 오랫동안 과학자이자 스탠퍼드대학교 교수라는 자신의 명성을 이용해서 그 책을 홍보했으면서 말이다. 그는 『인구 폭탄』이 환경보호에 관심을 불러일으키기 위한 '선동물'이었다고 말했다. "나는 뭔가를 이루려고 노력했던 겁니다"라는 게 그의 해명이었다.[43]

밀집의 이점을 보여주는 앨리 효과

인구통제운동이 무너지던 시기에는 그 상승세에 불을 지핀 인구학적 추이도 뒤집혔다.[44]

신기술을 개발해 공유하고, 교육을 개선하고, 사회를 근대화하기 위해 함께 노력한 사람들 덕분에—사망률이 하락하면서 동시에 출산율이 줄어드는—인구학적 이행의 견인력이 전후의 맬서스적 경고 신호보다 더 두드러지게 나타났다. 미국인 수백만 명이 앞으로 다가올 인구 폭발을 걱정하며 공황상태에 빠져 있던 1955년에 미국의 출산율은 이미 떨어지기 시작했다. 1972년에는 제로인구성장의 권고 수준 밑으로 떨어졌다. 전 세계 인구 성장 역시 정점에 도달했다. 인구학적 천이론이 그 권위를 다시 드높였다. 2009년 《네이처》의 한 논문은 이 이론을 '사회과학에서 가장 견고하게 확립되고 일반적으로 받아들여지는 경험적인 정규 패턴'이라고 일컬었다.

환경문제를 우려하는 활동가들은 빈민들의 출산 습관을 성토하기보다 논쟁을 적게 유발하는 자연보존법으로 방향을 선회했다.[45] 빈곤을 우려하는 사람들은 전에는 폐기했던 점진주의적 사회경제 개발 프로그램으로 방향을 잡았다. 국제 개발 프로그램에서는 여전히 인구 통제 노력이 중요했지만—그리고 많은 논란을 일으켰지만—머리기사에서 점점 사라졌다. 역사학자 토머스 로버트슨Thomas Robertson에 따르면 단 몇 년 만에 고립된 일부 집단을 제외하면 인구는 국가적인 의제에서 거의 완전히 멀어졌다.

생태주의자들은 대중의 눈길이 미치지 않는 곳에서 조용히 자신들이 초기 맬서스적 붕괴의 증거로 추켜세웠던 악명 높은 연구와 논평들을 재고했다. 볼티모어의 폐쇄된 장소에 있었던 타락한 쥐들, 세인트매튜섬에서 지의류를 몰살시킨 순록 떼, 로스앤젤레스 하늘 위에 걸린 스모그 구름, 기근이 임박했다는 예측들, 모든 것이 새로운 측면에서 조명되었다.

그들은 1930년대에 높은 인구밀도의 긍정적인 영향과 낮은 인구밀도의 부정적인 영향을 기록한 시카고대학교의 생태학자 와더 클라이드 앨리Warder Clyde Allee의 연구를 다시 끄집어냈다.[46] 앨리는 여름이면 우즈홀Woods Hole에 있는 해양생물학실험실에서 지내면서 케이프코드의 해안을 따라 몇 시간씩 산책하고 해변에서 발견한 생물을 수집했다. 그러던 중 바닥이 유리로 된 양동이 안에 자신이 수집한 뱀과 불가사리가 함께 빽빽하게 무리를 이루는 경향을 보이고, 조류에 쓸려 올라온 나사말 안에서 불가사리가 절대 혼자 모습을 드러내는 일 없이 항상 떼 지어 나타난다는 사실을 알게 되었다. 그는 거기에 어떤 이유가 있는지 궁금했다.

　나중에 인상적인 분류군과 생태계에 대한 명료한 실험이라는 평가를 받게 된 일련의 실험에서 앨리는 밀집이 사실상 개체의 생존을 향상한다는 사실을 발견했다.[47] 그는 한 무리의 금붕어는 유독한 물 1리터에서 507분 생존할 수 있는 데 반해 단 한 마리의 금붕어는 같은 물에서 겨우 182분 생존할 수 있음을 발견했다. 같이 들러붙은 지렁이 한 무더기는 단 한 마리의 지렁이보다 자외선 복사선에서 1.5배 더 길게 살아남을 수 있다. 서로 가까이 사는 성게와 개구리는 멀리 퍼져 있는 개체에 비해 알을 더 밀도 있게 낳고 이 알은 더 빨리 발달한다. 앨리는 심지어 밀집이 개체의 삶을 향상시키는 메커니즘도 몇 가지 밝혀냈다. 가령 어떤 수상 생명체가 분비한 보호용 화학물질은 가까이 있지 않았더라면 너무 묽어서 효과가 없지만 밀집 덕분에 다른 생명체에게 이익을 주는 식이다.

　즉 개체가 함께 모여 있을 때 다양한 형태의 사회적 협력이 빚어지고, 이는 개체의 생존과 번영에 이익이 된다.[48] 물고기가 바다에서 떼 지어 다니는 것도, 새가 모여 있는 것도, 포유류가 함께 이동하는 것도, 심지어 앨리의 의심에 따르면 이주자들이 낯선 도시에 정착할 때 같은 동네에 함께 모여 사는 것도 이 때문이다. 생태학자들은 이를 '앨리 효과'라고 불렀다. 다양한 분야의 전문가들역시 이 현상을 인정한다. 현대의 뇌과학자들은 이를 '하이브마인드hive mind'라고 부른다.

다시 말해서 생태학자들은 단순한 맬서스식 계산을 채택하면서 이 등식에서 중요한 부분을 빼버렸던 것이다. 이들은 인간이 추가될 때마다 발생하는 비용만 고려했다. 먹을 입이 늘어나고, 도로에 차가 많아지고, 천연자원이 받는 스트레스가 증가하는 것 등. 하지만 편익을 생각하지는 않았다.

앨리 효과는 카이바브와 세인트매튜섬의 비극을 새롭게 조명했다. 포식자가 없었던 이들 지역에서 유제류 개체군의 몰락이 충격을 안긴 것은 두 지역이 유제류가 번성해야 마땅히 살기 좋은 장소로 인식되었기 때문이다. 하지만 카이바브 고원을 에워싼 깊은 협곡과 세인트매튜섬을 에워싼 높은 벼랑과 북극해는 사슴과 순록이 이동할 곳이 없다는 의미이기도 했다.

순록들이 지의류를 밟아서 뭉개놓은 것은 너무 밀도가 높아서가 아니라 고립무원 상태였기 때문이다. 카이바브와 세인트매튜섬은 포식자가 없는데도 유제류의 천국이 아니라 감옥이었다.

사회적 협력이 불러올 이익에 대해 새롭게 이해하면서 에를리히와 다른 맬서스주의적 생태학자들이 경고한 대로 인구 성장의 파국적인 영향이 실현되지 않은 이유를 알게 되었다. 지구상에 영양가 있는 음식이 바닥날 것이라는 에를리히의 주장은 멕시코 같은 나라들이 곧 있으면 늘어나는 인구를 부양하지 못하게 될 거라는 보그트의 예측에 크게 의존했다. 하지만 그는 협력이 더 효율적인 농업 기술과 그 외 기술의 도입으로 이어질 수 있음을 간과했다. 늘어나는 인구가 식량 공급을 앞지르는 대신 식량 공급이 확대된 것이다. 1944년부터 1963년까지 멕시코의 밀 생산량은 6배 늘었다.

협력하는 집단의 혁신 역량은 캘리포니아 스모그 같은 환경

문제를 제어할 수 있는 신기술과 집합행동을 만들어냈다.[49] 맬서스주의 생태학자들은 캘리포니아주의 인구가 계속 늘어나면 이 스모그가 여지없이 악화하리라 추정했으나 촉매변환장치와 차량 배출가스 규제가 캘리포니아의 계곡 위에 드리워진 스모그 담요를 걷어냈다. 캘리포니아주의 사람과 자동차 수는 꾸준히 증가했는데도 말이다. 기술과 사회적 협력이 만병통치약은 아니지만 인구 성장의 비용에 대한 중대한 평형추 역할을 해냈다.

에를리히는 군중이 사회적으로 타락하게 된다고 주장했지만 그 직후 이 주장의 과학적 근거가 허물어지기 시작했다. 에를리히는 『인구 폭탄』의 근거가 되는 과학 연구를 설명하는 1971년 논문에서 밀집은 '인간 남성의 공격성을 증가시킬 수 있다'고 밝혔다. 그가 증거로 인용한 것은 아직 그 결과가 공개되지 않은 사회심리학자 조너선 프리드먼의 연구였다. 에를리히는 칼훈이 쥐에게서 발견한 사회적 타락에 관한 연구를 인간을 대상으로 해보라고 독려한 바 있었다. 그런데 프리드먼이 1년 정도 뒤에 완전히 반대되는 연구 결과를 공개한 것이다. 해리 샤피로가 피트케언섬을 방문하고 난 뒤 도출한 결과와 유사한 반전이었다. 프리드먼은 "밀집이 인간에게 일반적으로 부정적인 영향을 미치지 않으며 밀집의 영향은 해당 상황에 있는 다른 요인의 중재를 거친다"라고 밝혔다. 자신의 연구를 바탕으로 한 어떤 책에서 그는 밀도 높은 생활의 장점을 예찬했다.

밀폐된 장소에 끼어 살던 칼훈의 쥐에게서 나타난 사회적 타락이라는 연구 결과가 지나쳤음을 보여주는 후속연구도 있었다. 나중에는 칼훈 역시 앨리 효과를 확인했다. 한 실험에서 밀집이 쥐들에게 새로운 방식으로 굴을 파도록 유도한 것이다. 칼훈의 실험실을 방문했다가 이 실험에서 영감을 받은 《내셔널지오그래픽》

작가는 내가 제일 좋아하는 어린이 책 『니임의 비밀(Mrs. Frisby and the Rats of NIMH)』을 썼다. 이 책에서 한 쥐 가족이 국립정신건강연구소에서 키우던 슈퍼지능 쥐에게 구조된다.

하지만 통제 불가능한 인구 성장에 대한 사회적 공황이 인구 추이의 변화와 정치적 추문으로 위축되어 잦아드는 동안 이주를 최대한 어렵고 치명적으로 만들기 위한 움직임은 그저 연명한 게 아니라 점점 세를 불렸다.

이주를 막는 탠턴의 조직들

1979년 미시건주의 안과의사 존 탠턴은 제로인구성장의 이주위원회를 미국이민개혁연합이라는 이주 제한만을 목적으로 하는 새로운 집단으로 분화시켰다.[50] 그는 지지자들과 함께 미국으로 유입되는 이주 흐름을 단속하는 데 초점을 둔 숱한 관련 조직들을 만들어냈다. 불과 몇 년 만에 탠턴의 반이주네트워크는 반이주싱크탱크인 이주연구소, 반이주로비집단 넘버스유에스에이, 새로 유입된 이주자들이 의지할 수밖에 없는 이중언어 교육에 반대하는 모임인 유에스잉글리시, 그리고 반이주 문헌을 전문으로 출간하는 소셜컨택트프레스를 포함했다.

탠턴의 목표는 '이주 제한을 생각 있는 사람들이 가질 법한 타당한 입장으로 만드는 것'이었다. 잠시 자유주의 성향의 옹호자들이 이주자에 반대하는 그의 경제적·환경적 주장에 폭넓은 공감을 나타냈다. 1980년대와 1990년대에는 주로 기업집단과 그 당파적 이해를 따르는 협력자들이 주로 이주에 우호적이고, 노동조합과 그 당파적 이해를 따르는 협력자들이 이주자는 임금을 낮추고 환경에 부정적인 영향을 미친다고 주장하긴 했지만, 정치 스펙트럼

양쪽 모두에서 이주에 찬성하기도 하고 반대하기도 했다. 가렛 하딘과 앤 에를리히는 탠턴의 미국이민개혁연합 이사로 일했다.

독자와 시청자들에게 권위주의적 조치의 필요성을 받아들이도록 권했던 에를리히처럼 탠턴은 지지자들이 이주에 반대하는 자신의 입장을 '인종주의'라고 부르는 사람들을 무시하도록 부드럽게 유도했다.[51] 그는 오랫동안 환경주의자들이 이주를 둘러싼 외국인 혐오증과 인종주의의 지저분한 역사 때문에 이주에 대한 진실을 논하기를 싫어했다고 말했다. 하지만 지구와 인간을 진심으로 걱정한다면 그보다 더 현명해야 한다고 촉구했다. "식이조절을 하는 사람이 음식을 거부하는 게 아니듯 우리는 이주에 반대하는 게 아니다. 자원의 유한성을 해결해야 하는데, 외국인은 여지없이 아이를 많이 낳고 후진적이므로 그들이 돌아다니게 내버려둬서는 문제를 해결할 수 없다"라고 말했다.

한동안은 이 말이 효과가 있었다.[52] 그러다가 1988년 《애리조나리퍼블릭》이 외국인을 음탕하게 새끼를 까대는 아종이라고 비하하는 탠턴의 사담을 폭로했다. 민권 단체인 남부빈곤법센터는 탠턴과 그의 조직을 망할 혐오조직 목록에 올렸다. 보수적인 평론가이자 조지 부시의 자문관으로 넘버스유에스에이 대표직을 맡았던 린다 차베스Linda Chavez는 탠턴의 '반가톨릭적이고 반히스패닉적인 편향'을 규탄하며 항의하는 의미에서 자리에서 물러났다. 《뉴욕 타임스》는 "자유주의자들로부터 의미 있는 지원을 받을 가능성이 사라졌다"고 논평했다.

인구 공황 때문에 탄생한 두 운동 사이의 간극이 커졌다. 브로워와 시에라클럽 내 반이주운동가 분파는 시에라클럽이 환경 강령의 일부로 반이주 정책을 명시적으로 채택해야 한다는 제안으로 점점 커지는 긴장을 전면에 드러냈다.[53] 브로워의 설명에 따르면 "인구 과잉은 아주 심각한 문제이고, 과잉 이주는 그중 큰 부분을 차지한다." 페미니스트와 민권활동가 동맹이 들고 일어났다. 일련의 격한 싸움이 일어났고 브로워가 시에라클럽 이사회에서 물러나는 것으로 막을 내리고 난 뒤 이 제안은 무산되었다.

주류 환경운동과 관계가 단절되면서 탠턴은 마음껏 다른 부류와 더 깊이 어울릴 수 있게 되었다. 외국인이 환경에 미치는 영향을 우려하는 생태-토착주의자들이 탠턴의 네트워크로 모여들었다. 외국문화의 품위 저하 효과를 우려하는 사회적 토착주의자, 외국인이 유전자풀에 미칠 영향을 우려하는 우생학자, 정치 권력이 위축될 것을 우려한 백인우월주의자 역시 마찬가지였다. 탠턴은 그 지도자들을 집으로 초대했고, 선도적인 사상가들을 지원했으며, 자신의 출판사를 통해 그들의 생각과 글을 퍼뜨렸다.

이 중에는 1973년 프랑스 디스토피아 소설 『성자의 캠프(The Camp of the Saints)』도 있었다. 훗날 《폴리티코》가 이 책을 '대안우파의 성경'이라고 불렀다.[54] 이 소설에서는 분변을 먹는 캘커타 길거리 출신의 기괴한 작은 거지들로 묘사되는 '거무튀튀한' 인도 이주자 무리가 프랑스를 침략하고 백인 여성들에게 매춘을 강요하며 남자, 여자, 아이들이 뒤섞여 난교를 벌인다. 프랑스 극우전선당 지도자 마린 르 펜은 이 책의 헌정본을 자신의 책상에 올려두었다. 외국인에 대한 혐오로 악명 높은 극우 매체 브레이트바트의 전 대표 스티브 배넌^{Steve Bannon}은 선견지명이 있는 소설이라고 평가했다. 그는 지중해를 건너는 이주자의 흐름이 이와 유사한 공포를 야기하는 사회적 붕괴를 초래하리라고 주장했다. 그는 그것을 '거의 성자의 캠프에 대한 침략'이라고 불렀다.

탠턴의 조직들은 그랜트와 오스본이 한때 구축했던 요새 같은 미국을 재건했다.[55] 그들은 허가 없이 국경을 건넌 수백만 명에게 법적인 지위를 제공하려 했던 2007년의 법안을 성공적으로 무산시켰다. 어린 시절 부모와 함께 미국에 온 서류 미비자들에게 영구적인 합법적 체류 신분을 부여토록 하는 드림법안(DREAM Act)을 무산시키기 위한 반대 움직임을 성공적으로 조직했고, 애리조나에서 이행된 악명 높은 '너의 서류를 보여주시오' 법을 작성하는 데 도움을 주었다. 이 법이 시행되면 유효한 이주 서류를 보여주지 못하면 주^州범죄자가 되었다.

2011년 시리아에서 전쟁이 발발한 이후 이주자에 대한 새로운 사회적 공황이 분출되자 탠턴의 네트워크에는 또 다른 정치적 기회가 열렸다. 트럼프 행정부는 탠턴의 조직에 있는 사람들을 뽑아서 이주 정책 감독을 맡겼다. 비자와 시민권 신청이 거부 또는 지연된 이주자를 돕는 일을 하는 기관이 미국이민개혁연합의 전직 이사인 줄리 키르히너^{Julie Kirchner}의 감독 아래 들어갔다. 선거의 진실성을 심의하는 협의체는 이 단체의 법률자문인 크리스 코백^{Kris Kobach}이 이끌게 되었다. 이 조직의 여론조사회사 대표 켈리앤 콘웨이^{Kellyanne Conway}는 대통령 수석 자문관이 되었다. 이민개혁연합의 로비담당자 로버트 로^{Robert Law}는 트럼프 행정부의 이민국에서 고위 정책자문관으로 일하게 되었다. 여기서 그는 정부가 승인하는 난민의 수를 줄이고 미국에서 태어난 사람에게 자동으로 시민권을 부여하는 제도를 없애라고 권고했다.

2018년 넘버스유에스에이에서 A+ 평가를 받은 34명의 국회의원 중 32명이 재선에 성공했다.[57] 이 단체에서 발행한 떠들썩한 보도자료와 온갖 포상의 대상이었던 전직 앨라배마 상원의원 제프 세션스는 법무부 장관이 되었다. 세션스의 보좌관 스티븐 밀러^{Stephen Miller}는 트럼프 대통령의 수석 정책보좌관이자 연설문 작성자가 되었다. 그는 2017년 행정명령을 통해 일부 무슬림 다수국 사람들이 미국으로 여행하지 못하게 막는 등 트럼프 행정부의 이민 정책을 만들었다.

신맬서스주의자들

탠턴은 2019년 여름에 세상을 떠났다. 그즈음 그의 반이주 이데올로기는 세계권력의 가장 높은 자리에 닿아 있었다. 백악관과 의회에서 300년에 걸친 낡은 과학적 사고의 기체 혼합물이 자유롭게 떠다녔다.

반이주 정치인들과 지지자들은 그랜트와 오스본처럼 마치 복잡한 형질이 세대가 바뀌어도 변함없이 전승되는 것으로 생물학적 유전을 이해했다. "여러분은 올바른 유전자를 가져야 합니다"[58]라고 트럼프가 말했다. "저에게는 위대한 유전자가 있습니다. 저는 독일의 피를 가지고 있다는 게 자랑스럽습니다"라고 선언하기도 했다. "위대한 물질이거든요." 그는 자신이 사업에 '유전적 재능'이 있다고도 말했다. 그의 재무부 장관도 맞장구를 쳤다. "그는 완벽한 유전자를 가졌습니다." 트럼프의 아들 중 한 명은 트럼프 가문이 '혈통에 높은 가치를 두는 경주마 이론'을 지지한다고 말했다.

그들은 린네처럼 아프리카 혈통의 열등한 생물학적 조건을 언급했다. 트럼프 자문관 스티브 배넌은 경찰의 총에 맞은 흑인을 언급하면서 "어떤 사람들은 태생적으로 공격적이고 폭력적"이라고 언급했다. 트럼프는 "게으름은 흑인의 형질이다. 어떤 사람들은 이러한 유전적인 압박을 억누르지 못한다"고 덧붙였다. 일리노이의 공화당 국회의원 후보는 "자연에 나가보라, 어디서도 평등을 찾을 수 없다······ 나는 인종평등이라는 이 원칙을 믿지 않는다"고 말했다.[59]

그들은 20세기 초의 우생학자들처럼 생물학적으로 다른 사람들이 뒤섞이면 자연의 질서가 교란된다고 은연중에 시사했다.[60] 트럼프 대통령의 국가안보 관료 중 한 명은 "'다양성'은 우리의 강점이 아니다. 약점과 긴장, 분열의 근원이다"라고 밝혔다.

그들은 생물학적으로 다른 사람들이 지리적으로 다른 장소에서 따로 생활하는 린네식의 자연관을 부활시키려 했다. 한 백인민족주의자이자 트럼프 지지자의 표현을 빌리면 '경계가 분명한, 민족과 인종이 동질적인 고국'이 목표였다. 아이오와의 공화당 국회의원 스티브 킹은 "우리는 다른 사람의 아기를 데리고 문명을 복구할 수 없다"고 말하기도 했다.

미국의 반이주 정치인들은 대체로 일체의 환경문제에 관한 토론을 삼갔다. 하지만 유럽의 반이주 정치인들은 알도 레오폴드, 가렛 하딘, 그 외 다른 신맬서스주의 생태학자들을 흉내 내며 이주자가 환경에 부담을 지운다고 공개적으로 규탄했다. 반이주 정치인 마린 르 펜은 이주자에게 국경을 폐쇄함으로써 '세계 최초의 생태문명'으로 유럽을 재구축한다는 계획을 세웠다. 그녀는 "유목민족은 환경에 신경 쓰지 않는다"고 주장했다. 같은 당 대변인은 "국경은 환경의 가장 위대한 동맹"이라고 덧붙였다. 정신 상태가 불안정한 지지자들은 공감을 표했다.

스물여덟 살인 오스트레일리아 출신의 브레튼 태런트Brenton Tarrant는 기후변화 때문에 도망치듯 옮겨온 이주자들을 쫓아낼 목적으로 직접 문제해결에 나섰다. 2019년 봄 그는 뉴질랜드 크라이스트처치에 있는 두 모스크에서 51명의 예배자들을 살해했다. 스물한 살인 댈러스 출신의 패트릭 크루시우스Patrick Crusius는 "사람들을 충분히 제거할 수 있으면 좀 더 지속 가능한 생활양식이 가능하다"고 주장한 것으로 알려졌다.[61] 2019년 여름 그는 자신의 표현에 따르면 '히스패닉의 침략'을 중단하기 위해 남서쪽으로 차를 몰고 1천 킬로미터가량 떨어진 국경으로 갔다. 텍사스 엘파소의 한 월마트에서 총으로 22명을 살해한 그는 텍사스주에서 세 번째로 많은 사상자를 낸 대량살상범이 되었다.

배넌은 프랑스의 한 반이주 파티의 연설에서 말했다. "당신을 인종주의자라고 불러도 놔두세요. 외국인 혐오자라고 불러도 놔두세요. 토착주의자라고 불러도 놔두세요. 그걸 영광의 증표로 여기세요…… 역사는 우리 편입니다."[62]

배넌 같은 반이주 지지자들은 생물학자들이 수 세기 동안 옹호해온 과거의 모습을 지향했다. 거기서는 사람들이 고유한 환경에 적응하고 서로를 구분하면서 각각 오래도록 고립된 삶을 살았다. 거기서 이주의 적당한 역할은 생태계에서 과잉 개체를 제거하는 것이었고, 다른 경관과 생태적 경계를 가로지르는 이동은 생태적 파국의 전조였다. 거기서 현대적인 이주는 생물학적으로 구별되는 사람들을 한곳에 모음으로써 자연의 질서를 교란하는 것이었다.

이러한 관점이 수 세기 동안 펼쳐졌다. 하지만 마침내 그 세세한 부분을 탐구하는 데 관심을 두게 된 과학자들은 이러한 주장의 대부분이 틀렸음을 발견했다.

7장

우리는 호모 미그라티오

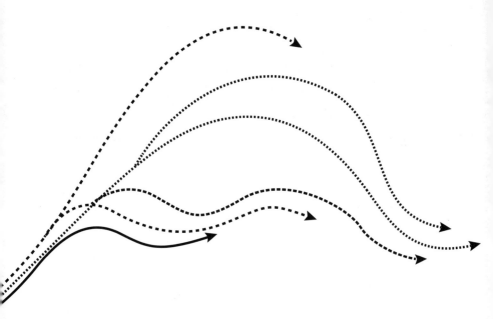

20세기 후반까지도 사람들이 어떻게 세계 곳곳을 이동했는지는 풀리지 않는 의문이었다. 제2차 세계대전 이후 다윈의 생각이 재조명되면서 머나먼 과거 언젠가 같은 장소에서 고대의 사람들이 이주했을 가능성이 부각되었다. 하지만 다윈은 모든 조상의 기원이 아프리카라고 주장했지만, 이주 자체는 베일에 싸인 채였다. 다윈은 인류가 어떻게 지구 구석구석으로 퍼지게 되었는지는 전혀 설명하지 않았다. 사람들은 아프리카에서 구세계와 인접한 땅덩어리로 걸어서 이동했을 것이다. 하지만 그 높은 히말라야에, 깊이를 알 수 없는 아마존에, 꽁꽁 언 북극의 툰드라에, 태평양의 외딴 섬에 어떻게 이르게 되었는지는 불분명했다.

오히려 다윈 이후 수십 년에 걸친 과학 연구를 통해 현대의 운항기술 없이 지리적 경계를 넘을 수 없다는 과학자의 생각이 굳어갔다. 생물학자들은 다른 대륙에 사는 사람들의 몸을 생물학적으로 달라지게 한 지리적 경계를 개괄하면서 고립이 얼마나 오랫동안 서로의 차이를 만들어냈는지를 설명했고, 이런 경계를 뛰어넘

228

는 일은 위험하다고 강조했다. 자살 성향을 가진 좀비 레밍에서부터 부패하고 굶주린 인도인에 이르기까지 이주의 비도덕적인 동기와 파괴적인 영향을 기록했다. 이 모든 것이 과거에는 이주가 극히 드물었음을 보여준다면서.

하지만 걸어서 닿을 수 없는 장소에 고대인들이 거주했다는 당혹스러운 사실은 변함이 없다. 식물학자, 인류학자, 유전학자 들은 이를 설명하기 위해 여러 이론을 제시했다.

인류는 어떻게 지구 구석구석으로 퍼져나갔을까

대륙에서 수천 킬로미터 떨어진 채 용암을 분출하는 화산의 끝부분인 폴리네시아의 섬들은 사방이 수만 피트 깊이의 바다에 둘러싸여 광활한 태평양 곳곳에 흩어져 있다.

유럽의 탐험가들이 그곳에 닿기까지 수 세기에 걸친 노력이 필요했다. 고국에서 수천 킬로미터 떨어진 외딴 섬을 성공적으로 찾아갈 수 있는 기술을 보유한 사람은 유능한 유럽의 탐험가들뿐이었다. 18세기 말에 남태평양의 섬을 항해했던 잉글랜드의 탐험가 제임스 쿡은 최신 항해기법과 기술을 이용했다. 그는 해도와 자기나침반을 사용했고, 복잡한 측량을 했다. 새로 개발된 항해용 정밀시계를 가지고 잉글랜드 고향의 하늘에서 해가 높이 뜨는 시각과 항해 중에 높이 뜨는 시각 사이의 시차를 계산한 뒤 구체 삼각법을 이용해서 서쪽으로 얼마나 멀리 항해했는지를 분석했다.

하지만 태평양의 수상 벽지에 도착해보니 온갖 소란스러운 생명체가 그보다 먼저 들어와 살고 있었다. 타히티에서 하와이에 이르는 태평양의 섬들에는 거주지가 빼곡했고 수천 종의 식물, 새, 동물로 활기가 넘쳤다.

서로 다른 섬 사람들, 심지어는 수천 킬로미터 떨어진 섬에 사는 사람들이 서로 친족 관계인 것 같았다. 한번은 쿡이 타히티의 지체 높은 사제를 남태평양 건너편으로 데려다준 적이 있었다. 그 남자는 먼 섬의 주민들에게 낯선 이라기보다는 오랜만에 만난 사촌을 대하듯 말을 걸었고, 이들의 언어는 서로 통했다.

쿡에게는 개가 식물과 대화한다는 사실을 알아낸 것만큼이나 신기한 일이었다. 이 사람들은 어디서 왔을까, 그리고 어떻게 땅의 면적보다 바다의 면적이 500배 더 넓은 이 모든 태평양의 섬에 성공적으로 군락을 이루며 살게 되었을까? 선사시대 사람들이 대륙에서 출발해서 수천 킬로미터의 망망대해를 항해한 뒤 외딴 섬 여기저기를 누비면서 자신들의 문화와 언어를 퍼뜨렸다는 가설은 논리적이긴 해도 불가능해 보였다. 장거리 이주는 비범한 기량과 선진적인 현대 기술이 필요한 예외적인 업적이라는 게 일반적인 생각이었다. 쿡은 자신의 일기장에 '이 민족이 이곳 망망대해까지 퍼져 있다는 사실을 어떻게 설명해야 할까?'라고 휘갈겨 적었다.

19세기 말 뉴질랜드에 정착한 잉글랜드 공무원의 아들이었던 스티븐슨 퍼시 스미스Stephenson Percy Smith는 이 수수께끼를 풀어보려고 했다. 어쩌면 그들의 우월한 인종적 유산으로 폴리네시아인들의 태평양 이주를 설명할 수 있을지 몰랐다. 그의 '아리안 폴리네시안' 이론에 따르면[1] 선사시대의 태평양 정착민들은 사실 서구인이기도 했다. 그는 폴리네시아의 언어가 산스크리트어와 다른 구세계 언어에서 유래했음을 보여준다며 언어학적 근거를 지적했다. 또한 폴리네시아인들의 '매력적인 인성'을 거론하며 이는 그들이 우리와 마찬가지로 코카시안 분파라는 공통된 근원에서 유래했음을 보여준다고 주장했다.

폴리네시아 사람들에게는 다른 이론이 있었다.[2] 뉴질랜드 마오리족은 자신들의 조상이 하와이키Hawaiki라고 부르는 서쪽 땅에서 폴리네시아로 왔다고 이야기했다. 그들은 돼지, 개, 가금류 같은 섬 정착에 필요한 동물과 작물을 같이 데려왔다. 그리고 쿡이 도착하기 수 세기 전에 선진기술을 이용한 현대적인 배가 아니라 타키투무Takitumu라는 카누를 타고 해도나 나침반의 도움도 없이 탁월풍과 해류를 거슬러 수천 킬로미터에 달하는 망망대해를 항해했다.

그들은 그 이후 카누를 이용한 다른 이주가 이어졌다고 말했다.[3] 그중에는 위대한 선단(Great Fleet)으로 알려진 대규모 카누 함대도 있었다. 1521년에 마리아나제도에 상륙한 포르투칼의 탐험가 마젤란 같은 유럽 여행자들은 이 지역 카누의 속도와 항해 능력에 깜짝 놀랐다. 프랑스 탐험가 루이 앙투안느 부갱빌Louis-Antoine de Bougainville은 그들의 배에서 큰 인상을 받은 나머지 사모아섬을 '항해자 섬'으로 부르기도 했다. 쿡 역시 장소 이름, 공예품, 태평양 사람들이 쓰는 언어가 서로 간에는 물론 아시아와 소름 끼칠 정도로 닮았음을 지적했다.

식물학을 연구하기 위해 1936년 폴리네시아의 파투히바섬에 도착한 노르웨이의 모험가 토르 헤위에르달은 위대한 선단 이론을 받아들이지 않았다.[4] 헤위에르달은 콘티키 비라코차Kon-Tiki Viracocha 전설을 근거로 폴리네시아 이주 이론을 만들었다. 이 전설에 따르면 비라코차는 발사나무 뗏목을 타고 페루에서 폴리네시아로 떠내려왔다.

헤위에르달은 부유하는 물체는 특별한 항해수단이 없어도 탁월풍과 해류를 타고 태평양을 가로질러 아메리카 해안에서 서쪽으로 표류할 수 있다고 생각했다. 적도 인근에서 지구를 순환하는 무역풍은 시간당 약 20킬로미터의 속도로 서쪽을 향해 분다. 차가운 훔볼트해류는 남아메리카 서해안을 따라 북쪽으로 흐르다가 시속 약 18킬로미터 속도로 적도를 향해 서쪽으로 방향을 선회한다. 헤위에르달은 아메리카의 해안을 따라 여행하던 아리아 뱃사람들이 폭풍에 휩쓸리거나 항해 착오로 경로에서 벗어났다고 생각했다. 탁월풍과 해류는 이들 '백인 신神들'을 태평양의 섬 한가운데 떨궈놓았으리라.

이런 뗏목 여행은 어떻게 석기시대 수준의 기술을 보유한 사람들이 유럽인들 입장에서 이주라고 하는 첨단기술의 개가를 완수했는지를 설명해줄 수 있고, 이상하게 폴리네시아에 왜 고구마가 있는지 역시 설명해줄 거라는 게 헤위에르달의 생각이었다. 유럽 탐험가들은 아메리카에서 처음으로 고구마를 접했다. 어쩌면 콘티키처럼 페루에서 폴리네시아로 떠내려온 사람들이 아메리카의 고구마를 가져온 건지도 몰랐다.

헤위에르달의 이론은 전기와 전화처럼 이주 역시 근대화의 산물이라는 생각을 고수했다. 폴리네시아의 선조들이 콘티키 식의 뗏목을 타고 왔다면 그건 목적의식적인 이주였을 리가 없었다. 우연히 오게 된 것이었다.

헤위에르달의 콘티키 이론

헤위에르달의 콘티키 이론은 굉장한 여행을 가정했다.[5] 뗏목은 망망대해를 약 8천 킬로미터 떠다니다가 아주 작은 점과 다를 바 없는 땅을 만났다. 그것은 마치 바다에 손을 집어넣고 있다가 의도치 않게 수영하던 돌고래를 만지게 된 것과 비슷했다. 위대한 선단 이론과 폴리네시아로 이주한 아시아인들이라는 생각은 서양의 기성 과학계를 설득하는 데 실패했다. 헤위에르달의 많은 동료가 보기에도 콘티키 뗏목 이론은 터무니없어 보였다. 1946년 헤위에르달은 영향력 있는 일군의 미국 인류학자들에게 자신의 이론을 지지해달라며 접근했다. 그들은 코웃음을 쳤다. 어떤 사람은 "그럼, 당신이 발사나무 뗏목을 타고 페루에서 남태평양까지 얼마나 멀리 항해하는지 보자구요!"라며 비아냥댔다.

노르웨이의 눈 동굴에서 캠핑하고 그린란드 허스키와산을 오르며 어린 시절을 보낸 헤위에르달에게 이것은 마치 제안처럼 들렸다. 그는 수영을 하지 못했다. 항해해본 적도, 물 위에서 많은 시간을 보내본 적도 없었다. (나중에 그는 만일 그런 경험이 있었더라면 '콘티키로 대양을 건너지 못한다'는 사실을 알았을 거라고 말했다.) 하지만 자신의 이론에 대한 신념이 있었다. 너무 맞는 말이라서 진실이 아닐 수가 없었다.

그는 소규모로 대원을 모으고, 에콰도르에서 발사나무를 입수하고, 페루 카야오항으로 가서 통나무 아홉 개를 엮은 뗏목에 무선장비와 콘티키 그림이 들어간 아주 기본적인 돛을 설치했다. 미국 군대를 설득해서 침낭과 야전용 비상식, 선탠로션, 통조림제품, 항해장비, 무선장비를 얻었다.

1947년 4월 28일, 예인선이 헤위에르달의 작은 나무 뗏목을 페루 연안의 생명력이 넘치는 물 위로 끌어냈다.[6] 노르웨이의 젊은 과학자들로 구성된 대원들은 뗏목에 승선하여 수동발전기로 전력을 공급받는 무선송신기로 노르웨이 대사관에 정기적으로 소식을 전했다. 이들의 항로를 추적하는 이야기가 전 세계 신문에 실렸다. 《뉴욕 타임스》는 7월 7일 그들이 '안전함'을 느끼고, 더 이상 뗏목 안에서 틀어지고 신음하고 꾸루룩 하는 소리가 뗏목이 부서지고 있다는 의미는 아니어서 두려워하지 않게 되었다고 독자들을 안심시켰다. 다음 날 《뉴욕 타임스》는 그들이 '돌풍에 갇혔다'고 전했다. 그다음 날 폭풍이 잦아들었지만 대원들은 멋진 녹색 앵무새 마우리를 잃었고, 상어, 참치, 돌고래와 처절하게 싸웠다. 단 몇 시간 동안 대원들은 주위를 맴돌던 상어 일곱 마리와 참치 두 마리를 물 밖으로 끌어냈고, 문어 한 마리가 뗏목 위로 밀려 올라왔다.

마침내 태평양을 101일 동안 표류한 끝에 콘티키 뗏목은 프랑스령 폴리네시아 도서 지역인 투아모투제도의 무인 산호섬에 좌초되었다. 그들은 헤위에르달이 선사시대 폴리네시아 정착민들이 그랬을 거라고 짐작한 대로 해류와 바람에 실려 남아메리카 서해안에서 이 태평양의 도서 지역으로 6,900킬로미터를 이동했다.

헤위에르달은 유럽으로 돌아오자마자 콘티키 여행에 관한 책을 집필했다.[7] 이 이야기는 엄청난 인기를 얻었다. 출판사들은 이 책을 53개 언어로 번역했다. 2~3년 뒤 헤위에르달은 이 여행을 영화로 제작했고 1951년 아카데미 다큐멘터리상을 받았다. 고대의 이주가 일련의 작은 사고로 이루어졌다는 생각은 관객들에게 즐거움을 선사했다. 수십 명의 다른 탐험가들이 사람들을 태평양으로 이주시켰다고 생각하는 우연한 표류를 재구성하기 위해 뗏목을 제작해서 헤위에르달의 전철을 밟았다.

태평양에서 되는 대로 표류하던 뗏목이 광범위하게 퍼져 있는, 점과 다를 바 없는 땅에 닿을 가능성은 거의 없다는, 즉 헤위에르달의 콘티키 이론에 대한 가장 핵심적인 반론은 근거가 없는 것으로 판명 났다.[8]

1963년 역사학자 앤드루 샤프Andrew Sharp는 석기시대에 아시아에서 폴리네시아로 항해했다는 위대한 선단 이론에 대한 강력한 비판을 발표했다. 폴리네시아의 카누에는 용골도, 금속쇠도, 유럽 선박의 다른 특징들도 없었다. 이 때문에 이런 여행을 기술적으로 감당할 수준이 못 되었다는 것이 그의 주장이었다. 위대한 선단은 불안정한 지역민들의 영토 주장을 정당화하기 위해 사용된 전설일 뿐이었다. 하와이키는 실제 장소가 아니라 에덴동산이나 아틀란티스 같은 가공의 장소였다. 오래전의 이주에 대한 지역 사람들의 이야기 중에는 알바트로스의 등에 올라타거나 물에 뜨는 돌을 타고 둥둥 떠내려왔다는 식의 누가 봐도 터무니없는 내용도 있었다. 그는 한 가지 사실은 분명하다고 밝혔다. 선사시대에 아시아에서 태평양으로 목적의식적인 이주를 하지 않았다는 것.

만일 누구든 현대적인 노하우 없이 지구를 가로지르는 데 성공했다면 뜻밖의 사고 덕이었으리라. 수백만 명이 콘티키의 모험에 마음을 빼앗겼지만, 머나먼 폴리네시아에 사람이 북적이게 된 이유는 시시하게 끝이 났다. 그들이 거기에 이르게 된 건 실수라는 것이다.

인류학자 쿤과 과학계의 대립

펜실베이니아대학교 인류학자이자 미국 자연인류학자협회 대표였던 칼턴 쿤Carleton Coon은 여기서 한발 더 나아갔다. 그는 선사시대에는 이주가 전혀 존재하지 않았다고 주장했다.[9]

그의 이론에 따르면 인간은 아프리카라는 공동의 기원에서 유래하지 않았다. 그는 화석에서 얻을 수 있는 단편적인 근거를 짜맞춰서 1962년 자신의 책 『인종의 기원(The Origin of Races)』에서 각 인종은 개별적으로 출현해서 진화했다고 주장했다.

쿤의 주장에 따르면 지금은 멸종한 호모 에렉투스 개체군이 지구 곳곳으로 퍼져나간 뒤 다섯 개의 대륙 각각에서 독립적으로 현대의 호모 사피엔스로 느리게 진화했다. 이 이질적인 진화의 여정은 여러 세대의 과학자들이 주장했던 것처럼 어째서 다섯 대륙의 인종이 생물학적으로 달라졌는지 그 이유를 알려주었다. 쿤은 "주요 인종 각각은 시간의 미로를 헤치며 각자의 경로를 따랐다"고 밝혔다. 그들은 수천 년을 거치며 '다양한 환경의 필요에 맞추기 위해 서로 다른 형태를' 갖게 되었다. 그렇다면 현대 이전에 이주가 존재했다는 주장을 제시할 이유가 전혀 없었다.

인종집단별로 생물학적 특징이 다르다는 과학계의 믿음은 아직 광범위하게 남아 있었다.[10] 1950년 민족 간의 생물학적 차이를 핑계로 자행된 나치의 범죄가 폭로된 직후, 갓 만들어진 유엔의 한 고위 기관이 인종은 생물학적 근거가 전혀 없는 이데올로기일 뿐이라며 공식적으로 비난하는 성명서를 발행했다. 하지만 이 기관이 유수의 과학자들에게 이 성명서에 이름을 올려달라고 부탁하자 과학자들은 멈칫거렸다. 심지어 반인종주의에 공감하는 과학자들마저도 내켜 하지 않았다.

영국의 영장류학자 오스만 힐W. C. Osman Hill은 "흑인의 유명한 음악성과 일부 인도인의 수학능력만 봐도 알 수 있다"며 거절했다. 또 다른 과학자는 "인종의 생물학적 특성을 무시하는 것은 희망 사항일 뿐"이라고 덧붙였다. 진화생물학자 줄리안 헉슬리는 '리듬을 사랑하는 흑인의 기질'과 아메리카 토착민의 '내성적인 기질'을 지적하며 인종의 정신적 역량은 분명 다르다고 말했다. "우려스럽지만 그 서류에 내 이름을 올리고 싶지 않다"고 헉슬리는 덧붙였다. 진화생물학자 테오도시우스 도브잔스키Theodosius Dobzhansky 역시 유전학 연구로 다윈의 자연선택 이론을 복원하는 데 기여했음에도 그 성명서가 너무 나갔다고 느꼈다. 결국 서명을 요청받은 저명한 인류학자와 유전학자 106명 가운데 83명이 서명을 거절했다. 쿤은 거기에 서명한 사람들도 그냥 '립서비스'를 한 것뿐이고 나중에 개인적으로는 "그것을 찢어버렸다"고 주장했다.

인류의 과거에 대한 쿤의 이론은 과학자들이 생물학적 정설로 받아들이는 인종 간의 차이뿐만 아니라, 여전히 위세를 떨치는 인종 간 질서라는 환상 역시 설명했다.[11] 일부 인종집단이 다른 인종집단에 비해 정치적·경제적·사회적 자본을 훨씬 많이 축적한 것은 명백했다. 쿤의 이론은 그 결과를 일부 인종집단에게 자원을 몰아주고 다른 집단에서는 박탈한 정치적·경제적·사회적 정책의 탓으로 돌리지 않고 진화의 역사 탓으로 보았다.

호모 에렉투스에서 호모 사피엔스로 이행한 각 인종의 독특한 진화사는 서로 다른 속도와 시기에 펼쳐졌고, 그 결과 '각자가 진화의 범위에서 지금의 수준에 도달했다'는 게 쿤의 설명이었다. 백인 유럽인을 뜻하는 코카소이드Caucasoids는 다른 어떤 인종보다 먼저 호모 사피엔스로 진화했기 때문에 '더 진화한' 인종이었다. 오스트레일리아 원주민은 최근에야 인간이 되었고, 이 때문에 정권이 이들을 원시인으로 다루는 건 타당했다. 그가 콩고이드Congoids라고 부른 아프리카 흑인들은 유럽인, 아시아인과 동일한 진화의 수준에서 출발했지만 그 뒤에 50만 년간 정체된 상태였다. 그들은 최근에야 인간이 되었기 때문에 백인보다 본질적으로 20만 년이나 진화가 더디다는 게 쿤의 입장이었다.

영향력 있는 과학자들이 이 책을 칭찬했다. 인류학자 프레더릭 헐스Frederick Hulse는 쿤의 이론이 "추론에 기반한 면이 크지만 정말로 포괄적"이라고 지적했다. 《사이언스》에서는 하버드대학교 진화생물학자 에른스트 마이어Ernst Mayr가 쿤의 책을 "과감하고 상상력이 풍부하며 과학적 중요도가 크다"고 칭찬했다.[12]

자연계의 인종 간 질서라는 개념은 당시 과학계의 주류 사고와 모순되지 않았기 때문에 도브잔스키처럼 쿤의 이론에 반대한 과학자들은 전문적인 근거를 내세웠다.[13] 도브잔스키는 쿤이 먼저 생물학적 차이를 상정한 뒤 화석화된 유해를 그 근거로 사용했다고 지적했다. 고고학자들은 선사시대에는 정착 생활을 했다고 가정했기 때문에, 광범위한 지역에서 발견된 화석을 동물학적 차이에 따라 분류했다. 그들은 예를 들어 인도네시아에서 발견된 오래된 인간 유해에 '직립 원인(Pithecanthropus erectus)'이라는 이름을, 중국에서 발견된 유해에는 '베이징 원인(Sinanthropus pekinensis)'이라는 이름을 붙였다. 서로 멀리 떨어진 곳에서 발견되었으니 같은 종일 리 없다는 듯이 말이다. (사실 '자바인'을 뜻하는 Pithecanthropus erectus와 '베이징 원인'을 뜻하는 Sinanthropus pekinensis 모두 여기저기 떠돌던 단 하나의 종 '호모 에렉투스'의 표본으로 밝혀진다.) 쿤은 이미 차이를 내포한 이름을 가진 이런 화석들을 후손들이 서로 수천 년간 고립된 채 살아왔다는 증거로 사용했다. 이는 마치 하나는 '예쁘다'고 불리고 다른 하나는 '아름답다'고 불린다는 이유로 예쁜 것과 아름다운 것의 차이를 입증하는 것과 같았다.

　게다가 쿤의 이론은 과학자들의 진화에 대한 이해와 상충했다.[14] 호모 에렉투스 집단들이 정말로 각자의 대륙에 고립된 채 서로 동떨어져서 진화했다면 쿤의 이론이 시사하는 대로 모두 같은 종으로 진화하지 않았을 것이었다. 그보다는 다섯 가지 다른 종으로 분화했으리라. 오스트레일리아의 유대목 동물들과 아시아의 새들이 모두 오리 같은 부리를 가진 동물로 진화했듯, 서로 다른 혈통이 같은 결과를 낳는 방식으로 진화하는 소위 수렴진화의 사례는 상대적으로 드물었다. 진화는 엔진을 동일한 목적지로 가차없이 이끄는 기차선로가 아니었다. 쿤의 이론이 성립하려면 검은 백조가 나타나는 한 번의 사건만이 아니라 모두 같은 결과를 가진 상당수의 사건이 필요했다. 그런 일이 일어날 가능성은 "보이지 않을 정도로 작다"고 도브잔스키는 지적했다.

만일 쿤의 이론이 맞는다면 완전하게 동떨어진 호모 에렉투스 다섯 개체군이 모두 완전히 동일한 종으로 진화하더라도 서로 엄격한 고립상태였어야 했다. 그들이 돌아다니고 교류했다면 피치 못할 전투와 연애가 벌어져 가령 몽골로이드-콩고이드 아이와 코카소이드-아보리진 아이를 낳았을 것이고, 그러면 조상들의 생물학적 차이가 금세 희미해졌을 것이다. 고대의 사람들은 완전히 동일한 종으로 진화했음에도 다른 곳에 있는 동료 호모 사피엔스가 마치 치명적인 전염병에 걸렸다는 듯 그들과 거리를 유지한 채 서로 다른 종이라는 듯 행동해야 했으리라. 도브잔스키는 쿤이 새로 진화한 호모 사피엔스가 돌아다니는 동안 인종 분리 정책을 실천했다고 상상한 게 틀림없다고 꼬집었다.[15]

민권운동가들은 쿤의 이론이 인종주의적 환상이라고 비난했다.[16] 반명예훼손연맹은 그의 주장을 비판하는 소책자를 출간했다. 그의 자연인류학계 동료들은 쿤의 연구를 검열하기 위한 특별 회의를 요구하며 협회 대표직에서 물러나도록 압력을 가했다. 다른 한편에서는 분리주의자들이 아프리카인들을 인간이라고 보기 힘들고 원주민은 원시적이라는 쿤의 주장에 반색했다. 이들은 신문과 자신들의 팸플릿을 통해 그의 이론을 유포했다. 쿤은 아프리카인의 생물학적 후진성에 관한 책으로 쿠 클럭스 클랜^{Ku Klux Klan}의 젊은 열성파 데이비드 듀크^{David Duke}에게 영감을 준 칼턴 퍼트남 Carleton Putnam 같은 주요 분리주의자들과 몸소 활발하게 서신을 교환하고 과학적 피드백을 제공했다.

쿤은 비판자들을 '파블로프의 강아지들'이라고 일축하며 털어냈다. 그는 도브잔스키를 향해 명예훼손 캠페인을 벌이는 '배부른 얼간이'라며 코웃음을 쳤다. 그의 지지자들은 쿤처럼 '인종에 대한 진실'을 말하는 전문가들이 박해당하고 있다고 말했다.

인류는 오래전부터 이리저리 이동했다

몇십 년이 흐르고 나서야 과학자들은 오랜 세월 드러나지 않았던 이주의 역사를 발견하고, 과거 붙박이처럼 한 장소에서 살았으며 인종 간에는 서열이 있었다는 신화를 깨트렸다.[17] 그때까지는 이주의 움직임을 시사하는 새로운 발견이 나타날 때마다 낡은 패러다임에 억지로 끼워 맞추곤 했다. 마침내 쿡의 책이 출간된 다음 해, 스톡홀름대학교 실험생물학자 몇 명이 전자현미경으로 닭의 배아세포를 들여다보다가 이상한 섬유조직을 찾아내면서 균열이 생기기 시작했다.

세포의 미토콘드리아 안에 끼어 있던 이 섬유조직―세포의 에너지를 발생시키는 지렁이 모양의 구조물―은 세포의 핵 안에 말려 있는 것과 같은 물질인 DNA인 것으로 드러났다. 하지만 번식 과정에서 예측 불가능한 방식으로 상대의 DNA와 뒤섞이고 재배열되는 세포핵 안의 DNA와는 달리 미토콘드리아 안에 있는 DNA는 일종의 외딴 고립지였다. 겨우 몇십 개의 유전자를 품고 있는 이 DNA는 어지러운 재배열의 영향을 받지 않고 엄마에서 아기에게로, 모계를 통해서만 조용히 다음 세대로 넘어갔다. 이 질서는 꾸준히 진행되는 임의의 변이를 통해서만 바뀌었다.

UC 버클리의 앨런 윌슨Allan Wilson은 DNA 배열의 차이가 마치 퇴적층의 깊이나 나무의 나이테 개수처럼 시간의 경과를 설명해준다는 것을 깨달았다. 예측 가능한 속도로 축적된 유전적 변화는 옮겨 말하기 게임에서 마지막엔 처음과 표현이 달라지듯 몇 세대를 거쳐왔는지를 기록하는 일종의 스톱워치 역할을 했다. 그는 1970년대에 이 통찰력을 이용해서 서로 다른 종의 유전자와 단백질 서열을 비교하며 이들의 분기 시점을 특정할 수 있을지 확인하기 시작했다.

그때까지만 해도 이런 질문은 인공물의 파편과 화석 등의 단서를 가지고 오래전 과거의 이야기를 짜 맞추는 고생물학자와 인류학자의 영역이었다. 윌슨의 '분자시계' 기법은 이들의 연구 결과에 균열을 냈다. 고생물학자들은 침팬지, 고릴라, 인간이 약 1,500만 년간 독립적으로 진화해왔다고 결론 내린 상태였다. 하지만 윌슨의 연구는 이들이 불과 300만 년에서 500만 년 전에 각자의 길로 갈라졌음을 보여주었다.

1980년대 말 윌슨과 그의 버클리 동료인 레베카 칸Rebecca Cann과 마크 스톤킹Mark Stoneking은 가까운 조상이 여러 다른 대륙 출신인 임신부 몇백 명을 설득해서 자신들의 미토콘드리아 DNA 연구를 위해 태반을 기증하도록 했다.[18] 이들의 조상들이 얼마나 오래전부터 각자 진화해왔는지 확인하기 위해서였다. 연구자들은 태반을 냉동시켰다가 분쇄기에 넣고 간 다음 원심분리기에 몇 번 돌려서 순수한 미토콘드리아 DNA를 함유한 맑은 용액을 추출했다.

대부분의 전문가들은 우리 조상들이 아주 오래전 이주를 통해 각각의 대륙에 도착한 것이든 쿤의 주장처럼 그곳에서 발생했든 아프리카, 아시아, 아메리카 등지의 민족들은 최소한 100만 년 동안 난공불락의 지리적 경계 안쪽에서 독립적으로 진화해왔다는 데 동의했다.

하지만 이 미토콘드리아 DNA가 보여준 것은 그게 아니었다. 유전학자들의 분석에 따르면 서로 다른 인종과 대륙 출신인 여성 147명은 20만 년 전 조상이 동일했다. 그게 사실이라면 과학자들이 수 세기 동안 상정했던 장기간의 고립은 존재하지 않은 것이다. 이 세상의 다양한 민족은 워낙 최근까지 같은 조상을 두고 있었기 때문에 전에 생각했던 것에 비해 분화할 시간이 훨씬 적었다. 그리

고 그들은 선사시대에 우리의 생각보다 훨씬 더 빠르고 광범위하
게 이주했다. 겨우 몇십만 년 동안 사람들은 지구상 모든 구석구석
으로 이동했다.

과학자들은 딸을 통해 끊기지 않은 선으로 자신들에게 미토
콘드리아 DNA를 남긴 공통의 조상에게 '미토콘드리아 이브'라는
시적인 이름을 붙였다. 미토콘드리아 이브는 과학자들이 어째서
수십 년간 우리 사이의 분명한 생물학적 차이를 규명하지 못했는
지 그 이유를 알려주었다. 존재하지 않기 때문이었다. 진화생물학
자 리처드 르원틴Richard Lewontin이 1970년대 초에 규명했다시피 인
종집단 간의 차이는 전체 종의 유전적 변이 가운데 15퍼센트에 미
치지 않았다. 인종 간보다는 개체 간—같은 인종이든 아니든—에
존재하는 변이가 훨씬 컸다.[19]

인간이 한 장소에서 붙박이처럼 살았다는 신화를 수 세기 동
안 신줏단지처럼 모셨던 논평가들은 아프리카에서 대대적인 이주
가 비롯되었다는 생각에 의심의 눈길을 보냈다.[20] 비판자들은 윌
슨과 그의 동료들이 인류의 복잡한 과거를 풀어낼 "훈련을 제대로
받지 못했다"고 불평했다. 고인류학자 앨런 손Alan G. Thorne과 밀포
드 울포프Milford Wolpoff는 1992년 《사이언티픽아메리칸》에 '아프리
카의 이주자들'은 절대 전 세계에서 서식하는 데 성공하지 못했으
리라고 밝혔다.

아프리카에서 퍼져나간 인류의 이동

개체군 유전학자 루이기 루카 카발리-스포르자Luigi Luca Cavalli-Sforza
같은 과학자들의 연구는 미토콘드리아 이브가 시사하는 이주의
역사를 지지했다. 카발리-스포르자는 이 고대의 대이동을 '최근의

아웃오브아프리카(Recent Out of Africa)' 이주라고 불렀다. 그는 다른 무엇보다 두개골의 변화, 병원균, 언어, 문화의 진화, 그 외 고고학의 증거들을 이 새로운 DNA 근거와 통합하여 실제로 우리가 불과 수십만 년 전에 아프리카 밖으로 이주했음을 입증했다.[21]

카발리-스포르자의 연구로 주류 과학자들은 최근까지 아프리카의 조상을 공유했다는 사실을 받아들이지 않을 수 없었다. 하지만 그의 이론은 대체로 한 장소에 눌러앉아 지냈다는 패러다임의 다른 중요한 부분들은 건드리지 않았다.

그가 묘사한 근대 이전의 이주는 예외적인 상황에서 짧게 일어났다. 아프리카 밖으로의 여정은 사람이 없는 영토에 대한 매력이 동기부여가 되어 빈 땅으로 퍼져나가는 과정이었다. 최초의 조상들이 아프리카에서 진화할 때 그 바깥세상은 사람이 살지 않는 광대한 공간, '새로운, 자연 그대로의 환경', 그리고 '처녀 영토'로 이루어졌다. 그들은 물웅덩이가 넘쳐서 빈 용기를 채우듯 아프리카에서 벗어났다. 개척자들은 새로운 장소를 찾아 아프리카를 떠나 새로운 거주지를 만들었고 거기서 더 많은 개척자를 낳아 영역을 넓히고 더 많은 거주지를 만들다가 결국 새로운 장소에 인간 주거지를 모두 세우게 되었다.

그즈음 되자 선사시대 선조들이 이동하지 않을 수 없었던 독특한 역사적 조건이 사라졌고, 이주는 자연스럽게 막을 내렸으며, 지리와 문화에 의한 강력한 이주 장벽이 다시 한 번 우뚝 솟아올랐다. 그다음에 벌어진 일에 대한 카발리-스포르자와 동료들의 가정은 린네 이후 다른 과학자들과 동일하다. 수천 년간 고요한 정지 상태에 있다가 현대의 기술이 나타난 뒤에야 이동을 가로막던 자연의 장벽들이 인위적으로 낮춰졌다는 것.

이 가설은 그의 연구 안에 이미 굳어져 있었다. 카발리-스포르자는 DNA를 분석하여 민족들 간의 역사적 관계를 재구축했다. 하지만 그는 선사시대에 아프리카 밖으로 이동한 경로를 재구축하기 위해 전 세계에서 임의의 민족 DNA를 수집하지 않았다. 대신 자신이 생각하기에 태곳적부터 조상들이 살아온 장소에 그대로 머물러 지냈을 것 같은 특정한 부분집합—원주민, 특히 고유한 언어가 있고 정해진 지리적 경계 안에 사는 사람들—에 초점을 맞췄다. 그는 오랫동안 움직이지 않은 후손들의 연관성을 측정함으로써 그 선조들이 아프리카 밖으로 이동한 이야기를 짜 맞췄다.[22]

그의 연구팀이 대상으로 삼은 지역사회는 기분이 좋지 않았다.[23] 과학자들이 혈액 샘플을 채취한 피험자는 찌르고, 분류하고, 유전자은행에 넣어놔야 할 '역사적 이해관계가 있는 격리집단'일 뿐이라는 가정에 화가 났다. 중앙아프리카공화국에서는 한 성난 농부가 동네 아이에게서 혈액을 채취하는 카발리-스포르자에게 다가가 말을 걸었다. 농부는 도끼를 휘두르며 "당신이 아이들의 혈액을 가져가면 난 당신의 혈액을 가져가겠다"며 경고했다. 세계 토착민족의회는 카발리-스포르자의 연구를 '흡혈귀 프로젝트'라고 불렀다. 비정부기구인 제3세계네트워크는 그의 연구가 '완전히 비윤리적이며 도덕적인 잔혹 행위'라고 했다.

카발리-스포르자의 일부 동료 역시 그의 방법에 반대했다. 그의 기준에 부합하는 민족집단이 고립되고 움직이지 않은 사람들이 아닐 수도 있다는 이유에서였다. 그들 역시 교역과 교환과 정복과 문화적 충돌의 특수하고 다채로운 역사를 가진 여러 장소에서 온 이주자의 혼합일 수 있었다. 그러니까 어쩌면 아프리카에서 출발한 이주 이후 수백만 년간 고요히 정체되어 있었던 것이 아니라 훨씬 많은 이주가 잇따랐을 수 있다는 것이다. 연구대상자의 조상에게는 이렇다 할 만한 이주의 역사가 없다는 듯 갑자기 나타나서 혈액 샘플을 채취하는 카발리-스포르자의 방식은 이 점을 완전히 놓쳤을 수 있었다.

한 과학자는 《사이언스》 기자에게 "아주 당황스럽다"고 말했다.[24] "그런 샘플링 방식은 결과를 왜곡시켜요." 여러 장소에 거주하는 다양한 인간집단의 유전적 관계를 풀어내려는 시도 대신(아니면 이들에게 각자의 이주 역사를 물어보는 대신) 카발리-스포르자의 방법은 단순히 자기 마음대로 넘겨짚어서 생각했다. 나중에 인류학자 조녀선 마크스Jonathan Marks는 만일 그런 집단들이 조상들만큼이나 뒤섞여 있고 이주의 경험이 있다면 카발리-스포르자의 전략은 '변호사가 건축가와 더 가까운지, 회계사와 더 가까운지를 묻는 것'만큼이나 잘못된 방식이라고 밝혔다.

하지만 일각의 불평만 제외하면 카발리-스포르자의 방법은 건재했다. 다윈이 인류 공통의 뿌리는 아프리카에 있다는 설을 처음으로 제기하고 나서 한 세기 반이 지난 21세기 첫 10년간 과학계 인사들은 최근의 아웃오브아프리카 이론을 엄호했다.[25] 다큐멘터리 영화, 박물관 전시, 잡지 기사가 DNA 기술을 통해 밝혀진 인류의 과거에 대한 새로운 이야기를 대중에게 전달했다. 많은 사람이 인류의 기원을 나무에 비유했다. 줄기는 고대 아프리카 민족을 상징했고, 우리는 모두 여기서 진화했다. 아프리카 대륙을 나와 다른 대륙으로 걸어간 각각의 개체군은 멀리 뻗어 나간 나뭇가지 같았다.

사실 이 비유가 암시하듯 아프리카에서 사람들이 한 번 퍼져 나온 이후 이주가 본질적으로 중단되었다는 직접적인 증거는 없었다. 이동을 기록했을지 모르는 고대인의 세포 안 DNA 가닥들은 수천 년 전에 매장된 육체와 함께 썩어서 분해된 상태였다. 하지만 대부분은 그들이 한자리에 머물러 있었다고 가정했다. 어쨌든 가지는 거꾸로 자라지는 않으니까.

그럼에도 무너지지 않는 위험한 신화

과거의 인류가 한자리에 머물며 고립된 채 살지 않았다는 힌트는 인간 게놈 염기서열을 확인하는 수십억 달러짜리 프로그램인 인간 게놈 프로젝트의 연구 결과와 함께 2000년에 나타났다.

염기서열 분석기는 인간의 유전자 안에서 거의 아무런 차이를 발견하지 못했다. 연구 결과에 따르면 DNA상에 연결된 30억 개의 뉴클레오타이드 서열 가운데 개인 간에 차이가 있는 것은 겨우 0.1퍼센트뿐이었다. 남성이든 여성이든, 키가 작든 크든, 빨간 머리든 검은 머리든, 혀를 말 수 있든 귓불이 늘어지든 색맹이든 DNA 내 뉴클레오타이드의 서열은 거의 동일했다. 인간종은 각각의 가지로 분화한 게 전혀 아니었다. 빌 클린턴 대통령은 이 연구 결과를 발표하는 백악관 행사에서 인류는 "인종과 관계없이 99.9퍼센트 동일하다"고 선언했다.

연구 결과는 상대적으로 말해서 우리는 유전자를 거의 가지고 있지 않음을 보여주었다. 바이스만설이 주름잡던 시절 이후[26] 과학자들은 생물학적 유전의 막강한 위력을 믿었다. 분자유전학자들은 DNA를 마치 독재자처럼 우리 몸의 발달과 기능을 지시하는 우두머리 분자처럼 묘사했다. 유전학자 리처드 도킨스Richard Dawkins는 인체를 DNA 안에 있는 뉴클레오타이드 배열이 제작한 '덜거덕거리는 로봇'에 비유했다. 과학자들은 유전자가 인간의 건강과 행동에서 워낙 중요한 역할을 하기 때문에 그 서열을 해독하면 암을 치료하고 경제를 혁명적으로 바꿀 수 있으리라고 생각했다. 조녀선 마크스는 우리의 유전자 서열이 "우리가 '정말로' 누구인지를 알려주리라"고 생각했다고 회상했다.

　과학자들은 인간 게놈에 최소한 10만 개의 다른 유전자가 들어 있으리라 예상했다. 그들은 1밀리미터짜리 선충의 게놈에 약 2만 개의 유전자가 있다는 사실을 알았다. 많은 사람이 생각하듯 유전자가 우리 몸과 행동을 통제할 경우 고도로 복잡한 호모 사피엔스는 분명 그보다 훨씬 많은 유전자를 가지고 있으리라는 게 과학자들의 생각이었다. 하지만 프로젝트가 진행되면서 과학자들은 인간 게놈 내 유전자의 숫자에 대한 추정치를 재조정해야 했다. 2001년 이들은 거기에 10만 개가 아니라 어쩌면 3만 개의 유전자가 있을지 모른다고 예상했다. 결국 인간 게놈 프로젝트가 밝혀낸 유전자의 수를 분석한 연구자들은 2만 개 정도를 찾아냈다. 그러니까 하찮은 선충과 같은 수였던 것이다.[27] 우리가 인간 사이에서 어떤 차이를 발견했든 간에 그 어떤 단순한 방식으로도 생물학 내에서 설명할 수 없고, 대대로 온전하게 전해질 수 없었다. 우리는 차이를 유발할 정도로 충분한 유전자를 갖추지 못했다.

　"그 누구도 이렇게 적은 수의 유전자가 이렇게 복잡한 무언가를 만들어낼 수 있다고는 상상하지 못했다"고 누군가는 말했다.[28] 그의 동료는 10개도 안 되는 유전자가 인간과 쥐를 갈라놓을 수 있다고 덧붙였다.

　우리와 가까운 유인원에 대한 유전학 연구는 우리 사이의 생물학적 경계를 훨씬 미묘하게 만들었다.[29] 에른스트 마이어는 개체군 간의 생물학적 차이가 돌발적이고 각 집단에 다른 집단과는 구분되는 기질의 결합이 나타나는 종과, 이런 변화가 완만해서 개체군에 따라 알아보기 힘든 음영이 들어간 정도인 종을 구분했다. 침팬지와 꿀벌은 전자의 부류였고, 우리는 후자에 속하는 것으로 나타났다.

영장류 학자들은 침팬지의 경우 아무리 서식지가 중첩되더라도 다른 무리와 섞이지 않고 폐쇄된 무리 안에서 살아간다는 사실을 발견했다.[30] 그것은 그들의 유전적 특성에 반영되어 있었다. 침팬지, 고릴라, 보노보 모두 집단 내 유전적 다양성이 우리보다 크다. 유전학자들은 침팬지의 두 개체군 사이의 유전적 거리가 다른 대륙에서 거주하는 사람들 사이의 유전적 거리보다 4배 더 크다는 사실을 발견했다. 개체군 서로 간의 고립이 이런 차이를 야기한 것이었다. 하지만 인간은 침팬지보다 훨씬 수가 많고 널리 분포하고 있음에도 침팬지와는 달랐다. 그 이유는 이주와 뒤섞임의 역사를 통해 설명된다.

하지만 많은 과학자는 새로운 유전적 근거 앞에서도 인간 사이에는 린네식의 경계가 있다는 신화를 어떻게든 고수해야 한다고 느꼈다.[31] 일부는 초창기의 인종과학자들처럼 인종 간의 경계가 아직 발견되지 않았을 수 있으니 과학자들이 더 열심히 찾아봐야 한다고 생각했다. 가령 2002년의 한 연구에서 개체군 유전학자들은 자신의 인종 구분을 직접 밝힌 사람들의 주관적 편향을 피하기로 했다. 인종 간에는 생물학적 단층선이 존재하고 컴퓨터가 그것을 '객관적으로' 발견할 수 있다는 가정하에 그들은 1,052명의 유전 정보를 'STRUCTURE'라는 컴퓨터 프로그램에 입력하고 그들 간의 유전적 경계를 알아내라고 주문했다. 유전적 근거가 시사하듯 이주로 인해 사람들 사이에 변이의 패턴은 연속적이고 점진적인 형태를 띠게 되었으므로 이는 마치 석양에 들어 있는 색깔의 수를 분석하라는 주문과 같았다.

그 결과는 그 프로그램이 몇 개의 숫자를 찾으라는 요구를 받았는가에 따라 전적으로 좌우되었다. 연구자들이 세 집단을 요구하면 STRUCTURE는 그 데이터를 '유럽 사람', '아프리카 사람',

'동아시아, 오세아니아, 아메리카 사람'처럼 인종과는 관계없는 무의미한 집단으로 분류할 것이었다. 여섯 집단을 요구하면 이 프로그램은 다섯 대륙 출신 사람들에다가 칼라쉬Kalash라는 파키스탄 북서부의 산악계곡에 사는 사람들로 이루어진 별개의 집단을 더해서 여섯 개로 분류했다. 심지어 스무 개의 다른 집단으로 분류할 수도 있었다. 그런데도 이 데이터를 다섯 집단으로 나누라는 명령을 받은 프로그램이 다섯 대륙을 제시하자 연구자들은 승리를 선언했다. 이 연구의 주저자인 마커스 펠드먼Marcus Feldman은《뉴욕 타임스》와의 인터뷰에서 이 연구가 인종에 대한 일반적인 생각이 맞는다는 것을 확인해주었다고 말했다.

다른 과학자들도 여기에 동의했다. 임페리얼칼리지의 진화발달생물학자 아만드 마리 르로이Armand Marie Leroi는《뉴욕 타임스》논평란에서 "방향이 제대로 설정된 유전 데이터는 인종이 분명하게 존재함을 보여준다"고 논평했다.[32] 하버드대학교 유전학자 데이비드 라이히David Reich는 STRUCTURE에는 일반적으로 사용하는 "인구 라벨에 대한 지식이 전혀 없었는데도 뿌리 깊은 인간 조상의 분류에 대한 일반적인 직관에 신비할 정도로 잘 부합하는 다섯 집단으로 인간을 분류했다"고 덧붙였다.

라이히의 '인종' 개념은 기존보다 더 미묘한 부분을 감안했다. 그에게 인종은 린네가 피부색과 출신 대륙으로 규정한 폭넓은 복합체가 아니라 유전적 관련성이 있는 인구집단이었다. 하지만 그는 2018년《뉴욕 타임스》논평란에서 그 차이를 대부분 생략하고 '오늘날의 인종 구조물과 상관관계가 있는 유전적 혈통상의 차이는 실존한다'고 썼다.

인종집단 간에 린네식의 생물학적 차이가 존재한다는 신화는 의학 전문가들을 꾸준히 유혹했다.[33] 예컨대 2016년 한 연구에서 백인 의대생 가운데 절반이 흑인의 피부는 백인의 피부보다 더 두껍다고 주장했다. 흑인의 통증을 정확히 평가하지 못하는 의료 전문가의 무능함과 관련이 있는 이 잘못된 믿음은 흑인 여성의 임신 관련 사망이 백인 여성에 비해 3~4배 더 자주 발생하는 것과도 관련이 있을 공산이 크다. 다른 과학자들은 인종 범주가 생물학적으로 의미가 있든 없든 과학적으로 편리하다고 여겼다. 예컨대 의학 유전학 연구에서는 과학자들이 계속해서 수 세기 전 린네가 권장한 대로 한국인, 몽골인, 스리랑카인 같은 지리적·유전적으로 다양한 인구집단을 '아시아인'으로, 모로코인, 노르웨이인, 그리스인을 '백인'으로 묶는다.

이와 유사하게 인간의 유전적 변이를 나타내는 지도들은 대륙별 인구집단을 불연속이 확연한 별개의 단위로 그렸다.[34] 카발리-스포르자와 동료들이 2009년 PLOS One(미국 공공과학 도서관 온라인 학술지-옮긴이) 논문에 공개한 이런 지도는 아프리카의 인구집단을 빨간색 점으로, 아메리카의 인구집단을 분홍색 점으로, 유럽의 인구집단을 녹색 점으로, 아시아의 인구집단을 오렌지색 점으로 나타냈다. 카발리-스포르자의 책 중에는 이와 유사한 지도를 표지에 넣은 것도 있다.

이런 색색의 구분은 데이터집합 간의 실제 관계보다는 인종 구분에 더 부합한다. 유럽이나 아시아에 거주하는 사람들의 유전자 범위는 그런 지도들이 시사하듯 아프리카에 거주하는 사람들의 유전자 범위와 차이가 없었다. 처음에 아프리카를 떠나 다른 대륙에 정착한 사람들이 아프리카 전체 인구의 부분집합을 이루었으므로 그 후손들의 유전자는 아프리카 사람들의 유전자에 대한 부분집합이었다. 여러 인구집단에 존재하는 유전자의 범위를 좀 더 정확하게 그림으로 나타낸다면 팔레트에 있는 모든 색으로 아프리카 대륙을 채색하고, 유럽, 아시아 등지에는 그냥 임의로 선택한 색들을 중복해서 사용하게 될 것이다.

생물학적 근거를 가진 인종과 인종 간의 질서에 대한 신화를 믿는 사람들은 자신의 믿음을 뒷받침할 충분한 과학적 근거를 발견했다. 인간 게놈 프로젝트에서 널리 인용되는 통계에 따르면 인간은 '인종과 관계없이' 99.9퍼센트 동일하다. 그렇다고 해서 견고한 0.1퍼센트의 유전적 차이가 인종집단을 부정한다는 의미는 아니었다. 개체의 차이는 사실 인종 경계와는 무관했다. 하지만 표현상의 이유로 그 가능성이 열려 있었다. 인간이 침팬지와 DNA가 98.7퍼센트 동일하고, 쥐와는 10퍼센트 동일하다면 인종 간의 0.1퍼센트 차이는 작다고만 할 수 없다. 한 관찰자는 어떤 학술회의에서 인종학자 도로시 로버츠Dorothy Roberts에게 "어쨌든 개와 늑대는 유전적으로 거의 같지만 개와 늑대의 차이는 어마어마하다"고 지적했다.[35]

색깔로 표현된 카발리-스포르자의 지도를 본 반이주 성향의 백인우월주의 논평가들은 기쁨에 차서 떠들어댔다.[36] 그런 곳 중 하나가 인기 있는 백인우월주의 웹사이트 'VDARE'였다. VDARE의 한 작가는 분리주의 찬성으로 악명 높은 사우스캐롤라이나 상원의원을 거론하며 이렇게 지적했다. "기본적으로 그가 그 많은 자료를 처리해서 얻어낸 지도는 개조되지 않은 스트롬 서먼드Strom Thurmond에게 종이냅킨 한 장과 크레용 한 상자를 주고 세계 인종지도를 그리라고 하면 얻을 수 있는 것과 비슷해 보인다." 그는 카발리-스포르자와 그의 동료들이 '대체로 19세기 제국주의자들의…… 편견이 정당함을 확인'시켜주었다고 결론지었다. 또 다른 VDARE 지지자는 《샌디에이고트리뷴》에 이런 색색의 지도는 상당히 분명한 그림을 그린 것이라고 밝혔다. 각각의 인종은 한 그릇에 담긴 과일 조각처럼 다른 인종과 분명하게 달랐던 것이다. "이게 당신에게는 무슨 소리로 들리나요?"라며 저자는 넌지시 물었다.

또 다른 백인우월주의 웹사이트 데일리스토머Daily Stormer는 인종의 생물학적 특성을 파악하지 못한 정책은 '사이비과학'이라는 의견을 피력했다.[37] 한 백인민족주의집단 설립자는 '과학은 우리 편'이라고 덧붙였다. 일부는 심지어 스스로 유전학 전문가를 자처했다. 가령 2019년 초 존스홉킨스대학교 의학 학위가 있는 메릴랜드 국회의원 앤디 해리스는 보좌관의 표현에 따르면 연구를 위해 배열된 게놈의 수를 논하려고 한 지지자와 만났다. 그 인물은 유전학 연구와는 무관했다. 백인우월주의 모임의 기금모금 책임자였다.

수십 년 전 유엔이 인간생물학 내의 인종 개념을 공개적으로 규탄해달라고 요청했을 때 그랬듯 관련 분야의 과학자들은 유전 연구의 정치적 함의에 대해 무심한 태도를 보였다. 《뉴욕 타임스》의 한 기사는 '많은 정상급 유전학자들이 자신들은 인간의 생물학적 차이 같은 이런 복잡하고 말 많은 주제를 놓고 일반 청중과 소통할 능력이 없다고 말한다'고 지적했다. 미국인간유전학회의 한 주최자는 유전학 연구의 정치적 오남용에 대한 토론단의 일정을 조율하려다가 '헛물만 켰다'고 《뉴욕 타임스》는 지적했다. 예를 들어 데이비드 라이히는 이 사안을 놓고 공개토론을 이끌어달라는 그녀의 요청을 거절했다.

게다가 인종 간의 견고한 경계는 대중의 마음속에 박혀 있는 더 거대한 역사관에 부합했다. 인류의 인구사를 상징하는 나무 그림을 보았던 사람이라면 누구나 알았듯 각 대륙의 인종은 독립된 가지로 이동한 뒤 서로와는 별개로 각자의 운명을 맞았다. DNA 혁명은 바로 그것을 드러낸 것이었다. 최소한 유전학자들이 측두골을 손에 넣기 전까지는.

이주, 차별화, 다시 뒤섞임

추체부 뼈(petrous bone)라는 표현은 '돌처럼 단단한'이라는 의미의 라틴어 'petrosus'에서 왔다.[38] 측두골의 추체부 뼈는 얇은 조직이 안감처럼 덧대진 내이內耳의 미로를 에워싼 두개골의 일부로, 진동을 해독할 수 있게 해준다. 포유류의 몸에서 가장 단단하고 밀도 높은 뼈다.

또한 수만 년간 다양한 훼손으로부터 DNA 조각들을 지켜내기도 했는데, 2014년 고대의 잔해를 살펴보던 유전학자들이 추체부 뼈를 포함한 뼛조각 몇 개를 분석하다가 이 사실을 우연히 알아냈다. 그전까지는 과학자들이 체중을 떠받치는 뼈에 오래된 DNA가 손상되지 않고 남아 있을 가능성이 가장 크다는 가설을 세우고 대퇴골과 정강이뼈를 가루로 만들어서 오래된 DNA를 찾는 방법을 일반적으로 고수했다. 그 결과 과학자들은 얼음 속이나 깊은 동굴에서 보존된 것들을 제외하면 골격 잔해에서 유서 깊은 DNA를 거의 찾지 못했다.

추체부 뼈의 발견은 고유전학을 혁명적으로 바꿔놓았다. 소용돌이 모양의 뼈 안에는 한 고유전학자가 말한 유서 깊은 DNA의 '주맥主脈(mother lode)'이 있었다.[39] 2010년 고대인 5명의 게놈이 발표되었다. 2016년에는 300명, 2017년에는 3천 명이 넘었다. 고유전학자들의 실험실에서 쏟아져 나온 새로운 데이터를 이주의 역사에 대한 이해 속에 통합하는 작업이 막 시작되었다. 하지만 스웨덴의 스반테 페보와 하버드대학교의 데이비드 라이히 같은 고유전학자들은 카발리-스포르자와 다른 사람들이 오늘날 DNA로 추론한 것보다 훨씬 복잡한 고대 이주의 뒷이야기를 이미 밝혀냈다.

과학자들은 아프리카 밖으로의 이주는 사람이 살지 않는 거대한 허허벌판으로의 확산이었으리라고 생각했다. 하지만 고대의 DNA에서 얻은 새로운 정보에 따르면 우리 조상들이 아프리카를 떠나 새로 이주한 땅에는 이미 다른 사람들이 살고 있었다. 지금은 멸종한 고대인들이 약 180만 년 전에 아프리카를 떠나 이주해서 우리보다 먼저 거기에 와 있었던 것이다. 그들을 만난 우리 조상들은 이주자가 모든 곳에서 하는 일을 했다. 지역 토박이와 아이를 낳아 그들의 DNA와 자신들의 DNA와 뒤섞은 것이다. 유럽과 아시아에 있는 현대인의 DNA 가운데 약 2퍼센트는 이주에 따른 네안데르탈인과의 충돌에 그 뿌리가 있다. 그리고 지금 뉴기니와 오스트레일리아에 살고 있는 사람들의 DNA 가운데 역시 2퍼센트 정도는 유전자 분석을 통해 발견한 고대인의 한 유형인 데니소바인으로 거슬러 올라간다. 사람들이 높은 고도에서 생존할 수 있게 해주는 데니소바 유전자는 지금 티베트인의 DNA 안에 있다.

고대 DNA는 고대인들이 유라시아와 아메리카에 도착한 뒤에도 가만히 있지 않았음을 보여준다.[40] 일부는 다시 아프리카로 되돌아가서 동아프리카와 서아프리카에 있는 오늘날의 후손들에게 유라시아인의 유전자를 남겼다. 다른 일부는 인도로 이주해서 중앙아시아, 서아시아, 안다만섬의 고대 이주민들처럼 유전 지문을 남긴 무리에 합류했다. 동아시아에 도착한 고대인들은 나중에 마다가스카르로 떠났다. 아메리카로 이주한 사람들은 유럽으로 다시 이동했다.

망망대해와 산맥 같은 지리적 장벽도 이들의 방랑을 막지는 못했다. 현대적인 항해기술이 없는 것도 문제가 되지 않았다. 고대 이주자는 지구상에서 가장 외딴 지역까지 흘러 들어갔고, 그것도 한 번 이상 성공했다. 과학자들은 수년간 고대인들이 험악한 티베트 고원으로 이주한 게 1만 5천 년 전이라고 생각했다. 그런데 새

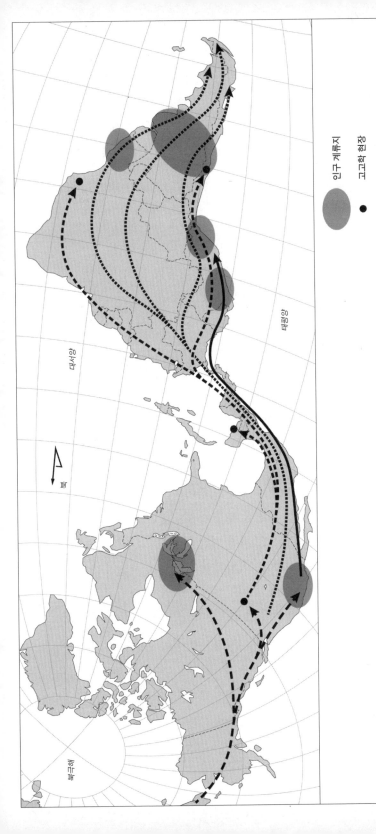

아메리카 대륙에 사람이 살기까지

2014년 측두골의 오래된 DNA를 발견할 때까지 개체군 유전학자들은 근대 교통수단으로 이동을 가로막는 지리적 장벽을 극복하기 전에는 선사시대 사람들이 사람이 살지 않는 땅으로 단 한 번에 퍼져나간 뒤 오랫동안 전혀 움직이지 않았다고 설명했다. 그러나 오래된 DNA에서 얻은 새로운 데이터는 거의 구준히 이주가 지속되었음을 시사한다. 이 지도는 아메리카 대륙으로 여러 차례에 걸쳐 유입된 선사시대 이주의 물결을 보여준다.

출처: Cosimo Posth et al, "Reconstructing the Deep Population History of Central and South America," *Cell 175, no. 5 (November 2018): 1185–97.e22.*

인구 계류지

고고학 현장

유전적 계통

4,200년 전

9,000년 전

14,000년 전

16,000년 전

북

대서양

태평양

북극해

로운 DNA 분석에 따르면 그들 역시 6만 2천 년 전에 그곳으로 이주했다.[41]

어떤 기이한 사건 때문에 순진무구한 사람들이 태평양 외딴섬에 가게 된 게 아니었다.[42] 고고학, 언어학, 유전학의 증거에 따르면 고대인들은 워낙 오랫동안 태평양 섬에 정착하겠다는 굳은 결심을 품어왔기 때문에 이 여행에 뒤따르는 항해상의 문제와 기술적인 도전에도 불구하고 쿡 선장이 그곳에 도착하기 훨씬 이전에 이미 세 차례에 걸쳐 그곳으로 이주하는 데 성공했다.

멀리 떨어진 인구집단 간의 유전적 관계를 드러내는 패턴들은 다른 예기치 못한 여행을 암시한다. 스웨덴 남부에 묻혀 있던 한 농부의 5천 년 된 유해는 오늘날 키프러스와 사르데냐에 거주하는 사람들과 유전적으로 관계가 있는 것으로 드러났다. 오늘날의 토착 아메리카인들은 시베리아 북동부의 추크치족과 유전자를 공유하는 것으로 드러나, 이들의 조상이 아시아에서 아메리카로 이주했다가 다시 되돌아갔음을 시사한다. 고대인들은 워낙 이리저리 돌아다녔기 때문에 현대의 서유럽인들처럼 가장 동질적으로 보이는 후손들마저도 일각에서 말하듯 오랜 시간 고립과 분화의 상태에 있었다고 주장할 수 없을 지경이다. 매디슨 그랜트와 같은 논평가들이 상상하는 동질적 조상이라는 집단은 한 번도 존재한 적이 없었다. 유전학적으로 다른 여러 집단이 그 지역으로 이주해서 다양하게 뒤섞이고 서로 융합했다. 고유전학자들이 짜 맞춰 밝혀낸 바에 따르면 여기에는 피부색이 어두운 수렵채집인들, 눈동자가 어둡고 피부색이 밝은 농민, 그리고 머리칼이 밝은 또 다른 농민집단이 있었다. 오늘날의 서유럽인들은 다른 사람들과 마찬가지로 혼종 후손이다.

다시 말해서 "과거가 현대보다 덜 복잡하지 않다"고 라이히는 지적한다. 우리는 머나먼 과거와 가장 최근의 현대에만 이주하고 그사이에는 오랫동안 가만히 한곳에서 지냈던 게 아니었다. 우리는 오랫동안 꾸준히 이주자로 살았다.[43]

대륙별 인구집단을 상징하는 독립적인 가지가 달린 나무 이미지는 대륙별 인구집단이 갈라져서 점점 거리가 생기면서 서로 독립적으로 진화를 거쳤다는 인상을 주었다. 하지만 유전학자들은 이런 분기의 증거를 찾지 못했다. 오늘날 대륙별 인구집단이 동질적으로 보이는 것은—북유럽인들의 피부색이 비슷하고, 동아시아인들의 머리카락이 직모인 것—같은 조상으로부터 오랫동안 계보가 이어졌기 때문이 아니다. 이주, 차별화, 다시 뒤섞임이라는 지속적인 과정의 일시적 결과일 뿐이다.

때로 한 나무에서 두 개의 가지가 바람에 따라 서로 비벼지면서 천천히 수피가 벗겨지고 그 아래서 자라던 여러 층의 조직이 결합할 때가 있다. 이렇게 결합한 가지가 두꺼워지고 상처 주위에서 수피가 다시 자라면 두 가지는 다른 가지처럼 정상적인 가지가 된다. 그러면서 각 가지의 순환 시스템에서 고동치던 영양물질과 미생물과 면역물질이 이제는 하나의 생리학 단위로 통합된 가지를 흘러 다니게 된다. 생물학자들은 '작은 입'을 뜻하는 라틴어를 이용해서 이 과정을 '접합(inosculation)'이라고 부른다.[44] 이 현상은 한 나무의 다른 가지끼리는 물론, 다른 나무의 가지끼리도 일어날 수 있다.

그 결과 몸통에서 각자 뻗어 나온 가지들이 다시 합쳐져 많은 머리 같은 나무는 지류가 흘러 들어왔다가 나가면서 갈라졌다가 다시 합쳐지는 하천과 유사하다.

인간의 과거가 나무라면 이런 특별한 나무라고 할 수 있다. 인류의 조상은 이주했고, 만났고, 뒤섞였다가 다시 이주했다. 오늘날과 똑같이.

린네는 '슬기로운 사람'을 의미하는 라틴어를 가지고 인류에게 '호모 사피엔스'라는 이름을 붙였지만, 어쩌면 그보다 더 적합한 이름은 '호모 미그라티오Homo migratio'인지도 모른다.

이동하고 또 이동하는 호모 미그라티오

피우스 마우 피아일루그Pius Mau Piailug는 물에 반쯤 잠긴 채 어린 시절을 보냈다. 미크로네시아 사타왈섬이라고 하는 코코넛 나무가 많은 1평방미터 크기의 작은 섬에서 태어난 그는 젖먹이 때 조수 웅덩이에서 놀고 네 살 때 항해법을 배웠다. 그의 친구들은 잔물결이 일렁이는 그의 등 근육이 매부리바다거북의 껍질을 연상시킨다고 말했다. 호쿨레아Hōkūleʻa라고 하는 약 19미터짜리 이중 선체 구조의 항해용 카누가 태평양의 깊고 푸른 물을 가를 때 그는 낮게 걸린 노 너머로 바깥을 내다봤다. 호쿨레아는 제임스 쿡 선장의 선원들이 18세기에 그린, 폴리네시아 전통 선박의 삽화를 보고 제작한 배였다. 피아일루그는 이 배를 타고 폴리네시아로 사람들을 몰고 들어온 오래된 이주를 재연할 것이었다.

언어학과 고고학, 그리고 오래된 DNA의 증거에 따르면 선사시대에 최소한 세 차례에 걸쳐 동남아시아에서 폴리네시아로 이주한 이력이 있었다.[45] 일단 사람들은 중국에서 대만과 필리핀으로 건너갔다. 그다음에 망망대해를 지나 바누아투와 사모아에 도착했다. 마지막으로 이들은 하와이와 이스터섬 같은 폴리네시아의 외딴 섬에 닿았다. 이들은 페루에서 온 것도, 우연히 도착한 것도 아니었다.

인류학자 벤 핀니Ben Finney는 선사시대의 폴리네시아 이주가

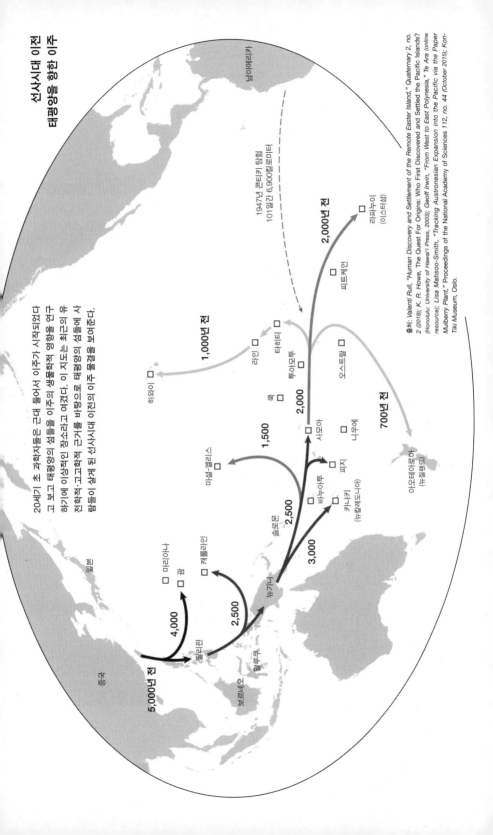

선사시대 이전 태평양을 향한 이주

20세기 초 과학자들은 근래 들어서 이주가 시작되었다고 보고 태평양의 섬들을 이주의 생물학적 영향을 연구하기에 이상적인 장소라고 여겼다. 이 지도는 최근의 유전학적·고고학적 근거를 바탕으로 태평양의 섬들에 사람들이 실제 된 선사시대 이전의 이주 물결을 보여준다.

중국

일본

마리아나
괌

캐롤라인

필리핀

보르네오

말루쿠

뉴기니

솔로몬

하와이

마셜-엘리스

1,500

바누아투

나나기
(뉴칼레도니아)

피지

사모아

니우에

라인

쿡

타히티

투아모투

오스트랄

피트케언

라파누이
(이스터섬)

아오테아로아
(뉴질랜드)

남아메리카

5,000년 전

4,000

2,500

2,500

3,000

2,000

2,000

1,000년 전

700년 전

2,000년 전

1947년 콘티키 탐험
101일간 6,900킬로미터

출처: Valenti Rull, "Human Discovery and Settlement of the Remote Easter Island," Quaternary 2, no. 2 (2019); K. R. Howe, The Quest For Origins: Who First Discovered and Settled the Pacific Islands? (Honolulu: University of Hawai'i Press, 2003); Geoff Irwin, "From West to East Polynesia," Te Ara (online resource); Lisa Matisoo-Smith, "Tracking Austronesian Expansion into the Pacific via the Paper Mulberry Plant," Proceedings of the National Academy of Sciences 112, no. 44 (October 2015); Kon-Tiki Museum, Oslo.

진행된 그 천 년 동안 50만 명 이상의 이주자가 바다에서 목숨을 잃었으리라고 추정한다. 하지만 호모 미그라티오는 굴하지 않고 전진했다. 이제 전문가들은 이들의 이주를 2016년 《미국국립과학원회보》의 한 논문에서 표현한 대로 '전 세계 모든 바다와 대양을 가로지르는 가장 광범위하고 가장 야심만만한 인간의 해양 확산'이라고 널리 인정한다.[46]

하와이와 타히티 사이 약 4,350킬로미터에 달하는 망망대해를 호쿨레아로 건너려면 두 개의 다른 무역풍 벨트, 여러 무풍대, 계속해서 배를 경로에서 벗어나게 만드는 적도해류와 반류를 헤쳐나가야 했다. 피아일루그와 그의 선원들은 허리케인과 태풍, 그리고 시속 55킬로미터에 달하기도 하는 거센 돌풍을 피하고, 배를 박살 내는 물속 산호에 둘러싸인 채 연기와 화염을 뿜어내는 활화산을 지나야 했다.

이 여정을 시도하는 대부분의 현대 선원들은 최신 항해장비를 갖추고 출발한다. 바람이 사그라들 때를 대비한 힘 좋은 엔진, 특색 없는 바다에서 항로를 찾기 위한 GPS 장치와 해도 작성기, 도움을 요청하기 위한 위성 전화와 다른 원거리 통신장비까지. 이 모든 걸 갖추더라도 성공한다는 보장은 없다. 2017년 한 시도에서 두 선원이 돌풍을 만나 엔진과 돛대가 망가져 버렸다.[47] 그들은 5개월간 바다에서 실종 상태로 있었고, 결국 경로에서 벗어나 수천 킬로미터를 표류하다 발견되었다.

피아일루그는 해도도, 다른 현대적인 어떤 도구도 사용하지 않을 것이었다. 그가 의지하는 거라곤 고대의 이주자들이 사용했음 직한 전통적인 항해술이 전부였다.

'길 찾기(wayfinding)'는 별과 바다의 놀, 행동 관찰을 이용해서 속도, 거리, 위치를 추적하는 것이었다. 이 방법을 통해 뱃사람들은 바람과 해류와 파도에 이리저리 난타당할 때도 망망대해에서 자기 배의 위치를 파악할 수 있었다. 이를 위해서는 매일 해와 달과 별의 위치를, 그리고 육지와의 거리에 따라 바뀌는 새와 물고기의 미세한 행동 변화를 수천 번 관찰해야 했다. 때로 피아일루그는 카누 바닥에 누워서 바다의 큰 놀을 감지했다. 그러면 멀리 있는 땅의 보이지 않는 몸체를 느낄 수 있었다.

길 찾기를 배우려면 평생이 걸릴 수도 있었다. 피아일루그는 할아버지와 아버지에게 배웠다. 헤위에르달과 태평양에 난입한 다른 유럽인들은 길 찾기에 대해 알지 못했는데, 그 이유 중 하나가 길 찾기를 할 수 있는 사람들은 종교에 가까운 이러한 행위를 외부인에게 공유하는 것이 금지되어 있었기 때문이다.

1976년부터 2009년 사이에 호쿨레아는 전통적인 길 찾기를 이용해서 아홉 번의 항해를 완수했다. 하와이에서 타히티까지 항해하는 데 걸린 시간은 34일이었다.[48]

그럼에도 콘티키는 완전한 실패작은 아니었다. 헤위에르달은 고구마에 대해서는 옳았다. 그건 아메리카에서 온 것이었다. 하지만 페루에서 폴리네시아로 우연히 표류하게 된 사람들이 고구마를 같이 가져온 게 아니었다.

고구마는 직접 태평양을 가로질렀다.[49] 2018년 쿡 선장의 선원들이 폴리네시아에서 수집해서 런던자연사박물관에 보관하던 고구마의 잎에서 얻은 DNA를 비롯한 고구마 DNA 검사에서 폴리네시아의 고구마는 약 11만 1천 년 전에 아메리카의 고구마와 독립적으로 진화하기 시작했음이 밝혀졌다. 인간이 폴리네시아에 도착하기 수만 년 전에 말이다. 아무래도 고구마는 물에 둥둥 떠서 여행했거나 새들이 옮겼을 가능성이 컸다.

인간의 이주는 예외적인 일이 아니다. 인류는 오랜 고립을 거

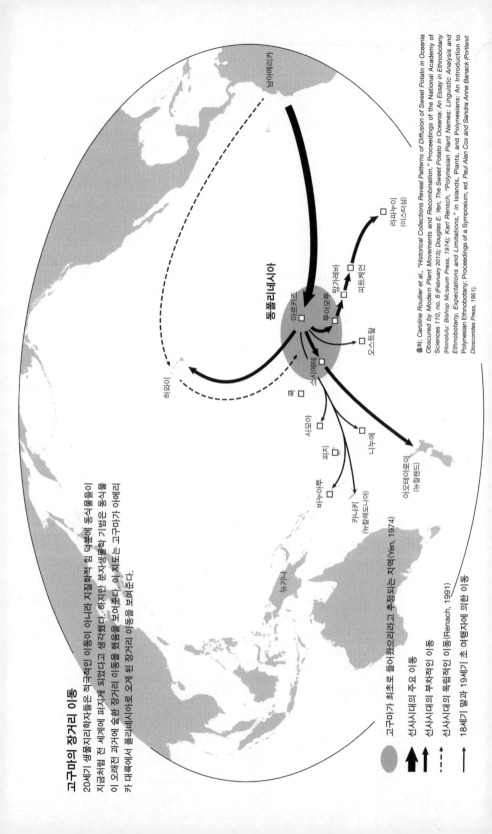

고구마의 장거리 이동

20세기 생물지리학자들은 작물의 이동이 아니라 지질학적 힘 덕분에 동식물들이 지금처럼 전 세계에 퍼지게 되었다고 생각했다. 하지만 분자생물학 기법은 동식물이 오래전 과거에 숱한 장거리 이동을 했음을 보여준다. 이 지도는 고구마가 아메리카 대륙에서 폴리네시아로 오게 된 장거리 이동을 보여준다.

동폴리네시아

남아메리카

마르키즈

라파누이
(이스터섬)

망가레바

투아모투

피트케언

오스트랄

하와이

소시에테

쿡

사모아

니우에

피지

바누아투

카나키
(뉴칼레도니아)

아오테아로아
(뉴질랜드)

뉴기니

출처: *Caroline Roullier et al., "Historical Collections Reveal Patterns of Diffusion of Sweet Potato in Oceania Obscured by Modern Plant Movements and Recombination," Proceedings of the National Academy of Sciences 110, no. 6 (February 2013); Douglas E. Yen, The Sweet Potato in Oceania: An Essay in Ethnobotany (Honolulu: Bishop Museum Press, 1974); Karl Rensch, "Polynesian Plant Names: Linguistic Analysis and Ethnobotany; Expectations and Limitations," in Islands, Plants, and Polynesians: An Introduction to Polynesian Ethnobotany: Proceedings of a Symposium, ed. Paul Alan Cox and Sandra Anne Banack (Portland: Dioscorides Press, 1991).*

고구마가 최초로 들어왔으리라고 추정되는 지역 (Yen, 1974)

선사시대의 주요 이동

선사시대의 부차적인 이동

선사시대의 독립적인 이동(Renach, 1991)

18세기 말과 19세기 초 여행자에 의한 이동

치며 별개의 인종으로 분화하지 않았다. 항해의 위업은 서양의 '백인 신들'의 고유 영역이 아니다. 대양은 카누로 건널 수 있다.

그리고 대륙과 대양을 뛰어넘는 풍경을 가로질러 이동하는 생명은 인간만이 아니다. 식물과 동물도 마찬가지다.

8장

야생의 이방인

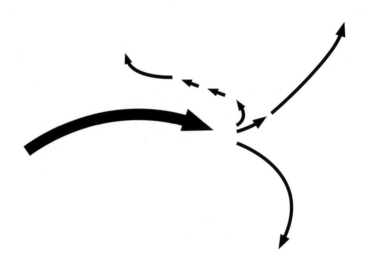

10월의 어느 아침 해 뜨기 1시간 전, 야구모자를 쓴 탐조인 20~30명이 플리스스웨터에 쌍안경을 목에 걸고 뉴저지주 케이프 메이의 좁은 운하 해변에 있는 목초지에 도착한다.

새들이 매년 남쪽으로 향할 때 이곳의 좁은 반도를 따라 송골매, 줄무늬새매, 킬디어라는 이름의 물떼새들, 눈처럼 하얗고 과묵한 백조, 바다에 잠수하는 북방가넷, 북극의 툰드라에서 부화한 북극도둑갈매기 등을 백만 마리까지 확인할 수 있다. 때때로 새들은 한랭전선 때문에 어쩔 수 없이 무리를 지어 몇 시간 하늘을 가로질러 날아가며 새들의 강을 이루기도 한다.

탐조인들은 이 장관을 만끽하기 위해 꼭두새벽에 일어난다. 그들은 야생의 이동에 관한 한 전문가다. 하지만 그들조차도 이동을 엄선된 소수의 전유물로 여기는 자연의 질서를 반사적으로 옹호한다.

아주 짙은 푸른색이던 아침 하늘이 지평선에서부터 가는 오렌지색 선으로 바뀐다. 탐조인들이 쌍안경으로 하늘을 탐색한다.

갑자기 누군가 외친다. 무언가를 발견한 것이다. "쇠부리딱따구리다!" 모두가 재빨리 그 사람이 가리킨 쪽으로 돌더니 쌍안경을 재조정하면서 그가 말한 이동성 딱따구리를 찾는다. 미숙한 내 눈에 머리 위 높이 지나가는 쇠부리딱따구리는 아이가 그린 풍경화에서 새를 의미하는 검은 크레용 체크 표시와 다를 바 없어 보이는데, 다른 사람들은 경탄과 환희를 담아 웅얼거린다.

몇 분 뒤 다른 누군가가 검둥오리라고 하는 긴 바다오리 행렬이 물 위로 낮게 날아가는 모습을 발견한다. "이 맛이지!" 남자는 주먹을 허공에 찌르며 의기양양하게 외친다. 나중에 이 사람들이 빨개진 뺨과 바람에 흐트러진 모습으로 뷔페식이 차려진 연회장으로 물러났을 때 누군가가 새들이 이주하는 모습을 허리 높이에서 볼 수 있는 해외 관측소에 대해 언급하자 일제히 '헉' 하며 탄식을 터뜨린다.

하지만 이 탐조인들은 이동하는 새의 장관에 넋을 잃기는 하지만, 자기 장소에서 벗어났다고 생각하는 생명체의 이동에는 그만큼 매력을 느끼지 않는다. 프라그미테스^Phragmites라고 하는 갈대는 운하 가장자리와 그 옆의 경사지에서 크고 빽빽하게 자란다. 화석 기록에 따르면 이 갈대는 최소 4만 년간 미국에 있었다. 형태상으로는 동일하지만 번식력이 더 왕성한 유럽 품종이 19세기 초 무렵에 미국에 들어왔다. 갈대는 깊고 튼튼하게 자라서 야생 쌀과 부들 같은 다른 습지 종을 밀어내지만 서식지에서 유용한 생태적 기능도 수행한다. 더러운 물을 여과해서 정화하고 초가지붕과 바구니, 낚싯대, 창, 그리고 이집트에서는 시프시라고 하는 클라리넷처럼 생긴 작은 악기를 만드는 재료가 된다. 줄기는 말려서 가루를 내어 먹기도 한다.

오전 나절의 해안 관찰이 끝난 뒤 이 사람들이 프라그미테스

군락지를 지난다. 이들 가운데 가장 전문가마저도 프라그미테스가 유발하는 구체적인 해로움을 짚어내지 못하지만, 사람들은 외래종이고 번식력이 너무 강하다는 이유만으로 갈대를 비난한다.

"갈대는 침략성이 있어요." 한 여성이 내게 설명한다. "딱한 일이죠." 다른 사람들도 투덜대며 맞장구친다. "씨가 얼마나 많은지 좀 봐요." 한 명이 불쾌해하며 말한다. "제거하는 게 얼마나 어렵다구요." 만일 그 사람들이 더 무례했더라면 갈대에 침이라도 뱉을 기세였다.

프라그미테스는 그냥 물을 여과하고 지역의 야생생물에게 도움을 주고 있을 뿐이다. 상모솔새라고 하는 물새들이 그 안을 뒤지는 소리가 들린다. 내 옆의 한 여성은 이 새들이 "토착종이었다면 더 도움이 되었을" 거라고 말한다.[1]

린네의 정착설 vs. 다윈의 이론

처음에는 린네의 분류법에서 야생종과 지리적 현지 종을 뒤섞었는데, 린네는 종의 원산지가 어디인지 또는 그 종이 지금의 서식지로 이동했는지, 했다면 어떻게 했는지 같은 문제는 탐구하지 않았다. 그가 보기에 종은 사실상 어디서 발견되든 그곳에 속했다. 그리고 그는 종의 이름을 지을 때 발견 장소를 넣는 식으로 그 관점을 각인시켰다.

다윈의 진화 이론은 일찍부터 린네의 관점에 도전했다. 모든 종은 공동의 근원에서 유래한다는 그의 생각은 과거 어느 시점에 생물 종들이 지구를 가로질러, 심지어는 지리적 장벽을 극복하고 지금의 서식지에 이르러야 한다는 의미였다. 대양을 헤엄쳐서 건너지 못하는 원숭이가 신대륙뿐만 아니라 구대륙에도 퍼져 있었다. 도마뱀은 지구 곳곳의 벽지에 살았다. 멀리 이동하지 못하는 갑충, 나무, 조개류 같은 야생의 생물이 공동의 원산지에서 등반 불가능한 산 위에, 거주 불가능한 사막에, 건널 수 없는 바다에 퍼져 있었다.

다윈은 콘티키 식의 사건들이 연달아 일어나 생물 종들을 멀리 퍼트렸을 거라고 상상했다. 예를 들어서 진흙 속에 묻혀 있던 씨앗이 새의 발가락 사이에 끼거나 날개에 덮힌 채로 굳어 있다가 새와 함께 기나긴 이주를 떠났을 수도 있다. 조개가 작디작은 껍질로 갑충의 다리를 붙들었을 수도 있고 아니면 껍질 내부에 웅크리고 있다가 폭풍에 휩쓸려 바다로 나갔을 수도 있었다. 해안의 다시마 숲 근처에서 쓰레기를 뒤지는 설치류는 부유하는 뗏목을 타고 가다가 바다가 부풀어 올랐을 때 떠밀려서 머나먼 해변으로 오게 되었을 수 있었다. 그는 시간이 누적되면서 이런 우연한 장거리 이동이 충분히 많이 일어나서 여러 생물 종이 산맥과 대양과 사막을 가로질러 이동하게 되고, 가장 외딴 해변에까지 이르렀으리라고 생각했다.

다윈에게는 이런 대서사시 같은 항해의 직접 증거가 전혀 없었지만, 그 대신 생물 종들이 이런 장거리 이동에서도 살아남을 수 있음을 증명하는 실험을 했다. 그는 87가지 식물 종의 씨앗을 소금물 병에 담갔다가 몇 달 뒤에 건져내서 그래도 발아하는지를 확인했다. 오리 다리를 구한 뒤 수족관에 매달아 놓고 갓 부화한 민물달팽이가 오리 다리에 매달리는지를 확인했다. 물고기의 위에 씨앗을 집어넣고 이 물고기를 독수리, 황새, 펠리컨 같은 새에게 먹인 다음 새의 똥에서 씨앗을 조심스럽게 추출해서 발아시켰다.

그의 연구 결과에 따르면 모든 식물 종 가운데 14퍼센트가 약 1만 6천 킬로미터를 이동할 수 있을 정도의 복원력이 있는 씨앗을 만들어냈다.

　그는 도서 지역에 있는 종의 독특한 집합이 시사하는 바가 있다고 생각했다. 육상의 종들은 이론적으로는 걸어서 대륙 곳곳에 직접 퍼져나갈 수 있지만 외딴 섬에 닿으려면 대양을 건너 장거리 이동을 해야만 했다. 실제로 섬은 장거리 이동할 때 생존 가능성이 가장 큰 종들의 집이었다. 예를 들어 뉴질랜드에는 콘티키 뗏목 여행을 쉽게 견딜 수 있는 식물과 곤충이 많았고, 그게 불가능한 포유류와 파충류는 없었다.

　다윈이 상상한 우연한 이동이 사람들의 눈에 띈 것은 1892년, 9미터 높이의 살아 있는 나무가 빼곡한 830제곱미터 크기의 뜬 섬이 미국 북동해안에 둥둥 떠 있는 모습으로 발견되었을 때였다. 몇 개월 뒤 사람들은 이 섬을 북동쪽으로 약 1,900미터 떨어진 곳에서 다시 보았다. 물 위에 뜬 이 섬이 해안에 닿기 전에 해체되지 않는다면 씨앗과 곤충과 다른 여러 생명체를 멀리 있는 해변으로 이동시켜 다윈이 이야기했던 원거리 서식지 건설을 촉진할 수 있을 터였다.

　그럼에도 불구하고 과학자들은 다윈의 장거리 확산 이론을 받아들이지 않았다. 야생의 생물이 자연의 경계에 구애받지 않고 예측 불가능하고 무계획적으로 지구 곳곳을 돌아다닌다는 생각은 붙박이처럼 정주해 사는 지구라는 신화에 어긋나기 때문이었다. 야생의 종이 폭넓게 분포한다는 사실은 그들이 같은 기원을 공유한다는 생각과 아귀가 잘 맞지 않았지만, 그걸로 정착 패러다임을 폐기하거나, 검증도, 예측도 불가능한 임의의 사건에 대한 지레짐작을 정당화하지는 못했다.

　많은 이들이 경계로 가로막힌 세상이라는 관점에 부합하기만 하면 이보다 훨씬 터무니없는 이론을 기꺼이 향유했다. 어떤 인기 있는 이론은 공통의 기원에서 걸어 나와 야생의 생물들이 한때 대륙과 섬을 연결했지만 지금은 사라진 지협을 건너 지금의 분포지로 이동했다고 추정했다. 진화생물학자 알랭 드 케이로스^{Alan de Queiroz}는 이런 지협이 그 지지자들이 상상하는 장소에 있었다고 볼 만한 '합리적인 지질학적 근거'는 전무했다고 지적한다.[2] 하지만 19세기 작가들은 어떤 바다의 양쪽에서 아주 가까운 관계인 종들이 발견되기만 하면 어디든 닥치는 대로 지도에 가상의 지협을 그려 넣었다. 이런 지도 중 어떤 것은 아프리카 남동지역에서 인도 남단까지 장장 5천 킬로미터에 걸쳐 지협이 물속에 잠겨 있다고 상상했다. 또 다른 지도는 서아프리카와 남아메리카 동해안을 연결했다. 그 길을 밟고 시에라리온에서 대서양을 건너 브라질까지 며칠 만에 코끼리 떼가 쿵쿵대며 지났으리라는 것이다.

20세기 대부분 기간에 린네의 정착설과 다윈의 이론이 부딪쳤지만 그 갈등은 본질적으로 해결되지 않은 채 남아 있었다. 마침내 이 충돌을 해소한 생물지리학 이론이 나온 것은 1970년대였다. 이 이론은 이후 몇십 년간 이주의 역사와 가능성을 질식시킨다.

이주를 부정하는 판구조론의 등장

20세기 초 독일 기상학자 알프레트 베게너^{Alfred Wegener}가 한때는 대륙이 한 덩어리로 모두 연결되었다는 생각을 처음으로 제시했다. 그는 대륙의 모양이 서로 퍼즐 조각처럼 들어맞는다는 사실을 발견한 사람이었다. 수수께끼 같은 과정을 통해 대륙이 쪼개져서 지금의 장소로 표류해서 오게 되었다는 게 그의 생각이었다.

수십 년간 그의 말을 믿는 사람은 없었다. 그 이유는 지구상에 알려진 힘 가운데 거대하고 견고한 암석 덩어리를 분리해서 수천 킬로미터 거리로 대륙을 끌고 갈 정도로 강력한 것은 없었기 때문이었다. 베게너는 1930년 세상을 떠나 순록 가죽에 둘러싸여 그린란드 눈 밑에 매장될 때까지 확실한 증거를 찾지 못했다. 하지만 1960년대 과학자들이 대륙이동설을 설명할 만한 강력한 지질학적 힘을 발견했다. 오늘날 모든 지질학 입문 수업에서 배우는 판구조론이 그것이다.

판구조론은 정착 생활 중심의 세상에서 생물 종들이 지구 곳곳에 퍼져 있는 딜레마도 해소해주었다.[3]

수억 년간 대륙은 하나로 뭉쳐져 있어서 전 세계의 생물 종들이 하나의 연속된 땅덩어리를 공유할 수 있었다. 이는 야생의 생명체가 기원이 동일하고 생물학적 공통성을 갖는 이유였다. 그러다가 이 초대륙이 분리되면서—이 과정은 지금까지 꾸준히 이어지고 있어서 오늘날의 플리머스 바위(Plymouth Rock)는 1620년보다 약 15미터 서쪽으로 움직였다—전 세계 종들이 서로 다른 방향으로 이동하게 되었을 것이다. 이는 여러 종이 곳곳에 흩어져 분포하게 된 이유였다. 생물지리학자들은 이를 '분단분포론'이라고 부른다.

분단분포론은 동식물이 지리적 경계를 넘나드는 예측 불가능한 혼돈으로 가득한 과거를 상상할 필요를 없앴다. 과거에 일어난 일체의 물리적 이동은 수백만 년 전에 근육을 쓰거나 가죽이 흐트러지는 일 없이 일어난 것이었다.

야생의 생명체는 자기 힘으로 대양이나 산맥, 사막 같은 지리적 경계를 넘지 않았다. 조개와 개구리와 달팽이가 살고 있는 연못, 계곡, 협곡 아래 깊은 곳의 구조판은 수십억 년 동안 그 위에 사는 생물들도 모르게, 매년 약 100밀리미터의 속도로 은밀하게 이동했다. 그 무엇도 자기 의지로 어디론가 크게 이동한 적이 없었다. 그들을 위해 구조판이 대신 움직였다.

생물지리학자들은 지질학적 역사에서 그들이 오래 고민하던 생물 종의 수수께끼 같은 확산을 설명해줄 단서를 찾기 시작했다.[4] 분명 조상이 동일한 날지 못하는 새들이 저 멀리 떨어진 오스트레일리아, 남아메리카, 아프리카 대륙에서 살았다. 어떻게 이렇게 널리 확산하게 되었을까? 이들 공동 조상은 세 대륙이 연결되어 있을 때 각 대륙에서 거주했을 가능성이 컸다. 북아메리카에 사는 발굽이 있는 반추동물은 무스와 카리부로 진화했고, 아시아에서는 엘크와 순록으로 진화했다. 이들 공동의 조상 역시 아마 두 대륙이 연결되어 있을 때 그곳에 살았을 것이다. 유대목 동물은 인도와 아프리카에서는 어디서도 볼 수가 없었다. 그 이유가 뭘까? 아마 유대목의 조상이 이 두 대륙에 올라타기 전에 초대륙에서 떨어져 나왔기 때문일 것이다.

생물지리학자들은 지질학적 힘이 어떻게 생물 종들을 곳곳에 분포시켰는지 모든 세부사항을 설명하지는 못했다. 하지만 그들은 설명할 수 있으리라는 자신감을 느꼈다. 지질학적 변화를 몇 번이고 끌어다가 생물 종의 이동을 설명할 수 있다고 생각했다. 산맥이 형성되면서 하나의 종이 두 개로 천천히 갈라졌다든가, 해수면이 내려가면서 지협이 만들어져서 고립무원 상태였던 종들이 새로운 영토에서 살 수 있게 되었다는 식으로.

분단분포는 드 케이로스의 표현을 빌리자면 '생물학 버전의 관성'을 회복시켰다.[5] 생물지리학자들은 다윈이 상상한 우연한 장거리 확산이 한 번씩 일어났을 수는 있다고 생각하면서도 그 외의 경우에는 생물 종이 어디에 어떤 과정을 거쳐 오게 되었는지를 설명하는 일관된 요인으로 이주를 전혀 고려하지 않았다. 생물지리학자 게리 넬슨Gary Nelson은 다윈의 장거리 확산 이론을 '불가능한 것, 희귀한 것, 수수께끼와 기적에 가까운 것의 과학'이라고 불렀다. 동물학자 라르스 브룬딘Lars Brundin은 그 개념이 "부정적이고 무익하고 피상적"이라고 덧붙였다. 그것은 '비판적인 사고에 역행'한다면서.

고생물학자 폴 마자Paul Mazza는 장거리 여행이 타당한 역사 이론이라고 믿는 소수의 생물지리학자들에게 "차라리 운이 좋으면 인간도 나는 법을 배울 수 있다고 주장하는 편이 낫다"고 밝혔다.[6] 생물지리학자들은 생물 종들이 전 세계를 이동하게 된 이야기에서 임의의 장거리 도약을 '각주' 정도로 치부했다. 2006년 《생물지리학 저널(Journal of Biogeography)》의 한 호에 발표된 논문은 이런 작은 사고는 '원칙적으로 거의 무작위적'이고 '따라서 흥미를 끌지 못한다'고 지적했다.

생물지리학자들은 역사상 장거리 이동의 역할뿐만 아니라, 야생의 생물이 애당초 이런 이동을 견뎌낼 수 있는지에 대해서도 의문을 표했다. 비판가들은 대부분 동물은 불가능하다고 주장했다. 피렌체대학교의 한 고생태학자는 2014년의 한 논문에서 캘리포니아 해안에서 약 65킬로미터 떨어진 바다에서 폭풍에 표류하는 다시마 무더기 위에 작은 멧토끼 한 마리가 올라타 있었다고 설명했다. 바다에서 며칠을 보낸 이 토끼는 탈수와 열 노출로 반쯤 죽은 상태였다. 이 생물은 캘리포니아와 채널섬 사이의 십여 킬로미터를 건너는 것도 불가능했다. 실제로 멧토끼는 한 번도 그런 적이 없었다.[7]

침입자에 대한 두려움

분단분포 생물지리학자들이 상상하는 자연의 역사에서는 생물 종들의 이동이 워낙 느리고 수동적이고 미미해서 야생의 적극적인 장거리 이동은 자연이나 역사에서 아무런 역할을 할 수 없었다. 제2차 세계대전이 끝나고 엘턴이 외래 침략자들에 대해 경고했던 이래로 많은 사람이 믿었던 진실이 재차 강조되었다. 바로 경계를 넘어 새로운 영토로 진입하는 동식물 등의 생명체는 자연의 질서를 위협하는 무단침입자, 침략자, 이방인이라는 것이다.

미국 정부는 알도 레오폴드의 아들이자 동물학자인 스타커 레오폴드A. Starker Leopold 같은 자연보호론자들의 조언에 관심을 두게 된 1960년대 이후로 국립공원을, 경계를 넘어오는 이방인이 마음대로 짓밟지 못하는 오아시스처럼 관리했다.[8] 그는 미국의 국립공원은 "최초의 유럽 방문자들이 보았던 대로 생태 현장을 보존하거나 필요한 경우에는…… 재창조"할 것을 권고했다. 레오폴드는 아무래도 유럽인들이 처음 도착하면서 오랜 적막의 시대가 막을 내리게 된 거라고 생각했던 것 같다.

1999년 당시 빌 클린턴 대통령은 직권으로 국가침략종의회 (National Invasive Species Council)를 설립해 씨앗, 알, 포자, 그 외 생물 물질로 그 생태계의 토박이가 아닌 외래종을 척결하는 과제를 맡김으로써 미국 정부는 이런 식의 보호를 전국으로 확대했다.[9] 2001년 9·11 테러 공격 이후로 국가를 침략종으로부터 지키는 것은 새로 만들어진 국토안보국의 배타적인 기능 중 하나가 되었다. 자연의 경계를 감시하는 일이 국가안보 인프라에 편입된 것이다.

수년간 보수적인 미국인들은 정원에서 외래종을 몰아내고 토착식물협회에 가입하여 뉴저지의 운하에 줄 지어선 프라그미테스 같은 신참들을 반사적으로 조롱하고, 멸종 위기에 처한 토착종을 보호한다는 대의를 옹호했다. 1980년대 과학자들도 이 흐름에 합류했다. 경계를 뛰어넘는 야생생물이 야기하는 피해의 추적을 목표로 하는 세 가지 하위 학문, 즉 보존생물학, 복원생물학, 침략생

물학이 새롭게 등장한 것이다.[10]

한 생태학자는 맹공의 속도가 전례 없는 수준이라고 말했다.[11] 이미 지난 500년 동안 새로 유입된 종이 얼음이 없는 지표면의 약 3퍼센트를 지배했다. 많은 나라에서 이런 종은 상주 식물의 20퍼센트 이상을 차지했다. 캘리포니아, 잉글랜드, 루이지애나, 시카고는 '독일' 말벌, '아프리카' 달팽이, '중국' 게, '유럽' 홍합에게 침략당했다고 한 저명한 침략생물학자가 경고했다.

『살인 이주자(Immigrant Killers)』, 『이방인의 침입(Alien Invasion)』, 『야생의 미래(Feral Future)』 같은 제목의 책에서 저자들은 움직이는 야생생물에 대한 부정적인 주장을 펼쳤다.[12]

예를 들어 '적군 석방 가설'에 따르면 침입자는 토착종이 하지 못하는 방식으로 토착 포식자를 피할 수 있어서 위험할 정도로 부당한 우위에 서게 된다. 반대로 그들은 토착 포식자가 하지 못하는 방식으로 토착종을 잡아먹었다. 한 지방 토착종의회는 하와이에서 토착종이 '7천만 년…… 넘게 상대적으로 고립된 상태로' 살면서 이 섬의 '유순한 환경'에 맞게 진화했다고 지적했다. 이 토착생물들은 다른 곳에서 온 '경쟁 관계의 비토착' 종이 뿔과 날카로운 발굽과 유독한 분비물과 육식 성향으로 맹공을 퍼부으면 초토화될 것이었다.[13]

침략생물학자들은 침입자의 증식을 그들이 토착종을 몰아냈다는 증거라고 지적했다. 스탠퍼드대학교의 두 생물학자는 침략종의 점진적인 영향을 개괄하는 한 논문에서 아르헨티나 개미가 원산지에서보다 침략한 지역에서 더 많이 증식했다고 밝혔다. 유럽의 초파리는 북아메리카 서해안에 도착한 지 20년 만에 진화를 통해 날개 크기가 바뀌고 서식지가 캘리포니아 남부에서 브리티시컬럼비아로 확대되었다.

신참들은 지역 종들과 뒤섞였고, 이 때문에 이들이 외래 조직으로 지역 종을 오염시킬 것이라는 공포가 커졌다. 청둥오리는 뉴질랜드 회색오리와, 하와이 오리는 플로리다 얼룩무늬 오리와, 일본의 싯카 사슴은 영국의 리드 사슴과 잡종을 만들었다. 스탠퍼드의 생물학자들은 《미국국립과학원회보》에 실린 2001년의 한 논문에서 이종 번식이 대대적이라고 밝혔다.[14]

그들은 토착종의 생태 자리를 빼앗았다. 가령 영국에서는 아메리칸회색다람쥐가 토종 청설모를 밀어내고 일종의 연쇄 이주처럼 자기 종이 더 많이 들어오도록 유도했다. 엘턴의 1958년 책이 2000년에 재발간되면서 새로 실린 서문에 따르면 외래종은 다른 외래 생명과 '상승적인 관계'를 맺었다. 그 결과 한 종이 등장하면 얼마 안 가 충분히 많은 종이 나타날 가능성이 높았다. 가령 말조개 때문에 깃털처럼 생긴 수생식물인 유라시아 물수세미가 들어올 수 있었다. 캘리포니아 남부의 건조한 언덕에서는 다른 지역에서 들여온 가축의 발굽이 건조한 토양에서 지의류가 만들어낸 연약한 층을 파괴해버렸다. 이 때문에 토착종인 바둑판점박이나비가 주식으로 삼는 토착식물의 서식지가 피해를 보았다. 대신 외래식물이 번성했고, 점박이나비는 멸종 위기에 몰렸다.[15]

19세기에 러시아에서 북아메리카로 들어와 오대호로 퍼져나간 말조개 같은 침입자들은 배의 선체를 망가뜨렸고, 배수관을 막았으며, 토종 조개에 들러붙어서 먹이를 충분히 먹지 못하게 방해했다. 침략생물학자들은 이 때문에 토종 조개 군집이 무너진 게 아닌가 의심했다. 눈길을 사로잡는 자주색 꽃과 함께 씩씩하게 높이 자라는 유럽산 털부처꽃 같은 침입자가 토종 부들(여러해살이풀-옮긴이)을 밀어내고 지역의 야생생물에게 피해를 줄 수도 있었다. 지자체들은 이런 침입종을 없애려고 수백만 달러를 쏟아부었다.

한 침략생물학자는 지구상을 자유롭게 돌아다니는 야생종이 생태계를 대규모로 유린할 것이라고 계산했다. 육지동물의 수는 65퍼센트, 육지조류는 47퍼센트, 나비는 35퍼센트, 해양생명은 58퍼센트 줄어들 것이었다. 이런 평가를 근거로 전문가들은 새로 유입된 종이 미국 내에서 생물다양성을 위협하는 두 번째로 큰 요인이라고 설명했다.[16] 침략생물학자들은 생물학적 침입의 순 비용을 1조 4천억 달러, 또는 세계 경제 가치의 5퍼센트로 계산했다. 하버드대학교 생태학자 윌슨E. O. Wilson은 "신참들이 환경 대재앙의 무심한 기수"라고 경고했다.

생태학자들은 판돈이 걸리다 보니 의도적이든 실수든 동물의 이동을 조장하는 것을 너무 사악하고 위험한 일로 여겼고 그래서 심지어 동물을 구하기 위해 이동시킨다는 생각에도 반대했다. 점박이나비 군집의 운명을 우려한 카밀 파미잔은 한 과학학술대회에서 위기에 처한 점박이나비 군집을 일부 다른 곳으로 옮기자고 제안했다.[17] 그녀의 동료 생태학자들은 폭발했다. 그녀의 제안에 사람들은 두려운 감정에 휩쓸렸다고 그녀는 기억한다. 뒤이은 소동에 대해《가디언》의 한 기사는 '그들이 그녀가 신神인 척한다고, 자연에 손을 대려 한다고 비난했다'고 보도했다. '그녀의 접근법은 완전히 새로운 문제들을 연쇄적으로 유발할 것이었다.'

이동하는 종이 야기하는 위협에 관해 침략생물학자들과 다른 과학자들의 우려는 인간 이주자에 대한 우려와 닮아 있었다. 필요하다고 생각하는 교정 조치 역시 비슷했다. 경계는 안심할 수 없고, 신참을 환영하거나 손쉽게 동화시키기는 불가능했다. 침입자는 박멸해야 했다.[18] 생태학자이자 알도 레오폴드 재단의 과학자문위원인 스탠리 템플Stanley Temple은 1990년 "그것은 끔찍하지만 피할 수 없는 일"이라고 말했다.

반바지 차림에 도끼와 삽을 든 과학자 팀이 하와이 군도에서 가장
큰 섬인 하와이섬 전역에 퍼져 있는 세계 최대의 화산 마우나로아
의 그늘에서 얽히고설킨 정글을 헤쳐나갔다. 이 빽빽하고 습한 숲
속, 오히아 나무의 불타는 듯한 꽃 밑에서 고대의 생물지리학적
경계가 어지럽혀져 있었다.[19] 곱슬머리인 레베카 오스터택Rebecca
Ostertag과 키가 크고 강단 있는 수잔 코르델Susan Cordell이 이끄는 이
오합지졸 식물학자 집단은 이 문제를 놓고 뭔가를 할 생각이었다.

이 섬의 원거주자, 자기 힘으로 하와이로 찾아온 1,200여 종
의 동식물은 이 섬에서 주기적으로 흘러나오는 불타는 용암 속에
서도 생존할 수 있게 해주는 독특한 자질을 갖춘 특별한 존재들이
었다. 변신을 거듭한 오히아는 갓 흘러내린 용암은 물론 거의 모든
종류의 토양을 견딜 수 있었다. 수천 년간 이 오히아와 다른 하와
이 토착종들은 대륙의 혼란에 휩쓸리지 않고 고립된 채 살아왔다.

하지만 사람들이 들어오기 시작하고 돼지, 닭, 쥐, 새로운 질
병 같은 대도시의 외부자들이 따라 들어왔다. 사람들은 푸에르토
리코에서 청개구리를 들여왔고, 쥐를 통제하기 위해 몽구스를, 정
원에서 기르기 위해 장식용 식물을 끌어들였다. 그 과실을 먹은 새
가 배설물에 담아 씨앗을 곳곳에 퍼뜨리면서 하와이의 열대 태양
아래 씨앗들은 빠르게 성장했다. 이내 공격적인 신참들이 들끓으
면서 이 섬의 양분을 빨아먹고 햇볕을 훔쳤다.

오스터택과 코르델은 마우나로아 옆에 붙어 있는 절반에 가
까운 식물이 토착종이 아닌 외래종이라는 사실을 알았다. 당장은
오래된 오히아 나무가 아직 상층을 지배했지만 오래가지 못할 것
이었다. 2010년 농부들은 이상한 곰팡이가 이 섬의 상징인 오히아

나무를 궤멸시키고 있다는 사실을 알아차렸다. 누구도 그게 뭔지 정확히 몰랐지만 대부분 그게 외래종일 거라고 추정했다. 얼마 안 가 그게 오히아 나무를 죽일 것 같았다. 그렇게 되면 오히아 나무는 외부자들에게 완전히 밀려나게 되리라. 밑에 있는 어린 나무들은 외래종투성이었다. 하와이의 토착종들이 수천 년 전에 이룬 숲 생태계가 사라질 판이었다.

식물학자들은 정글에서 100평방미터의 땅 네 곳에 표시했다. 이들은 몇 개월에 걸쳐 등골이 빠지도록 힘들여 일하면서 그 경계 안에서 발견할 수 있는 모든 외래종을 없앴다. 톱으로 나무를 잘라 내고 나서 남은 부분에 치명적인 제초제를 부었다. 돌투성이 땅에서 뿌리를 캐 관목과 양치식물을 뽑아냈다. 위에서 비처럼 내릴 수 있는 모든 씨앗을 포집하기 위해 거대한 깔때기를 설치했다. 토착종이 아니라는 낌새만 보이면 바로 그 땅에서 꼼꼼하게 제거했다.

침략종을 상대로 한 이 전투는 이들이 세계무역과 이동을 통해 새로운 서식지로 이동하는 것을 역사적 그리고 생태적 일탈로 여겼다. 하지만 과학자들은 나비가 얼마나 멀리 날 수 있는지, 또는 늑대가 산맥을 넘을 수 있는지, 악어가 해류 속에서 헤엄칠 수 있는지를 정말로 알지는 못했다. 수 세기 동안 동물의 이동을 추적하는 일은 2015년 《사이언스》의 표현을 빌리면 '생태학 연구의 주변'으로 격하되어 체계적으로 진행되지 못했다.[20] 계획적으로든 피치 못해서든 실험방법은 풍경을 가로지르는 동물의 이동 규모를 거의 포착하지 못했다.

영국군이 레이더를 통해 새의 이동을 의도치 않게 발견했듯 많은 극적인 장거리 이동이 우연히 발견되었다.[21] 가령 유럽의 관찰자들은 아프리카가 원산지인 게 분명한 어린싹이 황새 옆구리에 끼어 있는 것을 보고 황새가 아프리카에서 겨울을 난다는 사실을 처음으로 알게 되었다. 19세기 과학자들은 이례적인 눈 폭풍 때문에 하늘에 있을 수 없게 된 아카디아올빼미 수천 마리가 바다에 있는 모습을 조류학자들이 발견하기 전까지만 해도 매년 수천 킬로미터를 이동하는 이 올빼미들의 서식지가 일반적으로 중북부에 있는 주라고 생각했다.

심지어 북아메리카 동부에서 멕시코로 날아가는 제왕나비의 유명한 이동마저 예기치 않게 발견되었다.[22] 1930년대에 토론토대학교 동물학자였던 프레드와 노라 어쿠하트Fred and Norah Urquhart 부부는 매년 겨울 제왕나비가 사라졌다가 봄이 되면 마치 긴 여행을 다녀오기라도 한 듯 날개가 너덜너덜해진 채 다시 나타난다는 사실을 알아차렸다. 이들은 '캐나다 토론토대학교 동물학과로 보내주세요'라고 적힌 작은 꼬리표를 이 나비의 날개에 붙이기 시작했다. 수십 년이 넘도록 되돌아온 나비는 그렇게 많지 않았다. 그중에는 토론토 남쪽 지점에서 돌아온 것들이 많았지만 나비가 날아서 거기까지 간 것인지 아니면 그냥 바람에 휩쓸린 것인지는 분명하지 않았다. 수수께끼가 아직 풀리지 않고 있던 1975년 이 동물학자 부부는 멕시코로 여행을 떠났다. 미초아칸산에서 등산하던 부부는 제왕나비 수백만 마리가 나무를 뒤덮고 있는 모습을 보았다. 펄럭이는 날갯소리가 마치 폭포 소리 같았다. 나비의 무게를 못 이긴 소나무 가지가 이들 앞에 부러지며 떨어졌고, 한 나비의 날개에 붙어 있던 작은 종이 꼬리표로 이 나비가 북쪽에서 왔음을 알았다.

이 인기 있는 '표지재포획법'을 위해 과학자들은 19세기 조류학자 존 제임스 오듀본처럼 새의 다리에 끈을 묶거나, 20세기 나비연구가 폴 에를리히처럼 매직펜으로 나비의 날개에 점을 그렸다. 플라스틱 식별표, 염색, 페인트 같은 것을 이용하거나, 카메라를 설치해서 지나가는 동물 사진을 찍는 과학자들도 있었다. 개별 동물에게 표시했다가 나중에 재포획하는 방법으로 최소한 조야하게나마 이들의 이동을 추론할 수 있었다. 하지만 아무리 돌아다니는 연구대상에 표기하더라도 표지재포획법으로는 연구대상이 연구자가 생각하는 곳으로 이동했다는 사실만 확인하는 데 그칠 수 있었다. 다리에 실을 묶어놓은 새나 점을 찍어놓은 나비가 다시 포획되지 않으면 과학자들은 상상력을 동원해서 무슨 일이 벌어졌을지 마음대로 판단했다.

가령 한 연구에서 에를리히는 185마리의 나비에 표시한 뒤 풀어주고서 며칠 뒤에 다시 찾으러 왔다. 그는 표시한 나비 가운데 97마리가 자신이 처음에 표기했던 장소 근처에서 돌아다니고 있음을 확인했다. 다른 88마리는 재포획에 실패했다. 이들은 그가 찾던 장소에서 멀리 움직였을 수도 있었지만 그는 모두 죽었다고 넘겨짚었다. 그의 결론은 바둑판점박이나비들이 '두드러지게 방랑벽이 부족'하다는 것이었다.[23]

고양이 목에 방울을 다는 것처럼 움직임을 감지할 수 있는 신호를 내보내는 태그를 다는 방법은 확증편향을 피할 수 있긴 하지만 다른 문제를 일으켰다. 태그가 무거워서 동물의 행동을 방해할 수 있었고, 비용이 많이 들었다. 동물의 이동을 추적하는 한 과학자의 기억에 따르면 동물 한 마리에 태그를 다는 데 3,500달러가 든다.[24] 그리고 제일 튼튼한 동물에게 부착하고 최선의 결과를 기대해야 했다. 건전지 수명이 제한적이기 때문에 일정 시간이 흐르고 나면 더는 신호를 보내지 않아서 과학자들은 자신의 연구대상이 대체 어디에 있는지 알 수가 없었다.

움직임을 아주 개략적으로 파악할 수밖에 없더라도 하루에 한 번 정도만 신호를 보내는 방식으로 프로그램을 짜서 태그의 에너지를 보존하려는 연구자도 있었다. 하지만 아무리 과학자들이 데이터를 얻기 위해 태그의 무게와 비용과 필요한 에너지의 양을 조율해도 기본적으로는 여전히 수신기로 들어오는 신호를 포착하면서 그 동물들을 따라다녀야 했다. 초창기에는 태그가 달린 새 뒤를 차량으로 따라가거나 경비행기를 몰고 그 뒤를 천천히 비행해야 그 작은 신호음을 포착할 수 있었다. 한 동물 추적가는 이렇게 기억한다. "물리적으로 코끼리한테 다가가 그 위로 비행해서 코끼리가 시야에 들어와야 비행기 한쪽에 있는 안테나로 그 위치를 감지할 수 있다. 그런 다음 눈으로 우리가 지도상에서 어디에 있는지 가늠하고 거기다가 작은 십자가를 그렸다. 그런 식이었다."[25]

미군은 시스템이 훨씬 나았다.[26] MIT의 과학자들은 러시아 위성 스푸트니크의 궤도가 가까워졌다가 멀어지면서 거기서 송출되는 무선신호가 증가했다가 감소한다는 것을 알아차렸다. 그래서 미국은 신호를 방출하는 위성을 우주로 쏘아 보내기 시작했다. 1990년대가 되자 미국 위성의 GPS는 끊임없이 신호를 내보냈고, 이제는 신호가 워낙 많아서 지구상의 어느 장소에 있든 하루 중 언제든 최소한 네 개의 신호를 감지할 수 있을 정도였다. 이론상 GPS 태그를 장착한 동물들은 지구 어디를 가든 수신기를 가지고 따라다닐 필요 없이 추적할 수 있게 됐다. 하지만 항법 기술로 적에게 도움을 줄까 두려워한 국방부는 일부러 정확도를 낮추기 위해 신호에 예측 불가능하고 불규칙한 지터jitter를 도입했다. 이렇게 하면 군대가 보유한 수신기가 있어야만 GPS 신호를 정확하게 해석할 수 있었다. 다른 사람들은 쓸모없는 틀린 결과밖에 얻지 못했다.

그래서 일반인은 물론 과학자들에게도 동물의 이동은 대체로 알려지지 않은 상태였다. 우리와 더불어 살아가는 동물들조차도 보이지 않는 곳으로 기어가거나 쌩하니 지나가버린다. 가끔은 이동 경로를 알려주는 희미한 자취, 이를테면 눈 위에 찍힌 발자국, 관목 속에 버려진 둥지 등을 알아보고 반색하기도 한다. 하지만 아무리 사슴이나 여우처럼 인간 거주지 근처에 사는 평범한 동물이라 해도, 길에서 야생동물을 마주치는 것은 놀라움과 기쁨을 자아낸다.

몇 주 전 나는 진입로에서 붉은 여우를 봤다. 여우 한 쌍이 우리 동네로 이사 왔다는 말을 이미 들은 상태였기 때문에 놀랄 일은 아니었다. 하지만 우리는 몇 달간 교외의 작은 땅을 공유하고 지냈음에도 나는 이들의 행방을 거의 알지 못했다. 여우를 목격한 나는 그 자리에서 얼어붙었다.

적극적으로 이동했다는 증거

인도양에 떠 있는 1천 평방마일 미만 크기의 화산섬 레위니옹 모래 해변 위로 수천 피트 높이에 있는 안개 낀 숲 곳곳에 고지대 타마린드 나무의 길고 구불구불한 줄기가 발레리나처럼 우아한 곡선을 드리우고 있다.[27] 지역 주민들은 낚시용 카누를 만들고 집 지붕을 엮는 데 쓸 수 있는 이 나무를 찾기 위해 화산의 가파른 경사면 위로 1킬로미터 가까이 기어올랐다. 기이하게 뒤틀린 이 나무의 가지들이 마치 마법에 걸린 듯 안개가 자욱한 숲에서 모습을 드러낼 때까지.

초현실적인 고지대 타마린드 나무는 산호에 에워싸인 화산섬에 살고 있는 또 다른 나무, 바로 코아 나무와 놀라울 정도로 유사하다. 코아 나무는 하와이 화산의 사면을 따라 두껍게 쌓인 재 속에서 자란다. 부연 청색 나비들이 그 꽃에서 꿀을 빨고, 하와이 사람들은 그 나무로 우쿨렐레와 서프보드를 만든다.

수 세기 동안 식물학자들은 이 두 종이 너무 비슷해서 당혹스러웠다.[28] 하와이의 코아 나무와 레위니앙섬의 고지대 타마린드의 조상이 같을 가능성은 없어 보였다. 과학자들은 한쪽이 다른 한쪽에 씨앗을 제공할 수 있는 그 어떤 이동도 상상할 수 없었기 때문이다. 1만 8천 킬로미터의 바다를 사이에 둔 두 섬은 지리적으로도, 지질학적으로도 연관성이 없었다. 두 섬은 육상에서 두 지점이 최대한 떨어질 수 있는 만큼이나 멀었다. 해류도, 바람도, 철새의 경로도 두 섬을 이어주지 못했다. 씨앗이 어떤 식으로든 바다에 실려 이동한다 해도 이동하면서 살아남을 가능성은 적었다. 씨앗은 얇은 막으로 되어 있고 물에 뜨지도 않으며 해변에서 자라지도 않는다.

식물학자들이 코아 나무와 고지대 타마린드 사이의 유사성에 대해 내놓은 두 설명은 모두 만족스럽지 않았다.[29] 하나는 두 나무가 아무런 관련이 없고, 그저 어쩌다가 똑같은 모습으로 진화했을 뿐이라는 것이다. 다른 하나는 인간 이주자가 이 나무를 들고 돌아다녔을 가능성이었다. 누가, 언제, 왜 그랬는지는 아무도 할 말이 없긴 했지만 말이다.

역사적인 생물지리학은 이런 식의 풀리지 않은 문제들로 가득했다. 생물지리학자들은 화석 증거를 토대로 지질학적 사건과 종의 분포를 연결하여 수동적이고 감지 불가능한 움직임의 이야기를 짜 맞췄다. 그게 불가능할 때는 정착지에서 벗어나지 않는 세상이라는 자신들의 틀 속에서 말이 되는 그럴싸한 이야기를 제시했다.

그러다가 분자생물학자들이 인간의 이주 시기와 규모에 관한 생각을 뒤엎은 분자시계법을 가지고 이런 이야기들을 검증하기 시작했다.

2014년 과학자들은 《네이처》의 한 논문에서 코아 나무와 고지대 타마린드 간의 유전적 관계에 관한 연구 결과를 발표했다. 그들이 확인한 바에 따르면 고지대 타마린드는 코아 나무의 직계후손이었다. 일부 레위니옹섬의 타마린드는 사실 서로 간보다는 하와이 코아 나무와 더 가까운 관계였다. 그리고 둘을 연결하는 씨앗은 호모 사피엔스가 진화도 하기 전인 140만 년 전에 하와이와 레위니옹섬 간의 대장정을 완수했다.

유전학 증거에 따르면 코아 나무는 어떻게든 1만 8천 킬로미터의 바다를 건너 레위니옹섬에 서식하게 되었다. 코아 나무의 여정은 기록이 시작된 이래로 가장 거리가 먼 단일한 이동이었다. 그리고 분자생물학의 연구 결과는 그게 유일한 사례가 아님을 시사했다.

분단분포론에 따르면 원숭이가 신세계 종과 구세계 종으로 나뉜 것은 대서양이 열리면서 두 혈통을 천천히 그리고 수동적으로 갈라놓았기 때문이었다.[30] 하지만 분자생물학의 연구 결과에 따르면 두 종은 대서양이 나타나고 나서 3천만 년이 지날 때까지 갈라지지 않았다. 두 원숭이가 타의에 의해 분화되는 건 불가능했다. 그 조상들이 대서양을 건넌 게 틀림없었다.

남아메리카의 설치류는 분단분포론에 따르면 파나마의 지협을 건넌 것이지만 지질학적 힘에 따라 두 아메리카 대륙을 연결하는 지협이 만들어지기 수년 전에 이미 와 있었다. 이 설치류들은 바다를 건넌 게 틀림없었다.

분단분포 이론가들은 남아메리카 남부를 오스트레일리아와, 마다가스카르를 인도와 분리시킨 곤드와나 대륙의 지질학적 붕괴가 한때 모두 연결된 곳에 살던 식물 종들을 점차 찢어놓았다고 추정했다. 한 식물학자가 '분단분포 패러다임의 마지막 거대한 헛

286

소리'라고 일컬은 2004년의 한 영향력 있는 연구에 따르면 식물들은 구조판 위에 놓인 채 이동한 게 아니었다. 적극적으로 움직인 것이다.

분자생물학의 연구 결과는 아주 오래전 숱한 장거리 이동이 있었음을 시사했다. 원숭이들은 구세계에서 신세계로 넘어가려면 대서양을 건너지 않을 수 없었던 시기에 그 길을 갔다. 폴리네시아의 고구마는 인간이 폴리네시아로 고구마를 가져오기 수만 년 전에 아메리카 고구마와 갈라져서 자기 힘으로 태평양에 서식했다. 설치류는 육로가 존재하기 전에 북아메리카에서 남아메리카로 이동했다. 이런 종류의 지리적 장애물에 구애받지 않는 비지질학적 이동은 바로 다윈이 말한 가능성이 적고, 드물고, 수수께끼 같은 이동이었다.

코아 나무의 여행은 '거대한 요행'일지 몰랐지만 '그게 최근의 많은 생물지리학 연구의 메시지 중 하나'라고 논평했다. 거대한 요행들이 일어나기도 한다는 것이다.[31]

동물의 대대적 이동을 파악하다

새로운 분자생물학 기법들이 과거 동물의 이주에 대한 드라마 같은 이야기를 되찾는 동안 다른 새로운 기술은 현재 이들이 어떻게 이동하는지에 대한 과학자들의 생각을 바꿔놓았다. 그것을 가능케 한 동물추적기술 혁명은 2000년 5월 1일 자정에서 몇 분 지난 시간에 시작되었다. 그 순간은 바로 국방부가 GPS 위성신호에 더는 지터를 추가하지 않고, 이 세상에서 수신기만 있으면 누구든 신호의 흐름을 교란 없이 받을 수 있게 했을 때였다.[32] (그들은 적군을 저지하기 위해 선택적으로 신호를 차단하는 방법을 알아냈다.)

80억 달러 규모의 GPS 기술산업이 불쑥 등장해서 신제품이 홍수처럼 쏟아졌다. 그중에는 너무 작고 가벼워서 아기곰의 북슬북슬한 귀나 바다거북의 미끄러운 껍질에 부착할 수 있는 태양발전 GPS도 있었다. 새로운 태양발전 GPS 태그 덕분에 사람들은 한때는 감지할 수 없었던 동물의 움직임을 꾸준히, 실시간으로, 전 범위에 걸쳐 그리고 일생 동안 추적할 수 있게 되었다.[33]

바이에른의 한 농장에서 어린 시절을 보낸 조류학자 마르틴 비켈스키Martin Wikelski처럼 동물을 추적하는 과학자들은 자기 지역의 제비들이 남아프리카까지 그 먼 길을 날아가는 모습에 놀라움을 금치 못했고, 방랑하는 자신의 연구대상—두루미, 잠자리, 기름쏙독새 등—에 재빨리 새로운 태그를 장착했다. 소셜 미디어로 새롭게 연결된 전 세계 사람들의 관찰과 함께 새로운 GPS 데이터가 쌓였다. 고래 관찰가들은 아이슬란드에서 서로 관찰한 내용을 공유했고, 탐조인들은 휴대전화 앱으로 수백만 건의 새를 목격한 기록을 올렸다. 2016년쯤 되자 이버드eBird라는 앱에 30만여 명의 탐조인들이 전 세계에서 올린 목격 기록이 1,180만 건을 넘어섰다.

결과는 충격적이었다. "언제 봐도 우리의 지식과 상반되는……완전히 새로운 정보를 발견한다"고 비켈스키는 말한다.[34]

극제비갈매기는 7만 900킬로미터의 이주를 기록했는데 이는 과거의 추정치보다 약 2배 길다. 몇 년 후 또 다른 태그 실험으로 제비갈매기가 그보다도 3분 1 정도 더 멀리 이동했음을 확인했다. 페루의 아마존에 있는 재규어의 경우 과학자들은 카메라 트랩 연구를 근거로 활동반경이 맨해튼 크기 정도일 것으로 추정했지만 (GPS로 확인하니-옮긴이) 이보다 10배 더 넓은 범위를 돌아다녔다. 매년 주기적으로 이동하는 얼룩말을 추적했더니 왕복 500킬로미터를 움직였는데, 이는 이제껏 기록된 육상 이동 중 가장 긴 거리

에 속했다. 바다 이동을 피하는 줄 알았던 오스트레일리아의 바다
악어는 해류를 따라 바다에서 320킬로미터 이상 헤엄쳤다. 잠자
리는 미국 동부에서 매일 수백 킬로미터를 날아 남아메리카로 이
주했다. 하와이 인근 해안에 영구적으로 거주하는 줄 알았던 뱀상
어는 바다 저 멀리 수천 킬로미터를 돌아다니는 것으로 확인되었
다. 하와이해양생물학연구소의 한 상어 연구자는 상어가 좁은 지
역에서 벗어나지 않는다는 과학자들의 추정이 "완전히 틀렸다"고
말했다.

이탈리아 트리에스테에서는 위성추적장치가 부착된 한 늑대
가 4개월에 걸쳐 얼어붙은 강과, 6미터 깊이의 눈과, 2,600미터 높
이의 산길을 쉬지 않고 이동하여 오스트리아까지 1천 킬로미터가
넘는 각별히 장대한 여행을 하기도 했다.

야생생물은 과학자들이 규정한 경계를 상습적으로 넘어서 돌
아다닌다.[35] 에티오피아의 기린들은 대부분의 시간을 자신들을 보
호하기 위해 특별히 설계된 공원 경계 밖에서 보낸다. 차고스제도
의 푸른바다거북 역시 자신들을 보호할 의도로 조성된 해양보호
구역의 경계 너머로 헤엄쳐 다닌다. 베네수엘라 엘 과차로 국립공
원의 석회암 동굴 안에 있는 새의 40퍼센트가 경계 밖에서 휴식을
취하고 먹이활동을 한다. 케냐 안에서만 이동한다고 생각했던 코
끼리들은 국경을 넘어 탄자니아까지 돌아다닌다.

이들의 움직임은 간단치 않다. 과학자들이 동물을 광범위하게
추적할수록 이동은 더 복잡한 양상을 띤다. 과학자들은 밝은 붉은
색을 띠는 꿩인 수계가 여름에는 히말라야 위로 올라갔다가 겨울
에는 내려온다고 생각했지만 3년에 걸친 연구 끝에 겨울에 올라가
기도 하고 내려가기도 한다는 사실을 알게 되었다. 심지어 일부는
완전히 다른 곳으로 이주한다. 24시간에 한 번씩 오소리의 위치를

확인해서 오소리의 지하 굴을 지도로 나타내던 한 생물학자는 확인하는 빈도에 정비례해서 발견하는 굴의 수가 늘어난다는 사실을 발견했다. 심지어 3초에 한 번 오소리의 움직임을 확인해도 이 오소리들이 자신의 이동을 원활하게 하려고 만들어내는 미로 같은 통로를 완전히 밝히기에는 충분치 않은 것을 알아냈다. 정확하게 포착하려면 1초에 10번 표본을 확인해야 했다.

그동안 과학자들은 동물들이 생리적으로 얼마나 편하게 이동할 수 있지를 과소평가했다. 플로리다에서 알을 까고 나온 동남아시아 비단뱀들은 정확한 방사 장소를 찾아 20킬로미터가 넘는 플로리다 습지를 똑바로, 그리고 빠르게 몇 달간 이동해 도착했다. 남아프리카에서 한 표범을 추적했더니 과학자들이 이동을 가로막을 거라고 생각했던 마을, 도시, 철길을 성공적으로 피해서 3개국을 가로질렀다. 히말라야산맥을 넘어서 비행하는 인도기러기들은 순풍의 도움을 받을 수 있는 낮이 아니라 맞바람을 상대해야 하는 밤에 해발고도 6천 미터 이상으로 날아올랐다. 연구자들은 이를 '지구상에서 가장 극단적인 이주'라고 불렀다.

정착 세계 신화는 야생생물의 이동 능력을 너무 과소평가한 나머지 가장 먼 이동은 인간의 중재가 있어야만 가능하다고 여겼다. 사실 그들 스스로 복잡하고 정교하게 이동할 수 있는 능력은 인간의 능력을 무색하게 한다.

이동은 한때는 유전자가 기계적으로 통제한다고 생각했지만 이제는 개체 간의 역동적인 상호작용의 결과처럼 보인다. 각 개체는 환경 속의, 그리고 서로 간의 미세한 단서에 반응하며 이런 상호작용을 한다. 명금류는 유전자의 지시에 따라 일정 시기가 되면 남쪽으로 떠난다고 생각했지만 환경 안의 미세한 요인들과 서로 간의 단서에 따라 이동의 시기와 방향을 조율한다. 검은머리솔새는 바다와 대륙 위로 뻗어 있는 바람길 네트워크를 이용해서 하늘을 가로지르는 복잡한 경로를 따라간다. 우두머리를 기계적으로 따라가는 줄 알았던 개코원숭이들은 다양한 경로의 역학을 고려해서 판단을 내린다. 개코원숭이 두 마리가 다른 방향으로 움직일 때 추종자들은 두 경로의 차이를 절충해서 중간쯤 되는 경로를 계획한다. 심지어 바람을 타고 소극적으로 이동한다고 생각했던 거미조차[36] 식물 꼭대기로 적극적으로 기어올라 비단실을 붙이고 발끝으로 서서 산들바람이 자신을 데려가기를 기다린다.

생태학자 이아인 쿠진Iain Couzin은 곤충과 새와 여러 동물의 대대적인 이주를 언급하며 "인간이 현대 기술의 도움을 받지 않고 이런 일을 이룬다는 것은 생각할 수도 없는 일"이라고 지적했다.[37]

한때는 생물학 연구의 변방으로 밀려났던 동물 이동에 관한 연구가 중심으로 옮겨왔다. 2006년 동물 행태와 생태계 작동의 핵심 특성으로 이동이 자리매김하는 새로운 접근법의 틀을 짜기 위해 예루살렘의 이스라엘고등연구소에 일군의 과학자들이 모였다. 이들은 이 새로운 분야를 '이동생태학'이라고 불렀다.[38] 이듬해 비켈스키와 동료들은 과학자들이 동물 추적 데이터를 공유할 수 있는 무브뱅크Movebank라는 공공데이터베이스를 시작했다. 동물을 추적하는 사람들이 여기에 매일 약 100만여 데이터포인트를 추가한다.

2018년 2월의 어느 아침, 짙은 검은색 파카에 귀 덮개가 달린 북슬북슬한 모자 차림의 과학자 몇 명이 카자흐스탄 스텝 지역의 눈 덮인 들판 가장자리에 딱 붙어 서 있었다. 영하의 바람에 이들의 민얼굴이 빨갛게 터 있었다. 이들은 러시아의 소유즈 로켓이 2월의 음울한 회색 하늘로 솟구치려고 하는 수평선을 주시했다. 가늘고 긴 원기둥이 창공을 가르듯 그 뒤로 화염을 방사하며 솟구치자 이들은 발을 동동 구르며 서로를 얼싸안고 기쁨에 겨워 환호했다.

국제우주정거장을 향해 시속 약 3만 킬로미터로 돌진하는 이 로켓에는 200킬로그램짜리 안테나가 두 개 실려 있었다. 며칠 뒤 2명의 러시아 우주인이 우주정거장에 도착하면 몇 달간 훈련한 5시간짜리 우주 유영을 하면서 이 안테나를 정거장 외부에 세울 것이다. 그리고 그와 함께 이들은 지구상에서 일어나는 야생생물의 이동이 어떤 규모와 속도로 벌어지는지를 알 수 있는 새로운 국면을 개시할 것이었다.[39]

이 안테나는 매번 궤도를 돌 때마다 지구의 표면을 열여섯 차례 스캔하여 전 지구의 생태학자들이 물고기의 등에, 새의 다리에, 포유류의 귀 뒤에 장착해놓은 엄지손톱 크기의 태양발전 태그에서 데이터를 수집할 것이었다. 과학자들은 언제든 원하기만 하면 이 태그를 제어하고 변경할 수 있었다. 일단 이들은 동물의 위치에 대한 꾸준한 로그 기록과, 데이터 안에 내장된 이들의 방향성 같은 행동에 대한 단서, 그리고 그 주변의 기온, 습도, 기압 같은 요인들에 대한 정보를 스트리밍 받는다. 이 새로운 위성 기반 시스템을 이카루스ICARUS 또는 국제우주이용동물연구협력(International Cooperation for Animal Research Using Space)이라고 부른다. 이를 두고 '동물의 인터넷'이라고 설명하기도 하는데, 역동적인 지구에서 복잡한 동물의 이동 경로망을 실시간으로 보여주기 때문이다.

비켈스키는 개별 종을 추적해서 얻은 생물들의 행진에 대한 이동생태학자들의 통찰을 바탕으로, 많은 종을 동시에 추적하면 훨씬 깊이 있는 통찰을 얻을 수 있으리라 예상했다. 천문학자들이 분절된 하늘을 부분부분 바라보기만 했을 때는 우주를 제대로 이해하지 못했다. 우주 전체를 한 번에 살펴볼 수 있는 망원경의 네트워크를 구축하고 나서야 가능해졌다. 이동생태학자들은 이카루스로 동물의 이동에 대한 이해에서도 유사한 혁명이 일어나기를 희망한다. 비켈스키는 이렇게 말했다. "우리는 전 세계 동물의 전체 네트워크를 하나의 거대한 정보시스템으로 이해해요. 이제껏 가보지 않은 길이죠."[40]

비켈스키는 카자흐스탄의 눈 속에서 커다란 흰색 물방울 무늬가 들어간 검은 니트 모자에 목에는 두툼한 니트 목도리를 두르고 서 있었다. 그와 다른 과학자들은 힘차게 서로를 포옹한 뒤 보드카로 축배를 들러 떠났다.

야생의 이주자에 대한 재평가

동물의 이동에 관한 과거와 현재의 새로운 데이터가 쌓이면서 생태학자들은 경계를 넘는 종들이 이동을 통해 유발하는 피해에 대한 자신들의 이론을 재평가하기 시작했다.[41]

이동하는 생물들이 생태적 종말을 일으킬 거라고 예상했던 침략생물학자들은 야생의 이동이 일어나는 규모와 속도를 과소평가했다. 야생의 이동은 대부분 문제를 일으키지 않았다. 한 분석에 따르면 새로 유입된 종 가운데 새집에 정착하는 종은 10퍼센트뿐이고, 기존의 종들을 위협할 가능성이 있는 종은 이 가운데 10퍼센트뿐이었다. 새로 유입되는 모든 종이 피해를 유발한다고 비난하는 것은 1퍼센트 미만이 일으키는 문제를 전부에게 뒤집어씌우는 것과 같다.

수에즈운하가 수백만 년간 분리되어 있던 홍해와 함께 지중해에 인공적으로 합류했을 때 250여 종이 이쪽에서 저쪽으로 움직여 들어갔다. 한 세기 뒤 여러 과학적 평가를 거친 결과 이 이동으로 아스테리나 기보사Asterina gibbosa라는 불가사리 단 한 종이 멸종한 것으로 드러났다. 북해로 80개의 해양 종이, 발트해로 70개의 해양 종이 유입되었지만 기존의 종 가운데 멸종한 종은 없었던 것이다.[42]

위치 이동은 침략생물학자들이 예측한 규모로 일어나지 않으며, 새로운 종의 유입은 생물다양성을 향상시킨다.[43] 대중들이 오독할 소지 때문에 《네이처》에서 게재를 거부한 한 논문에서 캐나다 생태학자 마크 벨렌드Mark Vellend는 야생의 이주자들이 일반적으로 지역과 광역 수준에서 종의 풍부함을 향상시킨다는 사실을 밝혔다. 미국 대륙 내에서 400년간 야생의 이주자를 제어하지 않고 받아들인 결과 생물다양성이 18퍼센트나 증가했다.

침략생물학자들은 야생종의 이동이 유발하는 부담을 계산하기 위해 신규 종이 유발하는 피해뿐만 아니라 야생종을 예방하는 차원에서 신규 종을 제거하는 비용 역시 포함시켰다. 하지만 야생의 이주자가 유발하는 경제적 편익은 제외했다. 새로 유입된 식물이 전 세계 식량 공급에 기여하는 편익만 계산해도 8천억 달러가 넘었다.

이주에 성공한 종이 미치는 영향을 기존에 살고 있던 종과 비교해본 식물학자 켄 톰슨Ken Thompson은 '거의 모든 면에서 동일하다는 점'을 확인했다.[44] 가장 눈에 띄는 이주 생물조차도 침략생물학의 예측을 충족시키는 데는 실패했다. 토종 조개의 몰락을 말조개 탓으로 돌리기는 힘들다. 토종 조개는 이 신입 생물의 식욕 외에도 숱한 난관을 상대하고 있기 때문이다. 그리고 말조개는 지역 생태계를 교란시키기만 하는 게 아니라 물을 여과하고 물고기와 가금류에 먹이를 제공함으로써 기여하는 부분도 있다. 톰슨은 "말조개가 토종이었다면 제일가는 공공의 적으로 욕을 먹기보다는 환경 영웅으로 칭송받을 이유가 충분하다"고 지적했다.

털부처꽃이 있는 땅과 없는 땅을 비교해본 캐나다 연구자들은 이 식물이 다양성을 감소시키지도, 토종생물을 쫓아내지도 않았음을 발견했다.[45] "반복해서 보도되듯이 털부처꽃이 '습지를 죽인다'거나 '생물학적 사막을 양산한다'고 할 만한 근거는 분명 전혀 없다"고 2010년의 한 검토 논문은 결론 내렸다. 톰슨에 따르면 털부처꽃이 저지른 최고의 범죄는 눈에 띌 정도로 잘 살아간다는 점이다. 그런데 그마저도 오래가지 않았다. 털부처꽃은 한동안 잘 지내던 장소에서 감소세를 보이고 있기 때문이다.

2007년의 한 검토 논문은 "어떤 종을 '토종'이나 '외래종'으로 분류하는 것은 보존의 근간이 되는 원리이지만 이 이원론의 타당성에 대한 문제 제기가 점점 늘고 있다"고 지적했다. 톰슨은 생물종들이 토종과 외래종이라는 단순한 분류를 무색하게 하는 방식으로 돌아다닌다고 말한다. 그는 자신의 책『낙타는 어디에 속하는가(Where Do Camels Belong?)』에서 동물지도에 중동 '토종'으로 묘사되는 낙타의 사례를 다뤘다. 하지만 낙타과는 북아메리카에서 진화하여 엄청나게 다양해졌고, 지금은 남아메리카에서 그 다양성을 가장 많이 확인할 수 있고 야생에서는 오스트레일리아에서만 발견된다.

톰슨을 비롯한 침략생물학 비판가들은 지역 종이 살던 곳에서 밀려나는 현상이 긴급한 문제라는 것을 부정하지는 않는다. 가령 외딴 섬에서는 새로 들어온 종 때문에 기존에 살던 종이 크게 위협받을 수 있다. 하지만 그런 장소에서도 그 지역의 생명에 피해를 주는 것은 외래종만이 아니다. 토종 역시 피해를 준다.[46]

혼종 생태계 구축

마우나로아의 정글에서, 일정한 면적의 숲에 침입한 새로운 종을 제거하려고 노력했으나 처참하게 실패했다. 레베카 오스터택과 수잔 코르넬이 수년간 애썼지만 허사였다. 아무리 식물학자들이 모든 외래 잡초를 뽑고 위에서 비처럼 내려오는 모든 외래 씨앗을 포집해도 새로운 종들은 계속해서 돌아왔다. 신입들의 보이지 않는 씨앗과 포자가 온 사방에서 들끓었다. 작은 땅 한 곳에서 외래종으로 인한 오염을 제거하려면 일주일 동안 40시간을 꼬박 중노동해야 했다. "진짜 힘들었어요." 오스터택이 말했다.

움직이는 종의 침략은 막을 재간이 없어 보였다. 결국 오스터택은 두 손을 들었다. "토종만으로 이루어진 시스템으로 되돌아가는 건 완전히 비현실적이다"라고 그녀는 말했다.[47]

하지만 헛되기만 한 건 아니었다. 불필요해 보이기도 했다. 오스터택과 코르넬은 하와이의 토종들이 반드시 다른 종에 비해 생태적 기능을 더 잘하는 건 아니라는 사실을 깨닫게 되었다. 오스터택이 도표에다 하와이 토종들의 기능적 속성을 표시해보니 모두 한구석에 몰려 있었다. 오스터택은 토종 생태계가 '비대칭적'이었다고 말한다. 마치 토마토샐러드만 들어 있는 피크닉 도시락 같았다. 다양한 기능을 하는 집단들이 모두 빠져 있었다. 양서류도, 포유류도, 파충류도, 개미도 없었고, 식물 중에는 생강도 없었다. 하와이의 토종들은 모두 척박한 조건에서 생존할 수 있어야 했기에 독특할 수밖에 없었다. 나중에 들어온 신입들이 그런 식으로 번성한 것은 그 때문이었다. 이들이 팔꿈치로 공격하는 탐욕스러운 외래종이기 때문이 아니었다. 이들은 지역 종들이 남겨놓은 생태적 공백을 메꾼 것이었다.

내가 하와이에 도착하기 며칠 전, 하와이의 오히아 나무를 궤멸시키는 균이 확인되었다. 대부분의 과학자들은 그 행태를 근거로, 그 살해범이 침입자일 거로 추정했다. 하지만 그 균은 하와이 이외의 장소에서는 볼 수 없는 것으로 확인되었다. 누구도 공개적으로 인정하지는 않았지만 그 살해범은 '토종'일 수밖에 없었다.

오스터택과 코르넬은 토종과 외래종이 어떻게 같이 살 수 있을지를 고려해서 새로운 실험을 고안했다.[48] 이들은 숲에서 외래종을 제거하거나 이들이 완전히 장악하게 내버려두는 대신 일정한 면적의 숲을 신입 식물과 오래된 식물, 토종과 외래종 모두로 구성된 다양한 혼합 공동체로 재구축하기로 했다. 이들은 식물이 언제 어디서 들어왔는지가 아니라 그 속성과 생태계에 기여할 수 있는 바를 근거로 어떤 식물을 기를지 결정했다. 이들은 3년에 걸쳐서 이 실험적인 혼종 생태계를 만들었다. 내가 방문했을 즈음 그곳의 나무들은 높이가 6미터가 넘어 숲의 지붕이 닫히고 있었다. 숲 바닥에 그늘이 져서 새로운 묘목이 빛을 받지 못해 새로운 종의 유입 속도가 정체된 상태였다. 이는 이 혼종 숲이 자족적 단계로 성숙했음을 나타내는 신호였다.

현장에 도착했을 때 나는 그들에게 토종으로 이루어진 숲이라면 어떤 모습이었을지 물었다. 오스터택도 코르넬도 더는 토종이 신입보다 생태적으로 더 우월하다고 주장하지 않는다. 하지만 오래된 종에 대한 이들의 애정은 아직도 뚜렷하다.

금색 고리 귀걸이에 선글라스를 머리 위로 올려서 머리칼을 뒤로 고정시킨 코르넬은 신입들이 오기 전에 이 정글이 어떤 모습이었을지 설명한다. 오히아와 다른 토종 나무들이 원시의 하와이 숲 상층부를 지배하고 리아나 같은 덩굴성 식물들이 숲의 지붕에서 바닥으로 늘어졌으리라고 그녀는 말한다. 바닥에는 무성한 나무고사리들이 담요처럼 덮여 있었으리라.

나는 우리 발치에 있는 고사리를 내려다본다. 숲 바닥에 홀로, 또는 작게 무리 지어 여기저기 흩어져 있다. 나는 아직 그것들이 여기에 있다고 코르넬에게 말한다.

"그래요." 그녀가 말을 고르며 대답한다. "하지만 이건 불행하게도 토종이 아니에요."

나는 그 점 외에 잘못된 게 있느냐고 묻는다.

"모르겠어요." 그녀가 말한다. "그건 어려운 질문이에요. 내 말은, 내가 처음 보존에 발을 들였을 때라면 토종이 아닌 건 모두 나쁘다고 말했겠죠. 하지만 더 이상 그렇게 생각하지는 않아요. 이 프로젝트는 정말이지 내 세상을 뒤집어놨거든요." 그녀가 말을 멈춘다. "그러니까, 이런 게 우리 삶이죠! 여기가 이 세상에서 우리가 있는 곳이에요. 그리고 우린 과학자예요. 흥미로운 연구 주제 아닌가요?"

나는 생각한다. 그녀가 스스로 자신을 이해시키는 게 가능하리라고.

그녀는 고사리를 내려다본다. "그리고 말이에요, 대다수 고사리는 예뻐요."

움직이는 종에게 새로운 기회가 열린다

콜롬비아 푼자는 해발고도가 약 2,500미터인 안데스의 작은 마을이다. 지금은 고지대 평야인 이곳이 홍적세 시기에는 호수 바닥이었다. 1989년 지질학자 루카스 로렌스Lucas Lourens와 그의 팀은 포르타드릴 트럭 한 대를 마을 바로 바깥에 세워놓고 약 600미터 깊이의 좁은 구멍을 시추한 끝에 기반암까지 닿았다.

그들이 끌어낸 퇴적층 코어는 수백만 년 동안 그 지역에서 살았던 생물 종의 기록을 대변했다. 동물의 유해는 오래전에 사라졌지만 그 지역에서 자랐던 식물, 나무, 허브, 관목에서 떨어진 꽃가루가 그 퇴적층 안에 시간 순으로 켜켜이 자리 잡고 있었다.

나는 야생의 생명을 토종과 외래종으로 나누는 것이 어리석다는 주장을 담은 켄 톰슨의 책에서 이들의 2013년 논문을 간단히 언급한 것을 보고, 로렌스와 그의 연구팀이 얻은 연구 결과를 알게 되었다.[49] 내가 아는 한, 이 연구 결과는 외래의 동식물에 대한 낭설과는 달리, 한 번도 대중에게 널리 전달되지 못했다. 어떤 잡지도, 라디오 프로그램도 로렌스의 연구를 다루지 않았다. 하지만 나는 그 연구를 통해 생물의 역사를 잠시 일별하기만 했는데도 크게 감동했다.

꽃가루는 기후변화와 이주의 꾸준한 과정을 보여주었다. 풍경이 바뀜에 따라 새로운 종이 들어왔다가 나갔다. 습지림의 나무, 백령풀, 사이프러스처럼 생긴 관목, 헤더(낮은 산이나 황야 지대에 피는 야생화-옮긴이), 약용 허브에서 나온 꽃가루가 있었다. 파나마 지협이 올라와서 남북아메리카 대륙 간의 이주 흐름이 촉발되었을 때 떡갈나무 화분花粉이 도착했다.

로렌스와 그 동료들이 발견한 종의 유형들, 그리고 이 종들의 조합은 한 번도 되풀이되지 않았다. 매 순간 콜롬비아의 이 작은 땅에서 살았던 종들은 완벽하게 새로웠고, 전에 그곳에 있었거나 이후에 오게 될 생물에게는 낯선 혼합 공동체에서 살고 있었다. 퇴적층 코어의 각 층은 거의 끊이지 않는 재조직화라는 길고 역동적인 과정에서 단 한 차례의 '동결된 순간'을 상징한다고 그들은 밝혔다.[50]

기후가 여러 차례 바뀌었다. 지질학적 사건들이 느리게 전진했다가 후퇴했다. 해수면이 올라왔다가 내려갔다. 원숭이가 바다를 건넜다. 고사리가 하와이에서 자리를 잡았다. 코아 나무가 레위니옹섬에서 자식을 낳았다. 아시아를 떠난 호모 미그라티오가 카누를 타고 별을 길잡이 삼아 태평양으로 흘러 들어갔다.

변화가 진행될 때마다 움직이는 종에게 새로운 기회가 열렸다. 이런 기회가 도래했을 때 이주자들이 왔다.

자연이 언제나 경계를 넘는 건 이 때문이다. 그리고 거기에는 충분한 이유가 있다.

9장

정착보다 강한 이주 본능

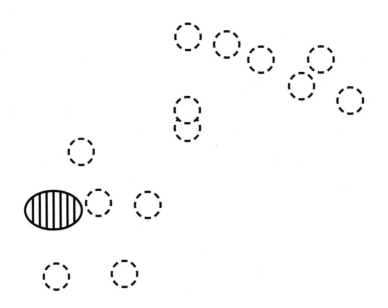

10월의 어느 저녁 해가 쓸쓸히 질 무렵, 곰이 경계를 넘는 모습을 봤다. 우리가 걷는 오래된 임도는 금속 문으로 차량통행을 막아놓았는데, 한때 자갈이 깔려 있었던 것 같다. 지금은 밝은 세이지 색에서 황혼 녘의 암갈색으로 흐려진 부드러운 이끼 카펫이 표면을 장식하고, 중간중간 창백한 금빛 풀들이 뾰족하게 무리 지어 있다. 이 좁은 도로를 따라 늘어선 북부 버몬트 삼림의 나무들은 겨울 채비를 위해 오래전에 잎을 떨구고 헐벗은 채 회색으로 서 있다. 하지만 열대지방에서 이주해 온 너도밤나무는 그렇지 않다. 수관에 아직 잎이 남아 있다. 너도밤나무의 샛노란 잎들이 산들바람에 연약하게 떨면서 회색 숲에 빛을 뿌린다. 나무 기둥에 남아 있는 발톱 자국들은 수백 킬로미터 떨어진 곳에 있던 곰들이 긴 겨울잠을 대비해 영양가 있는 이 이주자 나무에서 지방이 풍부한 견과를 얻으려고 찾아왔음을 보여준다.

　길은 낮고 오래된 언덕으로 둘러싸인 숲이 우거진 계곡으로 완만하게 이어졌다. 우리 밑 어딘가에서 보이지 않는 선이 버몬트

302

의 그린산과 퀘벡의 서턴산을 갈라놓는다. 그 선 근처에 다가가도 알 길은 없다. 숲은 부드럽게 경사진 언덕을 따라 중단 없이 뻗어 있다.

하지만 이 보이지 않는 선 때문에 이곳의 숲에는 주변 색에 맞춰 회색과 갈색으로 칠한 배터리형 은신카메라들이 설치되어 있다. 가끔 곰이 이 카메라를 부술 때가 있다. 이 카메라를 설치한 국경순찰대원들이 숲으로 오는 길에 잠시 발길을 멈추고 아침 식사용 샌드위치를 먹기라도 했다면 말이다. 곰에게 소시지 기름으로 범벅된 대원의 손가락이 이 장치에 남긴 냄새는 불가항력이다. 손상되지 않은 카메라는 남쪽으로 몇 킬로미터 떨어진 너무 썰렁한 외로운 시설에 주둔하는 국경순찰대원들이 모니터한다. 이들의 의도는 불법 차량의 움직임과 마약밀수업자를 감지하는 것이다. 하지만 카메라가 포착하는 건 주로 야생생물의 움직임이다. 이들은 하루에 약 200번씩 셔터를 작동시킨다.

1시간 정도 숲속을 걷는데 커다란 흰색 국경수비대 밴이 그늘에서 모습을 드러냈다. 빳빳한 유니폼을 차려입은 동안의 두 요원이 정중하지만 근엄하게 우리의 행로를 심문했다. 우리가 관찰자일 뿐 이주자가 아니라는 걸 이해하자 그들 몸에 팽팽하던 긴장이 거의 순식간에 녹는다. 그들은 숨겨놓은 카메라가 찍은 이동 중인 야생생물의 이미지에 대해 우리와 신나게 수다를 떤다. 그들은 제일 좋아하는 사진을 다운로드받아서 개인적으로 소장한다고 이야기했다. 나는 나중에 그걸 보았다. 카메라에 찍힌 사진들—분위기에 걸맞지 않게 등장한 나와 내 가이드이자 야생동물 추적 전문가인 제프 파슨스Jeff Parsons의 사진을 제외하면—은 아름답고 매혹적이다. 지나가는 사슴의 큰 갈색 눈, 곰의 윤기 없는 뒤태, 밥캣의 유연한 몸통이 프레임을 가득 채운다. 심지어 벨벳 코트를 두른 보기 드문 매력 덩어리 스라소니도 한 마리 찍혔다.

이곳에서 땅 위를 넘나드는 동물의 자취는, 국경수비대의 카메라에는 포착되지 않는 바다와 하늘의 자취와 평행을 이룬다.[1] 동쪽으로 몇백 킬로미터 나아간 바다 속에서는 대백상어들이 미국에서 캐나다의 바다로 미끄러져 들어갔다가 되돌아오면서 아메리카 대륙의 해안을 순찰한다. 참고래는 플로리다 해안 근처의 분만 장소에서 노바스코샤의 펀디만에 있는 먹이 장소까지 기나긴 바다 속 경로를 따라 움직인다. 장수거북은 열대지방에 있는 산란 장소에서 저 멀리 북부의 바다까지 구름 떼 같은 해파리를 쫓는다. 하늘에서는 히스파니올라섬에 있는 겨울 집에서 캐나다 남부의 숲에 있는 여름 집으로 가느라 남쪽으로 방향을 잡은 제왕나비가 가는 길에 물수리와 검은목푸른솔새를 지나친다.

결국 국경수비대원들은 떠나고, 우리는 등산을 계속했다. 언덕 밑에서 임도 양쪽으로 숲을 잘라내고 너무 크게 만든 동서 방향의 폭 1미터짜리 길을 만났다. 미국과 캐나다 국경이다. 풍경을 별개의 덩어리로 쪼개 각자가 통제하려는 두 강대국의 시도가 이 숲속의 좁고 어두운 길에 분명하게 표현되었다. 우리는 해가 언덕 너머로 지는 동안 잠시 그곳에 서 있다가 주차한 차를 찾기 위해 다시 언덕을 올랐다. 산마루에서 우리는 한 바퀴 돌며 국경을 한 번 더 살펴보았다. 땅거미 속에서 작은 흑곰이 국경을 느긋하게 걷는 모습을 겨우 알아볼 수 있었다.

이주는 환경변화에 대한 적응방법

엘턴을 비롯한 생물학자들은 이주자가 자살 성향이 있는 좀비이자 가차 없는 침략자라고 일축했으나 사실 이주자의 행동을 제대로 검토해본 적도, 어떻게 진화해왔을지 깊이 들여다본 적도 없었다. 생물은 무슨 이유로 자신이 태어난 장소를 떠나 새로운 영역으로 움직이는 걸까?[2] 이주자들은 태어난 서식지의 익숙한 편안함을 뒤로하고 미지의 장소로 떠나간다. 남겨진 동족의 도움마저 포기한다. 그런데 생존에 적합한 장소를 아예 찾지 못할 수도 있다.

하지만 어쨌든 이주를 감행한다.

수염고래는 극북의 풍요로운 먹이 장소에서 열대지방의 따뜻한 바다로 수천 킬로미터를 이동한다. 동물성 플랑크톤이 출렁이는 불빛을 따라 심해와 수면 사이를 수직으로 움직인다. 숲은 빙하의 전진과 후퇴에 따라 수천 년에 걸쳐 움직인다. 정글로 가득한 하와이에서는 작디작은 망둥어가 탁 트인 태평양에서 폭포 꼭대기에 있는 출생지로 되돌아간다. 이를 위해서는 해류를 거슬러 민물로 헤엄친 뒤 벼랑을 기어올라야 한다. 그래서 몸 밑면에 있는 빨판을 이용한다.

인간 내에서는 이주의 기원과 생태적 역할이 논란과 논쟁 속에 계속 가려져 있었다. 하지만 생물학자들은 동물의 경우 이주의 유래에 대해 생각을 진전시켰다.

휴 딩글Hugh Dingle 같은 이주 전문가들은 이주가 환경변화에 대한 적응방법으로 진화했을 가능성이 가장 크다고 말한다. 이주는 환경변화를 완충하는 방법이 더 많은 종보다는 환경변화에 노출된 자원에 의존하는 종 사이에서 더 일반적이다. 예를 들어 얕은 웅덩이나 계절성 연못 같은 일시적 서식지에서 살아가는 절지동물은 숲과 바닷물이 드나드는 해수 소택지 같은 상대적으로 안정된 환경에서 살아가는 종보다 이주 가능성이 더 크다. 강우량이 불안정한 장소에 살거나, 과일과 꽃 같은 분포가 고르지 않은 자원을 먹고 사는 종들은 고산 툰드라 지역이나 깊은 호수 같은 상대적으로 안정된 장소에서 사는 종보다 이주 가능성이 더 크다. 후자처럼 안정된 장소에서는 곤충 종의 수에 비해 먹이가 넘쳐나서 날개 달린 곤충을 볼 수 없을 정도다. 숲의 가장자리나 덮개 부분에 서식하는 종은 내부에 서식하는 종보다 이주할 가능성이 크다. 계절에 따라 먹을 수 있는 과일이 제한되는 곳에 사는 새들은 계절과 관계없이 숲 내부에서 곤충을 먹고 사는 새보다 이주 가능성이 큰 편이다. 추위와 비에 더 많이 노출되는 나무에서 휴식을 취하는 박쥐는 비바람을 막아주는 동굴에서 휴식을 취하는 박쥐보다 이주를 더 많이 한다.

같은 종 내에서도 변화에 노출된 서식지에 사는 개체는 변화에 덜 노출된 개체보다 이주를 더 많이 한다.[3] 예를 들어 흰꼬리사슴의 이주 행태는 그들이 서식하는 숲의 크기와 상관관계가 있다. 그러니까 변화에 더 많이 노출된 작은 숲에 사는 사슴은 큰 숲에 사는 사슴보다 더 자주 이주한다.

환경변화에 휘둘리는 서식지에 사는 생명에게 생존은 두 전략에 달려 있다. 활동을 중지하고 변화된 상황이 사그라들기를 기다릴 것인가, 아니면 이주할 것인가. 이동할 수 있는 생명들은 대가가 따르더라도 수차례 이주를 선택해왔다. 딩글은 이주 행위의 출현을 예측하는 공식을 추출했다. 그것은 새로운 세대를 재생산하는 데 필요한 시간과 환경의 안정성 간의 비율로 표현된다. 이 비율이 1보다 적으면, 그러니까 예를 들어 다음 세대를 재생산하는 데 2~3년 걸리는데 서식지인 봄철의 연못이 한 계절밖에 지속되지 않는다면 이주가 일어날 가능성이 크다.[4]

그래서 북반구가 태양에서 멀어져 그림자가 길어지고 낮이 짧아지면 모든 종류의 생명들이 이동을 준비한다.[5] 호르몬이 치솟고 신경계가 결집하여 몸 안에서 생리적 변화가 일어난다. 수액을

빨아 먹는 장밋빛 사과진딧물은 날개가 달린 특수한 모습으로 바뀐다. 이동 직전의 연어는 프로락틴과 코르티솔 같은 호르몬이 치솟는다. 어린 장어는 짠물보다 민물을 선호하는 투명한 형태로 변신한다. 철새와 곤충들은 이동을 준비하면서 체질량의 절반이 넘는 지방을 축적할 수 있고, 식물은 씨앗에 두꺼운 껍질을 입힌다. 식물이 씨앗에 저장하는 지방의 비율은 씨앗이 이동할 거리와 상관관계가 있다.

떠날 시간이 다가오면 동요가 시작된다.[6] 새장에 갇힌 철새라면 횟대에서 뛰어내려 한쪽으로 몸을 부딪쳐가며 계속해서 퍼덕 댈 것이다. 어느 쪽인지는 새장이 어느 방향을 향하고 있는지에 따라 다르다. 어느 쪽이든 철새의 이동 경로와 일치한다. 과학자들은 이주 시기에 동물들이 보이는 이런 동요를 '이망증(Zugunruhe)'이라고 불렀다. 독일어로 '이주의 불안정'이라는 의미다. 이망증은 호르몬과 관련이 있다. 봄에 참새의 생식선을 제거하면 불안이 덜할 것이다. 그리고 철새를 거세하면 여전히 이주는 하겠지만 다른 방향으로 이동할 것이다.

이주 여행은 이 나무에서 저 나무로 날아가거나 이 동굴에서 저 동굴로 이동하는 일상적인 움직임의 단순한 연장이 아니다. 새의 경우 이주를 시작하는 순간 날아오르는 속도와 고도를 보면 이주를 위한 비행은 뭔가 다르다는 걸 알 수 있다. 이동 중의 행동과 신체 기능도 근본적으로 바뀐다. 일상적으로 움직일 때와는 달리 이주할 때는 몸이 성장과 발달을 중단한다. 평상시에 반응하던 자극을 무시하고 매력적인 먹이와 번식 장소를 지나친다.

하지만 이주가 생리적 변화를 동력으로 삼긴 해도 뼈 안에 내장되거나 유전자 안에 암호화되어 표준화된 시간에 정해진 장소로 움직이게 만드는 어떤 고정된 일정표나 청사진의 필연적인 결과는 아니다. 이주에 필요한 생리적 상태 역시 유연하고 역동적일 수 있다. 가령 이주성 진딧물의 날개에 동력을 공급하는 근육은 이주한 이후 허물어지기 시작하고 대신 단백질은 재생산으로 전용된다. 고동치는 지구의 떨림을 감지하는 동물의 예민한 능력—미리 정해진 내부 프로그램이 아니라—이 이들의 행동과 움직임을 추동한다.

야생동물이 미세한 환경변화를 감지하는 능력은 전설적이다.[7] 인간보다 몇 시간 또는 며칠 앞서 임박한 환경 붕괴를 분명하게 감지하는 동물 일화는 고대로 거슬러 올라간다. 고대 로마의 박물학자 대*플리니우스는 지진이 일어나기 전 새들의 불안에 대해 묘사했다. 거위는 기원전 387년 로마에서 자고 있던 주민들보다 먼저 켈트 침략군의 도착을 감지해서 꽥꽥 소리로 임박한 급습을 경고했다. 1975년 중국 하이청시 외곽에서는 뱀들이 은신처에서 나와 겨울 추위에 얼어 죽고 난 뒤 규모 7.3의 강진이 일어났다. 2004년 스리랑카에서는 쓰나미가 해변에 도착하기 몇 시간 전에 코끼리들이 내륙으로 도망치는 바람에, 본능적으로 코끼리를 따라간 사람들은 물의 장벽에 휩쓸리지 않고 목숨을 구했다.

시칠리아섬 에트나산 중턱에 사는 염소들이 2012년 어느 겨울날 감지한 신호가 무엇이었는지는 아직 모호하다. 이들이 어떤 지각 메커니즘으로 그 신호를 감지하는지도 마찬가지다. 하지만 그게 무엇이었고, 어떻게 그것을 감지했든 그들은 인간이 고안한 그 어떤 기계보다 더 빨리 그리고 예민하게 위험을 느꼈다. 동물 추적가들은 이 염소에게 전송 목걸이를 매달고 나서 염소가 먹고 자고 에트나 화산 여기저기를 돌아다닌 기록을 담은 데이터가 전송된 모니터를 9개월 동안 관찰하고 있었다. 염소들의 이동 패턴이 급격하게 바뀐 순간에도 관찰 중이었다. 염소들을 갑자기 움직이게 만든 사건이 무엇인지는 6시간 뒤에 분명해졌다. 화산이 분출해서 12시간 넘게 분화구에서 용암이 흘러나오고 7킬로미터 하늘 위로 재를 쏘아 올린 것이다.

고립된 늑대에게 필요한 것은 이주자

이주의 생태적 기능은 이주자의 생존, 그 너머로 확장된다. 야생의 이주자들은 생태계 전체의 식물학적 뼈대를 구축한다. 꽃가루와 씨앗을 퍼뜨려 식물이 어디에, 어떤 비중으로 살지를 결정하고, 어린싹이 부모의 그늘막에서 시들어가는 대신 탁 트인 서식지에 도달할 수 있게 돕는다. 이들이 움직이면서 제공하는 이동수단이 식물의 생존에 워낙 중요해서 많은 식물이 동물을 유혹하는 기발한 방법들을 진화시켰다. 씨앗에 끈끈한 점액을 입히기도 하고 고리와 가시털, 미늘을 만들어서 포유류가 지나갈 때 털에 매달려 무임승차를 한다. 개와 산책을 하고 난 뒤 씨앗으로 뒤덮인 모습을 본 사람이라면 알 것이다. 개미를 유혹할 수 있는 지방질이 많은 씨앗을 만들어서 개미가 그 씨앗을 옮겨 땅속에 묻게 한다. 씨앗 주위에 향긋한 과육을 만들어서 새들이 그 과육을 먹고 날아다니면서 똥을 싸서 씨앗을 퍼뜨리게 하는 예도 있다.

식물학자들은 우림에 있는 나무 90퍼센트 이상의 생존이 씨앗을 퍼뜨리며 돌아다니는 새를 비롯한 동물에게 달려 있다고 말한다. GPS 추적 연구는 기생한다고 매도당하는 종마저도 이곳저곳에 씨앗을 뿌리는 것을 보여주었다. 19세기의 자연연구가 알렉산더 폰 훔볼트Alexander von Humboldt는 동굴에 서식하는 기름쏙독새가 어두운 은신처 안에서 과일을 먹는 습관을 언급하며 이 때문에 씨앗이 발아할 수 없으므로 기생동물이라고 일축했다. 하지만 사실 이 새는 밤에 베네수엘라의 숲 곳곳을 날아다니며 씨앗을 퍼뜨린다. 조류학자 마르틴 비켈스키는 이 새들은 "어쩌면 우림의 많은 생물다양성을 책임지는지도 모른다"고 말한다.[8]

야생의 이주자들은 고립된 개체군 속으로 유전자를 이동시킴으로써 유전적 다양성을 확대해 생명을 구한다. 규모가 크지 않은 고립된 개체군 안에서는 생명을 위협하는 결함을 감추고 있거나, 질병에 대한 취약성을 증가시키는 유전자 같은, 개체군 내에서 효과가 한번 약해진 유전자들이 집중된다. 근친교배가 늘어나면서 유전적 동질성이 일어나 질병과 재해를 견디는 개체군 차원의 능력이 감소한다.

생태학자들은 아일로열Isle Royale이라는 미시건 호수 안의 섬에 사는 늑대 개체군 속에서 이런 식의 극적인 영향을 목격했다.[9] 그곳의 늑대는 모두 1949년의 특히 추운 겨울날 섬과 호숫가 사이의 좁은 물길이 얼어붙어서 걸어 들어올 수 있었던 단 한 쌍의 후손이었다. 그 후로 이 한 쌍이 토대를 닦은 개체군은 고립되었다. 이들은 계속해서 근친교배를 했다. 2012년에 이르자 아일로열에 사는 늑대의 58퍼센트가 선천적인 척추 기형이었다. 다른 곳의 늑대 개체군 내에서는 겨우 1퍼센트에게 나타나는 일이었다. 한쪽 눈이 불투명해 볼 수 없는 상태일 가능성이 있는 안구 기형도 많았다. 암컷 늑대 한 마리가 굴에서 죽었는데 자궁 안에는 죽은 새끼 늑대 일곱 마리가 있었고, 어미 옆에는 한 마리 새끼가 살아서 소리를 지르고 있었다. 생태학자들에게도 이런 광경은 처음이었다.

이 집단의 유일한 희망은 이주자였다. 1997년 수컷 늑대 한 마리가 이 섬으로 들어왔다. 이 이주자가 불어넣은 유전적 활기만으로도 생태계가 탈바꿈했다. 한 세대 안에 이 이주자의 유전자가 늑대 개체군 56퍼센트 안에 자리 잡았다. 섬 내 늑대의 수가 늘고,

늑대의 사냥감인 무스의 수가 줄었다. 무스가 짓밟아놓은 숲이 회복되기 시작했다. 단 한 마리의 이주자가 "이 개체군을 향후 10년에서 15년까지 살려놓았다"고 생태학자 롤프 피터슨^{Rolf Peterson}은 말했다.

이동하는 동물이 선사하는 풍요의 혜택에서 고립된 서식지는 고통받지만, 동물의 이동이 활발하게 일어나는 서식지는 번성한다.[10] 숲에서 대규모로 진행된 몇몇 실험이 이를 입증했다. 한 실험에서 생태학자들은 사우스캐롤라이나 사바나강을 따라 늘어선 성숙한 소나무 숲에서 50헥타르 면적 몇 군데를 개간하여 나무를 뽑고 초목을 말끔히 불태웠다. 이들은 개간지 한 곳은 가운데, 그리고 나머지는 그 주위에 배치했다. 각 개간지를 에워싼 빽빽한 숲은 일종의 경계가 되어 각각의 개간지를 서로 고립시켰다. 그런 다음 중심의 개간지와 주변에 있는 개간지 하나를 연결할 수 있도록 나무를 밀고 25미터 길이의 통로를 만들었다. 그리고 난 뒤 식물과 곤충과 꽃가루가 중심의 개간지에서 그 주위에 있는 연결된 개간지와 연결되지 않은 개간지로 어떻게 확산하는지를 추적했다. 이들은 중심의 개간지에 있는 나비에 표시하고, 새가 먹는 과실이 달리는 관목에 형광가루를 끼얹고, 주변의 개간지에 심은 암컷 감탕나무가 수분하는 데 필요한 수컷 감탕나무를 심었다. 그리고 난 뒤 주위에 있는 연결된 개간지와 연결되지 않은 개간지로 가서 표시가 있는 나비의 수와, 형광색 씨앗이 든 새똥의 수, 그리고 암컷 감탕나무에 핀 꽃의 수를 세었다.

경계를 없애고 나비와 씨앗과 화분이 다닐 수 있는 통로를 만들었더니 연결되지 않은 개간지보다 연결된 개간지로 이들이 2배 이상 빠르게 확산하는 결과가 나타났다. 이 연구가 끝날 무렵에 연결된 개간지는 꽃과 열매와 나비로 뒤덮였다.

9장　정착보다 강한 이주 본능

새로운 서식지를 찾아 떠난 나비

이주자는 바둑판점박이나비를 살렸다.

산타클라라계곡 남쪽 끝, 폴 에를리히가 바둑판점박이나비를 연구했던 곳에서 겨우 몇십 킬로미터 떨어진 곳에 코요테리지 Coyote Ridge라는 미개발 구릉지들이 있다. 코요테리지는 중요한 나비 서식지다. 나비에게 우호적인 수천 에이커의 땅에서 다양한 비율로 섞인 태양과 그늘과 토양에 다채로운 야생화들이 피어나고, 심지어 솜털이 보송보송한 연갈색 송아지들과 아름다운 눈을 가진 엄마 소들이 바둑판점박이나비가 좋아하는 숙주식물과 경쟁 관계인 풀들을 뜯는다. 한쪽 산비탈의 상황이 나빠지면 여기 사는 나비들은 쉽게 다른 산비탈로 이동할 수 있다. 몇 킬로미터씩 늘어선 고속도로가 중간에 끼어 있거나 쇼핑몰로 가로막혀 있지 않기 때문이다. 상황이 좋을 때 나비들은 장소에 대한 유전적 적응력을 높여서 개체군의 전반적인 유전적 다양성을 확대할 수 있다.[11]

에를리히와 그의 학생들은 이곳에 사는 나비에 대해서는 알지 못했다. 나비 생물학자들이 오랜 세월 의지해온 역사적 기록물을 만들어낸 나비 수집가들이 이 사랑스러운 구릉지에 한 번도 발을 들인 적이 없었던 탓이다. 나비 수집가들은 수집 상자에 담을 표본을 충분히 발견하고 나면 더 이상 둘러보지 않았다. 하지만 코요테리지에 사는 바둑판점박이나비들은—그리고 다른 나비 서식지와 이 나비들의 이주를 통한 연결성은—에를리히와 파미잔이 연구했던 군락에 생명줄 같은 역할을 했다.

35년간 바둑판점박이나비들은 파미잔과 그녀의 동료들이 모니터한 땅의 약 13퍼센트에서 다시 출현했다. "그건 마치 '우와! 짱인데!' 하는 상황이었어요" 하고 파미잔은 말한다. 나비들은 7년

인류, 이주, 생존

전에 완전히 군락이 붕괴한 애리조나의 목장에도 다시 나타났다. 어떤 이유로든 개척자 나비들이 등장한 것이다.[12] 그리고 이들은 수 킬로미터에 달하는 가공할 수준의 서식 불가능한 영역을 뛰어 넘어 서식지로 적합한 곳을 찾아 새로운 군락을 만들어냈다.

한 나비 생물학자가 《에콜로지》에 실린 한 논문에서 지적했 듯, 이들의 생존은 '뭔가 역설'처럼 보였다. 이주를 연구한 한 저명 한 곤충학자가 밝혔듯, 에를리히와 다른 사람들은 "나비를 비롯한 다른 작고 연약한 곤충의 이동은 우연적이고 생태학적으로 무의 미하다"라고 일축했다. 에를리히는 자신이 연구한 바둑판점박이 나비 가운데 서식 가능한 땅 사이에서 50~100미터를 이동하는 건 고작 3퍼센트뿐이라고 생각했다. 하지만 최소한 한 연구에서 생물 학자들은 바둑판점박이나비를 놓아준 장소에서 10킬로미터가량 떨어진 곳에서 다시 이 나비들을 잡았다.

정확히 나비가 이동한 이유에 대해서는 아직 모른다.[13] 어쩌면 풍요의 의도치 못한 결과였을 수 있다. 특별히 무성한 자연환경은 개체군의 폭증을 유발함으로써 방랑벽이 있는 보기 드문 나비가 출현하거나, 별로 모험심 없는 나비가 바람에 휩쓸려 새로운 서식 지에 성공적으로 안착할 가능성을 높였을 수 있다. 하지만 결핍에 대한 대응으로 나비들에게서 이주의 충동이 나타났을 수도 있다. 애벌레는 영양이 결핍되면 영양이 충분한 애벌레에 비해 비상근飛 翔筋에 더 많이 투자한다는 사실은 시사하는 바가 크다. 그리고 자 원이 감소하고 있다는 신호는 개미와 흰개미 가운데 날개 달린 유 형의 출현을 촉발한다.

내가 코요테리지를 방문한 날 아침, 태양이 얇은 구름층을 뚫 고 타오르는 가운데 꾸준히 불어오는 습한 산들바람이 내 공책의 낱장을 휘날리고 머리칼을 내 얼굴 쪽으로 날렸다. 날씨가 썩 좋은 편은 아니지만 그래도 여전히 그곳은 〈사운드오브뮤직〉의 한 장면 같다. 낮게 깔린 풀들과 야생화들이 눈길이 미치는 먼 곳까지 넓은 언덕바지 목초지를 하나하나 뒤덮고, 밝은 오렌지색 지의류가 뒤덮은 사문암의 노두가 곳곳에 흩어져 있다. 마구잡이로 뻗어 나간 실리콘밸리로 이어지는 고속도로의 소음은 거의 들리지 않는다. 저 멀리 엘크와 사슴 무리가 띄엄띄엄 앉아 있고, 그 뒤로 디아블로산맥이 어렴풋이 보인다.

작은 점박이나비 무리가 내 발치에서 돌아다닌다. 없는 곳이 없다. 이주자들이 그들 사이로 돌진해서 연약한 비단실로 먼 곳의 서식지와 그들을 연결한다.

"당신은 왜 떠났나요?"

과학자들은 간접 데이터를 모아서 동물 내에서 이주의 기원과 생태적 기능을 보여주었다. 눈 덮인 산을 돌아다니는 늑대에게 왜 어디로 가는지 물어볼 수는 없지만 인간의 이주 열망을 간접적으로 탐구할 수는 있다.

나는 이동하는 사람들을 만날 때마다 같은 질문을 던진다. 아테네 외곽의 버려진 경기장에서 야영하며 전염성 피부병으로 고생하고 더러운 공중화장실의 고인 물로 서서 옷을 빨고 아이들을 씻기는, 파키스탄에서 온 남성과 여성들. 세 살짜리 딸과 부모님은 에리트레아의 농장에 남겨놓고 아들과 함께 볼티모어에 도착한 여성. 떠나온 지 50년이 지난 지금도 어린 시절을 보낸 뭄바이의 숨 막히는 공동주택을 그리워하는 나의 아버지. 전후의 영국을 뒤돌아보지 않고 떠난 나의 시아버지. 그들 모두에게 물었다. 왜 떠났나요?

"처음 당신이 전화했을 때 걱정했어요." 보스턴 외곽의 작은 벽돌 건물에 있는 비좁은 1층 사무실에서 만난 한 이주자가 내게 말했다. "당신에게 다시 전화하고 싶지 않았어요. 오는 방법이 없거든요." 그는 기억을 더듬으며 말한다. 어쨌든 그는 나를 만나기 위해 45분을 운전해서 왔다.

카불에서 온 이 소년에게 내가 질문하자 그의 눈에 눈물이 차올랐다. 소년은 전기공학을 공부하고 싶어 카불에 있는 전문학교에 지원해서 공부할 계획이라고 했다. 소년은 "자기 나라를 떠나고 싶어 하는 사람은 아무도 없다"고 말한다. 하지만 "거기선 모두가 위험해요. 걷고 있는데 폭탄이 터진다구요." 소년이 탈레반에 징집될까 걱정한 가족은 모든 재산을 팔아서 소년을 먼 친척 몇 명과 함께 탈레반의 손길이 미치지 않을 뿐만 아니라 유럽으로 가는 기나긴 여정으로 떠나보냈다. 그것도 도보로. 부모와 누나를 남겨놓고 떠났을 때 소년은 8학년이었다. 하지만 왜 그랬을까? 왜 그때였을까? 왜 다른 사람들은 아니었을까? 나는 알고 싶었으나 그는 대답할 수 없었다.

아이티의 농장을 떠나 몬트리올 외곽의 추운 다세대주택에 살고 있는 한 남자는 내가 묻자 신경질적인 미소를 지었다. "어떤 사람이 날 때려요." 그가 내게 말했다. "그 사람들이 날 죽게 만들어요." 그는 그 이상의 질문에는 답하지 못했다. 나는 어떻게 생각해야 할지 몰랐다. 하지만 그의 미래가 '왜'라는 이 하나의 질문에 어떻게 대답하는지에 달려 있음을 안다. 이주 당국에 그들이 생각하는 올바른 이유로 떠나왔다고 설득할 수 있으면 그는 계속 머물 수 있으리라. 하지만 당국이 그가 말한 이유가 옳지 않다고 느낀다면 그는 떠나야만 할 것이다. 기회주의적인 이주 '컨설턴트들'은 엉성한 이야기를 당국이 혹할 만한 이야기로 바꿔주겠다며 그 같은 이주자들에게 말도 안 되는 돈을 요구한다. 이주자의 사유에 대한 당국의 요구가 정치적 풍향에 따라 바뀌기 때문이다.

　우리는 이주자들에게 왜 이동하는지 물을 수 있지만, 그들이 항상 대답할 수 있는 것은 아니다. 최소한 우리가 원하는 직접적이고 단순한 방식으로는 답하기 어렵다. 이 질문은 인간의 이주가 어떤 하나의 이유로 설명될 수 있음을 전제한다. 이 전제는 우리가 이주하는 사람들에 관해 이야기하는 방식을 결정한다. 우리는 이들을 '경제적인 이주자'나 '정치적 난민'이라고 묘사한다. 그들의 법적인 지위를 문제 삼으면서 '이방인'이나 '불법 체류자'라는 특징을 부각시키는 사람도 있다. 우리는 국경 안에서 일어나는 복잡하고 기나긴 이동을 감춘 채, 국경을 넘는 이동의 방향성을 가지고 '유입자(immigrants)'나 '유출자(emigrants)'라고 규정한다.

　하지만 우리가 진짜 아는 것은 그들이 이주하는 사람들이라는 사실뿐이다.

인간은 왜 이동하는가

이주자 가운데 왕은 호모 사피엔스다. 하지만 우리에게는 인간이 왜 이런 식으로 이동하는지에 대한 합의가 거의 없다. 오래전부터 꾸준히 이주가 있었음을 보여주는 연구 결과들은 인간이 빈 땅에 이끌려 과거에 단 한 번 이동했다는 생각을 뒤집어놓았지만, 중요한 질문은 여전히 그대로였다. 어째서? 어째서 산소가 부족한 티베트 고원으로 모험을 감행하거나 아우트리거 카누를 타고 태평양의 파도에 몸을 던진 걸까? 어째서 오늘날까지도 식량과 물과 다른 자원이 풍부한 아프리카의 안락하고 확실한 삶을 버린 걸까?

　이주하는 야생생물의 생태적 역할에 관한 연구 결과는 날이 갈수록 쌓이고 있는 데 반해 인간이 이주하는 동기와 영향은 여전히 어슴푸레하고 제대로 규명되지 못한 상태다.[14] 인기 있는 많은 이론이 이주가 본질적으로 우연한 사고인 양, 다른 목표를 찾아가는 과정에서 나타난 부산물인 양, 비이주 행위 속에서 이주의 근원을 찾는다. 예를 들어 고고학자 데스몬드 클락J. Desmond Clark은 최초의 이주는 인간이 이동하는 야생동물을 따라가다가 시작되었을 뿐이라는 이론을 제시했다. 그의 지적에 따르면 인간의 초창기 선조들은 누(소과에 속하는 동물-옮긴이)와 영양 무리를 사냥했는데, 이들은 계절에 따라 먼 거리를 이동했다. 인간은 배를 주린 채 손에 창을 들고 동물들을 따라갔고, 그 과정에서 집과 점점 멀어져 우발적인 이주자가 되었다는 것이다.

실제로 근대에 들어와서 인간의 이동은 야생동물의 자취를 계속 뒤따라간다. 17세기에는 프랑스 사람들이 모피 동물을 찾아 북아메리카로 이주했다가 캐나다에 뉴프랑스 식민지를 건설했다. 이들은 모피 동물의 생가죽을 가지고 펠트 모자 등을 만들었다. 18세기 말에는 아조레스섬 사람들이 사냥하는 고래를 따라 뉴잉글랜드로 이주했다가 지금도 매사추세츠에 남아 있는 포르투갈공동체를 만들었다. 인간이 동물과 함께 움직였던 것은 생계가 그들의 털과 살에 좌우되었기 때문이다.[15]

이제 인간의 생계는 대체로 동물이나 그들의 이동과 직결되지 않는다. 그런데도 여전히 우리는 한때 동물을 통해 얻었듯이 경제적 생계수단을 확보하기 위해 이동한다. 거의 모든 이주자는 자신의 이주 동기를 일자리와 경제적 안정에 대한 욕구라고 말할 것이다.[16] 자국에서 온갖 고생을 하긴 했지만 아이티 출신의 남성은 간호사가, 카불 출신의 소년은 공학자가 되고 싶어 했다. 그리고 유입국 경제에 수십억 달러를 더하는 그들의 노동은 이주자가 미치

317

는 가장 결정적인 영향 중 하나다. 이주자 가운데는 남겨진 친지와 친구에게 돈을 송금하는 사람들도 많아서 이들은 송출국 경제에도 수십억 달러를 보탠다. 국제 이주자는 매년 본국에 5천억 달러이상을 보내는데, 이 현금흐름은 국경을 가로질러 꾸준히 부를 재분배한다. 일부 나라는 해외에 사는 이주자가 보낸 송금액이 GDP의 상당 비중을 차지한다. 세계은행의 데이터에 따르면 레바논, 네팔, 몰도바에서는 송금액이 GDP의 약 20퍼센트를 차지한다.

그렇다 해도 이주 패턴을 구직의 산물로만 규정할 수는 없다. 경제학자들이 시도해본 적은 있다. 한 공식에서 신고전주의 경제학자들은 이곳의 임금과 저곳의 임금의 차이를 근거로 이주 가능성을 계산했다. 'ER(O) ff1 [PI (t)P2(t)YOt)-P3(t)Yo(t)] ertd-C(0).' 이 공식은 이주 같은 골치 아픈 행위의 가능성보다는 핵분열 속도를 계산하는 방법처럼 보인다. 심지어 이 공식은 맞지도 않는다.[17]

이주의 기원에 대한 인기 있는 이론 중에는 기후의 어떤 체계적인 변화 때문에 인류가 아프리카 밖으로 처음으로 이동하게 된 것이라는 가설도 있다.[18] 이주가 절박함에서 비롯된 행위라고 전제하는 이론들은 그것이 난데없이 일어난 재난에 가까운 사건이었음이 틀림없다고 상상한다. 가령 7만 4천 년 전 인도네시아 토바산의 분출은 재로 하늘을 뒤덮어서 수천 년간 지구의 기온을 떨어뜨렸다. 싯다르타 무케르지Siddhartha Mukherjee가 자신의 인기 있는 유전학 역사에서 밝혔듯이 어쩌면 그 기나긴 화산 겨울(큰 규모의 화산 폭발로 인해 만들어진 화산재나 부산물로 인해 지구의 온도가 낮아지는 현상-옮긴이)이 새로운 식량과 땅을 찾아 나서는 절박한 탐색을 촉발했을지 모른다.

미래에 나타날 환경변화에 이주로 대응하는 것 역시 재난에 의해 어쩔 수 없는 절박한 행동으로 그려진다.[19] 국가안보와 외교 정책 전문가들은 여러 백서와 기사를 통해 기후변화가 야기하는 붕괴와 혼란이 이주에 어떤 영향을 미칠지에 대한 예언을 풀어낸다. 식량과 물 부족은 불안정으로 이어지고, 그러면 어쩔 수 없이 이주자들이 이동해 불안정이 더 커진다는 것이다. 파괴적인 홍수와 사막의 확대로 공동체 전체가 터전을 잃게 된다. 해수면이 상승하면 수백만 가구가 물에 잠겨 주민들은 피난을 가지 않을 수 없다. 지리학자 로버트 맥레만의 표현에 따르면 환경주의자 노먼 마이어스 같은 전문가들은 기후변화의 각 '단위'를 그 비율에 맞는 추가적인 이주 단위로 변환하여, 21세기 중반이 되면 기후변화가 환경 난민 2천만 명을 양산하여 이들이 지구 곳곳으로 흩어지게 될 거라고 추정했다. 기후변화에 관한 정부 간 패널은 이주가 "기후변화의 가장 위중한 영향 중 하나", "지구온난화의 가장 극적인 결과 중 하나"가 될 것이라고 언급했다. 기후변화가 유발한 이런 이주는 문명의 붕괴로 이어질 수도 있었다. 이들의 평가에 따르면 과거에도 있었던 일이다.

하지만 어쩌면 이주는 위기가 아니라 기회의 시기에 강력해지는지도 모른다.[20] 한자리에 가만히 머물지 못했던 우리 조상들은 내키지 않지만 나쁜 조건에서 도망치기보다는 좋은 조건을 활용했던 것일 수 있다. 지구의 궤도는 수만 년이라는 시간 규모로 흔들리기 때문에 자전이 타원형에서 원형으로 바뀐다. 이 궤도 변화는 지구로 들어오는 태양광선의 각도와 강도를 바꾸고, 따라서 시간이 지나면 지구의 기후도 바뀌게 된다. 이런 기후의 변동이 사람이 통과할 수 없는 북아프리카의 사막을, 가령 인간이 건널 수 있는 사바나 같은 거주 가능한 녹색 회랑으로 바꿔놓음으로써 인간의 이주를 활성화시켰을 수 있다. 나비와 꽃가루 구름이 사바나

강을 따라 늘어선 숲을 건넜듯이 말이다. 하와이대학교의 컴퓨터 모델 전문가들이 궤도 변화에 따른 기후변화가 아프리카를 떠나는 인간 이동의 파동에 부합한다는 사실을 밝혀낸 것은 시사하는 바가 크다.

이주는 한 가지 이유로 설명될 수 없다

인간은 왜 이동하는가에 대한 우리의 두려움과 혼돈은 사람들의 재정착을 허용할지, 한다면 어떤 조건으로 할지를 규제하는 법규 안에 녹아들어 있다. 이주자의 구직은 유입국과 송출국 모두에 강력한 경제적 영향을 미치지만, 그것을 국경을 넘어 이주하는 것을 허가할 정당한 사유로 인정하는 장소와 시기는 제한적이다. 미국에는 노동의 자유로운 이동에서 혜택을 얻는 고용주와, 위협을 느끼는 노동자 두 집단 모두에게 영합하는 상충하는 정책들이 존재한다. 이런 정치적 긴장 때문에 이주자의 입국을 허용하면서도 동시에 이들에게 낙인을 찍는 모순적인 결과가 나타난다.

고난을 피하려고 이주하는 것이 적법한지에 대한 당국의 입장 역시 변덕스럽다. 빙하가 녹고 해수면이 상승하면서 이미 태평양의 키리바시와 멕시코만의 아일드 진 찰스Isle de Jean Charles, 알래스카 연안에서 조금 떨어진 시쉬마레프Shishmaref 같은 저지대 섬의 숱한 소읍과 마을들이 거주 불가능한 곳이 되었다. 이보다 훨씬 많은 사람이 들판이 말라붙거나 작황이 나빠서 다른 곳을 찾아 떠나지 않을 수 없었다. 이는 과학자들이 오래전부터 예측한 기후변화의 숱한 결과 중 하나이다. 대부분은 아무리 그런 상황이라 해도 자신이 기후변화 때문에 장소를 옮기게 되었다고 설명하지는 않을 것이다. 이 세상의 모든 나라 중에서 사람들이 그런 이유로 국

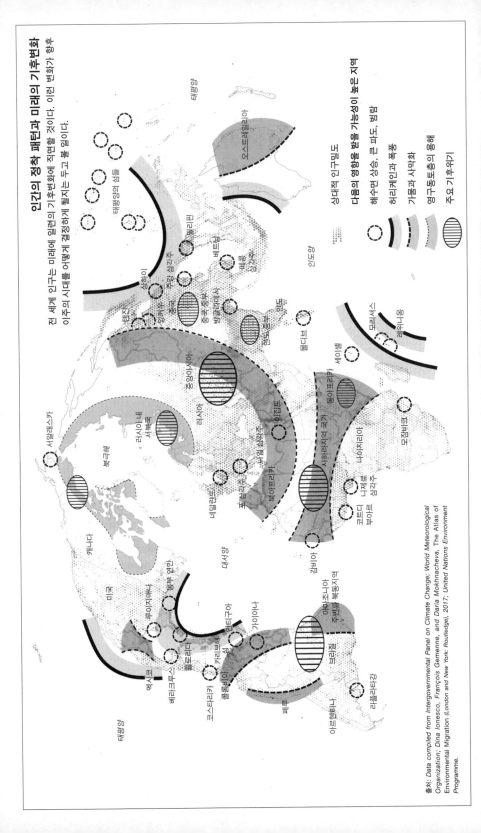

인간의 정착 패턴과 미래의 기후변화

전 세계 인구는 미래에 일련의 기후변화에 직면할 것이다. 이런 변화가 향후 이주의 시대를 어떻게 결정하게 될지는 두고 볼 일이다.

상대적 인구밀도

다음의 영향을 받을 가능성이 높은 지역

해수면 상승, 큰 파도, 범람

허리케인과 폭풍

가뭄과 사막화

영구동토층이 융해

주요 기후위기

지명 (지도 레이블)

태평양의 섬들
태평양
오스트레일리아
인도양
필리핀
베트남
메콩 삼각주
상하이
주강 삼각주
베이징
인더스강
중국
인도
중국 중부
방글라데시
인도 중부
몰디브
세이셸
모리셔스
레위니옹
아이티
러시아
중앙아시아
러시아내 서북극
아프리카의 뿔
서울레이스카
북극해
네덜란드
조선리버스
북아프리카
사헬지역의 국가
동아프리카
이집트
나일 삼각주
나이지리아
모잠비크
코트디부아르
나제로 삼각주
캐나다
미국
대서양
걸프 연안
루이지애나
멕시코
베라크루스
콜롬비아
볼리비아
카리브해의 섬
코스타리카
가이아나
인디구아
페루
라플라타강
아르헨티나
브라질
아마조니아 주변과 북동지역

출처: Data compiled from Intergovernmental Panel on Climate Change; World Meteorological Organization; Dina Ionesco, François Gemenne, and Daria Mokhnacheva, The Atlas of Environmental Migration (London and New York: Routledge), 2017; United Nations Environment Programme.

경을 넘도록 허락한다는 생각을 검토해본 나라는 뉴질랜드가 유일하다.[21] 미국에서는 자연재해와 무력갈등을 피해 온 사람들이 '임시보호 신분' 프로그램으로 입국할 수 있지만 이런 사람들의 집과 공동체가 얼마나 영구적으로 피해를 보았든 상관없이 기간이 제한적이다.

그 대신 1951년 난민협약에 서명한 144개국은 일정한 종류의 학대와 억압을 피해 탈출한 이주자들에게만 피난처를 제공한다. 난민은 정의상 인종이나 종교 또는 사회집단의 구성원에 대한 국가의 박해, 즉 애초에 난민협약을 마련한 동기가 된 나치에 의한 학대 같은 국가 범죄를 피해 탈출한 사람들이다. 가난이나 환경 문제, 또는 국가가 지역사회의 치안이나 자녀의 교육 같은 문제를 거부하는 상황 등 다른 유의 억압과 학대를 피하려고 국경을 넘은 사람들은 아무리 '난민'이라는 용어에 완벽히 부합한다고 해도 난민 자격을 부여받지 못한다.[22]

일부 국가들은 나치식의 박해를 피해 탈출한 사람들이라 해도 중간에 난민 신청이 가능한 다른 나라를 경유했다면 입국을 거부할 수 있도록 서로 조약을 만들어 서명하기도 했다. 이 '안전한 제3국' 협약에 따르면 만일 이주자가 미국을 경유해서 캐나다로 가거나 그리스를 경유해서 영국으로 갈 경우 당국은 이들이 아무리 국제법이 인정하는 종류의 학대를 피해 탈출했다고 해도 이들을 강제송환할 수 있다. 2019년 여름 트럼프 행정부는 과테말라 같은 가난하고 불안정한 나라들에 안전한 제3국 협약에 서명하지 않으면 재난에 가까운 관세를 매기겠다고 협박하며 협약 체결을 강행한 적이 있다. 이런 협약의 논리에 따르면 국가의 박해 때문에 탈출하는 것은 당사자가 정말로 절박한 경우에만, 그리고 처음으로 도착한 나라에서 기회를 잡는 경우에만 입국허가를 받을 수 있

는 적법한 사유가 된다. 이런 경우가 아니면 적법한 사유가 아니므로 송환된다.[23]

　나와 이야기를 나눈 이주자는 모두 이 사실을 알고 있다. 나는 이들이 내게 진실을 말하지 않는다고는 생각하지 않는다. 그래도 이들의 이야기는 마치 모래를 통과하는 탁한 물처럼 여과 장치를 통과해야 한다.

　대부분 아이가 그렇듯 어렸을 때 나는 "비행기는 왜 나는 거야?"처럼 너무 광범위하게 '왜'라는 질문을 던져놓고 어른들의 대답과 상관없이 계속해서 더 설명하라며 졸라대는 습관이 있었다. 우리 집안에서 자주 거론하는 일화가 하나 있다. 꼬리에 꼬리를 무는 기나긴 문답 끝에 갑자기 삼촌이 나를 밖으로 데리고 나가더니 하늘을 가리켰다. 그때까지 나는 왜라는 질문을 열 번도 넘게 연달아 삼촌에게 던졌을 것이다. "하늘 보이지?" 지친 기색이 역력한 삼촌이 내게 물었다. "하늘은 아주 높아. 그리고 넌 날 수 없잖아. 그래서 그런 거야."

　그러니까 어떤 현상들은 간단한 설명이 불가능하다. 이주의 경우 나는 왜 사람들이 이동하는가 하는 질문이 이주자나 이주 자체에 대해서보다는 질문자 자신과 그들의 기대와 공포를 더 많이 드러낸다는 점을 깨닫게 되었다. 지리학자 리처드 블랙Richard Black 은 "이주를 한 가지 이유로 설명할 수 있어야 한다는 생각의 뿌리에는 정착주의적 관점이 있다"고 말한다. 이 관점에 따르면 '이주는 문제 또는 규범에서 벗어난 예외이므로 설명이 필요'하다는 것이다.[24]

우리 몸에 각인된 이주 본능

인간은 왜 이동하는가, 그리고 어떤 이유를 법적으로 용인할 것인가에 대해서는 혼란이 많지만, 야생의 생명이 그렇듯 이주가 인간의 몸 안에 암호화되어 있음을 시사하는 강력한 증거가 있다.[25]

에트나산의 염소처럼 화산 분출을 감지할 수 있는 정도는 아니어도 인간의 몸 역시 환경변화에 민감하게 반응한다. 기능, 발달, 형태에 있어서 인간 사이의 차이라는 협소한 범위로 변환되지 않는 유전자는 상대적으로 많지 않다(선충과 숫자가 거의 같다). 인간의 유전자는 환경과의 역동적인 관계 속에서 기능하기 때문이다. 유전자들은 알파벳에 있는 글자들과 같아서 패턴과 맥락에 따라 다양한 의미를 표현할 수 있다.

우리 몸에는 다양한 조건에 맞는 결과를 산출할 수 있는 광범위한 선택지들이 장착되어 있다. 180개 이상의 다른 유전자가 키에 영향을 미친다. 최소한 8개의 다른 유전자 이형異型들이 각각 피부세포에 다양한 양의 색소를 만들어내도록 지시함으로써 피부색에 영향을 미친다. 우생학의 원리와 눈에 띄게 다른 점은 이 모든 유전자 이형들이 아프리카에서 비롯되었고, 오늘날 피부색이 어두운 사람과 밝은 사람 모두의 게놈 안에 있다는 사실이다.

유전자의 발현빈도,[26] 다른 유전자의 존재 유무, 유전자를 둘러싼 환경의 미시적 조건이 유전자가 표현되는 방식을 크게 바꿀 수 있다. 예를 들어 온도는 유전자의 발현 정도 또는 발현 여부를 바꿀 수 있다. 초파리의 경우 일부 유전자는 특정한 온도에서 발현되고 다른 온도에서는 발현되지 않는다. 애벌레에 닿는 빛의 색은 날개 색깔을 좌우하는 유전자의 발현 방식을 바꾼다. 빨간색 빛 아래서 키우면 강렬한 색을 띠게 되고, 녹색 빛에서는 탁한 색, 파란

빛에서는 창백한 색을 띠게 된다. 사막메뚜기는 주변의 개체군 밀도에 따라 정주형 또는 이주형으로 발달한다. 물벼룩이라고 하는 반투명한 갑각류는 주위에서 포식자의 화학적 흔적을 감지할 수 있는지에 따라 헬멧처럼 생긴 방어용 구조물이 있는 자식을 낳기도 하고, 없는 자식을 낳기도 한다.

인간의 몸 역시 주위 환경에 따라 발달방식이 바뀐다. 어머니의 자궁 안에서 흔들리고 뒤척이는 움직임 패턴은 우리 손에 독특한 지문의 고랑과 이랑을 남긴다.[27] 그러는 한편 어머니가 들이쉬는 공기 안의 화학물질이건, 어머니가 섭취하는 음식의 종류와 양이건 외부 환경의 신호들이 어머니의 몸을 통해 우리 몸 안으로 스며들어 온다. 우리의 몸은 이런 신호에 반응하여 유전자가 세포의 작동을 지시하는 방식을 바꾸고 발달 경로를 옮긴다.

이런 일이 벌어지는 메커니즘 중에 '메틸화'라는 과정이 있다. 유전자의 주위에는 유전자를 끄고 켜는 스위치처럼 기능하는 메틸 분자들이 작게 무리 지어 있다. 이는 다시 다른 유전자들이 켜지거나 꺼지는 데 영향을 미쳐서 상호작용이 연쇄적으로 일어날 수 있다. 어머니가 기근을 경험했다거나 오염물질을 삼켰다거나 하는 외부 환경의 단서들이 이 과정의 형태를 결정한다.

예를 들어 제2차 세계대전 기간에 네덜란드에서 기근이 짧게 지속되었을 때 임신한 여성에게서 태어난 사람들은 그 기근 전이나 후에 태어난 동성의 형제자매들과 유전자 내 메틸화 패턴이 다르다. 이들의 몸은 어머니의 몸을 통해 들어온 기근의 신호를 흡수했고, 그 결과 탈바꿈했다.[28] 연구자들은 자궁 내에서 '네덜란드의 배고픈 겨울'을 경험한 사람들은 혈중 저비중 지단백 콜레스테롤과 중성지방 수치가 높고, 당뇨병과 조현병 발병률이 높으며, 이 기근 전이나 후에 태어난 사람보다 사망률이 10퍼센트 더 높다는 사실을 발견했다.

태어난 뒤에도 환경의 조건은 인체의 발달에 지대한 영향을 미친다.[29] 예를 들어 태어날 때는 모두 땀샘의 수가 같다. 하지만 우리가 첫 3년간 경험하는 주변 기온은 이 중에서 얼마나 많은 수의 땀샘이 기능할지를 결정해서 남은 평생 우리가 더위를 견디는 능력을 바꿔놓는다. 만일 첫 몇 년 동안 날씨가 무더우면 기능하는 땀샘의 수가 많아지고 더위를 견딜 수 있는 준비도 더 잘 할 수 있게 되지만, 그렇지 않을 때는 반대의 상황이 벌어진다.

사람들이 아프리카를 떠나 기후와 음식, 병원균이 다른 새로운 환경으로 진입했을 때 우리의 몸은 거기에 맞춰 적응했다. 우리가 발을 들인 서식지에서 특이한 미생물을 견딜 수 있도록 다채로운 유전자 이형들이 퍼졌다. 말라리아를 옮기는 모기를 만난 사람들은 말라리아의 식욕으로부터 지켜주는 유전적 이형과 함께 적응해갔다. 콜레라가 도사리는 갠지스강 삼각주 인근에 사는 사람들은 콜레라로 목숨을 잃을 위험을 줄이는 적응방법을 진화시켰다.[30] 이런 지역 출신 사람들은 콜레라의 치명적인 영향을 증가시키는 O형 혈액형의 비율이 제일 낮다.

북쪽 기후대의 햇빛이 약해 비타민 D 결핍으로 여성의 산도가 좁아지고 산모와 아기가 출산 중에 사망할 위험이 증가했을 때 태양광의 비타민 D를 흡수하는 능력을 높이는 유전자 이형이 급증했다.[31] 이런 환경 적응방법은 유럽, 북아시아 등지에 사는 사람들 사이에서 일반적인 창백한 피부색에서 확인할 수 있다. 추운 지방으로 이주한 사람들은 열 손실을 줄이는 다부진 몸을 발달시켰고 신진대사율이 높아졌다.[32] 극지에 가까운 북아메리카와 시베리아 사람들은 다른 사람들보다 신진대사율이 높다. 내륙 쪽 이누이트 사람들의 신진대사율은 지금도 비이누이트인에 비해 신진대사율이 19퍼센트까지 더 높다. 육류를 소화할 수 있도록 도와주는 유전자가 생존을 위해 동물의 고기에 의지해야 했던 사람들 속에서 확산되었을 것으로 보인다. 식물 지질을 빨리 변환하는 유전자는 인도에 있는 나의 조상들처럼 주로 채식을 하는 사람들 안에서 확산되었다. 젖당을 소화시키는 데 유익한 유전자는 성인이 되어서도 우유에 의존했던 사람들 안에서 확산했다. 백인 민족주의자들은 우유를 소화할 수 있는 능력을 자랑거리로 여겨서 보란 듯이 몇 갤런의 우유를 들이켜는 행사를 열기도 하지만 사실 이런 유전자는 낙농업을 많이 하는 북유럽인들뿐만 아니라 수단의 유목민들과, 중동과 북아프리카에서 낙타를 몰고 다니는 베두인이라고 알려진 유목민을 비롯해 광범위한 민족에게서 나타난다.

티베트 고원에서 산소 부족으로 임신부가 자간전증(임신 중에 형성된 독소가 체내에 억류됨으로써 나타나는 중독 증세-옮긴이)에 걸리자 높은 고도의 위험을 견딜 수 있게 해주는 유전자가 출현하여 확산되었다. 지금도 티베트 출신 사람들은 산소를 감지하는 EGLN과 전사인자 EPAS1 같은 유전자의 발현빈도가 높다. 이 유전자들은 높은 곳에서 살아갈 때 필요한 낮은 혈중 헤모글로빈 농도와 관련이 있다.[33]

이주하는 동안 만나는 환경조건에 따른 몸의 적응 능력은 우리가 어째서 질병의 위험을 고조시키는 유전자를 가졌는지를 설명하는 데 도움이 된다.[34] 일반적으로 우리를 병들게 할 가능성이 높은 유전자들은 시간이 지나면 사라진다. 이런 유전자가 없는 사람들이 이런 유전자를 가진 사람들보다 더 많이 재생산되기 때문이다. 하지만 오늘날에는 거의 모든 질병과 건강 상태에 어느 정도 유전적 요소가 있기 때문에 광범위한 유전자가 질병에 걸릴 위험성을 높인다.

이런 유전자 중 일부는 우리 조상들이 과거 여러 환경에서 생존하는 데 도움을 주었기 때문에 살아남았을 가능성이 있다. 예를 들어 유럽인의 50퍼센트 이상과 일부 아시아 개체군에서 90퍼센트까지 발견되는 GDF5 유전자의 한 돌연변이는 관절염의 위험을 높인다. 이 유전자를 쥐에게 주입하면 다른 결과도 나타난다. 이 돌연변이는 뼈의 길이를 감소시키는데, 연구자들은 이를 보고 이 돌연변이가 작은 신장과 관련이 있으리라는 결론을 내린다. 신장이 작으면 열 손실이 줄어들기 때문에 연구자들은 이 유전적 돌연변이가 북쪽으로 이주한 조상들을 추위와 동상에서 지켜주기 위해 나타났으리라는 이론을 제시한다. 염증을 촉진하고 심장병과 관절염 같은 만성 염증성 질환의 위험을 높이는 유전자들이 출현해서 확산한 것은 반복되는 식량 부족과 감염 상황에서 생존하는 데 도움이 되기 때문이었을 것이다. 병원에서 일반적으로 실시하는 신생아선별검사 대상인 페닐케톤뇨증이라는 질병을 일으킬 위험이 있는 유전적 변이 역시 인간이 병원성 곰팡이를 이겨내는 데 도움이 될 수 있다. 이 변이는 습하고 곰팡이가 많은 스코틀랜드에 거주하는 사람들에게서 흔한 편이다. 신장 질환의 위험을 높이는 유전자 변이들 역시 체체파리가 옮기는 수면병에서 사람들을 지켜주는 데 도움이 될지도 모른다. 신장 질환이 많이 발병하는 사람들은 체체파리와 수면병이 도사리고 있는 아프리카와 그리 멀지 않은 조상을 둔 사람들이라는 점은 시사하는 바가 크다.

유전자와 인간 행동 사이에 놓인 복잡하고 우회적인 경로를 고려했을 때 유전자를 가진 개인 또는 집단을 이주 충동의 근원으로 명확하게 지목하기는 힘들다. 유전자는 하나의 형질에 대한 지침을 제공하는 경우가 거의 없고 이주 같은 복잡한 행동에 대해서는 더더구나 그렇다. 그리고 하나의 유전자에 하나의 형질이 암호화되어 있는 경우라 해도 환경과 다른 유전자의 단서와 스위치에 반응하지, 곧바로 그 형질을 드러내지는 않는다. 하지만 동시에 전 세계에서 펼쳐진 장구한 이주의 역사를 감안하면 인간의 이동 성향 이면에 유전적 요소가 전혀 없지는 않을 공산이 크다. 지금까지 발견된 후보자는 DRD4 7R+ 하나다.[35] 1999년의 한 연구에서 유전학자들은 서로 다른 인구집단 안에 이 유전자의 발현빈도가 아프리카에서 얼마나 먼 곳에 거주하는지와 상관관계가 있음을 발견했다. 가장 멀리 이동한 사람들에게서 발현빈도가 높았던 것이다. 이 유전자는 유목 민족에게서 더 일반적인 편이고, 새로운 경험에 대한 개방성, 주의력결핍장애, 집중력 있는 창의성의 폭발과 연관이 있다.

인간의 몸은 고정성보다는 유동성이 크다.[36] 몸의 형태, 크기, 색, 기후변화를 견디는 능력은 수 세대에 걸쳐 견고한 청사진에 갇혀 있는 게 아니다. 우리는 상황에 따라 겉모습과 생리적 특성을 취사선택한다. 다시 말해서 우리의 몸은 인류학자 제이 스톡Jay T. Stock과 웰스J. C. K. Wells의 표현처럼 "지역의 생태학적 조건에 대해 상당한 '유전적 참여'를 피하기 위해" 진화해왔다.

정적이고 변화가 없는 환경에서 살아가는 이동성이 없는 생명체에게서는 이런 환경에 따른 변형 가능성이 진화하지 않는다. 이런 성향은 이주하는 생명체에게서 진화한다.

우리의 몸은 변형할 수 있게 만들어졌다.

인간 이주자로 인한 변화

인간 이주자는 나비와 늑대가 그렇듯 자신이 발을 들이는 생태계에 변화를 일으킨다.[37]

이주를 결심한 사람들은 식료품점 진열대를 꼼꼼하게 살피거나 기차역 주변을 배회하는 사람들처럼 개체군의 임의적인 단면이 아니다. 이주는 돈이든 기술이든 연줄이든 체력이든 막대한 비용이 든다. 극빈층처럼 자본이 없는 사람들은 이주를 감당할 여력이 안 된다. 자본의 출처가 토지 소유, 귀족 혈통, 작위인 사람들도 마찬가지다. 이런 사람들은 부와 지위가 있지만 이것을 들고 다닐 수가 없다.

대신 사회과학자들의 연구에 따르면 이주자들은 은행에 거액이 예치되어 있거나 토지나 작위를 소유하지는 않아도 건강, 기술, 교육, 다른 장소에 있는 사람들과의 사회적 관계라는 측면에서 윤택한 이들인 경향이 있다. 이들이 가진 자본은 이동할 수 있다. 즉 맥레만은 인구통계학적으로 이들은 '성공하는 공동체의 기반'이 되는 사람들이라고 말한다. 이들은 비이주 동료집단에 비해 젊고 교육을 많이 받은 중산층 출신의 노동자들로, 경제발전의 중간단계 출신일 가능성이 크다. 또한 더 건강하다.

공중보건 전문가들은 '건강한 이주자 효과'라는 것을 기록해왔다. 이것은 이주자가 유입국 인구집단보다 사망률이 더 낮다는 점을 말한다. 이주자는 기존 거주자에 비해 주거환경이 열악하고 의료서비스에 대한 접근성도 낮은 데다, 대부분 더 가난한 나라 출신이라는 점을 감안하면 이는 특히 인상적이다. 어떤 연구는 미국, 캐나다, 영국, 호주로 이주한 사람들이 비슷한 수준의 출생국 주민에 비해 만성질환과 비만 발병률이 더 낮다는 사실을 확인하기도 했다. 대부분 담배도 더 적게 피웠다.

이들의 이동은 자기 영속적인 자체의 탄력을 가지고 사회 현상을 만들어낸다. 이들은 농촌에서 도시로, 이 도시에서 저 도시로, 가까운 나라에서 먼 나라로, 때로는 일생에 걸쳐, 때로는 네 세대에 걸쳐 캐나다에서 멕시코로 이주하는 제왕나비처럼 여러 세대에 걸쳐 단계적으로 이동한다.

선구적인 이주자의 이동은 다른 이주자들이 뒤따를 수 있는 길을 닦는다. 선구적 이주자들은 목적지에 도착하면 이주자의 사회적 네트워크를 강화하여 다른 사람들의 이주 비용을 낮춘다. 뭄바이를 떠나 오기 전 미국에 아는 사람이라곤 단 한 명도 없었던 나의 부모님 같은 선구적 이주자들은 사촌과 이모와 삼촌, 심지어는 친구들을 불러들이는 데 힘을 보태면서 이들에게 잠자리를 제공하고 구직에 대해 조언하고 기름진 망고 피클 단지와 가는 녹색 고추를 살 수 있는 특산 식품점까지 태워다주기도 한다. 그들이 보내는 송금액과 다른 지원들은 그들이 떠나온 장소와 그들을 연약한 비단실 같은 것으로 묶어준다.

로열섬의 이주자 늑대와 코요테리지의 나비들처럼, 이주자들은 새로 이주한 사회에 낯선 문화적 관습과 요리법과 생활 및 사고방식을 가져와서 배타적인 인구집단에 참신함을 더한다. 그리고 유입국 사회가 그들에게 빗장을 지르지만 않는다면 이들은 아주 빨리 지역 주민들과 뒤섞인다. 분노와 격분이 이주자와, 그들이 유발한 경제적·문화적 혼란을 겨냥할 때도 우리의 잡종 사회는 이주자를 우리 속으로 재빨리 동화할 수 있고 실제로 그렇게 한다. 이주자와 지역 주민을 갈라놓던 사회, 경제, 건강상의 지표들—이들이 출산하는 자녀의 수, 구하는 일자리의 종류, 교육적 성취 수준, 걸리는 질병 등—은 한 세대 안에 수렴된다. 미국 내 이민자에 관한 연구에서 경제학자들이 포착할 수 있었던 이주자와 선주민先住民의 모든 차이는 단 한 세대 만에 사라졌다.[38]

향후 몇 년간 이주자의 유입은 아무리 새로운 마음과 몸으로 지역 사회를 충전시킨다 해도 분명 혼란을 초래할 것이다.[39] 과거에는 인간의 이주가 '남에서 북으로'보다는 '동에서 서로' 더 빠르게 움직였고, 이는 인구집단의 유전자 패턴으로 증명된다. 새 시대에는 이 가로 방향의 순환 패턴이 점점 더워지는 지구의 경사면을 따라 남에서 북으로 바뀔 가능성이 크다. 속도도 더 빨라질 것이다. 이주는 수백 년, 수천 년이 아니라 수년과 수십 년에 걸쳐 진행될 것이다.

하지만 향후의 거대한 이주는 북쪽에서 휩쓸고 들어오는 한랭전선 같은 멈출 수 없는 물리적 현상처럼 펼쳐지지는 않을 것이다. 환경의 교란이 이주에 미칠 영향에는 간단한 등식이 없기 때문이다.[40] 홍수와 폭풍처럼 난데없이 재난을 몰고 오는 사건들이 이주를 일으킬 것으로 예상하기 쉽지만 실제로는 그렇지 않다. 오히려 이주와 갑작스러운 홍수 및 폭풍의 관계를 연구해본 결과 약한 상관관계만 확인되었을 뿐이다. 일반적으로 이런 상황에서 사람들은 일시적으로, 그리고 아주 멀지 않은 곳으로 이주했다가 시간이 흐르면 떠났던 장소로 되돌아가 복구작업을 벌일 때가 많다.

감지될 만큼 이주를 증가시키는 원인으로는 가뭄이 있다.[41] 예컨대 사하라 이남 아프리카 36개국의 30년 치 데이터를 연구한 결과 강수량 부족과 도농 이주 사이에 상관관계가 있음이 확인되었다. 또 다른 연구는 가뭄을 겪는 지역사회의 수가 10퍼센트 증가하는 것과 이동하는 사람의 수가 10퍼센트 증가하는 것 사이에 상관관계가 있음을 확인했다. 근대의 이주 가운데 가장 두드러진 사건 일부는 가뭄으로 인해 진행되었다. 1930년대의 더스트보울(가뭄으로 만들어지는 모래폭풍-옮긴이)로 대초원지대에서 200만 명 이상이 이주하게 되었다. 자신이 살던 오두막을 떠난 수십만 명이 애리조나와 맞닿은 주 경계를 봉쇄하여 이들을 내쫓으려 하는 캘리포니아 보안관들에게 저항하며 캘리포니아에 다시 자리를 잡았다. 중앙아메리카 태평양 연안을 따라 과테말라 서부에서 코스타리카 북부로 이어지는 건조한 삼림의 통로 안에서 가뭄이 펼쳐지는 동안 점점 많은 사람이 과테말라, 엘살바도르, 온두라스를 떠나 미국의 남쪽 국경으로 모여들고 있다.

시작이 느린 환경문제는 시작이 빠른 환경문제에 비해 이주 흐름에 더 분명하게 감지 가능한 신호를 남긴다는 사실은 시사적이다. 파괴적인 효과가 모두 한 번에 퍼부어지는 폭풍과 홍수와는 달리 가뭄은 시간을 두고 점진적으로 펼쳐진다. 처음에는 비가 미덥지 않게 찔끔거린다. 그러다가 아예 간간이 비가 오지 않는다. 그다음에는 연이어 건조한 몇 년이 이어진다. 화산 분출 전 에트나 산의 염소나, 쓰나미 전 스리랑카의 코끼리처럼 농민과 어민의 아들딸들은 신호를 감지하고 다른 곳으로 옮길 때가 되었음을 간파할 수 있다. 그런 경우 이주는 재난에서 벗어나기 위한 필사의 탈출이나 일각에서 불필요한 우려를 담아 상상하는 벼랑으로 치닫는 좀비들의 행진이 아니다. 환경의 미세한 신호에 훨씬 미묘하게 적응하는 반응이다.

정치가 매개 역할을 하기도 한다. 가령 시리아에서 시작된 대탈출에 앞서 기록적인 최악의 가뭄으로 흉작이 들고 가축이 줄줄이 쓰러졌다.[42] 이 때문에 식량 가격이 치솟았고, 농민들이 도시로 몰려들 수밖에 없었다. 2002년부터 2010년 사이 시리아의 도시들이 150만 명 농민들을 흡수하면서 도시 인구가 50퍼센트 늘어났다. 많은 사람이 임시 주거시설에 몰려 살았고, 바로 여기서 정권의 부패와 무능에 대한 정치적 불만이 차곡차곡 쌓였다. 뒤이어 폭발적인 내전이 벌어졌고, 그다음에는 이주 물결이 이어졌다.

하지만 사람들은 가뭄 하나 때문에 시리아를 떠난 게 아니었다.[43] 정권이 식량 가격을 안정시키고 구호 식량을 제공하지 못한 것이 그만큼 큰 역할을 했다. 도시의 적정 주택과 일자리의 부족, 불만에 대한 정권의 야만적인 대응으로 내전이 벌어진 것 역시 마찬가지였다. 다른 곳이라면 가뭄이 이주에 아무런 영향을 미치지 못할 수도 있다. 미국에서는 더위와 건조함이 증가해도 경제시스템의 복원 능력 덕분에 농업 수익은 미미한 영향밖에 받지 않기 때문에 이주 패턴이 큰 영향을 받을 가능성이 작다.

폭풍이 악화되고 해수면이 상승하고 강수량이 적당하지 않을 때, 짐을 싸서 떠나는 것만이 방법은 아니다.[44] 그 대신 사회는 사람들이 그 날씨를 견딜 수 있는 주택에서 살게 하고 변화한 조건에서 식량을 재배할 수 있게 만든다는 결정을 내릴 수도 있다. 살던 곳에서 계속 살아갈 수 있게 정착지의 패턴, 건축 규정, 농업 관행 모두를 바꿀 수 있다. 그리고 오히려 환경문제는 복원 능력을 향상할 조치를 자극하는 계기가 될 수도 있다.

보통 갈등과 이주의 전조로 거론되는 물 부족은 갈등 관계에 놓이기 쉬운 각국 정부 간의 수백 가지 협약으로 귀결되기도 했다. 역사학자 필립 블롬Philipp Blom은 중세시대에 몇백 년간 이어졌던 소빙하기의 불친절한 날씨 때문에 유럽은 봉건제를 버리고 계몽주의를 시작하게 되었다고 말한다. 아프리카연합African Union은 사막화에 대응하기 위해 아프리카 대륙 전역의 8천 킬로미터 길 위에 가뭄을 견딜 수 있는 모자이크 형태의 농장과 삼림을 만들었고, 이 계획에 '위대한 녹색 벽'이라는 이름을 붙였다.

우리는 모두 아프리카를 떠나온 이주자

어울리지 않는 장소에 있는 것 같은 기분 속에 살아온 나 같은 사람들에게 지난 몇십 년간 부상한 '만물은 유전한다'는 헤라클레이토스의 자연관은 역설적인 소속감을 제공한다. 몇 년 전 나는 한 지역 농민시장에서 두 여성 곁을 지나다가 혹하고 찌르는 듯한 부러움을 느낀 적이 있었다. 청바지에 스웨터를 입은 중년 여성은 자신감 있게 앞에서 성큼성큼 걸으며 시장에서 구할 수 있는 토마토와 상추의 품종을 설명하고 있었고, 머리에 스카프를 두르고 긴 가운을 걸친 다른 여성은 그 뒤를 머뭇머뭇 따라가고 있었다. 내가 사는 도시에 난민정착 프로그램이 있다는 사실을 알고 있던 나는 뒤따르는 여성은 이주자이고 앞서가는 여성은 그녀의 동화를 돕는 자원활동가라고 짐작했다.

내부자의 문화적 지식을 암묵적으로 인정하는 가운데 이런 종류의 도움을 제공한다는 생각에 나는 바로 그 자리에서 큰 매력을 느꼈다. (누군가가 길을 물으면 나는 신이 나서 알려주기도 한다. 이런 일은 아주 드물긴 하지만 말이다.) 하지만 나는 자원활동을 할 생각을 재빨리 억눌렀다. 유입국의 문화를 배우고자 하는 외국 이주자는 나 같은 주변 미국인을 안내인으로 삼고 싶지 않으리라. 이런 자원활동은 홈팀 응원하기나 내가 사는 도시나 마을 자랑하기처럼 내가 꺼리는 다른 여러 문화 활동과 비슷하리라.

하지만 나는 인간의 역사라는 폭넓은 관점에서 보면 우리는 각자가 사는 모든 장소에서 아프리카를 떠나온 이주자라는 사실을 깨달았다. 몇 세대에 걸쳐 꾸준히 그곳에 거주했다는 이유로 토착민과 외부자를 가르는 것은 결국 자의적이다. 도널드 트럼프마저도 나 같은 이주자의 자식이 아닌가. 그의 어머니는 영국 승객용

정기선을 타고 스코틀랜드 아우터헤브리디스제도의 게일어를 사용하는 지방에서 뉴욕시로 이주하여 가사노동자로 취직했다. 그녀의 아들과 다른 이민자들은 너무 커져버린 허물을 벗듯 이주의 역사를 떨구며 뒤도 돌아보지 않고 이주자와 토착민 간의 경계를 뛰어넘었다. 하지만 그들의 토착성은 나의 그것만큼이나 일시적이었다.

나는 이주를 인간 경험의 주변에서 중심으로 옮기면 많은 사람이 불편하리라는 것을 인정한다. 안정성을 추구하라는 가르침을 받은 우리는 변치 않는 자연과 그 속에 있는 우리의 변치 않는 터전을 주장할 권리가 있다고 느낀다. 하지만 과학적 연구 결과들은 이주가 규칙의 예외가 아니라는 것을 분명하게 보여주었다. 우리는 항상 움직였다. 그리고 그 이유를 설명할 수 있는, 그리고 어떤 신비한 정체 상태를 회복하기 위해 분리하여 반전시킬 수 있는 단일한 요인 같은 것은 없다.

그 사실을 받아들인 나는 나 자신을 새로운 방식으로 보게 되었다. 지구상에서 내가 살고 있는 장소에 대해 누구보다도 소속감을 느낄 자격이 있는 존재로 말이다. 누가 관심을 가지고 묻는다면 나는 이제 복잡한 형용사를 덧붙이지 않고 나 자신을 미국인이라고 말할 것이다. 그리고 난민을 위한 자원활동가로 일할 수 있을 정도로 충분한 문화적 지식을 갖춘 사람이라고도 말할 것이다.

과거 인간 이주의 7천 년 역사는 전 세계 평균기온이 섭씨 0.5도 정도이던, 전 세계적으로 안정된 기후 아래 펼쳐졌다. 이제는 상황이 바뀌었다. 산업혁명 이래로 전 세계 평균기온이 섭씨 0.8도 상승하면서 가뭄이 길어지고 폭풍이 강력해지고 산불의 파괴력이 커졌다. 우리 세대가 살고 있는 장소에서 기대할 수 있는 안정기를 잃어버리는 순간 이주 비율의 한계점에 이르게 될 사람이 그 어느 때보다 많아질 것이다.

하지만 다음번의 거대한 이주가 시작될 때 던져야 하는 질문은 '인간은 왜 이주하는가'가 아니다. 이주는 인간의 생물학적 특성과 역사에 뿌리를 둔 자연의 힘이다. 이 변화하는 지구에서 함께 살아가는 다른 숱한 야생의 생명들과 마찬가지로. 지구 생명체의 기나긴 역사에서 이주의 혜택은 그 비용을 능가했다.

그러니 우리가 던져야 할 질문은 하나다. 이주를 어떤 식으로 다룰 것인가?

10장

이주를 가로막는 장벽

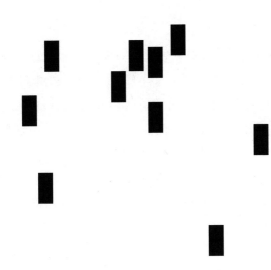

두 이주자는 이라크에서 출발했다. 자신할 수는 없지만, 친척들과 함께였을 터다. 그 친척들이 목적지에 닿았는지는 알지 못한다. 내가 아는 것은 희미하게 일렁이는 파란 에게해를 굽어보는 그리스 레스보스섬 언덕 위, 내가 서 있는 데서 그리 멀지 않은 곳에서 이 두 이주자의 여행이 끝났다는 사실뿐이다.

나는 동네 교회 묘지 한쪽 구석에 있다. 이 섬의 주민들은 빽빽하게 늘어선 묘석과 대리석판으로 망자의 무덤 자리를 표시한다. 유연한 고양이들이 돌로 된 구조물에 다채로운 자세로 늘어져 있다. 몇 달 전 이주자들의 시신이 아래쪽에 있는 해변 한 곳으로 떠밀려왔다. 지역 주민들은 이 시신들을 예쁜 부겐빌레아가 피어 있는 이 섬의 가파른 길 위쪽으로 옮겨 이곳 묘지기에게 전달했다. 크리스토스라고 하는 강단 있는 은발의 남자다.

그즈음 그에게 이런 시신이 숱하게 밀려들었다.[1] 처음에는 딜레마였다. 묘지는 이 섬의 기독교인들을 위한 곳이었는데, 그는 이주자에 대해서는 많이 알지 못했지만 무슬림일 가능성이 컸기 때

340

문이다. 그의 해법은 묘지 안에 일종의 게토를 만드는 것이었다. 그는 이주자들의 시신을 묘지의 어수선한 가장자리에 매장했다. 묘지 일꾼들이 갖다버린 온갖 쓰레기가 두서없이 쌓여 있고 풀이 마음대로 자라는 곳이었다.

내가 그곳을 찾았을 때 이주자들의 무덤은 만든 지 얼마 안 된 상태였다. 시신이 잠든 곳은 대리석 조각 몇 개로 표시되어 있었다. 아무도 이주자들의 이름을 알지 못했으므로 묘지기는 검은 페인트로 대리석 조각에 자신이 추정하는 이들의 나이를 손으로 적었다. 더 위엄 있는 친지와 친구의 묘지에 경의를 표한 뒤 들른 몇몇 마음씨 좋은 지역 주민들이 분홍색 조화 부케 하나와 약국 선물 코너에 있을 법한 봉제 인형 두 개를 남겨두었다. 장난감들이 자리 잡은 대리석 조각의 지저분한 페인트 글씨가 진흙에 반쯤 묻혀 있었다.

소년은 다섯 살 정도였다. 함께 있던 다른 아이는 일곱 살 정도. 두 아이는 난폭한 국경을 넘어, 전쟁으로 유린된 나라들을 지나 1,600킬로미터 이상을 헤쳐 왔다. 하지만 공식 통관 항에 가로막힌 이들은 30킬로미터도 안 되는 지중해에서 목숨을 잃었다.

젊은 이주자의 죽음

또 다른 이주자는 미국 남부 어딘가에서 출발했다. 북쪽 여행을 위해 파란색과 흰색이 들어간 아메리칸이글 폴로 셔츠를 입고서. 그는 텍사스와 멕시코 국경을 따라 구불구불 이어지는 넓고 얕은 리오그란데강을 건넜다. 그를 쓰러뜨린 것은 그 너머의 사막이었다. 열대식물인 메스키트 나무와 선인장류와는 달리 그의 몸은 고온으로 인한 탈수를 견디지 못했다.

사막에서 목숨을 잃는 이주자의 잔해는 쉽게 유실된다.[2] 텍사스를 지나는 국경지대의 90퍼센트 이상이 민간 목장인데, 이 가운데는 너무 넓어서 수년간 발길이 닿지 않은 곳도 있다. 가장 큰 목장은 크기가 로드아일랜드주만 하다. 그리고 사막에서 인간의 살은 재빠르게 물질대사로 분해된다. 이주자의 시신은 사막에서 하루 안에 육안으로 알아보기 힘든 상태로 변한다. 코요테는 살을 뜯고 독수리는 눈알을 파낸다. 남은 뼈는 사막의 태양에 허옇게 탈색되어 가시가 무성한 선인장들과 뒤섞이거나, 쥐의 보금자리로 끌려 들어간다. 이 칼슘 덩어리는 쥐가 앞니를 가는 데 사용된다.

누군가가 역경을 헤치고 사막이 폴로 셔츠를 입은 이 젊은 남자의 몸을 분해하기 직전에 찾아냈다.[3] 지역의 한 관리는 그 시신을 시체안치소로 보냈다. 주州 법에 따르면 신원미상의 시신은 DNA 샘플을 채취해야 하고, FBI에 신원확인 요청을 해야 한다. 하지만 그가 마지막 숨을 거둔 외딴 사우스텍사스, 미국에서 다섯 번째로 가난한 이 카운티는 이 모든 일을 처리할 예산이나 정치적 의지가 거의 없었다. 미국 국경수비대의 통계에 따르면 1998년 이후로 리오그란데 계곡에서 숨진 이주자는 1,500명 이상이었다. 지역 당국이 처리하기에는 너무 많은 수다. 시체안치소의 병리학자는 젊은 남자의 옷을 벗기고 칼로 가슴을 갈라 살인의 표지를 확인한다. 그러고 난 뒤 이 병리학자는 그의 시신을 다시 봉합하고 그의 옷을 작은 생물 유해물질 가방에 넣은 뒤 이 둘을 검은 시신 운반용 부대에 넣고 지퍼를 닫았다.

시체안치소를 운영하는 관리는 지퍼를 채운 그 검은 부대를 차에 싣고 마을 가장자리에 있는 먼지 나는 흙길을 달려 자기 집에서 소유한 거대한 목화농장으로 향했다. 그는 크리스마스 등이 늘어진, 금방이라도 허물어질 듯한 목장주택을 지나쳤다. 그 집에서는 그와 사촌뻘 되는 먼 친척이 매일 마시는 1리터들이 위스키를 들이켜며 앉아 있었다. 그는 옆에 있는 목장주택을 에워싼 낡아빠진 울타리를 지나쳤다. 주인에게 버려진 옆집은 밀수업자들이 국경을 넘나들며 약탈한 마약과 이주자를 위한 임시 가옥으로 사용했다. 마침내 그는 빈터에 작은 그림자를 드리운 외딴 나무 한 그루 옆에 차를 세웠다.

그의 가족은 여러 세대에 걸쳐 수 에이커의 목화밭에 둘러싸인 이곳에 망자를 매장하고, 줄 지어선 각인된 화강암으로 무덤 자리를 표시했다. 그는 수년에 걸쳐 표시된 무덤 사이에 구멍을 파고 자신의 시체안치소를 거쳐 그곳에 오게 된 이름 없는 망자들 역시 그곳에 묻었다. 집 없는 사람들, 아직도 헐렁한 병원 가운을 입고 의료용 관에 연결된 신원 미상의 병원 환자들, 사막에서 목숨을 잃거나 강에서 익사한 이주자들. 어떤 사람은 스티로폼 용기에, 어떤 사람은 동네 장의사에게서 얻어 온 남은 관에 넣었다. 파란색과 흰색 폴로 셔츠를 입은 이 이민자처럼 검은 시신운반용 부대에 담긴 사람도 있었다. 어떨 때는 신원 미상자를 지칭할 때 쓰는 '제인 도Jane Doe' 또는 '존 도John Doe'라고 적힌 종이 꼬리표로 무덤에 표시했지만, 나중에 잔디를 깎는 조경사가 그 꼬리표를 날려버렸다. 다른 선택지는 없었다. 공립 묘지는 없고, 사설 묘지의 고객들은 사랑하는 이가 신원 미상의 시체 옆에 매장되는 걸 좋아하지 않았다.

폴로 셔츠를 입은 이주자를 본 날 이후로 10년이 흘렀다. 하늘에는 구름 한 점 없었고, 강한 바람이 계속 불었다. 한 법인류학자가 기금을 모아서 목화밭에 있는 신원 미상의 무덤을 발굴해서 유해의 신원을 확인하기 위해 학생 자원활동가 팀을 꾸렸다. 이들은 곡괭이와 삽을 들고 시신을 몰래 숨겼음을 의미하는 얕은 함몰지점이 있는지 살폈다. 시체안치소 직원은 아무런 기록도, 지도도 남기지 않았다. 인류학자들은 그런 함몰지점을 발견하면 굴착기와 기사를 불러서 날 끝이 관이나 부대에 닿을 때까지 땅을 조심조심 파게 했다. 이 팀은 일주일간 20여 개의 미확인 시체를 파냈다.

그들이 젊은 남자의 시신이 담긴 그 검은 플라스틱 부대를 묘지에서 들어 올렸을 때 나는 그 남자의 흉곽 형태를 알아볼 수 있었다. 플라스틱이 바스러지면서 수분이 빠져나가 납작해진 그의 몸에 들러붙었다. 그들은 가시가 많은 건조한 풀밭으로 그 가방을 옮긴 뒤 나무 그늘에 조심스럽게 내려놓았다. 거기서 몇 명이 마스크와 장갑을 끼고 칼로 그 가방을 찢어 열었다. 유해의 신원을 확인하려면 몇 년까지는 아니더라도 몇 달은 걸리리라. 뼈에서 DNA를 추출하고 분석한 뒤 그 서열을 공공데이터베이스에 업로드하고 나서 실종자의 가족이 찾아내기를 기다려야 하기 때문이다.

이들은 제일 먼저 시신의 성별과 나이를 확인했다.[4] 그게 가능하면 그 시신이 병원에서 버려진 환자인지, 잊힌 노숙자인지, 사막에서 길을 잃거나 강에 빠져 죽은 이주자인지 그럭저럭 파악할 수 있었다. 하지만 그마저도 오랜 시간이 걸릴 수 있었다. 아무런 표기가 없는 무덤에서 발굴한 시신들은 반은 액체, 반은 고체 상태일 때가 많았다.

한곳에 몰려 선 우리는 악취를 피해 바람 반대 방향으로 몸을 돌렸다. 굴착기는 우리 뒤에서 땅을 살피며 계속 윙윙거렸다.

인솔하는 인류학자는 부대 안의 내용물을 조심조심 점검했다. 지저분한 섬유 조각들과 분해 중인 조직이 검은 흙침대를 쿠션 삼아 누운 골격에 들러붙어 있었다. 그는 골격의 목 만곡부에 자리 잡은 플라스틱 생물 유해물질 가방을 꺼냈다. 그는 그것이 부검하면서 추출된 시신의 내장이 틀림없다고 투덜댔다.

하지만 젊은 남자의 목 만곡부에 있던 플라스틱 생물 유해물질 가방에 담긴 건 그의 신장이나 심장 잔여물이 아니었다. 거기에는 죽은 남자의 옷이 담겨 있었다. 폴로 셔츠와 무릎 길이의 흰 양말 한 짝. 이 옷가지들은 그 남자가 누구인지, 최소한 대충이나마 판단하기에 충분했다. 국경 너머에서 새 삶을 시작하겠다는 희망을 품었을 젊은 남자. 그는 미국-멕시코 국경 북쪽 50킬로미터 지점의 사우스텍사스 목화밭까지 오는 데는 성공했다.

탄소발자국이 클수록 이동하기 힘들다

사막의 국경지대가 젊은 폴로 셔츠 남성을 막았듯, 지표면의 약 3.6퍼센트를 차지하는 지리적 장애물들은 야생생물의 이주를 방해한다.[5] 오스트레일리아 해변에서 떨어진 그레이트배리어리프의 북쪽 끝에 있는 자그마한 무인도 브램블케이Bramble Cay에 서식하는 모자이크꼬리쥐를 예로 들어보자. 날로 광포해지는 폭풍해일 때문에 이 섬의 식물들이 꾸준히 쓸려나갔다. 하지만 외딴 섬이나 산꼭대기에 서식하는 다른 육상 생명처럼 모자이크꼬리쥐는 갈 곳이 없었고, 그래서 개체 수가 줄어들었다. 2002년이 되자 이 섬에 남은 모자이크꼬리쥐는 열 마리뿐이었다. 2009년에 한 어부가 한 마리를 보았지만, 2016년 과학자들이 다시 와서 이 섬을 조사했을 때는 한 마리도 찾을 수 없었다.

이 섬의 식생이 97퍼센트 파괴된 2019년, 오스트레일리아 관료들은 멜로미스 루비콜라Melomys rubicola라는 설치류 브램블케이 모자이크꼬리쥐의 공식 멸종을 선언했다. 기후변화 때문에 사라진 종 중에 인간에게 알려진 최초의 포유류였다. 전문가들은 그게 마지막이 아닐 거라는 데 의견을 모았다.

야생 동식물의 이동을 가로막는 더 막강한 장애물은 바로 우리 인간이다. 이제껏 도시, 마을, 농장, 마구잡이로 뻗어 나간 산업 인프라가 지구 육지면적의 절반 이상을 집어삼켰다. 1992년부터 2015년까지 위성 이미지를 최근에 분석한 결과가 보여주듯 불과 지난 몇십 년 만에 추가로 22퍼센트의 서식 가능한 땅을 주로 숲을 베어 농장으로 만드는 식으로 바꿔놓았다. 인간의 거대한 탄소발자국 때문에 워낙 많은 야생 동식물이 살 수가 없어서 매일 150종이 멸종하고, 인간 개입 이전의 일반적인 생물 멸종률의 1천 배까지 치솟는 것으로 추정된다.[6]

서식지를 완전히 잃지 않은 종들은 인간의 개발로 훼손된 경관을 관통해서 이동해야 한다.[7] 루이지애나 경목 습지의 흑곰들은 개체군 내 다른 곰들과 합류하려면 고속도로를 건너야 한다. 이들은 새로운 짝짓기 상대를 찾기 위해 고속도로를 횡단하는 모험을 감행하는 대신 개체군과 연이 끊긴 자기 무리 내의 상대와 짝짓기를 하기 시작했고, 그 결과 근친교배가 늘어났다. 로스앤젤레스 인근 산림에 거주하는 쿠거들은 같은 부류의 상대를 만나려면 두 개의 고속도로를 건너야 하는데, 그중 하나는 폭주하는 차량이 장악한 8차선 도로다. 과학자들이 GPS 목걸이를 설치한 쿠거 가운데 고속도로를 건너는 데 성공한 개체는 하나도 없었다. 네 마리는 시도 중에 목숨을 잃었고 다섯 마리는 되돌아갔고 한 마리는 경찰이 쏜 총에 맞았다. 날개 달린 새들은 산업구조물과 충돌해서 건물마다 정기적으로 사체가 쌓인다. 가령 워싱턴 D.C.에 있는 서굿마셜 연방사법부Thurgood Marshall Federal Judiciary 건물에는 매주 여남은 마리의 새가 부딪혀 죽는다. 이동 중에 전등에 홀려 경로에서 이탈한 나비들은 바닥에서 퍼덕이며 죽어간다.

2018년《사이언스》의 한 논문은 '인간 탄소발자국 지표'에 따라 평가된 경관에서 GPS 장치를 장착한 57가지 다른 포유류의 움직임을 분석했다. 이 지표는 인구밀도, 건축물이 들어선 토지의 양, 도로, 야간조명 등의 데이터를 통합한 것이었다. 뉴욕시는 50점, 브라질 판타나우의 광막한 야생의 열대 습지는 0점이다. 연구자들은 탄소발자국이 클수록 동물이 이동하는 데 제약이 커진다는 사실을 확인했다.[8] 탄소발자국이 가장 큰 장소에서는 인간의 영향이 거의 또는 전혀 없는 장소에서 움직인 거리의 3분의 1밖에 움직이지 못했다.

점점 더 증가하는 국경장벽

다음번의 거대한 이주는 지리와 산업개발의 의도치 않은 장애물뿐만 아니라 의도적인 장애물 역시 극복해야 한다.

2001년 이전만 해도 약 200여 개 국가 가운데 울타리나 장벽으로 눈에 보이지 않는 국경을 물리적으로 표시한 곳은 20개국 미만이었다. 동물, 바람, 해류, 파도는 사람들의 마음속에 있는 선들을 넘어 자유롭게 이동할 수 있었다.[9]

그런데 2015년 새로운 국경장벽 건설이 유례를 찾을 수 없을 정도로 폭증하기 시작했다. 2019년이 되자 새로운 장벽, 울타리, 출입문이 60여 개의 국경에 솟아올라 전 세계 40억 명 이상의 이동을 가로막았다. 역사상 이보다 더 많은 국경이 장벽과 울타리에 의해 요새화된 적은 없었다.

튀니지는 리비아와의 국경을 따라 모래톱과 물을 채운 해자로 담을 만들었다. 인도와 미얀마는 방글라데시와의 국경에 울타리를 쳤다. 이스라엘은 날카로운 철선, 접촉 감지 센서, 적외선카메라, 동작 감지 장치로 주위를 에워쌌다. 크로아티아와의 국경을 따라 죄수들이 만든 헝가리 쪽 울타리는 거기에 무모하게 손을 대

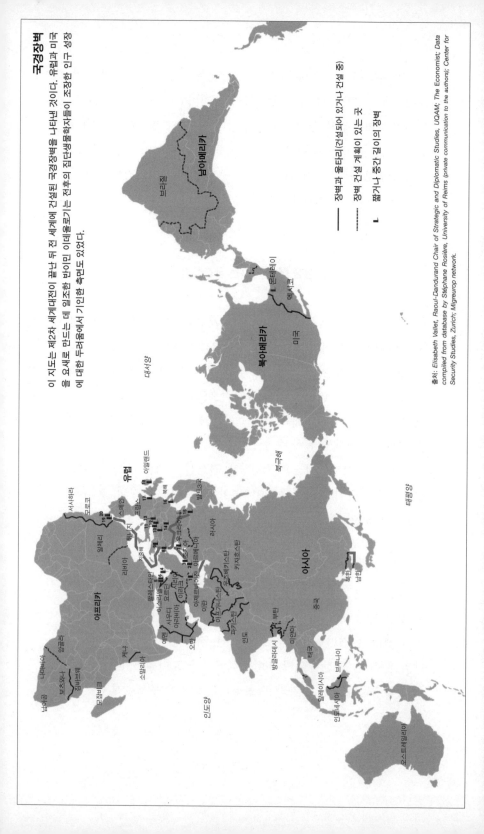

국경장벽

이 지도는 제2차 세계대전이 끝난 뒤 전 세계에 건설된 국경장벽을 나타낸 것이다. 유럽과 미국을 요새로 만드는 데 일조한 반이민 이데올로기는 전후의 집단생물학자들이 조장한 인구 성장에 대한 두려움에서 기인한 측면도 있었다.

━━━ 장벽과 울타리(건설되어 있거나 건설 중)

- - - 장벽 건설 계획이 있는 곳

L 짧거나 중간 길이의 장벽

출처: Elisabeth Vallet, Raoul-Dandurand Chair of Strategic and Diplomatic Studies, UQAM; The Economist; Data compiled from database by Stéphane Rosière, University of Reims (private communication to the authors); Center for Security Studies, Zurich; Migreurop network.

북아메리카
브라질

대서양

유럽
아일랜드

북아메리카
미국
멕시코
L 몬타나이

북극해

태평양

아프리카

인도양

아시아

러시아

카자흐스탄

우즈베키스탄
아제르바이잔·아르메니아
투르크메니스탄
이란
파키스탄
인도

중국

북한
남한

미얀마

태국

말레이시아
브루나이
인도네시아

오스트레일리아

나미비아
앙골라
보츠와나
짐바브웨
남아공
모잠비크
소말리아
케냐

는 이주자에게 전기충격을 가한다. 보안수비대는 손에 최루탄 통을 들고 국경을 순찰한다.

오스트리아는 슬로베니아와의 국경을 따라 울타리를 세웠다. 영국은 프랑스 쪽 해협을 따라 또 다른 울타리를 세울 계획 중이다. 노르웨이는 러시아와의 국경을 강화했다. 미국에서는 남쪽 국경을 따라 수백 킬로미터 늘어선 높이 5미터의 콘크리트 철강 장벽이 훨씬 높고, 길고, 막강한 장벽으로 연장될 것이라고 트럼프 대통령은 주장했다. 어쩌면 3천 킬로미터가 넘는 국경 전체에 장벽을 세울 수도 있다.

장벽이 반드시 의도대로 난공불락의 바리케이드 기능을 수행하는 것은 아니다.[10] 예를 들어 한 연구에서 연구자들은 미국-멕시코 국경을 따라 카메라 트랩을 설치해서 탁 트인 곳을 넘나드는 사람과 야생생물의 이동을 추적하고, 이들의 움직임을 국경장벽에 막힌 곳에서의 이동과 비교했다. 장벽은 퓨마와 긴코너구리의 이동을 효과적으로 막았다. 보존생물학자들에 따르면, 정부가 이미 수십 가지 환경 규제를 면제해주기로 한 미국-멕시코 국경장벽 연장 계획에 따라 양쪽에 서식하는 93종 대부분의 생존과 직결된 이동이 위험해질 것이다. 하지만 장벽이 있는 국경과 없는 국경을 비교한 연구에 따르면 장벽은 사람의 이동에는 아무런 영향을 미치지 않았다. 국경을 넘는다는 것이 장벽을 통과한다는 의미든 그렇지 않든 사람들은 구애받지 않고 끊임없이 이동한다.

국경의 장애물은 이동을 중단시키지는 못해도 방향을 효과적으로 우회시킨다. 이주자들은 장애물을 피하려고 더 많이 빙 돌아가느라 마치 하천에 있는 큰 바위를 돌아가는 물처럼 움직인다. 유럽의 한 국경 관리자는 이주를 막으려는 것은 "풍선을 누르는 것과 아주 비슷하다. 한 경로가 닫히면 다른 경로의 흐름이 늘어난

349

다"고 말했다.[11]

그렇다고 해서 모든 이주 경로가 같은 것은 아니다. 이주자들은 일단 가장 안전하고 짧은 경로를 택한다. 그게 막히면 더 개방된 영토로 방향을 바꾼다. 사막 더 깊숙이 걸어 들어가고, 배를 타고 더 거친 물살을 헤치고, 더 높은 산을 오를 수 있다. 밀수업자를 고용할 가능성도 커진다. 이주는 계속되지만, 더 치명적인 형태가 된다.[12]

2015년부터 2018년까지 유럽의 공무원들은 유럽에서 쉼터를 구하기 위해 지중해를 넘어오지 못하도록 다양한 장벽을 세웠다. 그 결과 지중해를 건너는 사람의 수가 100만여 명에서 15만 명 이하로 줄어들었다. 하지만 이주 중 목숨을 잃을 가능성이 치솟았다. 이주자들은 더 가차 없어진 밀수업자들의 손아귀에서 더 거친 물살을 헤쳐야 했다. 이들을 돕는 구조작전은 줄어들었다. 2015년에는 이주자 269명이 유럽에 무사히 도착할 때 한 명이 도중에 바다에서 목숨을 잃은 데 비해 2018년에는 이주자 51명이 무사히 도착할 때 한 명이 목숨을 잃었다.[13]

유럽으로 들어가는 육로의 차단도 효과가 비슷했다. 2016년 유럽연합 관료들은 유럽에 들어가기 위해 니제르 북부에서 리비아로 넘어가는 서아프리카 이주자를 목표물로 삼았다. 밀수업자들이 체포되고, 이들의 차량이 몰수되었으며, 니제르와 리비아 국경에 도착한 2천여 명의 이주자가 강제추방되었다. 니제르를 건너 리비아로 이동하는 이주자의 흐름이 뚝 끊겼다. 유럽연합 관료들은 빛나는 결과에 흡족해했다.

하지만 사람들의 흐름은 방향이 바뀐 것뿐이었다.[14] 서쪽의 바다와 동쪽의 사막으로 말이다. 매달 약 6천 명이 계속해서 서아프리카에서 육로로 유럽을 향하는 것으로 추정되었지만 이들은 대신 니제르에서 차드로 넘어갔다. 사람들은 이 새로운 경로에서 더 외딴 사하라 사막 지역을 거쳐야 했다. 이들의 이동수단은 섭씨 43도의 열기 속에서 작동을 멈췄다. 밀수업자들은 경찰이나 군인을 마주칠까 두려워서 수분 부족으로 인해 죽을 게 뻔한데도 이주자들을 버리고 떠났다. 2017년 첫 8개월 동안 밀수업자들이 사하라에 버리고 온 이주자가 1천 명이 넘었다. 그리고 살아서 발견된 길 잃은 이주자의 수도 딱 그만큼이었다. 국제구호활동가들은 사막에서 버려져 수분 부족으로 목숨을 잃은 이주자의 수는 구조된 사람의 수를 넘어설 수 있다고 추정했다.

서아프리카를 출발한 이주자들은 서쪽의 더 먼 바다로도 향했다. 스페인 카나리제도의 검고 흰 모래 해변에 도착한 이주자의 수는 2017년부터 2018년 사이에 4배 증가했다. 이 여정을 위해 일부는 승객 수십 명을 실은 나무배를 타고 1,600킬로미터에 달하는 망망대해를 건너기도 했다.

전체적으로 1993년부터 2017년 사이에 3만 3천 명 이상이 유럽으로 이주하려다가 목숨을 잃었다.[15] 1998년부터 2018년 사이에 미국-멕시코 국경을 넘어 미국으로 이주하려다 목숨을 잃은 사람은 무려 2만 2천 명으로 추정된다.[16]

실제 수치는 아마 이보다 훨씬 높을 것이다.[17] 사우스텍사스의 한 법집행관은 "나는 우리가 찾아내는 사람이 한 명이면 아마 다섯 명 정도는 찾지 못한다고 말하곤 해요"라고 말했다.

동료 한 명이 살해당한 뒤 아내와 네 자녀와 함께 아프가니스탄 헤랏 지방을 떠난 굴람 하크야는 결국 유럽에 닿았다. 심지어 독일에서 시작할 새 삶을 준비하면서 가족들이 산을 넘고 바다를 건널 때 조심조심 들고 온 독일어 교재도 한 권 건질 수 있었다.

이들 앞에 북쪽과 서쪽으로는 1985년 이후로 개방된 국경을

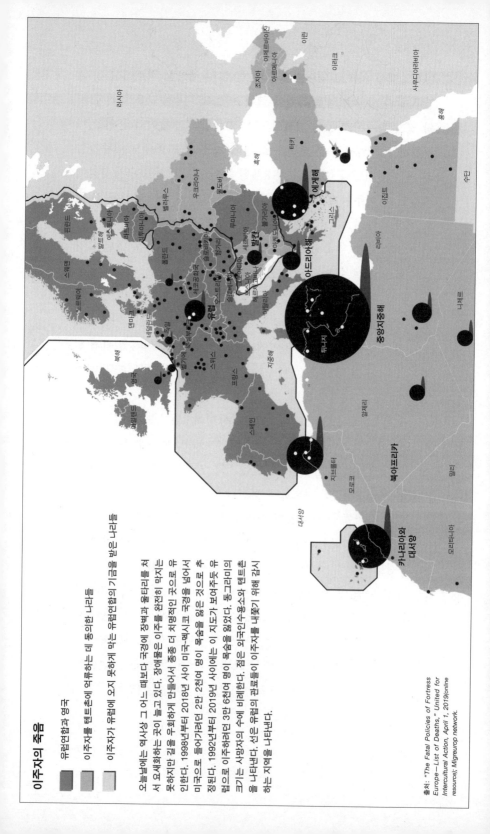

이주자의 죽음

- 유럽연합과 영국
- 이주자를 텐트촌에 억류하는 나라들
- 이주자가 유럽에 오지 못하게 막는 유럽연합의 기금을 받은 나라들

오늘날에도 역사상 그 어느 때보다 국경에 장벽과 울타리를 처서 요새화하는 길을 우회하든 국경을 완전히 막지는 못하지만 길을 우회하게 만들어서 종종 더 치명적인 곳으로 유인한다. 1998년부터 2018년 사이 미국-멕시코 국경을 넘어서 미국으로 들어가려다 2만 2천여 명이 목숨을 잃은 것으로 추정된다. 1992년부터 2019년 사이에는 이 지도가 보여주듯 유럽으로 이주하려던 3만 6천여 명이 목숨을 잃었다. 동그라미의 크기는 사망자의 수에 비례한다. 검은 외국인용소와 텐트촌을 나타낸다. 선은 유럽의 관료들이 이주자를 내쫓기 위해 감시하는 지역을 나타낸다.

출처: "The Fatal Policies of Fortress Europe—List of Deaths," United for Intercultural Action, April 1, 2019(online resource); Migreurop network.

유지하는 20여 개국으로 구성된 160만 평방마일의 유럽 대륙이 펼쳐져 있었다. 그리스나 이탈리아 같은 남쪽 국경 국가에 도착한 하크야 같은 이주자들은 국경 검문소에서 서류를 보여달라는 요구에 시달리지 않고, 망명 신청을 하고 일자리와 주택과 사회적 유대를 찾을 수 있는, 더 잘사는 유럽 지역을 향해 북쪽으로 여행을 이어갔다.

하지만 하크야의 가족이 지중해를 무사히 건널 무렵에 국경이 폐쇄되었다. 밀려오는 이주자 수십만 명 앞에서 유럽 정부들은 국경개방 협약에 대한 마음을 고쳐먹었다.[18] 2016년 관료들은 오스트리아, 덴마크, 프랑스, 독일, 노르웨이, 스웨덴 주변에 국경 검문소를 세웠다. 유럽연합은 경계지역에 있는 국가—리비아, 튀니지, 모로코, 터키, 이집트—에 이주자들이 유럽에 닿기 전에 가로막고 되돌려보내라며 돈을 쥐여주었다.

국경 폐쇄로 이주자 수만 명이 남유럽 국가에서 발이 묶였다. 수천 명이 그리스의 항구에서, 그리스의 북쪽 경계를 따라 진창과 비 속에서, 국경이 그들을 통과시켜줄 수 있을 정도로 빼꼼히 열릴지도 모른다는 희망을 품고 야영을 했다. 수주가 수개월로 늘어지면서 기자들은 아기를 바다에 던지겠다고 위협하는 절박한 이주자의 이미지를 담았다. 스스로 목숨을 끊은 사람들도 있었다.[19] 결국 몇 주에 걸쳐 신문 머리기사가 점점 심란해지더니 그리스 군대가 국경과 항구에 있던 이주자의 임시 야영지를 밀어냈다. 군인들은 이주자를 모아 버스에 태우더니 군이 운영하는 텐트촌으로 데려갔다. 급하게 지은 이곳에서는 이주자가 세간의 이목에 띄지 않았고, 그동안 유럽 정책 입안자들은 그들을 어떻게 할지 대책을 세울 수 있었다.

하크야와 가족들은 다른 800여 명과 함께 아테네에서 차로 3시간 정도 거리에 있는 그 나라에서 가장 덥고 건조한 지역의 낡은 자갈 주차장 위에 지어진, 군이 운영하는 텐트촌에서 지내게 되었다. 군인들은 이들에게 밤마다 뱀과 전갈이 출몰하는 캔버스천으로 된 텐트를 지급하더니 그 뒤로는 거의 보이지 않았다. 이들은 다른 이주자들과는 달리 에어컨이 있는 텐트 안에 편안하게 자리를 잡고 대부분 하루를 보냈다. 밖에서는 혼란과 트라우마 때문에 군인들의 보살핌이 필요한 사람들이 햇볕 속에 시들어 있었다. 하크야나 텐트촌에 갇힌 다른 누구에게도 망명 신청방법을 알려주는 사람은 없었다. 그곳에서 얼마나 지내야 하는지 알려주는 사람도 없었다. 자원봉사를 나온 의사들은 자살률과 급성정신질환 발병률이 치솟는 모습을 지켜보았다.[20]

"여기서는 미치지 않은 사람이 없어요." 하크야와 함께 텐트촌에서 지내던 한 사람이 투덜거렸다. 아내와 네 자녀와 함께 카불에서 도망친 언론인이었다. "어린 딸마저 '아빠, 아프가니스탄이 여기보다는 더 나아요'라고 말하는 지경이에요." 하크야가 덧붙였다.

군이 운영하는 텐트촌에서 도망치는 이주자도 있었다. 아테네에서는 일군의 활동가들이 버려진 학교 기숙사를 임시 집단거주 시설로 전환했다. 그곳에서는 시리아와 아프가니스탄을 출발해서 그리스에 묶인 가족들이 낡은 책상 사이에 고정시킨 담요를 벽처럼 이용해서 교실 바닥에서 잠을 잘 수 있었다. 그곳의 환경이 텐트촌보다 많이 나은 것은 아니었다. 지역의 한 정신과 의사는 움푹 꺼진 책상 몇 개와 의자가 구비된 1층 현관 끝에 있는 교실로 매주 두 번씩 와서 의학적 조언을 해주는 자원봉사를 했다. 하지만 그가 아무리 좋은 의도를 담아 의학적인 조언을 해도 이주자들을 괴롭히는 숱한 병을 감당하기에는 역부족이었다. 어느 오후 내가 그곳에 들렀을 때 남성과 여성과 아이들이 끊임없이 흘러 들어가고 흘러나오면서 심계항진과, 천식과, 이상하고 걱정스러운 발진과, 수두 발병으로 생긴 성난 적색 병변이 박힌 얼굴에 대한 불평을 늘어놓았다. 그 정신과 의사가 줄 수 있는 거라고는 기부받은 약간의 의약품뿐이었다. 그는 쉽게 짜증을 냈고, 어느 순간 다른 자원봉사자에게 너무 화를 내면서 고함을 치는 바람에 그 자원봉사자가 눈물을 흘리며 그 방에서 뛰쳐나가는 일이 벌어지기도 했다.

하크야는 군이 운영하는 그 텐트촌에서 임시 학교를 열었다. 그 임시 학교에서는 텐트촌에 사는 수십 명의 아이들이 최소한 교육을 받는 시늉이라도 할 수 있었다. 잠든 아기에게서 뱀을 쫓느라 뜬눈으로 밤을 지새운 지친 부모들은 내리쬐는 햇볕 속에 찜통 같은 텐트에서 엉성한 간이화장실 냄새가 정체된 공기를 떠다니는 가운데 버림받고 방치되었다는 무력한 기분과 싸우며 잠시나마 쉴 수 있었다. 그러는 동안 아이들은 단 하나뿐인 책, 하크야가 이전과는 다른 미래에 대한 희망을 품고 산을 넘고 물을 건너 수백 킬로미터를 들고 온 독일어 교재를 돌아가면서 읽었다.[21]

가혹한 반이주 정책

그리스는 의도치 않게 자신의 국경 안에서 오도 가도 못 하게 된 이주자들의 인도적인 필요를 충족시켜주기에는 상대적으로 자원이 부족한 나라라고 주장할 수도 있다. 그리스는 2008년 이후로 심각한 경제 상황에서 헤어나지 못했다. 공공병원에는 갑자기 밀려든 이주자는 고사하고 장기 거주자를 위한 적절한 물자마저 부족했다. 그리스의 이주자 임시 수용시설의 상황이 너무 열악해서 2011년에는 유럽인권재판소가 고문과 다를 바 없는 수준이라는 판결을 내릴 정도였다.[22]

일부 정치 지도자들에게 궁핍은 정책의 문제이기도 하다.

이들의 조야한 논리에 따르면 자기 사회의 관대한 공적 서비스가 유인책 역할을 한다.[23] 그게 사실이 아니라는 증거는 넘친다. 그게 사실이라면 가난한 나라 사람들은 접근 가능한 부유한 나라로 꾸준히 흘러 들어갈 것이다. 하지만 실제로는 그렇지가 않다. 예를 들어 니제르 사람들은 자기 나라보다 6배 더 부유한 나이지리아로 자유롭게 이동할 수 있다. 루마니아 사람들 역시 자기 나라보다 6배 더 부유한 스웨덴으로 자유롭게 이동할 수 있다. 하지만 니제르도 루마니아도 그 때문에 인구가 줄어들지 않았다. 사실 전 세계 이주자 대부분은 개도국에서 개도국으로, 그러니까 이용 가능한 공적 서비스의 범위가 별 차이가 없는 나라들 사이에서 이동한다.

그런데도 유럽의 많은 나라가 사회의 풍요를 내주지 않으면 이주를 막을 수 있으리라는 이론에 입각해서 공식 서류가 없는 사람들을 지역 주민이라면 자유롭게 이용할 수 있는 서비스에서 배제한다.[24] 유럽연합 여섯 개 국가에서는 미등록 이주자들이 응급 의료서비스밖에 받지 못한다. 다른 12개국에서는 1차와 2차 의료서비스에서 배제된다. 공식 서류가 없는 이주자의 자녀들은 백신 접종처럼 가장 기초적인 보호조치마저 받지 못한다.

이 때문에 처음에는 유입국 사람들보다 우월하던 이주자의 건강이 차츰 악화된다.[25] 이라크를 탈출해서 네덜란드에 머물게 된 사람들에 관한 한 연구에 따르면 정신질환과 만성적인 육체적 질환의 발병률이 서류를 기다리면서 네덜란드에서 보낸 시간과 정비례해서 늘어났다.

2019년이 되자 미국에서는 트럼프 행정부의 억제 정책이 궁핍을 넘어 의도적인 트라우마 주기로 확대되었다.[26] 예컨대 2018년 봄에 이행된 '무관용' 정책에 따르면 이주자가 망명 신청 자격을 얻으려면 먼저 국경을 비정상적인 방식으로 넘은 경범죄로 기소되어야 했다. 그리고 이 기소는 이주자들이 법원의 절차를 거치는 동안 빈곤과 폭력을 피해 함께 데려온 자녀들과 따로 구금된다는 의미였다. 이민국 관료들은 2,300명이 넘는 아이들을 굵은 철사 울타리가 쳐진 수용소로 몰아넣었다. 거기서는 아직 젖을 먹는 신생아와 기저귀를 차는 유아들이 자기 앞가림을 해야 했다.

이주 규정 위반을 이유로 아이들을 투옥하는 나라는 미국만이 아니다. 그렇게 하는 나라가 100여 개나 더 된다. 하지만 가족을 분리하고 아이들의 구금을 그렇게 경솔하게 이행하는 나라는 얼마 되지 않는다. 외국인수용소에서 당국은 부모의 팔에서 아이들을 물리적으로 떼어낸다. 요구사항을 제출하려고 기다리던 여성들은 속임수에 넘어가서 아이들을 잠시 남겨놓고 사진을 찍으러 갔다가 돌아오자마자 아이들이 사라졌음을 알게 되었다. 이들이 강제송환되지 않고 법원의 절차를 모두 마쳤다 해도—법원 절차가 진행되는 동안 법률 대리인 또는 자기 나라 언어를 할 수 있는 사람의 도움마저 제대로 받기 힘들다는 점을 감안하면 이는 대단한 일이다—정부는 이들이 아이들과 재결합할 수 있다고 장담할 수 없다. 수백 킬로미터 떨어진 곳에 보내진 아이들도 있고 강제송환된 아이도 있고 친척에게 떠넘겨진 아이도 있었다. 정부 관료는 언론에 유출된 이메일에서 아이들의 행방을 체계적으로 추적하지 않는다고 인정했다. 한 관료는 다른 관료에게 "아니요, 우리는 부모와 자녀들을 연결시켜주지 않습니다. 우리에겐 부모의 외국인등록번호 목록이 있지만 그들을 아이들과 연결시켜줄 방법은 없어요"라고 말했다.

비판가들은 외국인수용소의 비위생적이고 과밀한 환경과, 그곳에서 씻지 못한 채 아프고 트라우마에 시달리는 아이들을 가리키면서 이 정책은 국가를 등에 업고 자행되는 납치와 아동학대라고 날을 세웠다.[27] 하지만 트럼프 대통령은 부모에게서 자녀를 떼어놓으면 이주자를 억제할 수 있다고 주장했다. "생이별이 있을 거라는 걸 알면 오지 않는다"는 게 트럼프의 설명이었다. 미국-멕시코 국경에서 이행되기 전 '무관용' 정책은 텍사스 엘파소 근처의 국경에서 시행되었다. 정책이 시작된 2017년 7월부터 끝난 11월 사이에 국경을 넘다가 잡힌 가족의 수는 줄어들지 않았다. 오히려 64퍼센트 늘어났다.

여남은 개 이상의 나라와 다리엔 갭의 야생지역을 통과하는 장피에르의 목숨을 건 여정은 플로리다주 올란도에서 끝날 수도 있었다. 이민 법정에 수십만 건의 사건이 밀려있는 데다 정부가 그 많은 업무를 처리하는 데 필요한 판사 등의 인력을 고용하지 않은 덕에 그가 약속받은 망명청문회는 아마 수년간 열리지 못할 것으로 보였다.[28] 그런데 그와 그의 가족은 자리를 잡을 준비를 하기도 전에 낮게 우르릉대는 전조들이 한 번 더 떠날 때임을 암시했다.

트럼프 행정부가 망명을 신청할 이주자의 권리를 좌절시키는 정책을 시행한 것이다.[29] 미국의 남쪽 국경에서 '신속 제거'라는 정책이 시행되자 피난처를 구하는 사람들이 판사 앞에서 자신의 주장을 펼칠 자격이 있는지를 직접 결정할 권한을 국경 관리인에게 주었다. 이 때문에 사기나 속임수를 쓰는 거로 보이는 사람들은 약식으로 추방될 수 있었다. '미터링metering'이라고 하는 또 다른 정책에서는 국경 관리인들이 수락하는 망명 신청서의 수를 임의로 제한해서 이주자가 신청서를 제출하는 데만 몇 주를 기다리게 했다. '이주 보호 프로토콜'이라는 정책은 이주자들이 미국이 아니라 멕시코에서 망명청문회를 때로는 수년씩 기다리도록 했다. 수억 달러의 해외원조를 취소하겠다는 협박으로 쥐어짠 쌍무협약 덕분에 미국은 엘살바도르, 과테말라, 온두라스를 경유했지만 거기서 먼저 신청하지 않은 사람의 망명 신청을 거부할 수 있었다.

미국에 이미 자리 잡은 이주자를 겨냥한 정책도 있었다.[30] 장 피에르보다 미국에서 훨씬 오래 거주한 이주자들이 자취를 감추기 시작했다. 오하이오에서는 이민국 관료들이 한 사업가를 요르단으로 강제송환했다. 미국에서 40년 가까이 거주하면서 네 딸을 키운 남자였다. 그는 등에 짊어진 옷가지와 주머니에 든 몇백 달러만 가지고 미국을 떠났다. 코네티컷에서는 한 커플이 중국으로 강제송환되었다. 미국에서 20년 가까이 거주하면서 동네 네일숍을 운영하던 이들이었다. 이들은 다섯 살짜리와 열다섯 살짜리 아들을 남겨놓고 떠나야 했다. 아이오와에서는 세 살 때부터 거주하던 10대가 멕시코로 강제송환되었다. 소년은 멕시코 도착 직후 살해당했다.

과거의 행정부도 미국 안에 거주하는 이주자를 체포해서 강제송환했지만 주 대상은 범죄로 기소된 이들이었다. 단 1년간 미국 안에서 살다가 체포된 이주자의 수가 40퍼센트 폭증했다. 형사상 유죄선고를 전혀 받지 않은 사람들이 태반이었다. 이들의 유일한 범법 행위는 유효한 이주 서류를 갖추지 않은 것이었다.

합법적인 이주자와 시민권을 획득한 이들마저 먹잇감이 되었다. 트럼프 행정부는 새로운 '공적 부담' 규정에 따라 푸드스탬프(미국의 대표적인 저소득층 식비 지원 제도-옮긴이)와 주택보조 같은 공공서비스를 이용하는 합법적 이주자의 경우 영주권 신청 자격을 박탈하는 처벌을 할 것이라고 선언했다. 서류에 문제가 발견된 시민은 시민권을 박탈당할 것이었다.[31]

아이티에서 온 사람들은 특별 조사 대상이었다. 백악관 관료들은 도미니카공화국이 수십만 명의 아이티인들을 몰아내는 모습을 만족스럽게 지켜보았다.[32] 2013년 도미니카공화국에서 열린 한 정부 심의위원회는 출생 시점에 부모가 시민이었음을 입증할 수 없는 사람은 이제부터 외국인으로 간주하고 강제송환된다는 판결을 내렸다. 이들은 단번에 수십만 명으로부터 출생지주의 또는 출생시민권(태어난 나라의 시민권을 획득할 권리)을 몰수했다. 대부분 옆 나라 아이티 출신이었다. 트럼프 행정부의 한 고위 이민국 관료는 이 정책의 '명료함'을 칭찬했다. 트럼프 행정부 역시 출생시민권을 없애버리고 싶어 한다. 트럼프는 선거유세에서 이를 약속했다.

도미니카공화국은 2015년 아이티인들을 일제히 몰아내기 시작했다. 2018년이 되자 이들은 8만 명을 쫓아냈고, 이 중 많은 이들이 국경에 만들어진 더러운 임시 텐트촌에서 살게 되었다.

트럼프 행정부가 아이티인의 이민자 지위를 폐지하기 전부터 아이티인이 거주하던 동네에서 사람들이 빠져나갔다.[33] 아이티인 교회들도 버려졌다. 샌디에이고에서는 200명이 아이티 감리교 목사의 예배에 참석했지만 2017년 여름이 되자 30명 정도밖에 남지 않았다. 아이티인들을 병원까지 태워다주는 지역사회 활동가들이 집을 찾아가면 이미 버려진 집이었다. 나중에 그들은 캐나다에서 보낸 문자를 받았다.

이주자들은 북쪽으로 흘러갔다.[34] 2017년 봄부터 2018년 봄까지 2만 명 이상이 캐나다에서 안식처를 구하기 위해 미국을 탈출했다. 하지만 그들은 성공하지 못했다. 공식적인 국경 검문소에서 캐나다 당국은 이들이 도망쳐 온 미국 이민국 관리에게 종종 다시 인계했다. 미국에서 먼저 망명 신청을 하지 않았을 경우—그 노력이 얼마나 명백하게 헛된지와는 무관하게—캐나다는 이들의 주장을 들어주지 않았다. 미국 이민국의 관할로 되돌아온 이주자들은 서로 찢어져 구금되었다가 강제송환 당했다. 미국 관료들은 캐나다에서 망명 신청을 하려던 아이티 가족의 아버지를 지역 카운티 감옥으로 보냈다. 임신한 아내와 어린 자녀는 감옥에서 막 출소한 사람들을 위한 낡은 호텔로 보내졌다. 혼이 나가다시피 한 이 가족을 도우려고 나선 한 지역 여성은 "이들에겐 교통수단이 없었어요. 돈도 없어요. 뭘 해야 할지도 모르고, 이 호텔에서 지내면서 돈을 내고 있어요" 하고 말했다. 고립된 아이들에게는 쌀쌀한 뉴욕 북부에서 버티기엔 역부족인 얇은 양말 두 켤레씩밖에 없었다.

이들과 같은 운명을 피하려고 겁먹은 다른 망명 신청자들은 경비가 없는 국경의 많은 부분을 차지하는 눈 덮인 숲으로 떠났다. 캐나다로 넘어가는 공식적인 국경 검문소에서 거부당한 한 남성은 미국과 캐나다 사이의 숲에서 9시간을 헤맸고, 그동안 기온은 영하 15도로 곤두박질쳤다. 다음 날 아침 경찰은 거의 의식이 없는 그를 발견했다. 그는 얼어붙을 정도로 추운 강의 얇은 얼음층에 빠져 있었다. 부풀어 오른 발은 물집투성이였다. 경찰은 그를 병원으로 이송한 뒤 수갑을 채워 침대에 묶어두었고, 그러다가 그가 회복하자 외국인수용소로 쫓아버렸다. 그는 아직도 그 숲이 꿈에 나온다고 말한다. 실제 삶과 다르지 않게 꿈에서 "나는 비명을 지르고 있는데 아무도 구하러 오는 사람은 없다"고 그가 말했다.[35]

장피에르와 그의 가족은 미국에서 망명 신청을 하려던 시도를 포기하고 뉴욕주 플랫츠버그행 버스에 올랐다. 거기서 다시 택시를 타고 뉴욕주 샴플레인의 하품 나는 주거지역 도로인 록스햄 로드Roxham Road로 향했다. 이것만으로는 알 수가 없겠지만, 캐나다 국경이 이 도로를 양분한다. 나른하게 건초를 먹고 있는 얼룩무늬 말들과 허물어가는 농장 두어 채를 지나 1.6킬로미터를 달리면 도로가 마치 막다른 골목에 접어든 것처럼 끝나버린다. 그 너머에는 큰 바위 몇 개와 폭이 1.5미터 정도 되는 도랑과 작은 풀밭이 있는데, 이 모든 게 미국과 캐나다 사이에 위치한다. 그렇게 끊겨버린 시골길은 별일 아니라는 듯 풀밭 다음부터 그 전과 똑같은 모습으로 태평하게 이어져 수 킬로미터 되는 농지를 관통한다.

2017년 여름 택시들이 이곳에 줄지어 들어와서 한 대를 꽉 채운 망명 신청자들과 급하게 꾸린 짐가방을 부려놓으면서, 이 조용한 시골길이 갑자기 JFK 공항 밖 풍경처럼 변했다. 이곳에서 국경을 넘는 것은 엄밀히 말해서 불법이다. 하지만 공식적인 입국지점에서와는 달리 캐나다 관료들은 록스햄로드를 통해 입국한 사람들의 요청을 심사할 것이었다. 국경을 넘는 사람들의 수가 늘어나자 캐나다 국경 관리인들은 이주 행정처리를 위해 풀밭에 흰 텐트를 설치했다. 국경을 한 번 넘고 난 뒤에는 관료제의 절차에 따라 심리를 받아야 하는데 이는 몇 주 또는 몇 달이 걸릴 수도 있었다. 철회는 불가능했다. 도로 뒤로 몇 발자국 되돌아가는 것조차 안 된다. 한 가족이 너무 급히 미국 땅에서 도망치는 바람에 몇 발자국 떨어진 곳에 짐가방을 놓고 왔다. 록스햄로드까지 그들을 태워다 준 택시 바로 옆이었다. 하지만 그들은 가방을 남겨놓고 등에 짊어진 옷가지만 가지고 새 인생을 향해 걸어 들어가야 했다.[36]

장피에르와 그의 가족들도 그 안에 있었다.[37] 그들은 24시간에 걸쳐 록스햄로드에 있는 텐트에서 행정처리를 밟았고, 그 뒤에는 캐나다 관료들이 마련한 버스를 타고 몬트리올의 낡은 올림픽 경기장에 마련된 임시 쉼터로 옮겨졌다. 그곳에서 2주를 지냈다. 내가 그를 만났을 때 그는 몬트리올 외곽의 허름한 아파트 지하에 있는 단칸방을 찾아냈고, 거기서 세 가족은 그들의 운명을 결정할 판사의 심리를 기다리고 있었다.

벽 위에 있는 단 하나의 유리창에 고정된 부드러운 갈색 담요가 희미한 빛을 가리고 있었다. 하나뿐인 침대가 이 침침한 공간의 많은 부분을 차지해서 접이식 의자와 작은 테이블을 놓을 공간 정도밖에 남지 않았다. 장피에르는 바로 그 접이식 의자에 앉아 내 질문에 대한 답을 으르렁거리듯 토해냈다.

그의 여정은 여기서 끝이 아니다. 망명 신청을 돕고 있는 지역 자원활동가는 나중에 내게 판사가 그의 캐나다 체류를 승인하지 않을 가능성이 크다고 말한다. 난민 지위는 피난처를 가장 얻을 만한 상황에 놓인 사람들뿐만 아니라, 캐나다의 아량에 감사해하는 사람들에게도 주어진다. 온갖 일을 겪고 난 장피에르는 감사해하는 난민이라는 역할을 하지 못할 것이다. 그는 너무 화가 나 있고 우울하다.

외부자와 내부자를 가르는 선

과거에는 한 장소에 붙박인 채 살았다는 신화가 증발하자[38] 전에는 잘 드러나지 않던 질문이 등장한다. 이제는 사람들이 어째서 이주하는가가 아니라 사람들의 이주가 어째서 공포를 촉발하는가를 묻는다.

이주에 대한 대응이 한결같이 외국인 혐오는 아니다. 사회과학자들의 연구에 따르면 서로 익숙하지 않은 인구집단이 만나는 모든 곳에서 외국인 혐오가 급증하지는 않는다. 이주자의 비중이 높다고 해서 그런 것도 아니다. 그 발원지가 이주자의 등장으로 가장 큰 위협감을 느낄 경제적 취약계층인 것도 아니다. (예를 들어서 서슴없이 외국인에 대한 적대감을 일관되게 보였던 도널드 트럼프에게 표를 던진 사람들은 자신이 거주하는 주의 중위소득보다 평균 1만 6천 달러 높은 임금을 받았다.)

한 연구는 외국인 혐오가 한 사회의 특정한 지정학적 역사와 관련 있음을 시사한다.[39] 또 다른 연구는 외국인에 대한 공포에 불을 붙이는 것은 정주 패턴의 성격, 그중에서도 특히 차별화된 인구집단의 상대적인 크기와 그들의 분리 수준이라고 주장한다. 하지만 외국인 혐오가 기업의 이주노동 수요의 증감 같은, 혐오 통제수단의 약화에서 비롯된다고 보는 연구도 있다. 힘 있는 행위자가 이주노동이 필요하면 외국인 혐오가 줄어들고, 필요하지 않으면 활성화한다는 것이다.

한 시사적인 연구는 '다양성 지표'라는 척도로 2016년에 도널드 트럼프에게 표를 던진 카운티와 주를 분석했다.[40] 이 지표는 임의로 선택한 두 사람이 인종 또는 출신 국가가 다를 가능성을 뜻한다. 연구 결과 반이주 정치인들은 다른 곳에서 태어난 사람들이 급격하게 유입된 장소에 거주하는 사람들에게서 가장 큰 지지를 받은 것으로 나타났다. 트럼프가 승리한 주는 특히 다양성이 낮았다. 이런 주의 다양성 지표는 전국 평균보다 낮아서 50개 주 가운데 하위 20개 안에 들었다. 하지만 트럼프가 승리한 카운티에서는 낮은 다양성 지수가 전국 평균보다 2배 가까이 빠른 속도로 급변하는 중이다.

상대적으로 동질적이지만 최근 들어 다양성이 늘고 있는 카운티는 어째서 외국인 혐오 표현을 특별히 잘 받아들이는 걸까? 이주자가 새로 유입되면서 발생하는 부담을 의식하기 때문이라고 설명할 수 있다.[41] 어떤 변화든 일반적으로 초창기가 가장 험난하다. 그리고 이주자들은 특히 예기치 못했거나 대대적으로 유입될 경우 지역사회의 흡수능력을 압도하여 이주자의 이익과 지역주민의 이익이 대립할 수 있다. 하지만 대부분의 장소에서 이런 효과는 일시적일 가능성이 크다. 대부분 지역사회는 이주자를 수용하기 위해 확대할 수 있고 실제로 그렇게 한다. 이주자를 바로 흡수할 수 있는 빈집과 빈 일자리가 충분한 곳도 많다. 2007년부터 2017년까지 미국의 모든 카운티 가운데 80퍼센트에서 노동 가능 연령 성인이 줄어들었다.

특정 이주자들의 정주 패턴의 가시적인 특성과 관련 지어서 설명할 수도 있다.[42] 이주자의 유입은 다양성이 높은 장소보다는 상대적으로 동질적인 장소에서 더 도드라진다. 다른 곳보다 속도가 빠르다면 훨씬 눈에 띌 것이다.

높은 가시성은 반이주 정서의 토대를 충족시킨다. 외국인 혐오가 극성을 부리려면 토착민과 이주자를 구별할 수 있어야 한다. 사회심리학 실험을 해보면 내부자와 외부자의 경계를 의식하게 된 피험자들은 자기편 사람들과 빠르게 유대를 맺고, 그 바깥에 있는 사람들을 거부한다. 내부자에 대해서는 외부자보다 더 공정한 판단을 내릴 것이다. 내부자는 전반적으로 긍정적인 속성을 가졌다고, 외부자는 전반적으로 부정적인 속성을 가졌다고 묘사할 것이다. 내부자 사이에서는 차이를 알아차리지만 외부자 사이의 차이는 알아차리지 못할 것이다.

외부자와 내부자를 가르는 선은 이편의 사람들과 저편의 사람들 사이의 공통적인 이해관계나 유의미한 특성에 정확하게 부합하지는 않는다. 그럼에도 경계에 대한 의식은 선입견을 촉발한다. 사회심리학 실험에서 연구자들은 동전 던지기나 입고 있는 티셔츠 색, 좋아하는 아이스크림 맛 같은 임의의 근거로 피험자들을 구분했다. 그래도 차이가 없다. 피험자들은 자기편에 대한 선입견을 드러내고 다른 편을 차별한다.

정책과 주변 분위기가 다른 방향으로 공모만 하지 않는다면 토착민과 이주자의 경계는 모호할 수 있다.[43] 이주자는 자신들에

10장 이주를 가로막는 장벽

대한 사회적 공황이 증가하든 감소하든 조용히 들어와서 지역 주민들 속으로 녹아들어 간다. 토착민과 이주자라는 정체성은 영구적인 존재 상태가 아니다. 그것은 마치 빛과 그림자의 띠처럼 우리를 통과한다. 사하라 이남 아프리카 바깥에 사는 사람은 모두—그리고 거기에 사는 사람 중 많은 이들도—가 각자의 시기에 이주한 전력이 있다는 점은 동일하다. 미국 거주민의 3분의 1가량이 국제 이주에서 벗어난 지 아직 한 세대가 안 된 상태다. 매년 미국인의 14퍼센트가 나라 이쪽에서 저쪽으로, 주 경계를 넘어 법과 관습과 방언이 다른 곳으로 이동한다. 이 중 어떤 곳은 뉴욕시와 카사블랑카 또는 콜롬비아 카르타헤나만큼이나 거리가 멀다.

하지만 우리가 꾸준히 이동한다는 사실이 대중의 의식에 포착되는 것은 간헐적인데, 어쩌면 이 때문에 외국인 혐오 역시 드문드문 분출하는 건지도 모른다. 트럼프가 승리한 카운티에서는 독특한 정주 패턴 때문에 어쩌다 보니 이주자들이 기다란 털부처꽃 위에 앉은 밝은 자주색 꽃처럼 시각적으로 도드라져 보였다. 이 때문에 사람들은 토착민과 이주자가 다르다는 의식을 갖게 되었고 내부자와 외부자의 경계가 높아졌다. 높은 장벽이라는 볼거리와 이주자에게 불리한 야만적인 박탈 정책은 효과가 동일하다. 우리에 갇힌 이주자 어린이나, 국경을 따라 진창에서 야영하거나 버려진 올림픽 경기장 안에 가득 들어찬 이주자의 이미지는 토착민과 외국인의 사이를 드러내는 굵고 밝은 선을 그어 만인에게 보여준다. 이주는 이주자와 현지 주민 사이의 차이를 부각하는 이런 구경거리가 없어도 마치 피가 혈관을 돌아다니듯 우리가 모르는 사이에 일어난다. 토착민과 이주자 간의 차이는 우리에게 경각심을 일깨울 수도 있지만, 눈에 띄지 않을 정도로 희미해지기도 한다.

외국인 혐오자라는 열병

다음번의 거대한 이주를 가로막는 외국인 혐오 정책과 관행들이 인구학적 돌발상황과 구경거리에서 비롯되어 외부자에 대한 우리의 선입견에 불을 지피는 것이라면 더 많은 질문이 이어진다. 어째서 우리는 집단의 차이에 그렇게까지 예민하고 언제든 외부자를 피할 태세를 보이는 걸까?

한 이론에 따르면 이런 경향은 면역반응으로 진화했을 수 있다.[44] 외부자가 우리의 일자리를 훔치거나 더 많은 범죄를 저지르거나 심지어는 우리와 손쉽게 구별되지 않을 수도 있지만, 근대의학 이전의 시기에는 잠재적인 생물학적 위험을 실제로 제기했다. 이들에게는 새로운 병원균이 있었던 것이다.

역사적으로 사람들이 자신에게는 익숙하지만, 전에 그것을 한 번도 접해본 적 없는 새로운 인구집단에 병원균을 유입시켰을 때 어떤 일이 벌어졌는지 보여주는 사례는 차고 넘친다. 15세기 유럽인들은 수 세기 동안 달고 살던 천연두와 홍역을 토착 아메리카인들에게 유입시키기 시작했다. 이후 수십 년간 토착 아메리카인들은 궤멸하다시피 했다. 고대 로마의 말라리아 역시 외부인들에게 어찌나 치명적인 위협을 가했던지 로마인들은 "칼로 방어할 수 없을 때 로마는 열병으로 방어할 수 있다"는 말을 만들 정도였다.

자민족 중심주의와 외국인 혐오 경향이 우리 환경 내 병원균의 존재와 그에 대한 우리의 의식과 상관관계를 보이는 듯하다는 점은 시사하는 바가 크다.[45] 열대지방처럼 병원균이 많은 장소에서는 병원균의 부하가 그보다 덜한 한대나 온대 지방에 비해 인종집단이 더 많다. 전염병에 취약하다고 느끼는 사람들은 그렇지 않은 사람에 비해 외국인 혐오와 자민족 중심주의적 태도를 더 많이

367

표출한다. 실험을 이용한 연구에서 새로운 변종 감기에 대한 정보를 제공함으로써 병원균에 대한 피험자의 의식을 고조시키기만 해도 외국인 혐오 충동이 활성화된다. 이런 정보를 얻고 나면 피험자들은 외국인 혐오와 자민족 중심적인 정서를 더 많이 드러낸다.

하지만 만일 외국인 혐오가 일종의 면역방어로 진화했다 해도 조야하다는 건 부정할 수 없다. 아주 오래되고 원시적이며 불특정한 면역방어인 열은 인간뿐만 아니라 거의 모든 다른 척추동물과 일부 무척추 동물에게서도 나타난다.[46] 열이 미생물 불청객의 복제를 감소시키는 데 도움을 주기도 한다. 몸이 외부에서 들어온 미생물의 존재를 감지하면 피가 중심부로 돌진하여 면역체계가 돌아가도록 자극하고 불청객에게 적대적인 아주 뜨거운 환경을 조성하는 것이다. 하지만 동시에 열 스트레스는 몸에 있는 조직들을 파괴한다. 때로는 면역방어로 시작된 것이 자기 파괴적인 반응으로 돌변해서 발작, 섬망, 졸도를 유발하기도 한다. 외국인 혐오라는 반응도 이와 유사하게 원시적이고 불특정적이며 자기 파괴 잠재력이 있다.

사람들이 다른 집단에 대한 외국인 혐오성 두려움을 드러내는 방식 중 하나는 그들의 수와 성향을 과장하는 것이다. 2018년의 한 연구에서는 유럽연합 28개국 가운데 19개국 사람들이 자기 나라에 있는 이주자의 비중을 2배 이상 과대평가했다.[47] 다른 유럽 국가에 비해 이주자의 수가 확실히 적은 불가리아, 폴란드, 루마니아 사람들은 자기 나라에 있는 이주자의 수를 8배 이상 과대평가하기도 했다. 또 다른 연구에서는 사람들에게 이주자들이 토착 주민에 비해 얼마나 많은 정부 지원을 받는지 물었다. 이주자가 자국민보다 2배 더 많은 정부 지원을 받는다고 추정한 사람이 프랑스에서는 약 25퍼센트, 스웨덴에서는 약 20퍼센트, 미국에서는 14퍼센트였는데, 이는 모든 나라에서 사실이 아니다.

걷잡을 수 없는 열이 그렇듯 이렇게 격앙된 인식은 위협으로 추정되는 대상의 본성과는 무관하다. 그것은 사실 여부와 무관하게 지속된다.[48] 2019년의 한 논문은 이주자의 수를 과대평가한 사람들에게 정확한 정보를 준다 해도 "이주에 대한 태도에는 거의 영향을 미치지 못한다"고 밝혔다. 이주자에 대한 부정적인 반응이 한번 촉발되고 나면 유입된 이주자의 수와 지역사회의 수용력은 거의 맥을 추지 못한다. 한 여론조사원은 "사람들이 이주자에 대해 생각하게 만드는 것만으로도 재분배에 대한 대단히 부정적인 반응이 일어난다"고 논평했다.

외국인 혐오라는 열병이 일종의 면역방어로 진화했다면 어쩌면 한 번 정도는 우리를 방어하는 데 도움이 되었을 것이다. 하지만 더 이상 그 목적으로는 유용하지 않다. 근대의학은 우리가 낯선 사람을 피하든 말든, 병원균으로부터 스스로를 방어하는 데 필요한 통찰력과 기술을 제공한다. 그런데도 외부인을 의심하려는 충동이 우리 정신 깊은 곳에 똬리를 틀고 사라지지 않는다. 정치인들은 그저 '우리'와 '그들' 사이의 경계를 가리키기만 해도 그 열병을 이용할 수 있다.

에필로그

안전한 통로

몇 년 전 나는 이스트볼티모어의 허름한 동네에 있는 비좁은 2층 아파트에서 소피아와 마리암을 만났다. 한 지역 비정부기구가 두 여성과 그들의 자녀를 위해 마련해준 곳이었다. 나는 지역난민단체의 신참 자원활동가로서 도움이 필요한 난민 가족의 서류철 한 무더기를 건네받았다. 하나를 집으라는 말에 나는 그들을 선택했다. 우리는 휴대전화 저편에 있는 지역 통역사를 통해 대화를 나눴다. 걸어서 에리트레아에서 도망친 마리암은 국경 바로 너머에 있는 에티오피아 난민캠프에 무사히 닿았다. 에리트레아 군사정권의 박해에서 벗어난 그녀는 대부분의 시간을 다소 목적 없이 빈둥거리며 보냈다. 그녀는 유연하고 장난기가 많으며 잘 웃는 성격이었다. 하지만 난민캠프에서 지내다 보니 사회의 생산적인 활동에서는 배제되었다. 학교에 가지 않았고, 직업도 없었다. 내가 물어보니 캠프에서 보낸 시간에 대한 그녀의 주된 기억은 즉석 축구경기가 전부였다.

소피아는 에리트레아를 떠나 북쪽으로 곡선을 그리며 움직였

370

다. 그녀는 수단에서 카이로로 간 뒤 주변부에서 근근이 살았다. 그녀의 목에 걸린 작은 십자가 목걸이는 그녀가 외부인이라는 징표였고, 그녀를 주류 이집트 사회에서 배제했다. 그녀는 호텔 객실을 청소하는 일자리를 얻었다. 하지만 무거운 짐을 옮기느라 허리를 다쳤고, 그 이후 수술이 잘못되는 바람에 일은커녕 정상적인 생활도 할 수 없게 되었다. 엎친 데 덮친 격으로 카이로에서 만난 도주 중인 동료 에리트레아 남성과의 사이에서 태어난 어린 아들이 왼쪽 신장에 종양이 있다는 진단을 받았다.

하지만 마리암과 소피아에게는 더 안전한 미래로 갈 수 있는 길이 있었다.[1] 카이로와 난민캠프에 있는 에리트레아인들은 유엔 난민기구의 지역사무소를 통해서 난민 지위를 신청할 수 있었다. 난민기구는 이들의 얼굴을 스캔하고 지문과 신상 자료를 모은다. 직원들이 받아들여질 수 있다고 판단하는 사례에 한해서 다른 나라에 의뢰하면, 그 나라에서 자체적으로 배경과 신상을 조사하고 난 뒤 적절하게 무해하고 자격이 되는지를 판단한다. 그러면 이들은 스스로를 위한 가정과 삶을 꾸릴 수 있는 장소로 이동할 수 있게 된다. 매년 난민기구는 자신들이 파악한 약 2,600만 명의 난민 중 약 10만 명을 재정착시킨다.

마리암과 소피아 모두 신청했다.

이들은 근 10년을 기다린 끝에 난민 지위를 인정받았다. 유엔 난민기구는 이들의 신청서를 접수한 뒤 미국 난민 재정착 프로그램 담당자에게 넘겼고, 이 프로그램은 그들이 그 이후로 어디에서 거주하도록 허가할지를 판단했다. 두 사람은 각자 소지품을 꾸려 비행기에 올랐고 새집에 도착했다.

그들은 일자리를 원한다고 말했다. 아이들이 교육받기를 원한다고도 했다. 키가 크고 조심성이 많은 소년인 소피아의 아들은 큰 눈에 진지한 표정으로 엄마의 무릎에 기대어 있었다. 마리암의 딸은 정반대의 전략으로 얼굴에 과장된 표정을 지으며 내 물건들을 만지고 내 무릎 위로 기어올라 매력을 발산하는 데 성공했다.

우리가 카펫이 깔린 바닥에 함께 앉아서 그들의 미래에 대해 골몰하는 동안 마리암은 작은 주방에서 반짝이는 딸기와 얇게 썬 사과와 잘린 오렌지가 담긴 접시들을 가져왔다. 아이들은 주린 사람처럼 인제라^{injera} 접시로 모여들었다. 향신료가 들어간 김 나는 렌틸콩과 카레로 양념한 감자를 위에 올린 에리트레아식의 얇은 빵이었다.

마리암과 소피아는 엉터리 영어 몇 마디밖에 할 줄 몰랐다. 그들은 이렇다 할 만한 직업기술도 없었다. 그들이 난민 신세로 속하게 된 사회 지도자들은 난민을 '동물', '해충' 그리고 그보다 더 심한 말로 불렀다. 그들은 가난에 시달리는 도시의 흑인 여성이었고, 그래서 인종에 따라 가난한 흑인 동네에 거주하도록 명령받았는데, 아마도 기대수명이 30년은 단축될 것이다.[2] 그들은 두 젖먹이를 보살펴야 했다. 운전도 할 줄 몰랐다. 누가 그들을 고용할까? 누군가가 고용하더라도 어떻게 출근할까?

그들 주위에는 지원을 요청할 가족이 거의 없었다. 아이들의 아버지는 수천 킬로미터 떨어진 곳에 살았다. 마리암의 파트너는 독일에, 소피아의 파트너는 스웨덴에 재정착했다. 작은 선반에는 젊은 여성의 사진이 담긴 액자가 세워져 있었다. 에리트레아에 사는 소피아의 딸이었다. 소피아가 에리트레아를 떠날 때 그 딸은 젖먹이였다. 이제는 10대였다. 소피아는 그 딸을 수년간 보지 못했다. 국경은 마치 숲을 가로지르는 고속도로처럼 가족을 갈라놓았고 부서진 조각들을 이 대륙 저 대륙에 흩어놓았다.

얼마 전 12월의 저녁 무렵 나는 그들을 태우고 볼티모어 시내로 크리스마스 전등을 구경하러 갔다. 차를 주차하고 난 뒤 영하의 날씨에 몇 블록 걸어가는 동안 그들은 에리트레아에서는 교회에서 특별한 식사를 하고 동네를 한 바퀴 도는 등 크리스마스를 어떤 식으로 기념하는지 내게 설명했다. 그러고 나자 내가 그들에게 보여주려고 했던 전기를 동원한 과잉의 미국적인 풍경이 시야에 들어왔다. 이 특별한 구역에서는 지역 주민들이 연립주택 사이사이, 좁은 도로를 가로질러 마주 보고 있는 반대편 연립주택까지, 창문과 현관과 지붕에서 반짝이는 전등을 줄에 매달아 둥글게 늘어뜨렸다. 사람들은 작은 앞마당에 전기가 들어오는 거대한 사탕지팡이와, 통통한 팔을 흔드는 플라스틱 눈사람과, 맥주캔과 낡은 휠캡으로 만든 크리스마스 나무 작품 아래 반짝이는 포장지에 싸인 선물꾸러미들을 미어지도록 채워 넣었다. 산타클로스 복장을 한 한 여성은 구경하러 나온 사람들에게 쿠키를 나눠주었다. 거리 끝에서는 허리춤에 방한복을 입은 아기들을 매단 부부들이 펠트로 된 순록 복장을 입은 남자 옆에서 사진을 찍으려고 줄지어 서 있었다.

　다시 차를 타고 이들의 아파트로 돌아가는데 두 여성이 말이 없었다. "좋네요." 마침내 소피아가 고개를 끄덕이며 말했다. "미국 크리스마스요." 나는 무슨 말을 해야 할지 몰랐다. 문화적 역량에 대한 내 풋내기 감각에는 빨간색과 흰색의 사탕을 뒤집어쓴 휘황찬란한 소동이 부담스러울 뿐이었다. 나는 이게 그녀에게 어떤 감각을 자아내리라고는 상상도 할 수 없었다. 내게는 아무런 감흥이 없었던 것이다. 나는 난방온도를 올렸다. 얇은 검은색 운동화 속에 양말을 신지 않은 마리암은 발가락에 감각이 없었다.

　몇 킬로미터 떨어진 그들의 동네에 도착할 때까지 모두 차에서 침묵했다. 몇 달이 흐른 뒤 이들은 일자리를 구했다. 마리암은 산업용 빨래방에서 야간 일을, 소피아는 카페테리아를 청소하는 일이었다. 진입로에 들어서자 그들이 사는 건물이 어둠 속에 모습을 드러냈다.

그 밤은 여전히 낯설었고 미래는 아직 불확실했고 불가능해 보이던 이 목적지까지 오는 여정은 위태로웠음에도 소피아는 예기치 못했다는 듯 자신이 사는 건물을 올려다보았고, 혼잣말로 가만히 속삭였다. "우리 집이네."

이주는 위기가 아니라 해법일 수 있다

이주자들이 가로질러 이동하는 갈라진 풍경은 사람을 위해서도 야생 동식물을 위해서도 손을 볼 수 있다. 고립된 공원과 보호구역의 경계를 확장하기보다는 보존을 위한 새로운 노력으로 사유지, 목장, 농장, 공원을 연결하여 동물들이 안전하게 이동할 수 있는 넓고 긴 회랑을 만들고자 한다.[3] 예를 들어 '옐로스톤에서 유콘으로 이니셔티브(Yellowstone to Yukon Initiative)'는 수백 개의 자연보존 모임을 규합하여 캐나다 북부에서 남쪽으로 뻗은 50만여 평방마일을 야생생물이 편하게 이동할 수 있도록 관리한다. 이와 유사한 야심 찬 한 프로젝트에서는 멕시코에서 아르헨티나까지 14개국에 걸친 재규어 서식지 수백만 평방마일을 보호하고자 한다. 자연보호론자들은 이와 유사한 야생생물 회랑으로 고립된 보호지역을 연결하여 야생생물이 자유롭게 이동할 수 있는 연이어진 숲 50만여 에이커를 조성할 수 있는 장소를 전 세계에서 최소 20개 찾아냈다. 여기에는 브라질의 대서양 쪽 삼림과 탄자니아의 이스턴아크산 같은 생물다양성이 풍부하지만 심하게 분절된 장소들도 포함돼 있다.

새로운 인프라는 야생생물들이 인간이 만든 장애물을 뛰어넘어 편하게 이동할 수 있게 해준다. 캐나다에서는 회색곰, 울버린, 엘크가 트랜스캐나다고속도로 아래위에 지어진 야생생물 이동통로를 건너다닌다. 네덜란드에서는 사슴, 멧돼지, 오소리가 이들을 위해 특별히 설계된 600개의 회랑 덕분에 철도선로와 사업 단지와 스포츠복합시설을 건너다닌다. 몬태나에서는 흑곰, 코요테, 밥캣, 퓨마가 주간고속도로 위에 지어진 40여 개의 야생생물 통로로 돌아다닌다. 그 외 다른 곳에서는 자연보호론자들이 두꺼비용 터널과 다람쥐용 다리와 물고기용 사다리를 만들었다. 새와 나비들이 하늘 위를 지나다닐 때 쉴 수 있도록 식물이 무성한 녹색 지붕을 서로 연결하기도 했다. 이런 노력은 야생생물을 위한 일종의 주州와 주 사이의 네트워크가 되어 드넓은 지역에서 매끄럽게 이어지는 야생생물 회랑을 만들어낸다.

물론 이동 가능성을 높이는 것이 만병통치약은 아니다.[4] 서식지가 사라져서 장소를 옮기는 종들은 더 위험한 환경에 노출될 수도 있다. 러시아에서는 해빙이 녹아버리자 바다코끼리들이 이제는 멀리 있는 암벽해안으로 헤엄쳐 가야 물 밖으로 올라올 수 있다. 2017년 여름 야생동물 영화 제작자들은 코끼리만 한 이 동물들이 돌투성이 절벽 위로 기어 올라가다가 진이 빠져서 아래쪽 해안으로 떨어져 죽는 광경을 목격했다. 서식지를 성공적으로 옮긴 동물들은 '침략자'라는 비난을 받기도 한다. 달갑잖은 침략자라는 비난을 받는 야생생물 중에는 베트남과 중국에서 멸종 위기에 처했다가 하와이에 성공적으로 터를 잡은 민물거북, 캘리포니아와 멕시코에서 멸종 위기에 처했다가 오스트레일리아와 뉴질랜드에 서식하게 된 몬테레이 소나무, 카나리제도로 들어온 멸종 위기의 바바리양, 캘리포니아에서 멸종될 뻔하다가 미국 서부로 퍼져나

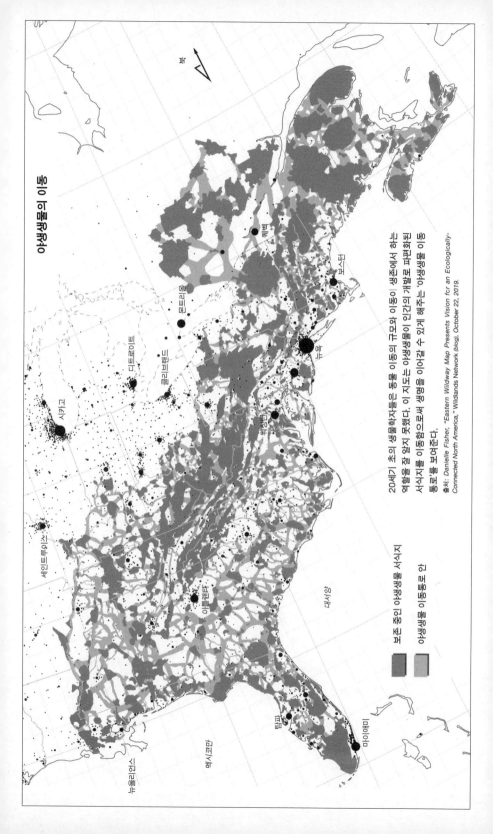

야생생물의 이동

북

20세기 초의 생물학자들은 동물 이동의 규모와 이동이 생존에서 하는
역할을 잘 알지 못했다. 이 지도는 야생생물이 인간의 개발로 파편화된
서식지를 이동함으로써 생명을 이어갈 수 있게 해주는 '야생생물 이동
통로'를 보여준다.

출처: Danielle Fisher, "Eastern Wildway Map Presents Vision for an Ecologically-
Connected North America," Wildlands Network (blog), October 22, 2019.

보존 중인 야생생물 서식지

야생생물 이동통로 안

세인트루이스
시카고
디트로이트
클리블랜드
몬트리올
퀘벡
뉴욕
워싱턴
보스턴
애틀랜타
대서양
탬파
마이애미
뉴올리언스
멕시코만

간 새크라멘토농어가 있다.

하지만 오늘날 극지방을 향해, 더 높은 고도를 향해 움직이고 있는 수천 종에게는 이동이 새로운 기후 혼돈 시대에서 살아남기 위한 최선의 방법일 수 있다.

사람들 역시 안전하게 이동하는 세상을 상상하는 것도 가능하다. 기후변화 때문에 또는 생계가 어려워서 이주하고자 하는 사람들은 국경수비대원에게 쫓기거나 바다에 빠져 익사하거나 사막에서 목숨을 잃을 위험을 감수할 필요가 없다. 무장경비와 날카로운 철망과 장벽이 가득한 지금의 국경은 가령 매사추세츠와 뉴욕 또는 프랑스와 독일 사이의 경계처럼 더 부드럽고 이동 가능한 형태로 만들 수 있다. 유엔의 '안전하고 평화롭고 규칙적인 이주를 위한 세계협약(Global Compact for Safe, Orderly and Regular Migration)' 같은 이니셔티브는 현실 가능한 틀을 제안한다.[5] 이 협약은 각국이 새로운 생계를 찾는 이주자들을 위해 좀 더 합법적인 경로를 마련할 것을 요구한다. 이주가 더 규칙적이고 평화로워질 수 있도록 각국에 이주자에 대한 정보를 수집하고 공유하여 이를 신원 증명수단으로 제공할 것을 요구한다. 여기에는 이주자가 떠나온 곳에 돈과 여러 지원을 더 쉽게 보낼 수 있게 해주는 조치들도 포함된다. 그리고 이주자의 구금을 반사적인 첫 단계가 아니라 마지막 조치로 전환할 것을 요구한다.

이 협약이 구상하는 이동 가능한 경계가 이주자들에게 지역법과 관습을 따를 책임을 면제해주거나, 지역문화의 특수성을 지우지는 않을 것이다. 그보다는 이주를 안전하고 품위 있고 인도적인 과정으로 만들 것이다. 유엔의 194개 회원국 가운데 163개국이 이 구속력이 없는 자발적 협약을 채택했다. 포르투갈은 2019년 이 협약을 국가 이주 정책에 포함시켰다.

오늘날 인간의 이동을 제한하는 군사화된 국경은 신성불가침이 아니다.[6] 그것은 우리의 문화나 역사의 토대가 아니다. 유럽인들이 자기 나라를 에워싸는 국경을 그리기 시작한 것은 불과 몇 세기 전부터다. 인도와 파키스탄 국경을 정한 영국 변호사는 불과 몇 주 만에 국경 표시를 끝냈다. 심지어 미국과 멕시코 사이의 그 탈 많은 국경도 불과 몇십 년 전까지는 대체로 자유롭게 이동할 수 있었다. 인류의 역사에서 많은 기간 동안 왕국과 제국들은 경계가 모호한 상태에서 흥망을 이어갔고, 각각의 문화와 사람들은 한 왕국에서 그다음 왕국으로 점진적으로 넘어갔다. 국경이 열려 있거나 닫혀 있었던 것이 아니라 아예 존재하지 않았던 것이다.

자원이 이동하고 고르게 분포하지 않은 역동적인 지구상에서 살아가는 데 이주가 필수불가결하다고 인정할 경우, 우리는 다양한 방법으로 나아갈 수 있다. 하지만 어쨌든 그와 관계없이 이주율은 거침없는 행보를 이어갈 것이다. 소피아와 장피에르와 굴람 같은 사람들은 계속 이주할 것이다. 우리는 계속해서 이를 재난이라고 생각할 수 있다. 아니면 나비와 새와 같은 이주자로서 자연 안에 있는 우리의 위치를, 그리고 이주의 역사를 되찾을 수도 있다. 이주를 위기가 아니라 그와 정반대인 해법으로 전환할 수 있다.

우리는 늘 이동을 꿈꾼다

우리는 멕시코 티후아나시에서 눈을 찌르는 듯 화창한 날에 바퀴자국이 깊게 팬 비포장도로를 따라 달리며 장벽을 찾는다.

외벽에 명랑한 느낌의 페인트칠을 하고 창가 화분에 활기가 넘치는 티후아나의 다른 동네들과는 달리 멕시코와 미국 사이의 국경장벽에 인접한 이 동네에는 불길한 분위기가 감돈다. 집들은 덧문이 내려져 있다. 이 동네는 마약왕들이 살해한 사람의 시신을 산성용액으로 녹이는 장소로 악명이 높다. 벽 자체에서 죽음의 기운이 물씬 풍긴다.[7] 벽에는 지역 주민들이 그 벽을 넘어서지 못한 사람들의 삶을 기리기 위해 페인트로 그린 십자가 수백 개가 흩어져 있다.

이곳 주민들은 이 벽의 위협적인 영향에 말없이 건축물로 저항이라도 하는 것처럼 주택의 창문 없는 뒷면이 이 벽을 향하게 한 뒤, 집과 벽 사이의 길쭉한 개간지를 쓰레기처리장으로 이용한다. 그곳은 낡은 타이어와, 빈 콜라병과, 버려진 변기와, 드문드문 쌓여 있는 무차별적인 플라스틱공장 폐기물이 넘쳐나는 유해한 하천이다. 이 장면은 섬뜩하지만 주위에는 짖어대는 방범견 말고는 아무도 없다. 그래서 우리는 차에 시동을 걸어둔 채 벽으로 다가간다. 내 신발이 진득한 흰 점토 속으로 1인치 정도 빠진다.

나는 낡은 타이어 무더기 위로 기어올라 벽 너머 반대편을 들여다보았다. 이 불안정한 관측지점에서 나는 동서로 수 킬로미터 이어지고 계곡으로 깊이 들어갔다가 멀리 있는 언덕 마루 너머로 사라지는 이 장벽의 길이를 훑을 수 있다. 정신 나간 스톤헨지처럼 남쪽을 향해 일렬로, 장벽 앞쪽에 우뚝 세워놓은 높은 판들을, 미국 대통령이 계획한 새로운 국경장벽의 원형을 볼 수 있다.

벽은 사방을 에워싼 산맥과 비교하면 시시해 보인다. 산맥은 멕시코 남부에서 알래스카 북부까지 북아메리카 대륙의 서부 해안을 따라 수천 킬로미터 뻗어 나가며, 큰뿔양과 퓨마와 바둑판점박이나비 같은 야생생물들이 기후변화에 따라 북으로, 그리고 고지대로 움직일 수 있는 자연 이동통로를 형성한다. 경계와 장애물에 아랑곳하지 않고, 수백 년간 침략자라는 비난과 부자연스러운 월경자라는 공포에 직면하면서도 이주자는 여전히 찾아온다.

저 멀리 어딘가에서 바둑판점박이나비들이 고치를 벗는다. 오렌지색과 크림색과 검은색 반점이 있는 그 섬세한 날개를 펼치기 시작한다. 내가 넘겨다보고 있는 골이 진 금속 장벽은 높이가 겨우 5미터 정도다. 점박이나비들이 먹이로 삼는 사막식물과 꽃 위 2~2.5미터로 땅 위를 낮게 이동한다.

때가 오면 이들의 가냘픈 몸은 바람 속으로 떠오른다.

감사의 말

그리스 아테네에 있는 비좁은 사무실에 앉아 있을 때였다. 불현듯 이 책에 대한 착상이 떠올랐다. 그곳에서 당시 내가 '이주자 위기'라고 부르는 것을 주제로 국경없는의사회 그리스 의료 운영 지원부 디렉터 아포스톨로스 베이지스를 인터뷰하던 중이었다. 그는 인내심 있게, 하지만 체계적으로 내 설익은 질문에 내포된 모든 가정을 드러내 꼬집었다. 그 점에 대해 나는 그에게 빚이 있다. 그 이후 이주와 이주자에 관한 생각을 재구성하는 복잡하고 힘든 노력이 이 책으로 결실을 보았다. 퓰리처위기보도센터가 있었기에 그리스 난민신청자에 대한 나의 취재와 베이지스의 인터뷰가 가능했다. 숱한 언론인들에게 그들의 지원은 대단히 소중하다. 내가 그런 사람 중 하나라는 데서 자부심을 느낀다.

나는 히말라야에 자리한 좁고 깊은 계곡에서 빙하수와 함께 포효하는 하천 소리에 귀를 기울이고 산 위로 천천히 움직이는 히말라야 삼나무를 응시하며 이 책의 제안서를 썼다. 이동 중인 세상의 드라마를, 그리고 거기에 대응해야 할 긴박한 필요를 보여주는,

381

이보다 더 강렬한 풍경은 없을 것 같았다. 달걀 파라타(구운 빵 반죽-옮긴이)와 차를 대접하며 품위 있게 환대해준 기티카 닉암과 리테시 샤르마에게 감사의 마음을 전한다.

나는 이 책을 쓰기 위해 생물지리학과 보존생물학에서부터 유전학, 인류학, 과학사에 이르기까지 방대한 분야의 학자들에게 전문지식을 빌려왔다. 이동하는 종에 대한 카밀 파미잔의 연구가 특히 중요했다. 그녀는 너그럽게 자신의 시간을 내어, 연구 결과를 설명해주고, 다른 사람들의 연구에 대해 알려주고, 내가 처음으로 바둑판점박이나비를 볼 수 있도록 도와주었다. 미국 어류야생생물국의 스프링 스트라흠, 데이브 포크너, 앨리슨 앤더슨은 크릭사이드지구관측센터의 스투 바이스처럼 나비 추적과 관련된 곤충학 지식을 알려주었다. 버몬트에서는 제프 파슨스가 나를 데리고 북부 경계지역을 보여주었고, 보스턴에서는 파르디스 사베티와 동료들이 인간의 다양성과 관련된 복잡한 내용을 해독하는 자신들의 연구를 설명해주었다. 하와이에서는 레베카 오스터택과 수잔 코르델이 토종과 이방인의 이분법을 넘어서는 자신들의 혁신적인 연구에 대해 알려주었고, 텍사스에서는 법인류학자인 케이트 스프래들리와 팀 고차가 아무런 표시가 안 된 이주자의 무덤을 발굴할 때 내가 따라가도 좋다고 허락해주었다. 이들 모두에게 감사의 마음을 전한다.

내가 찾아간 모든 곳에서 구금시설과 난민캠프에 갇힌 이주자들을, 그리고 어쩔 수 없이 도주 중이라 음지에 숨어 압박을 받으면서도 나와 기꺼이 이야기하려는 사람들을 발견했다. 나는 그들의 여정 앞에 겸허함을 느끼고 그들이 나에게 이야기를 들려주어서 고맙다. 그게 가능했던 것은 시리아-미국 의료협회, 세계의 의사들, 몬트리올의 프란츠 앙드레, 보스턴의 디에우포트 J. '케케'

플뢰리상 목사 같은 영웅적인 지원모임과 활동가들이 만남과 통역을 주선해준 덕분이었다.

나에게 기꺼이 이야기를 들려준 학자 중 일부만 이 책에 인용했다. Mark A. Davis, Jonathan Marks, Warwick Anderson, Nils Christian Stenseth, Peder Anker, Hugh Dingle, Alan de Queiroz, Martin Wikelski가 특히 관대하고 기꺼이 도움을 주었다. 이 중 몇몇은 Reece Jones, Betsy Hartmann, Matthew Chew 등과 함께 초고를 검토하고 유용한 제안을 해주었다.

Anthony Arnove는 수년간 숱한 방식으로 내 활동을 지원했다. Michelle Markley는 깊은 통찰로 내 시야를 넓혀주었다. 이들을 친구라고 부를 수 있어서 자랑스럽다. Celia와 Ian Bardwell-Jones는 하와이 화산 밑에 지은 아름다운 집에 나를 초대해주었다. Visionscarto의 Philippe Rivière는 Philippe Rekacewicz와 함께 이 책에 있는 지도들을 디자인했을 뿐만 아니라 편집상의 중요한 피드백도 해주었다. 이들은 내 부탁 이상을 들어주었다. 나의 에이전트 Charlotte Sheedy와 편집자 Nancy Miller 그리고 Bloomsbury에 있는 그녀의 팀은 이 책이 진행되는 전 과정에서 나를 지원해주었다. 그들이 없었다면 이 책은 세상에 나오지 못했을 것이다. 그들 모두에게 감사의 마음을 전한다.

이 책을 처음 쓰기 시작했을 때 나는 오늘날의 정치 상황에서 반이주 과학의 증거를 발굴하려면 깊이 파고들어야 할 거라고 예상했다. 그러나 2016년 선거는 이런 기대를 뒤엎었다. 이주를 반대하는 수사와 정책이 정치의 전면으로 솟구쳐 오르면서 나에게 필요했던 증거가 거의 매일같이 뉴스에 등장했다. 이 책의 어떤 부분은 기술적으로 쓰기가 한결 쉬워졌지만 심리적으로는 무척 힘들었다.

활동가 친구와 동맹들이 점점 늘어나면서 내가 어둠 속에서 빛을 찾을 수 있도록 도와주었다. 나 자신이 속한 이주자와 경계를 넘는 사람들 역시 마찬가지였다. 항상 경청하고 모든 것을 읽고 내가 더는 생각을 진척시킬 수 없을 때 나를 데리고 항해에 나서는 마크, 우리가 만들어낸 기후 교란 세계를 물려받을 이들에게 필요한 우아함과 참여와 친절함의 모델인 Jakir와 Kush, 그리고 새 삶을 위해 대양을 건너 내게 복원력과 용기가 무엇인지를 보여준 나의 부모님 같은 사람들.

주

1장

1 Spring Strahm, 저자의 인터뷰, 2018년 11월 5일.

2 Camille Parmesan, 저자의 인터뷰, 2018년 1월 7일; "Full Interview with Camille Parmesan," University of Queensland and edX, UQx Denial 101x, YouTube, July 3, 2017; "Why I Became a Biologist: Camille Parmesan," University of Texas at Austin Environmental Science Institute, YouTube, March 6, 2007.

3 Camille Parmesan, "Climate and Species' Range," *Nature* 382, no. 6594 (1996): 765.

4 Camille Parmesan, "A Global Overview of Species Range Changes: Trends and Complexities; Resilience and Vulnerability," plenary speech to Species on the Move, Hobart, Tasmania, February 2016; Camille Parmesan and Mick E. Hanley, "Plants and Climate Change: Complexities and Surprises," *Annals of Botany* 116, no. 6 (2015): 849-64; Elvira S. Poloczanska et al., "Global Imprint of Climate Change on Marine Life," *Nature Climate Change* 3, no. 10 (2013): 919; I-Ching Chen et al., "Rapid Range Shifts of Species Associated with High Levels of Climate Warming," Science 333, no. 6045 (2011): 1024-26; Camille Parmesan, "Ecological and Evolutionary Responses to Recent Climate Change," *Annual Review of Ecology, Evolution, and Systematics* 37 (2006): 637-69; Tracie A. Seimon et al., "Upward Range Extension of Andean Anurans and Chytridiomycosis to Extreme Elevations in Response to Tropical Deglaciation," *Global Change Biology* 13, no. 1 (2007): 288-99; Craig Welch, "Half of All Species Are on the Move? And We're Feeling It," *National Geographic*, April 17, 2017.

5 Hiroya Yamano, Kaoru Sugihara, and Keiichi Nomura, "Rapid Poleward Range Expansion of Tropical Reef Corals in Response to Rising Sea Surface Temperatures," *Geophysical Research Letters* 38, no. 4 (2011).

385

6 Ecological Society of America, "In a Rapidly Changing North, New Diseases Travel on the Wings of Birds," *Science Daily*, December 2, 2014; Warren Richey, "Up to Cape Cod, Where No Manatee Has Gone Before," *Christian Science Monitor*, August 23, 2006.

7 생물학자들이 야생생물의 이동을 일컬을 때 사용하는 용어는 파악된 의도나 결과에 따라 이동의 유형을 구분한다. 서식 범위 이동(range shift)은 동물이 일반적으로 발견되는 장소를 바꾸는 것을 말하고, 분산(dispersal)은 생명체를 그 출생지에서 다른 곳으로 옮기는 성인기의 이동으로, 군집의 분포나 서식 범위에는 영향을 줄 수도, 주지 않을 수도 있다. 이주(migration)는 목적 지향적인 왕복운동으로 선형적인 운동이나 무계획적인 운동은 배제한다. 이 책에서 나는 의도나 결과와 관계없이 모든 움직임을 '이주'라고 부른다.

8 Bhasha Dubey et al., "Upward Shift of Himalayan Pine in Western Himalaya, India," *Current Science*, October 2003; "Climate Change and Human Health in Tibet," Voice of America, September 12, 2015.

9 Seonaigh MacPherson et al., "Global Nomads: The Emergence of the Tibetan Diaspora (Part I)," Migration Policy Institute, September 2, 2008.

10 "Global Estimates 2015: People Displaced by Disasters," Norwegian Refugee Council and Internal Displacement Monitoring Centre, July 2015; "Global Migration Trends Factsheet," International Organization for Migration, accessed May 10, 2018; Mavroudi and Nagel, *Global Migration*; Edith M. Lederer, "UN Report: By 2030 Two-Thirds of World Will Live in Cities," Associated Press, May 18, 2016; "Over 110 Countries Join the Global Campaign to Save Productive Land," UN Convention to Combat Desertification; Robert J. Nicholls et al., "Sea-level Rise and Its Possible Impacts Given a 'Beyond 4 C World' in the Twenty-First Century," *Philosophical Transactions of the Royal Society A: Mathematical, Physical and Engineering Sciences* 369, no. 1934 (2011): 161-81.

11 Migration Policy Institute, "Mapping Fast-Changing Trends in Immigration Enforcement and Detention," Fourteenth Annual Immigration Law and Policy Conference, Georgetown University Law Center, September 25, 2017.

12 Chew, "Ending with Elton."

13 Ehrlich, *Population Bomb*, 133.

14 E. O. Wilson, *The Diversity of Life* (Cambridge, MA: Harvard University Press, 1992).

15 Census Organization of India, "Jain Religion Census 2011," Population

Census 2011.

16 예를 들어 다음을 보라. David Wright, Nathan Flis, and Mona Gupta, "The 'Brain Drain' of Physicians: Historical Antecedents to an Ethical Debate, c.1960-79," *Philosophy, Ethics, and Humanities in Medicine* 3, no. 1 (2008): 24; Steve Raymer, "Indian Doctors Help Fill US Health Care Needs," YaleGlobal Online, February 16, 2004; "President Lyndon B. Johnson's Remarks at the Signing of the Immigration Bill, Liberty Island, New York, October 3, 1965," Lyndon B. Johnson Presidential Library.

17 Roli Varma, "Changing Borders and Realities: Emigration of Indian Scientists and Engineers to the United States," *Perspectives on Global Development and Technology* 6, no. 4 (2007): 539-56.

18 Priyanka Boghani, "For Those Crossing the Mediterranean, a Higher Risk of Death," *Frontline*, October 27, 2016; Ismail Küpeli, "We Spoke to the Photographer Behind the Picture of the Drowned Syrian Boy," *Vice*, September 4, 2015; 굴람 하크야, 저자의 인터뷰, 2016년 6월 12일.

19 "Amnesty International Report 2017/18: the state of the world's human rights," Amnesty International, 2018; Patrick Kingsley, "It's Not at War, But Up to 3% of Its People Have Fled. What Is Going on in Eritrea?" *Guardian*, July 22, 2015.

20 마리암과 소피아, 저자의 인터뷰, 2017년. 마리암과 소피아는 실명이 아니다.

21 Steven M. Stanley, *Earth System History*, 4th ed. (New York, Macmillan: 2015), 505-6.

22 Amado Araúz, "Trans-Darién Expedition 1960," Intraterra.com, archived October 27, 2009, web.archive.org/web /20091027124759/http://geocities.com/~landroverpty/trans.htm.

23 장피에르와 매킨슨, 저자의 인터뷰, 장피에르와 매킨슨은 실명이 아니다. 다음도 보라. Simon Nakonechny, "Pierre Recounts His Odyssey to Canada," CBC, September 26, 2017; Kate Linthicum, "Crossing the Darién Gap," *Los Angeles Times*, December 22, 2016; Lindsay Fendt, "With Olympics Over, Haitian Workers Are Leaving Brazil for the US in Big Numbers," PRI, October 4, 2016.

24 "The U.S.-Mexico Border," Migration Policy Institute, June 1, 2006, https://www.migrationpolicy.org /article/us-mexico-border. 운영 중인 내륙 검문소의 정확한 수는 공식적으로 알려지지 않았다. Romero, "Border Patrol Takes a Rare Step in Shutting Down Inland Checkpoints," *New York Times*, March

25, 2019에서 Simon Romero는 170개라고 말한다. 다음도 보라. ACLU, "The Constitution in the 100-Mile Border Zone," https://www.aclu.org/other/constitution-100-mile-border-zone.

25 체사르 쿠에바스, 저자의 인터뷰, 2018년 3월 6일; 돈 화이트, 저자의 인터뷰, 2018년 1월 8일; "Bodies Found on the Border," KVUE.com, November 7, 2016, https://www.kvue.com/video/news/local/texas-news/bodies-found-on-the-border/269-2416649.

26 Adele Peters, "Watch the Movements of Every Refugee on Earth Since the Year 2000," *Fast Company*, May 31, 2017.

27 "Global Animal Movements Based on Movebank Data (Map)," Movebank, YouTube, August 16, 2017, https://youtu.be/nUKh0fr1Od8.

2장

1 "Revellers Rush on Hated Gates," *Guardian*, November 10, 1989; "February 11, 1990: Freedom for Nelson Mandela," *On This Day 1950-2005*, BBC News, http://news.bbc.co.uk /onthisday/hi/dates/stories/february/11/newsid_2539000/2539947.stm.

2 Robert D. Kaplan, "The Coming Anarchy," *Atlantic*, February 1994.

3 McLeman, *Climate and Human Migration*.

4 McLeman, *Climate and Human Migration*, 212.

5 McLeman, *Climate and Human Migration*.

6 Norman Myers, "Environmental Refugees," *Population and Environment* 19, no. 2 (1997):167.

7 "Water Is 'Catalyst' for Cooperation, Not Conflict, UN Chief Tells Security Council," *UN News*, June 6, 2017; T. Mitchell Aide and H. Ricardo Grau, "Globalization, Migration, and Latin American Ecosystems," *Science* 305, no. 5692 (2004): 1915-16.

8 McLeman, *Climate and Human Migration*, 160.

9 Betsy Hartmann, "Rethinking Climate Refugees and Climate Conflict: Rhetoric, Reality, and the Politics of Policy Discourse," *Journal of International Development* 22 (2010): 233-46.

10 McLeman, *Climate and Human Migration*, 212; "Climate Change Recognized as 'Threat Multiplier,' UN Security Council Debates Its Impact on Peace," *UN News*, January 25, 2019.

11 Avi Asher-Schapiro, "The Young Men Who Started Syria's Revolution Speak

About Daraa, Where It All Began," *Vice*, March 15, 2016; Michael Gunning, "Background to a Revolution," *n + 1*, August 26, 2011.

12 Zack Beauchamp, "The Syrian Refugee Crisis, Explained in One Map," *Vox*, September 27, 2015.

13 Anna Triandafyllidou and Thanos Maroukis, *Migrant Smuggling: Irregular Migration from Asia and Africa to Europe* (London: Palgrave Macmillan, 2012); "Mixed Migration Trends in Libya: Changing Dynamics and Protection Challenges," UNHCR, 2017.

14 "Mixed Migration Trends in Libya: Changing Dynamics and Protection Challenges," UNHCR, 2017.

15 Lauren Said-Moorhouse, "9 Celebrities Doing Their Part for the Refugee Crisis," CNN, December 28, 2015; Helena Smith, "Lesbos Hopes Pope's Visit Will Shine Light on Island's Refugee Role," *Guardian*, April 9, 2016; Tessa Berenson, "Susan Sarandon Is Welcoming Refugees in Greece," *Time*, December 18, 2015.

16 Myria Georgiou and Rafal Zaborowski, "Media Coverage of the 'Refugee Crisis': A Cross-European Perspective," Council of Europe report, March 2017.

17 Yiannis Baboulias, "A Greek Tragedy Unfolds in Athens," *Architectural Review*, July 3, 2015; "Labour Shortages Approach Critical Level in Hungary," *Daily News Hungary*, August 15, 2016.

18 "Two Million: Germany Records Largest Influx of Immigrants in 2015," DW, March 21, 2016; Annabelle Timsit, "'Things Could Get Very Ugly' Following Europe's Refugee Crisis," *Atlantic*, October 27, 2017; Remi Adekoya, "Why Poland's Law and Justice Party Remains So Popular," *Foreign Affairs*, November 3, 2017; "German Election: Merkel Vows to Win Back Right-Wing Voters," BBC News, September 25, 2017; "Austrian Far-Right FPÖ Draws Ire Over Refugee Internment Plan," DW, January 5, 2018; William A. Galston, "The Rise of European Populism and the Collapse of the Center-Left," Brookings Institution, March 8, 2018; "Grillo Calls for Mass Deportations (2)," *Ansa en Politics*, December 23, 2016.

19 Richard Gonzales, "America No Longer a 'Nation of Immigrants,' USCIS Says," NPR, February 22, 2018; Jennifer Rankin, "'Do Not Come to Europe,' Donald Tusk Warns Economic Migrants," *Guardian*, March 3, 2016.

20 Eve Hartley, "Cologne Attacks: Our Response Must Be Against Sexual

Violence, Not Race, Say Feminists," *HuffPost*, January 13, 2016; Lalami, "Who Is to Blame"; Reed, "Fear and Loathing in Homer."

21 Lalami, "Who Is to Blame."

22 Reed, "Fear and Loathing in Homer."

23 Reed, "Fear and Loathing in Homer"; Eileen Sullivan, "Trump Attacks Germany's Refugee Policy, Saying US Must Avoid Europe's Immigration Problems," New York Times, June 18, 2018.

24 Vikas Bajaj, "Are Immigrants Causing a Swedish Crime Wave?" *New York Times*, March 2, 2017.

25 Ritz and Bergdahl, "People in Sweden's Alleged 'No-Go Zones.'"

26 Ritz and Bergdahl, "People in Sweden's Alleged 'No-Go Zones"; Ami Horowitz, "Stockholm Syndrome," YouTube, December 12, 2016, https://www.youtube.com/watch?v=RqaIgeQXQgI.

27 Lindkvist, "Swedish Police Featured"; Dan Merica, "Trump Gets What He Wants in Florida: Campaign- Level Adulation," CNN, February 18, 2017; Rick Noack, "Trump Asked People to 'Look at What's Happening . . . in Sweden.' Here's What's Happening There," *Washington Post*, February 20, 2017.

28 Taylor, "Who Is Nils Bildt?"

29 Marina Koren, "The Growing Fallout from the Cologne Attacks," *Atlantic*, January 11, 2016.

30 "Lowest Number of Criminal Offences Since 1992," Federal Ministry of the Interior, Building, and Community, May 8, 2018.

31 "German Police Quash Breitbart Story of Mob Setting Fire to Dortmund Church," Agence France-Presse, January 7, 2017; Reed, "Fear and Loathing in Homer."

32 Taylor, "Who Is Nils Bildt?"

33 Ritz and Bergdahl, "People in Sweden's Alleged 'No-go Zones.'"

34 Lindkvist, "Swedish Police Featured."

35 "Police Close Investigation into Australian TV Crew 'Attack,'" Radio Sweden, March 1, 2016.

36 Jeffrey S. Passel and D'Vera Cohn, "US Unauthorized Immigrant Total Dips to Lowest Level in a Decade," Pew Research Center, November 27, 2018; Nathan, "How the Border Patrol Faked"; U.S. Border Patrol Chief Mark Morgan and Deputy Chief Carla Provost, testimony to Senate Homeland

Security and Governmental Affairs Committee, C-SPAN, November 30, 2016.

37 Lam, "Border Patrol Agent"; Moore, Bever, and Miroff, "Border Patrol Agent Is Dead"; Smith, "Bannon: Killing"; "In Memoriam to Those Who Died in the Line of Duty," U.S. Customs and Border Protection, https://www.cbp. gov/about/in-memoriam /memoriam-those-who-died-line-duty; Nowrasteh, "Deaths of Border Patrol Agents."

38 Aaronson, "Trump Administration Skews"; Michael Balsamo and Colleen Long, "Trump Immigrant Crime Hotline Still Faces Hurdles, Pushback," Associated Press, February 5, 2019.

39 "Inside ICE's Controversial Crackdown on MS-13," CBS News, November 16, 2017; "Statement from Wade on Horrific Rape in Montgomery County School," WadeKach.com, March 23, 2017, http://www.wadekach.com/blog/ statement-from -wade-on-horrific-rape-in-montgomery-county-school; Zoe Chace, "Fear and Loathing in Homer and Rockville, Act Two: Loathing," *This American Life*, July 21, 2017.

40 Meagan Flynn, "ICE Spokesman Resigns, Citing Fabrications by Agency Chief, Sessions, About Calif. Immigrant Arrests," *Washington Post*, March 13, 2018; Mark Joseph Stern, "Trump Doesn't Need to Explain Which Immigrants He Thinks Are 'Animals,'" *Slate*, May 17, 2018; "Inside ICE's Controversial Crackdown on MS-13," CBS News, November 16, 2017.

41 2003년부터 2017년까지 2만 1천 명 국경순찰대원 중에서 근무하다가 목숨을 잃은 사람은 40명이었다. 대부분은 이주자의 공격이 아니라 사고와 다른 이유로 사망했다. 이 40건 중 34건에서 원인은 차 사고나 심장발작, 열 스트레스였다. "Border Patrol Overview," U.S. Customs and Border Protection, at https://www.cbp.gov/border-security/along-us-borders/overview; Nathan, "How the Border Patrol Faked." 다음도 보라. Lam, "Border Patrol Agent"; Moore, Bever, and Miroff, "Border Patrol Agent Is Dead"; Smith, "Bannon: Killing"; "In Memoriam to Those Who Died in the Line of Duty," U.S. Customs and Border Protection, https://www.cbp.gov/about/in-memoriam/ memoriam -those-who-died-line-duty; Nowrasteh, "Deaths of Border Patrol Agents."

42 Aaronson, "Trump Administration Skews."

43 Dan Morse, "The 'Rockville Rape Case' Erupted as National News. It Quietly Ended Friday," *Washington Post*, October 21, 2017.

44 Kai Kupferschmidt, "Refugee Crisis Brings New Health Challenges," *Science*, April 22, 2016; Kirkbride, "What Are the Public Health Benefits?"; Silvia Angeletti et al., "Unusual Microorganisms and Antimicrobial Resistances in a Group of Syrian Migrants: Sentinel Surveillance Data from an Asylum Seekers Centre in Italy," *Travel Medicine and Infectious Disease* 14, no. 2 (2016): 115-22; Rein Jan Piso et al., "A Cross-Sectional Study of Colonization Rates With Methicillin-Resistant Staphylococcus aureus (MRSA) and Extended-Spectrum Beta-Lactamase (ESBL) and Carbapenemase-Producing Enterobacteriaceae in Four Swiss Refugee Centres," *PLOS One* 12, no. 1 (2017): e0170251.

45 Matthew Brunwasser, "Bulgaria's Vigilante Migrant 'Hunter,'" BBC News, March 30, 2016; Kirkbride, "What Are the Public Health Benefits?"; "Thug Politics," produced by SBS (Australia), May 21, 2013. 다음도 보라. Helena Smith, "Golden Dawn Threatens Hospital Raids Against Immigrants in Greece," *Guardian*, June 12, 2012; Osman Dar, "Cholera in Syria: Is Europe at Risk?" *Independent*, November 2, 2015.

46 Philip Bump, "Donald Trump's Lengthy and Curious Defense of His Immigrant Comments, Annotated," *Washington Post*, July 6, 2015.

47 Aula Abbara, 저자의 인터뷰, 2016년 5월 16일.

48 Martin Cetron, "Refugee Crisis: Healthy Resettlement and Health Security," European Congress of Clinical Microbiology and Infectious Diseases, Amsterdam, April 12, 2016; Kirkbride, "What Are the Public Health Benefits?"

49 David Frum, "The Great Immigration-Data Debate," *Atlantic*, January 19, 2016.

50 Ann Coulter, Facebook post, September 17, 2015.

51 "Confirmation hearing on the nomination of Hon. Jeff Sessions to be Attorney General of the United States," Committee on the Judiciary, U.S. Senate, January 10?11, 2017 (Washington, D.C.: U.S. Government Printing Office); "How Sessions and Miller Inflamed Anti-Immigrant Passions from the Fringe," *New York Times*, June 19, 2018; Philip Bump, "A Reporter Pressed the White House for Data. That's When Things Got Tense," *Washington Post*, August 2, 2017.

52 "Fact Check: Trump's First Address to Congress," *New York Times*, February 28, 2017.

53 Michael Clemens, "What the Mariel Boatlift of Cuban Refugees Can Teach Us About the Economics of Immigration," Center for Global Development, May 22, 2017.

54 Julie Hirschfield Davis and Somini Sengupta, "Trump Administration Rejects Study Showing Positive Impact of Refugees," *New York Times*, September 18, 2017; "Fact Check: Trump's First Address to Congress," *New York Times*, February 28, 2017.

55 Salvador Rizzo, "Questions Raised About Study That Links Undocumented Immigrants to Higher Crime," *Washington Post*, March 21, 2018; Alex Nowrasteh, "The Fatal Flaw in John R. Lott Jr.'s Study of Illegal Immigrant Crime in Arizona," Cato Institute, February 5, 2018; John R. Lott, "Undocumented Immigrants, US Citizens, and Convicted Criminals in Arizona," 2018; Jonathan Hanen, Greater Towson Republican Club, Towson, Md., January 16, 2018. 조너선 하넨의 공식 프로필에서 얻은 세부 약력은 다음에 나와 있다. LinkedIn at https://www.linkedin .com/in/jonathan-hanen-89a93715.

56 Reed, "Fear and Loathing in Homer."

57 Eduardo Porter and Karl Russell, "Immigration Myths and Global Realities," *New York Times*, June 20, 2018; Richard Wike, Bruce Stokes, and Katie Simmons, "Europeans Fear Wave of Refugees Will Mean More Terrorism, Fewer Jobs," Pew Research Center, July 11, 2016; Salvador Rizzo, "Questions Raised About Study That Links Undocumented Immigrants to Higher Crime," *Washington Post*, March 21, 2018.

58 Jeremy W. Peters, "How Trump-fed Conspiracy Theories About Migrant Caravan Intersect with Deadly Hatred," *New York Times*, October 29, 2018.

59 백악관은 나중에 이 말을 부정했지만,《뉴욕 타임스》는 그 보도를 고수했다. Michael D. Shear and Julie Hirschfeld Davis, "Stoking Fears, Trump Defied Bureaucracy to Advance Immigration Agenda," *New York Times*, December 23, 2017; Josh Dawsey, "Trump Derides Protections for Immigrants from 'Shithole' Countries," *Washington Post*, January 12, 2018.

60 Emily Gogolak, "Haitian Migrants Turn Toward Brazil," New Yorker, August 20, 2014; Olivier Laurent, "These Haitian Refugees Are Stranded at the U.S.-Mexico Border," *Time*, February 20, 2017.

61 Rivas, "DHS Ignored Its Own."

62 Rhina Guidos, "Study Says Doing Away With Immigration Program Would

393

Harm Economy," *National Catholic Reporter*, July 27, 2017.

63 에마뉘엘 루이스Emmanuel Louis, 저자의 인터뷰, 2017년 10월 24일. 에마뉘엘 루이스는 실명이 아니다.

64 Gabeau 인터뷰.

65 장피에르 인터뷰.

66 Alicia A. Caldwell, "Haitians Under the Microscope," Associated Press, May 9, 2017.

67 Rivas, "DHS Ignored Its Own."

68 Haiti Travel Warning, September 12, 2017, U.S. Passports and International Travel, U.S. Department of State.

69 Samuel Granados et al., "Raising Barriers: A New Age of Walls: Episode 1," *Washington Post*, October 12, 2016.

3장

1 Blunt, *Linnaeus*, 14.

2 Koerner, *Linnaeus*, 84.

3 "*Homo sapiens*," 185-86, 191; Curran, *Anatomy of Blackness*, 106-9, 144.

4 Bendyshe, "History of Anthropology"; Schiebinger, "Taxonomy for Human Beings"; Fausto-Sterling, "Gender, Race, and Nation."

5 Schmidt, *Inventing Exoticism*, 55.

6 Cat Bohannon, "The Curious Case of the London Troglodyte," *Lapham's Quarterly*, June 15, 2013.

7 Christina Skott, "Linnaeus and the Troglodyte: Early European Encounters with the Malay World and the Natural History of Man," *Indonesia and the Malay World* 42, no. 123 (2014): 141-69; Maya Wei-Haas, "The Hunt for the Ancient 'Hobbit's' Modern Relatives," *National Geographic*, August 2, 2018; Brian Handwerk, "Saint Nicholas to Santa: The Surprising Origins of Mr. Claus," *National Geographic*, November 29, 2017.

8 Jablonski, *Living Color*; Fausto-Sterling, "Gender, Race, and Nation"; Schmidt, *Inventing Exoticism*, 1-33.

9 Sussman, *Myth of Race*.

10 Schmidt, *Inventing Exoticism*, 1-33; Blunt, *Linnaeus*; Fausto-Sterling, "Gender, Race, and Nation."

11 Sloan, "Gaze of Natural History."

12 Blunt, *Linnaeus*; Koerner, *Linnaeus*, 57.

13 Blunt, *Linnaeus*, 96-99; Koerner, *Linnaeus*, 16.

14 Jonathan Marks, "Long Shadow of Linnaeus's Human Taxonomy," *Nature*, May 3, 2007.

15 Bendyshe, "History of Anthropology."

16 Schiebinger, *Nature's Body*, 21.

17 Blunt, *Linnaeus*, 33.

18 Blunt, *Linnaeus*, 121.

19 Richard Conniff, "Buffon: Forgotten, Yes. But Happy Birthday Anyway," *New York Times*, January 2, 2008.

20 Paul L. Farber, "Buffon and the Concept of Species," *Journal of the History of Biology* 5, no. 2 (1972): 259-84, www.jstor.org/stable/4330577; "Heraclitus," *Stanford Encyclopedia of Philosophy*, June 23, 2015, https://plato.stanford.edu/entries/heraclitus/.

21 Marks, *Human Biodiversity*, 120; Curran, *Anatomy of Blackness*, 88, 106.

22 Sloan, "Gaze of Natural History."

23 Frederick Foster and Mark Collard, "A Reassessment of Bergmann's Rule in Modern Humans," *PLOS One* 8, no. 8 (2013): e72269; Ann Gibbons, "How Europeans Evolved White Skin," *Science*, April 2, 2015; Angela M. Hancock et al., "Adaptations to Climate in Candidate Genes for Common Metabolic Disorders," *PLOS Genetics* 4, no. 2 (2008): e32; Maria A. Serrat, Donna King, and C. Owen Lovejoy, "Temperature Regulates Limb Length in Homeotherms by Directly Modulating Cartilage Growth," *Proceedings of the National Academy of Sciences* 105, no. 49 (2008): 19348-53.

24 Sloan, "Gaze of Natural History."

25 Jablonski, *Living Color*, Lee Alan Dugatkin, "Thomas Jefferson Defends America with a Moose," *Slate*, September 12, 2012; Ernst Mayr, *The Growth of Biological Thought* (Cambridge, MA: Harvard University Press, 1981), 330; "Buffon, Georges-Louis Leclerc, Comte De," *Complete Dictionary of Scientific Biography* (New York: Charles Scribner's Sons, 2008), https://www .encyclopedia.com/people/science-and-technology/geology-and-oceanography -biographies/georges-louis-leclerc-buffon-comte-de.

26 Koerner, *Linnaeus*, 28.

27 Broberg, "Anthropomorpha," 95; Bendyshe, "History of Anthropology."

28 Anne Fadiman, *At Large and at Small: Familiar Essays* (New York: Farrar, Straus and Giroux, 2008), 19; Richard Holmes, *The Age of Wonder: How the Romantic*

Generation Discovered the Beauty and Terror of Science (New York: Knopf, 2009), 49.

29 Smethurst, *Travel Writing and Natural World*; Blunt, *Linnaeus*, 153-58.

30 Nancy J. Jacobs, "Africa, Europe, and the Birds Between Them," in James Beattie, Edward Melillo, and Emily O'Gorman, *Eco-cultural Networks and the British Empire*: New Views on Environmental History (New York: Bloomsbury Academic, 2015).

31 예를 들어 다음을 보라. Andrew J. Lewis, A Democracy of Facts: Natural History in the Early Republic (Philadelphia: University of Pennsylvania Press, 2011).

32 Dingle, *Migration*; Ron Cherry, "Insects and Divine Intervention," *American Entomologist* 61, no. 2 (2015): 81-84, https://doi.org/10.1093/ae/tmv001.

33 Jorge Crisci et al., *Historical Biogeography: An Introduction* (Cambridge, MA: Harvard University Press, 2009), 30; Bendyshe, "History of Anthropology."

34 Lisbet Koerner, "Purposes of Linnaean Travel: A Preliminary Research Report," in David Philip Miller and Peter Hanns Reill, eds., *Visions of Empire: Voyages, Botany, and Representations of Nature* (New York: Cambridge University Press, 2011), 119.

35 Koerner, *Linnaeus*, 28; Richard Conniff, "Forgotten, Yes. But Happy Birthday Anyway," *New York Times*, December 30, 2007.

36 Smethurst, *Travel Writing and Natural World*.

37 Curran, *Anatomy of Blackness*.

38 Jonathan Marks, 저자의 인터뷰, 2017년 9월 5일; Blunt, *Linnaeus*.

39 Schiebinger, *Nature's Body*, 170.

40 Rachel Holmes, *African Queen: The Real Life of the Hottentot Venus* (New York: Random House, 2009); Curran, *Anatomy of Blackness*, 109; Switek, "Tragedy of Baartman."

41 Koerner, *Linnaeus*, 57; Bendyshe, "History of Anthropology."

42 린네는 이렇게 적었다. "어떤 생각이 떠다니다가 불쑥 떠올랐다. 어떤 여자가 혈거인들과 뒤섞였고, 그래서 호텐토트가 여기서 등장하게 된 건 아닐까 하는 생각이다." Broberg, "Anthropomorpha," 95; Marks, *Human Biodiversity*, 50.

43 Gould, *Flamingo's Smile*.

44 Phillip R. Sloan, "The Buffon-Linnaeus Controversy," Isis 67, no. 3 (1976): 356-75; Curran, *Anatomy of Blackness*, 169.

45 Blunt, *Linnaeus*.

46 Blunt, *Linnaeus*; Broberg, *"Homo sapiens,"* 178.

47 Broberg, *"Homo sapiens,"* 185-86.

48 Gould, *Flamingo's Smile*; Schiebinger, "Taxonomy for Human Beings."

49 Switek, "Tragedy of Baartman."

50 Schiebinger, *Nature's Body*, 170; Schiebinger, "Taxonomy for Human Beings."

51 Gould, *Flamingo's Smile*.

52 Gould, *Flamingo's Smile*; Schiebinger, "Taxonomy for Human Beings"; Clifton C. Crais and Pamela Scully, *Sara Baartman and the Hottentot Venus: A Ghost Story and a Biography* (Princeton, NJ: Princeton University Press, 2009).

53 Koerner, *Linnaeus*; Broberg, "Anthropomorpha," 95.

54 William B. Cohen, *The French Encounter with Africans: White Response to Blacks*, 1530-1880 (Bloomington: Indiana University Press, 2003), 86.

4장

1 Zeidel, *Immigrants, Progressives*.

2 Tyler Anbinder, *Five Points: The 19th-Century New York City Neighborhood That Invented Tap Dance, Stole Elections, and Became the World's Most Notorious Slum* (New York: Plume, 2001), 43.

3 Sussman, *Myth of Race*.

4 Spiro, *Defending the Master Race*, 25.

5 James Lander, *Lincoln and Darwin: Shared Visions of Race, Science, and Religion* (Carbondale: Southern Illinois University Press, 2010), 81.

6 Brian Wallis, "Black Bodies, White Science: Louis Agassiz's Slave Daguerreotypes," *American Art* 9, no. 2 (1995): 39-61.

7 Marks, *Human Biodiversity*, 125; Davenport et al., *Eugenics in Race and State*.

8 Massin, "From Virchow to Fischer."

9 E. J. Browne, *Charles Darwin: The Power of Place* (New York: Knopf, 2002), 42; Edward Lurie, "Louis Agassiz and the Idea of Evolution," *Victorian Studies* 3, no. 1 (1959): 87-108.

10 Darwin, *Descent of Man*, 202-3.

11 Darwin, *Descent of Man*, xxxviii.

12 Massin, "From Virchow to Fischer"; Darwin, *Descent of Man*, xxxiv; Peter J. Bowler, *Evolution: The History of an Idea* (Berkeley: University of California Press, 2003), 224-25.

13 Darwin, *Descent of Man*, lv.

14 Spiro, *Defending the Master Race*, 46; Mitch Keller, "The Scandal at the Zoo," *New York Times*, August 6, 2006; Pierpont, "Measure of America."

15 Sussman, *Myth of Race*; Herbert Eugene Walter, *Genetics: An Introduction to the Study of Heredity* (New York: Macmillan, 1913); Daniel J. Kevles, In the Name of Eugenics: Genetics and the Uses of Human Heredity (New York: Knopf, 1985); Davenport, *Heredity in Relation*, 24; Nathaniel Comfort, *The Science of Human Perfection: How Genes Became the Heart of American Medicine* (New Haven, CT: Yale University Press, 2012), 44; Mukherjee, *Gene*, 64.

16 Osborn, "Poor Nordic!"

17 Spiro, *Defending the Master Race*, 92-94; Provine, "Geneticists and the Biology"; Nancy Stepan, "Biological Degeneration: Races and Proper Places," in Chamberlin and Gilman, *Degeneration*.

18 Charles B. Davenport, "The Effects of Race Intermingling," *Proceedings of the American Philosophical Society* 56, no. 4 (1917): 364-68; Spiro, *Defending the Master Race*, 95.

19 Davenport, *Heredity in Relation*, 219.

20 Black, *War Against the Weak*.

21 Spiro, *Defending the Master Race*, 152.

22 Zeidel, *Immigrants, Progressives*, 113; Spiro, *Defending the Master Race*, 46; Sussman, *Myth of Race*, 61.

23 Howard Markel and Alexandra Minna Stern, "The Foreignness of Germs: The Persistent Association of Immigrants and Disease in American Society," *Milbank Quarterly* 80, no. 4 (2002): 757-88; Harvey Levenstein, "The American Response to Italian Food, 1880-1930," *Food and Foodways* 1, nos. 1-2 (1985): 1-23.

24 Charles Hirschman, "America's Melting Pot Reconsidered," *Annual Review of Sociology* 9, no. 1 (1983): 397-423; "President Sees New Play," *New York Times*, October 6, 1908; "Roosevelt Criticises Play," *New York Times*, October 10, 1908.

25 Zeidel, *Immigrants, Progressives*, 35.

26 Benton-Cohen, *Inventing the Immigration Problem*; Zeidel, *Immigrants, Progressives*, 71-78, 100.

27 Spiro, *Defending the Master Race*, 199.

28 Zeidel, *Immigrants, Progressives*, 125.

29 Tamsen Wolff, *Mendel's Theatre: Heredity, Eugenics, and Early Twentieth-*

Century American Drama (New York: Palgrave, 2009)

30 Spiro, *Defending the Master Race*, 174.

31 Sussman, *Myth of Race*; Black, *War Against the Weak*.

32 Zenderland, *Measuring Minds*, 276; Harry H. Laughlin, "Nativity of Institutional Inmates," in Davenport et al., *Eugenics in Race and State*; "Says Insane Aliens Stream in Steadily," *New York Times*, June 5, 1924; Edwin Fuller Torrey and Judy Miller, *The Invisible Plague: The Rise of Mental Illness from 1750 to the Present* (New Brunswick, NJ: Rutgers University Press, 2001); Leon Kamin, *The Science and Politics of IQ* (Mahwah, NJ: Lawrence Erlbaum Associates, Psychology Press, 1974), 15-32.

33 Zenderland, *Measuring Minds*, 286.

34 Allan V. Horwitz and Gerald N. Grob, "The Checkered History of American Psychiatric Epidemiology," *Milbank Quarterly*, December 2011.

35 Franz Boas, "The Half-Blood Indian: An Anthropometric Study," *Popular Science Monthly*, October 1894; Massin, "From Virchow to Fischer"; Herman Lundborg, "Hybrid Types of the Human Race," *Journal of Heredity* (June 1921).

36 Charles B. Davenport, "The Effects of Race Intermingling," *Proceedings of the American Philosophical Society* 56, no. 4 (1917): 364-68; Nancy Stepan, "Biological Degeneration: Races and Proper Places," in Chamberlin and Gilman, *Degeneration*; Black, *War Against the Weak*.

37 Anderson, "Racial Hybridity, Physical Anthropology"; Anderson, "Hybridity, Race, and Science"; Frederick Hoffman, "Race Amalgamation in Hawaii," in Davenport et al., *Eugenics in Race and State*, 90-108; "Museum History: A Timeline," American Museum of Natural History, https://www.amnh.org/about/timeline-history.

38 Osborn, "Poor Nordic!"; "Tracing Parentage by Eugenic Tests," *New York Times*, September 23, 1921.

39 Gelb, Allen, Futterman, and Mehler, "Rewriting Mental Testing"; Spiro, *Defending the Master Race*.

40 Leonard Darwin, "The Field of Eugenic Reform," in Davenport et al., *Eugenics in Race and State*; "Tracing Parentage by Eugenic Tests," *New York Times*, September 23, 1921.

41 Anderson, "Racial Hybridity, Physical Anthropology"; Laughlin, *Second International Exhibition of Eugenics*.

42 L. C. Dunn, "Some Results of Race Mixture in Hawaii," and Maurice

Fishberg, "Intermarriage Between Jews and Christians," both in Davenport et al., *Eugenics in Race and State*, 109-24.

43 Jon Alfred Mjøen, "Harmonic and Disharmonic Racecrossings," in *Scientific Papers of the Second International Congress of Eugenics Held at the American Museum of Natural History, New York, September 22-28, 1921* (Baltimore: Williams & Wilkins, 1923), vol. 2.

44 Gelb et al., "Rewriting Mental Testing History."

45 Spiro, *Defending the Master Race*, 216, 221, 225; Gelb et al., "Rewriting Mental Testing History"; "1890 Census Urged as Immigrant Base," *New York Times*, January 7, 1924; Kenneth M. Ludmerer, *Genetics and American Society: A Historical Appraisal* (Baltimore: Johns Hopkins University Press, 1972).

46 Anderson, "Racial Hybridity, Physical Anthropology"; Anderson, "Hybridity, Race, and Science."

47 Shapiro, *Pitcairn Islanders*; "Dr. Harry L. Shapiro, Anthropologist, Dies at 87," *New York Times*, January 9, 1990.

48 Provine, "Geneticists and the Biology."

49 Jonathan Marks, 저자의 인터뷰, 2017년 9월 5일; Anderson, "Racial Hybridity, Physical Anthropology."

50 Frank Spencer, "Harry Lionel Shapiro: March 19, 1902-January 7, 1990," in National Academy of Sciences, *Biographical Memoirs* (Washington, D.C.: National Academies Press, 1996), vol. 70, https://doi.org/10.17226/5406.

51 Mavroudi and Nagel, *Global Migration*; Benton-Cohen, *Inventing the Immigration Problem*; Zeidel, *Immigrants, Progressives*, 146.

52 Spiro, *Defending the Master Race*, 357.

53 Spiro, *Defending the Master Race*, 370.

54 Dara Lind, "How America's Rejection of Jews Fleeing Nazi Germany Haunts Our Refugee Policy Today," *Vox*, January 27, 2017; Ishaan Tharoor, "What Americans Thought of Jewish Refugees on the Eve of World War II," *Washington Post*, November 17, 2015.

5장

1 Crowcroft, *Elton's Ecologists*, 4.

2 Anker, *Imperial Ecology*; Nils Christian Stenseth, "On Evolutionary Ecology and the Red Queen," YouTube, January 12, 2017, https://www.youtube.com/watch?v=Rwc9WI_a2Nw.

3 Mark A. Hixon et al., "Population Regulation: Historical Context and Contemporary Challenges of Open vs. Closed Systems," *Ecology* 83, no. 6 (2002): 1490-508; Chitty, *Do Lemmings Commit Suicide?*; Anker, *Imperial Ecology*.

4 Duppa Crotch, "The Migration of the Lemming," *Nature* 45, no. 1157 (1891); Crotch, "Further Remarks on the Lemming."

5 Stenseth and Ims, *Biology of Lemmings*; Chitty, *Do Lemmings Commit Suicide?*; Anker, Imperial Ecology; Crotch, "Further Remarks on the Lemming."

6 Crowcroft, Elton's Ecologists, 4; Bashford, *Global Population*.

7 Lindström, "From Arctic Lemmings"; Peder Anker, 저자의 인터뷰, February 7, 2018; Elton, "Periodic Fluctuations."

8 Elton, "Periodic Fluctuations."

9 Lindström, "From Arctic Lemmings."

10 Marston Bates, *The Nature of Natural History*, vol. 1138 (Princeton, NJ: Princeton University Press, 2014); Ramsden and Wilson, "Suicidal Animal."

11 Chew, "Ending with Elton"; Charles S. Elton, *Animal Ecology* (Chicago: University of Chicago Press, 2001).

12 Chew, "Ending with Elton."

13 "Experimental Studies on the Struggle for Existence: I. Mixed Population of Two Species of Yeast," *Journal of Experimental Biology* 9, no. 4 (1932): 389-402.

14 Garrett Hardin, "The Competitive Exclusion Principle," *Science* 131, no. 3409 (1960): 1292-97.

15 Chew, "Ending with Elton"; Peter Coates, *American Perceptions of Immigrant and Invasive Species: Strangers on the Land* (Berkeley: University of California Press, 2007).

16 Joachim Wolschke-Bulmahn and Gert Groening, "The Ideology of the Nature Garden: Nationalistic Trends in Garden Design in Germany During the Early Twentieth Century," *Journal of Garden History* 12, no. 1 (1992): 73-78; Daniel Simberloff, "Confronting Introduced Species: A Form of Xenophobia?" Biological Invasions 5 (2003): 179-92; Spiro, *Defending the Master Race*, 379.

17 Thomas Robertson, "Total War and the Total Environment: Fairfield Osborn, William Vogt, and the Birth of Global Ecology," Environmental History 17, no. 2 (April 2012): 336-64; Ramsden and Wilson, "Suicidal Animal"; Anker, *Imperial Ecology*.

18 Chew, "Ending with Elton."

19 Pierpont, "Measure of America."

20 Chew, "Ending with Elton."

21 Dingle, *Migration*, 48; Kessler, "Most Extreme Migration?"; L. R. Taylor, "The Four Kinds of Migration," in W. Danthanarayana, ed., *Insect Flight: Proceedings in Life Sciences* (Berlin: Springer, 1986): 265-80.

22 Ted R. Anderson, *The Life of David Lack: Father of Evolutionary Ecology* (New York: Oxford University Press, 2013); "Radar 'Bugs' Found to Be?Just Bugs," *New York Times*, April 4, 1949; Chew, "Ending with Elton"; David Lack and G. C. Varley, "Detection of Birds by Radar," *Nature*, October 13, 1945; "Messerschmitt Bf 109," MilitaryFactory .com, https://www.militaryfactory.com/aircraft/detail.asp?aircraft_id=83; I. O. Buss, "Bird Detection by Radar," *Auk* 63 (1946): 315-18; David Clarke, "Radar Angels," *Fortean Times* 195 (2005), https://drdavidclarke.co.uk/secret-files/radar-angels

23 Thompson, *Where Do Camels Belong?*, 39.

24 Mark A. Davis, Ken Thompson, and J. Philip Grime, "Charles S. Elton and the Dissociation of Invasion Ecology from the Rest of Ecology," *Diversity and Distributions* 7 (2001): 97-102; Gintarė Skyrienė and Algimantas Paulauskas, "Distribution of Invasive Muskrats (*Ondatra zibethicus*) and Impact on Ecosystem," Ekologija 58, no. 3 (2012); Elton, *Ecology of Invasions*, 21-27; Harold A. Mooney and Elsa E. Cleland, "The Evolutionary Impact of Invasive Species," *Proceedings of the National Academy of Sciences* 98, no. 10 (2001): 5446-51.

25 Chew, "Ending with Elton"; Thompson, Where Do Camels Belong? 39.

26 Daniel Simberloff, foreword to Elton, *Ecology of Invasions*, xiii; Thompson, *Where Do Camels Belong?* 39.

27 Mark A. Davis et al., "Don't Judge Species on Their Origins," *Nature* 474, no. 7350 (2011): 153-54; Matthew K. Chew, "Indigene Versus Alien in the Arab Spring: A View Through the Lens of Invasion Biology," in Uzi Rabi and Abdelilah Bouasria, eds., *Lost in Translation: New Paradigms for the Arab Spring* (Eastbourne, UK: Sussex Academic Press, 2017).

28 Matthew K. Chew, "A Picture Worth Forty-One Words: Charles Elton, Introduced Species and the 1936 Admiralty Map of British Empire Shipping," *Journal of Transport History* 35, no. 2 (2014): 225-35.

29 David Quammen, back cover blurb to Elton, *Ecology of Invasions*.

30 Jack Jungmeyer, "Filming a 'Wilderness,'" *New York Times*, August 3, 1958;

Cruel Camera: Animals in Movies, documentary film, Fifth Estate program, CBC Television, May 5, 1982.

31 Richard Southwood and J. R. Clarke, "Charles Sutherland Elton: 29 March 1900?1 May," *Biographical Memoirs of Fellow of the Royal Society*, November 1, 1999; Chitty, *Do Lemmings Commit Suicide?*

32 Tim Coulson and Aurelio Malo, "Case of the Absent Lemmings," Nature, November 2008; Chitty, *Do Lemmings Commit Suicide?*; Nils Christian Stenseth, 저자의 인터뷰, 2018년 2월 9일.

33 Nicholls, "Truth About Norwegian Lemmings."

34 Anker, *Imperial Ecology*.

35 *Cruel Camera: Animals in Movies*, documentary film, Fifth Estate program, CBC Television May 5, 1982; Nicholls, "Truth About Norwegian Lemmings."

36 Jim Korkis, "Walt and the True-Life Adventures," Walt Disney Family Museum, February 9, 2012.

37 Stenseth and Ims, *Biology of Lemmings; Columbia Anthology of British Poetry* (New York: Columbia University Press, 2010), 808.

38 Ramsden and Wilson, "Suicidal Animal"; Robertson, *Malthusian Moment*.

6장

1 Frederick Andrew Ford, *Modeling the Environment*, 2nd ed. (Washington, D.C.: Island Press, 2009), 267-72; D. R. Klein, "The Introduction, Increase, and Crash of Reindeer on St. Matthew Island," *Journal of Wildlife Management* 32 (1968): 3S0367; Ned Rozell, "When Reindeer Paradise Turned to Purgatory," University of Alaska Fairbanks Geophysical Institute, August 9, 2012.

2 Jeremy Greenwood and Ananth Seshadri, "The US Demographic Transition," *American Economic Review* 92, no. 2 (2002): 153?59; Friedrich Engels, "Outlines of a Critique of Political Economy," *Deutsch-Französische Jahrbücher* 1 (1844).

3 Paul R. Ehrlich and Ilkka Hanski, *On the Wings of Checkerspots: A Model System for Population Biology* (New York: Oxford University Press, 2004).

4 Ehrlich, *Population Bomb*.

5 Robertson, *Malthusian Moment*.

6 Mann, "Book That Incited"; Robertson, *Malthusian Moment*; Jennifer Crook, "War in Kashmir and Its Effect on the Environment," *Inventory of Conflict and Environment*, April 16, 1998, http://mandalaprojects.com/ice/ice-cases/kashmiri.htm.

7   Turner, "Vindication"; Ramsden, "Confronting the Stigma"; Gutiérrez, *Fertile Matters*; "History," California Air Resources Board, https://ww2.arb.ca.gov/about/history; Rian Dundon, "Photos: L.A.'s Mid-Century Smog Was So Bad, People Thought It Was a Gas Attack," Timeline, May 23, 2018, https://timeline.com/la-smog-pollution-4ca4bc0cc95d.

8   Ramsden and Adams, "Escaping the Laboratory."

9   Ramsden and Adams, "Escaping the Laboratory"; Ramsden, "Confronting the Stigma."

10 Desrochers and Hoffbauer, "Postwar Intellectual Roots."

11 Gabriel Chin and Rose Cuison Villazor, eds., *The Immigration and Nationality Act of 1965: Legislating a New America* (New York: Cambridge University Press, 2015).

12 Josh Zeitz, "The 1965 Law That Gave the Republican Party Its Race Problem," *Politico*, August 20, 2016; Paul R. Ehrlich and John P. Holdren, "Impact of Population Growth," *Science*, March 26, 1971.

13 "The Population Bomb?" *New York Times*, May 31, 2015; Turner, "Vindication"; Ehrlich, *Population Bomb*, 130, 151-52.

14 Ramsden, "Confronting the Stigma"; Edward B. Fiske, "Argument by Overkill," *New York Times*, October 1, 1977.

15 David Reznick, Michael J. Bryant, and Farrah Bashey, "r-and K-selection Revisited: The Role of Population Regulation in Life-History Evolution," Ecology 83, no. 6 (2002): 1509-20.

16 J. Philippe Rushton, "Race, Evolution, Behavior (abridged version)," Port Huron, MI: Charles Darwin Research Institute, 2000.

17 Ehrlich, *Population Bomb*, 80-84; Ehrlich, interview by WOI-TV.

18 Ehrlich, *Population Bomb*, 7.

19 Kingsley Davis, "The Migrations of Human Populations," *Scientific American*, September 1974; Ehrlich, *Population Bomb*; Horowitz, *Anxieties of Affluence*.

20 Ehrlich, *Population Bomb*, 151-52.

21 MediaVillage, "History's Moment in Media: Johnny Carson Became NBC's Late-Night Star," A+E Networks, May 22, 2018, https://www.mediavillage.com/article /HISTORYS-Moment-in-Media-Johnny-Carson-Became-NBCs-Late-Night-Star/; Mark Malkoff, *The Carson Podcast with Guest Dr. Paul Ehrlich*, April 12, 2018; "The Population Bomb?" *New York Times*, May 31, 2015; Robertson, *Malthusian Moment*.

인류, 이주, 생존

22 Joyce Maynard quoted in Hartmann, *America Syndrome*.

23 *The Tonight Show Starring Johnny Carson*, June 7, 1977; Ehrlich, interview by WOI-TV.

24 Horowitz, *Anxieties of Affluence*; Hartmann, *America Syndrome*.

25 Normandin and Valles, "How a Network of Conservationists."

26 Robertson, *Malthusian Moment*, 181.

27 "The Population Bomb?" *New York Times*, May 31, 2015.

28 Wade Green, "The Militant Malthusians," *Saturday Review*, March 11, 1972; Robertson, *Malthusian Moment*.

29 Matthew Connelly, "Population Control in India: Prologue to the Emergency Period," *Population and Development Review* 32, no. 4 (2006): 629-67.

30 Gutiérrez, *Fertile Matters*; Charles Panati and Mary Lord, "Population Implosion," *Newsweek*, December 6, 1976; Henry Kamm, "India State Is Leader in Forced Sterilization," *New York Times*, August 13, 1976.

31 Robertson, *Malthusian Moment*; "Dr. John Tanton-Founder of the Modern Immigration Network," John Tanton.org; Normandin and Valles, "How a Network of Conservationists"; Rohe, *Mary Lou and John Tanton*.

32 Robert W. Currie, "The Biology and Behaviour of Drones," *Bee World* 68, no. 3 (1987): 129-43, https://doi.org/10.1080/0005772X.1987.11098922; Elizabeth Anne Brown, "How Humans Are Messing Up Bee Sex," *National Geographic*, September 11, 2018; Social Contract, "Tribute to Tanton."

33 Garrett Hardin, "Commentary: Living on a Lifeboat," BioScience 24, no. 10 (1974): 561-68; Constance Holden, " 'Tragedy of the Commons' Author Dies," *Science*, September 26, 2003; Ehrlich and Holdren, "Impact of Population Growth."

34 Social Contract, "Tribute to Tanton"; Rohe, *Mary Lou and John Tanton*.

35 Robertson, *Malthusian Moment*; Normandin and Valles, "How a Network of Conservationists"; Miriam King and Steven Ruggles, "American Immigration, Fertility, and Race Suicide at the Turn of the Century," *Journal of Interdisciplinary History* (Winter 1990); Southern Poverty Law Center, "John Tanton," https://www.splcenter.org /fighting-hate/extremist-files/individual/john-tanton.

36 Social Contract, "Tribute to Tanton."

37 Michael Egan, *Barry Commoner and the Science of Survival: The Remaking of American Environmentalism* (Cambridge, MA: MIT Press, 2014); Ronald Bailey,

"Real Environmental Racism," Reason.com, March 5, 2003.

38 Robertson, *Malthusian Moment.*

39 Tanton, "International Migration."

40 Lewis M. Simons, "Compulsory Sterilization Provokes Fear, Contempt," *Washington Post,* July 4, 1977; Henry Kamm, "India State Is Leader in Forced Sterilization," *New York Times,* August 13, 1976; C. Brian Smith, "In 1976, More Than 6 Million Men in India Were Coerced into Sterilization," Mel, undated, https://melmagazine.com/en-us/story/in-1976-more-than-6-million-men-in-india-were-coerced-into-sterilization.

41 Dennis Hodgson, "Orthodoxy and Revisionism in American Demography," *Population and Development Review* 14, no. 4 (1988): 541-69.

42 Robertson, *Malthusian Moment.*

43 Mark Malkoff, *The Carson Podcast with Guest Dr. Paul Ehrlich,* April 12, 2018.

44 Gutiérrez, *Fertile Matters*; Mikko Myrskylä, Hans-Peter Kohler, and Francesco C. Billari, "Advances in Development Reverse Fertility Declines," *Nature* 460, no. 7256 (2009): 741.

45 Anne Hendrixson, "Population Control in the Troubled Present: The '120 by 20' Target and Implant Access Program," *Development and Change* 50, no. 3 (2019): 786-804; Betsy Hartmann to author, July 26, 2019; Robertson, *Malthusian Moment,* 178.

46 Warder Clyde Allee, *The Social Life of Animals* (New York: W. W. Norton, 1938).

47 Franck Courchamp, Ludek Berec, and Joanna Gascoigne, *Allee Effects in Ecology and Conservation* (New York: Oxford University Press, 2008); Andrew T. Domondon, "A History of Altruism Focusing on Darwin, Allee and E. O. Wilson," *Endeavor,* June 2013.

48 Daniel Simberloff and Leah Gibbons, "Now You See Them, Now You Don't!—Population Crashes of Established Introduced Species," *Biological Invasions* 6, no. 2 (2004): 161-72; Desrochers and Hoffbauer, "Postwar Intellectual Roots."

49 Ehrlich and Holdren, "Impact of Population Growth"; Ramsden and Adams, "Escaping the Laboratory."

50 Normandin and Valles, "How a Network of Conservationists"; DeParle, "Anti-Immigration Crusader"; "Anne H. Ehrlich," Wikipedia, https://en.wikipedia.org/wiki/Anne_H._ Ehrlich; Rohe, *Mary Lou and John Tanton.*

51 Tanton, "International Migration"; Social Contract, "Tribute to Tanton."

52 Normandin and Valles, "How a Network of Conservationists"; DeParle, "Anti-

Immigration Crusader."

53 Leon Kolankiewicz, "Homage to Iconic Conservationist David Brower Omits Population," Californians for Population Stabilization, March 25, 2014, https://www.capsweb.org/blog/homage-iconic-conservationist-david-brower-omits-population.

54 Cécile Alduy, "What a 1973 French Novel Tells Us About Marine Le Pen, Steve Bannon, and the Rise of the Populist Right," *Politico*, April 23, 2017; Normandin and Valles, "How a Network of Conservationists"; K. C. McAlpin, " 'The Camp of the Saints' Revisited-Modern Critics Have Justified the Message of a 1973 Novel on Mass Immigration," *Social Contract Journal*, Summer 2017.

55 DeParle, "Anti-Immigration Crusader"; Normandin and Valles, "How a Network of Conservationists."

56 Allegra Kirkland, "Meet the Anti-Immigrant Crusader Trump Admin Tapped to Assist Immigrants," *Talking Points Memo*, May 1, 2017; Niraj Warikoo, "University of Michigan Blocks Release of Hot-Button Records of Anti-Immigrant Leader," *Detroit Free Press*, October 17, 2017; Eric Hananoki, "An Anti-Immigrant Hate Group Lobbying Director Is Now a Senior Adviser at US Citizenship and Immigration Services," *Media Matters for America*, March 7, 2018.

57 "NumbersUSA endorses Sen. Jeff Sessions for Attorney General," NumbersUSA, January 3, 2017, https://www.numbersusa.com/news/numbersusa-endorses-sen-jeff-sessions-attorney-general; Gaby Orr and Andrew Restuccia, "How Stephen Miller Made Immigration Personal," *Politico*, April 22, 2019. 다음도 보라. Leah Nelson, "NumbersUSA Denies Bigotry But Promotes Holocaust Denier," Southern Poverty Law Center, May 25, 2011, https://www.splcenter.org /hatewatch/2011/05/25/numbersusa-denies-bigotry-promotes-holocaust -denier.

58 D'Antonio, "Trump's Move."

59 Liam Stack, "Holocaust Denier Is Likely GOP Nominee in Illinois," *New York Times*, February 8, 2018.

60 Gavin Evans, "The Unwelcome Revival of 'Race Science,'" *Guardian*, March 2, 2018; Nicole Hemmer, "'Scientific Racism' Is on the Rise on the Right. But It's Been Lurking There for Years," Vox, March 28, 2017; D'Antonio, "Trump's Move."

61 Alexander C. Kaufman, "El Paso Terrorism Suspect's Alleged Manifesto Highlights Eco-Fascism's Revival," *HuffPost*, August 4, 2019.

62 Adam Nossiter, "'Let Them Call You Racists': Bannon's Pep Talk to National Front," *New York Times*, March 10, 2018.

7장

1 Doug Herman, "How the Voyage of the Kon-Tiki Misled the World About Navigating the Pacific," *Smithsonian*, September 4, 2014; Finney, "Myth, Experiment."

2 Lewis, *We, the Navigators*.

3 S. H. Riesenberg, foreword to Lewis, *We, the Navigators*.

4 Holton, "Heyerdahl's Kon Tiki Theory"; Ben Finney, "Founding the Polynesian Voyaging Society," *From Sea to Space* (Palmerston North, NZ: Massey University, 1992).

5 "About Thor Heyerdahl," Kon-Tiki Museum, https://www.kon-tiki.no/thor-heyerdahl/; "Kon-Tiki (1947)," Kon-Tiki Museum, https://www.kon-tiki.no/expeditions /kon-tiki-expedition/; John Noble Wilford, "Thor Heyerdahl Dies at 87; His Voyage on Kon-Tiki Argued for Ancient Mariners," *New York Times*, April 19, 2002.

6 "Scientists Meet Storm," *New York Times*, July 8, 1947; Thor Heyerdahl, "Kon-tiki Men Feel Safe, 6 Weeks Out," *New York Times*, July 7, 1947; "Parrot Vanishes as Gale Whips Kon-Tiki Raft," *New York Times*, July 9, 1947.

7 Holton, "Heyerdahl's Kon Tiki Theory."

8 Finney, "Myth, Experiment."

9 Montagu, "What Is Remarkable."

10 Marcos Chor Maio and Ricardo Ventura Santos, "Antiracism and the Uses of Science in the Post-World War II: An Analysis of UNESCO's First Statements on Race (1950 and 1951)," *Vibrant: Virtual Brazilian Anthropology* 12, no. 2 (2015): 1?26; Provine, "Geneticists and the Biology"; Michelle Brattain, "Race, Racism, and Antiracism: UNESCO and the Politics of Presenting Science to the Postwar Public," *American Historical Review* 112, no. 5 (2007): 1386-413, www.jstor.org/stable /40007100.

11 Montagu, "What Is Remarkable."

12 Ernst Mayr, "*Origin of the Human Races* by Carleton Coon" (review), Science (October 19, 1962): 420-22.

인류, 이주, 생존

13 Dobzhansky, "Possibility that *Homo sapiens.*"

14 Montagu, "What Is Remarkable."

15 Dobzhansky, "Possibility that *Homo sapiens.*"

16 John P. Jackson, "'In Ways Unacademical': The Reception of Carleton S. Coon's *The Origin of Races*," *Journal of the History of Biology* 34 (2001): 247?85; Dobzhansky, "Possibility that *Homo sapiens.*"

17 Vincent M. Sarich and Allan C. Wilson, "Immunological Time Scale for Hominid Evolution," *Science* 158, no. 3805 (1967): 1200-1203.

18 John Tierney and Lynda Wright, "The Search for Adam and Eve," *Newsweek*, January 11, 1988.

19 Richard Lewontin, "The Apportionment of Human Diversity," *Evolutionary Biology* 6 (1972): 381-98.

20 Alan G. Thorne and Milford H. Wolpoff, "The Multiregional Evolution of Humans," *Scientific American*, April 1992; Marek Kohn, "All About Eve and Evolution," *Independent*, May 3, 1993.

21 Jun Z. Li et al., "Worldwide Human Relationships Inferred from Genome-Wide Patterns of Variation," *Science* 319, no. 5866 (2008): 1100-1104; Brenna M. Henn, L. Luca Cavalli-Sforza, and Marcus W. Feldman, "The Great Human Expansion," *Proceedings of the National Academy of Sciences* 109, no. 44 (2012): 17758-64.

22 Roberts, "How to Sample."

23 Sribala Subramanian, "The Story in Our Genes," *Time*, January 16, 1995; Amade M'charek, *The Human Genome Diversity Project: An Ethnography of Scientific Practice* (New York: Cambridge University Press, 2005).

24 Roberts, "How to Sample"; Marks, *Human Biodiversity*, 124.

25 Darwin, *Descent of Man.*

26 Marks, *Human Biodiversity*, 174; Roberts, *Fatal Invention.*

27 Steven Rose, "How to Get Another Thorax," *London Review of Books*, September 8, 2016.

28 Jyoti Madhusoodanan, "Human Gene Set Shrinks Again," *Scientist*, July 8, 2014.

29 Roberts, *Fatal Invention.*

30 Wolfgang Enard and Svante Pääbo, "Comparative Primate Genomics," *Annual Review of Genomics and Human Genetics* 5 (2004): 351-78.

31 Jonathan Marks, "Ten Facts about Human Variation," in M. Muehlenbein,

ed., *Human Evolutionary Biology* (Cambridge: Cambridge University Press, 2010); Nicholas Wade, "Gene Study Identifies 5 Main Human Populations, Linking Them to Geography," *New York Times*, December 20, 2002.

32 Armand Marie Leroi, "A Family Tree in Every Gene," *New York Times*, March 14, 2005; Reich, *Who We Are*, xii; David Reich, "How Genetics Is Changing Our Understanding of 'Race,'" *New York Times*, March 23, 2018.

33 Kelly M. Hoffman et al., "Racial Bias in Pain Assessment and Treatment Recommendations, and False Beliefs About Biological Differences Between Blacks and Whites," *Proceedings of the National Academy of Sciences* 113, no. 16 (2016): 4296-301; Alexandria Wilkins, Victoria Efetevbia, and Esther Gross, "Reducing Implicit Bias, Raising Quality of Care May Reduce High Maternal Mortality Rates for Black Women," *Child Trends*, April 25, 2019.

34 David López Herráez et al., "Genetic Variation and Recent Positive Selection in Worldwide Human Populations: Evidence from Nearly 1 Million SNPs," *PLOS One* 4, no. 11 (2009): e7888.

35 Roberts, *Fatal Invention*, 51.

36 Steve Sailer, "Cavalli-Sforza's Ink Cloud," Vdare.com, May 24, 2000; Samuel Francis, "The Truth About a Forbidden Subject," *San Diego Union-Tribune*, June 8, 2000.

37 Harmon, "Why White Supremacists"; Will Sommer, "GOP Congressmen Meet with Accused Holocaust Denier Chuck Johnson," *Daily Beast*, January 16, 2019.

38 Morten Rasmussen et al., "The Genome of a Late Pleistocene Human from a Clovis Burial Site in Western Montana," *Nature* 506, no. 7487 (2014): 225; Ron Pinhasi et al., "Optimal Ancient DNA Yields from the Inner Ear Part of the Human Petrous Bone," *PLOS One* 10, no. 6 (2015): e0129102.

39 Reich, *Who We Are*.

40 Joseph K. Pickrell and David Reich, "Toward a New History and Geography of Human Genes Informed by Ancient DNA," *Trends in Genetics* 30, no. 9 (2014): 377-89.

41 Jane Qui, "The Surprisingly Early Settlement of the Tibetan Plateau," *Scientific American*, March 1, 2017.

42 Reich, *Who We Are*, 201-3.

43 Henry Nicholls, "Ancient Swedish Farmer Came from the Mediterranean," *Nature*, April 26, 2012; Reich, *Who We Are*, xiv-xxii, 96.

44 Peter C. Simms, "The Only Love Honored by the Gods-Inosculation," Garden of Gods and Monsters, September 12, 2014, https:// gardenofgodsandmonsters.wordpress.com/2014 /09/12/the-only-love-honored-by-the-gods-inosculation/.

45 Ann Gibbons, " 'Game-changing' Study Suggests First Polynesians Voyaged All the Way from East Asia," *Science*, October 3, 2016.

46 Finney, "Myth, Experiment"; Álvaro Montenegro, Richard T. Callaghan, and Scott M. Fitzpatrick, "Using Seafaring Simulations and Shortest-Hop Trajectories to Model the Prehistoric Colonization of Remote Oceania," *Proceedings of the National Academy of Sciences* 113, no. 45 (2016): 12685-90.

47 "Two Women Sailing from Hawaii to Tahiti Are Rescued After Five Months Lost in the Pacific," *Los Angeles Times*, October 27, 2017.

48 Lewis, *We, the Navigators*.

49 Carl Zimmer, "All by Itself, the Humble Sweet Potato Colonized the World," *New York Times*, April 12, 2018.

8장

1 Cape May Fall Festival, Cape May, NJ, October 21, 2017; Kristin Saltonstall, "Cryptic Invasion by a Non-Native Genotype of the Common Reed, *Phragmites australis*, into North America," *Proceedings of the National Academy of Sciences* 99, no. 4 (2002): 2445-49.

2 Queiroz, *Monkey's Voyage*, 26, 42, 112.

3 Thompson, *Where Do Camels Belong?* 28; Queiroz, *Monkey's Voyage*, 41.

4 Florian Maderspacher, "Evolution: Flight of the Ratites," *Current Biology* 27, no. 3 (2017): R110-R113; Thompson, *Where Do Camels Belong?* 12.

5 Queiroz, *Monkey's Voyage*, 65, 86, 234.

6 Paul P. A. Mazza, "Pushing Your Luck," review of *Monkey's Voyage*, *BioScience*, May 2014; Robert H. Cowie and Brenden S. Holland, "Dispersal Is Fundamental to Biogeography and the Evolution of Biodiversity on Oceanic Islands," *Journal of Biogeography* 33 (2006): 193-98.

7 John H. Prescott, "Rafting of Jack Rabbit on Kelp," *Journal of Mammalogy* 40, no. 3 (1959): 443-44.

8 Alfred Runte, *National Parks: The American Experience* (Lincoln, NE: University of Nebraska Press, 1997), 179.

9 "Executive Order 13112-1. Definitions," US Department of Agriculture

National Invasive Species Information Center, https://www. invasivespeciesinfo.gov/executive-order-13112-section-1-definitions.

10 Mark Davis, "Defining Nature. Competing Perspectives: Between Nativism and Ecological Novelty," *Métode Science Studies Journal—Annual Review* 9 (2019).

11 Mooney and Cleland, "Evolutionary Impact"; Chew, "Ending with Elton."

12 Warren, "Perspectives on 'Alien.'"

13 "Invasive Species," Hawaii Invasive Species Council, http://dlnr.hawaii.gov/hisc/info/.

14 Mooney and Cleland, "Evolutionary Impact."

15 Rudi Mattoni et al., "The Endangered Quino Checkerspot Butterfly, *Euphydryas editha quino* (Lepidoptera: Nymphalidae)," *Journal of Research on the Lepidoptera* 34 (1997): 99-118, 1995.

16 Mooney and Cleland, "Evolutionary Impact"; Thompson, *Where Do Camels Belong?* 46, 108, 195-96; Warren, "Perspectives on 'Alien.'"

17 "G2: Animal Rescue: How Can We Save Some of Our Most Charismatic Animals from Extinction Due to Climate Change? One US Biologist, Camille Parmesan, Has a Radical Suggestion: Just Pick Them Up and Move Them," *Guardian*, February 12, 2010.

18 Stanley A. Temple, "The Nasty Necessity: Eradicating Exotics," *Conservation Biology* 4, no. 2 (1990): 113-15.

19 Rebecca Ostertag, interview by author, February 20, 2018; Rebecca Ostertag et al., "Ecosystem and Restoration Consequences of Invasive Woody Species Removal in Hawaiian Lowland Wet Forest," *Ecosystems* 12, no. 3 (2009): 503-15; "Two New Species of Fungi that Kill 'Ōō Trees Get Hawaiian Names," *University of Hawai'i News*, April 16, 2018, https://www.hawaii.edu/news/2018/04/16/ohia-killing-fungi-get-hawaiian-names/.

20 Roland Kays et al., "Terrestrial Animal Tracking as an Eye on Life and Planet," *Science* 348, no. 6240 (2015): aaa2478.

21 "The Worldwide Migration Pattern Of White Storks: Differences and Consequences," Max Planck Institute for Ornithology, https://www.orn.mpg.de/2137470/the-worldwide-migration-pattern-of-white-storks-differences-and-consequences; "Saw-whet owl migration," Ned Smith Center for Nature and Art, http://www.nedsmithcenter.org/saw-whet-owl-migration/.

22 Bernd Heinrich, *The Homing Instinct: Meaning and Mystery in Animal*

인류, 이주, 생존

Migration (Boston: Mariner Books, 2015), 45.

23 Paul R. Ehrlich, "Intrinsic Barriers to Dispersal in Checkerspot Butterfly," *Science*, July 14, 1961.

24 Martin Wikelski, 저자의 인터뷰, 2017년 9월 7일.

25 Cheshire and Uberti, *Where the Animals Go*, 36.

26 Mark Sullivan, "A Brief History of GPS," TechHive, August 9, 2012, https://www.pcworld.com/article /2000276/a-brief-history-of-gps.html.

27 Jean-Jacques Segalen, "Acacia heterophylla," Dave's Garden, February 15, 2016, https://davesgarden.com/guides/articles/acacia-heterophylla.

28 Johannes J. Le Roux et al., "Relatedness Defies Biogeography: The Tale of Two Island Endemics (Acacia heterophylla and A. koa)," *New Phytologist* 204, no. 1 (2014): 230-42; "Botanists Solve Tree Mystery," IOL.co.za, June 27, 2014, https://www.iol.co.za/dailynews/opinion/botanists-solve-tree-mystery-1710429.

29 Marris, "Tree Hitched a Ride."

30 Queiroz, *Monkey's Voyage*, 166-67, 212-13, 293.

31 Marris, "Tree Hitched a ride."

32 "Frequently Asked Questions About Selective Availability: Updated October 2001," GPS.gov, https://www.gps.gov/systems/gps/modernization/sa/faq/.

33 Cheshire and Uberti, *Where the Animals Go*.

34 비켈스키 인터뷰.

35 Cheshire and Uberti, *Where the Animals Go*; Queiroz, *Monkey's Voyage*, 148; 비켈스키 인터뷰; Roland Kays et al., "Terrestrial Animal Tracking as an Eye on Life and Planet," *Science* 348, no. 6240 (2015): aaa2478; Kessler, "Most Extreme Migration?"

36 Dingle, *Migration*, 62.

37 Iain Couzin, 저자의 인터뷰, 2017년 8월 25일.

38 Cheshire and Uberti, *Where the Animals Go*.

39 "Ears for Icarus: Russian Rocket Delivers Antenna for Animal Tracking System to the International Space Station," Max-Planck-Gesellschaft, February 13, 2018, https://www.mpg.de/11939385/ears-for-icarus.

40 비켈스키 인터뷰.

41 Warren, "Perspectives on 'Alien.'"

42 Mooney and Cleland, "Evolutionary Impact."

43 Mark Vellend et al., "Global Meta-Analysis Reveals No Net Change in Local-

Scale Plant Biodiversity Over Time," *Proceedings of the National Academy of Sciences* 110, no. 48 (2013): 19456-59; Thompson, *Where Do Camels Belong?* 108.

44 Mooney and Cleland, "Evolutionary Impact"; Jessica Gurevitch and Dianna K. Padilla, "Are Invasive Species a Major Cause of Extinctions?" Trends in Ecology and Evolution 19, no. 9 (2004): 470-74; Thompson, *Where Do Camels Belong?* 78, 119.

45 Claude Lavoie, "Should We Care About Purple Loosestrife? The History of an Invasive Plant in North America," *Biological Invasions* 12, no. 7 (2010): 1967-99.

46 Thompson, *Where Do Camels Belong?* 46, 195-96.

47 오스터택 인터뷰.

48 오스터택 인터뷰.

49 Thompson, *Where Do Camels Belong?* 2.

50 Vladimir Torres et al., "Astronomical Tuning of Long Pollen Records Reveals the Dynamic History of Montane Biomes and Lake Levels in the Tropical High Andes During the Quaternary," *Quaternary Science Reviews* 63 (2013): 59-72.

9장

1 Jeff Parsons, 저자의 인터뷰, 2017년 10월 25일; Scott A. Sherrill-Mix, Michael C. James, and Ransom A. Myers, "Migration Cues and Timing in Leatherback Sea Turtles," *Behavioral Ecology* 19, no. 2 (2007): 231-36; R. T. Holmes et al., "Black-throated Blue Warbler (*Setophaga caerulescens*)," in P. G. Rodewald, ed., *The Birds of North America* (Ithaca, NY: Cornell Lab of Ornithology, 2017), https://doi.org/10 .2173/bna.btbwar.03.

2 Dingle, Migration, 252, 420.

3 Allison K. Shaw and Iain D. Couzin, "Migration or Residency? The Evolution of Movement Behavior and Information Usage in Seasonal Environments," *American Naturalist* 181, no. 1 (2012): 114-24.

4 Dingle, *Migration*, 22.

5 Dingle, *Migration*, 157; Christopher G. Guglielmo, "Obese Super Athletes: Fat-Fueled Migration in Birds and Bats," *Journal of Experimental Biology* 221, suppl. 1 (2018): jeb165753.

6 Dingle, *Migration*, 138-39.

인류, 이주, 생존

7 Elke Maier, "A Four-Legged Early-Warning System," ICARUS: Global Monitoring with Animals, https://www.icarus.mpg.de/11706/a-four-legged-early-warning-system.

8 Martin Wikelski, 저자의 인터뷰, 2017년 9월 7일; Richard A. Holland, et al., "The Secret Life of Oilbirds: New Insights into the Movement Ecology of a Unique Avian Frugivore," *PLOS One* 4, no. 12 (2009): e8264.

9 Christine Mlot, "Are Isle Royale's Wolves Chasing Extinction?" *Science*, May 24, 2013.

10 Joshua J. Tewksbury et al., "Corridors Affect Plants, Animals, and Their Interactions in Fragmented Landscapes," *Proceedings of the National Academy of Sciences* 99, no. 20 (2002): 12923-26.

11 Stu Weiss, 저자의 인터뷰, 2018년 3월 7일.

12 Marjo Saastamoinen et al., "Predictive Adaptive Responses: Condition-Dependent Impact of Adult Nutrition and Flight in the Tropical Butterfly *Bicyclus anynana*," *American Naturalist* 176, no. 6 (2010): 686-98; Dingle, *Migration*, 61.

13 Camille Parmesan, interview by author, January 7, 2018; GrrlScientist, "The Evolutionary Trap That Wiped Out Thousands of Butterflies," *Forbes*, May 9, 2018; J. S. Kennedy, "Migration, Behavioral and Ecological," in Mary Ann Rankin and Donald E. Wohlschlag, eds., *Contributions in Marine Science*, vol. 27 *Supplement* (1985); Paul R. Ehrlich et al., "Extinction, Reduction, Stability and Increase: The Responses of Checkerspot Butterfly (Euphydryas) Populations to the California Drought," *Oecologia* 46, no. 1 (1980): 101-5; Susan Harrison, "Long-Distance Dispersal and Colonization in the Bay Checkerspot Butterfly, Euphydryas editha bayensis," *Ecology* 70, no. 5 (1989): 1236-43, www.jstor.org/stable/1938181.

14 Jablonski, *Living Color*, 42.

15 Timothy P. Foran, "Economic Activities: Fur Trade," Virtual Museum of New France, Canadian Museum of History, https://www.historymuseum.ca/virtual-museum-of-new-france /economic-activities/fur-trade/; Marc Larocque, "Whaling, Overpopulation of Azores Led to Portuguese Immigration to SouthCoast," *Herald News* (Fall River, MA), June 10, 2012.

16 Mavroudi and Nagel, *Global Migration*, 99; "Remittances," Migration Data Portal, International Organization on Migration Global Migration Data Analysis Centre, https://migrationdataportal.org/themes/remittances#key-

trends.

17 Douglas S. Massey et al., "Theories of International Migration: A Review and Appraisal," *Population and Development Review* 19, no. 3 (1993): 431-66.

18 예를 들어 다음을 보라. Crawford and Campbell, *Causes and Consequences*; Mukherjee, *Gene*, 339.

19 McLeman, *Climate and Human Migration*; Etienne Piguet, "From 'Primitive Migration' to 'Climate Refugees': The Curious Fate of the Natural Environment in Migration Studies," *Annals of the Association of American Geographers* 103 (2013): 148-62; Issie Lapowsky, "How Climate Change Became a National Security Problem," *Wired*, October 20, 2015; Peter B. DeMenocal, "Cultural Responses to Climate Change During the Late Holocene," *Science* 292, no. 5517 (2001): 667-73.

20 Axel Timmermann and Tobias Friedrich, "Late Pleistocene Climate Drivers of Early Human Migration," *Nature* 538, no. 7623 (2016): 92.

21 Charlotte Edmond, "5 Places Relocating People Because of Climate Change," World Economic Forum, June 29, 2017; Charles Anderson, "New Zealand Considers Creating Climate Change Refugee Visas," *Guardian*, October 31, 2017.

22 Karen Musalo, "Systematic Plan to Narrow Humanitarian Protection: A New Era of US Asylum Policy," 15th Annual Immigration Law and Policy Conference, Georgetown University Law Center, Washington, D.C., October 1, 2018.

23 Lauren Carasik, "Trump's Safe Third Country Agreement with Guatemala Is a Lie," *Foreign Policy*, July 30, 2019.

24 Richard Black et al., "The Effect of Environmental Change on Human Migration," *Global Environmental Change*, December 2011.

25 Jonathan K. Pritchard, "How We Are Evolving," *Scientific American*, December 7, 2012; Carl Zimmer, "Genes for Skin Color Rebut Dated Notions of Race, Researchers Say," *New York Times*, October 12, 2017.

26 D. Peter Snustad and Michael J. Simmons, *Principles of Genetics*, 6th ed. (Hoboken, NJ: John Wiley & Sons, 2012); I. Lobo, "Environmental Influences on Gene Expression," *Nature Education* 1, no. 1 (2008): 39; Patrick Bateson et al., "Developmental Plasticity and Human Health," *Nature* 430, no. 6998 (2004): 419.

27 Michael Kücken and Alan C. Newell, "Fingerprint Formation," *Journal of*

Theoretical Biology 235, no. 1 (2005): 71-83.

28 Carl Zimmer, "The Famine Ended 70 Years Ago, But Dutch Genes Still Bear Scars," *New York Times*, January 31, 2018; Peter Ekamper et al., "Independent and Additive Association of Prenatal Famine Exposure and Intermediary Life Conditions with Adult Mortality Between Age 18-63 Years," *Social Science and Medicine* 119 (2014): 232-39.

29 David J. P. Barker, "The Origins of the Developmental Origins Theory," *Journal of Internal Medicine* 261, no. 5 (2007): 412-17.

30 J. B. Harris et al. "Susceptibility to *Vibrio cholerae* Infection in a Cohort of Household Contacts of Patients with Cholera in Bangladesh," *PLOS Neglected Tropical Diseases* 2 (2008): e221.

31 A. W. C. Yuen and N. G. Jablonski, "Vitamin D: In the Evolution of Human Skin Colour," *Medical Hypotheses* 74, no. 1 (2010): 39-44.

32 William R. Leonard et al., "Climatic Influences on Basal Metabolic Rates Among Circumpolar Populations," *American Journal of Human Biology* 14, no. 5 (2002): 609-20; Caleb E. Finch and Craig B. Stanford, "Meat-adaptive Genes and the Evolution of Slower Aging in Humans," *Quarterly Review of Biology* 79, no. 1 (2004): 3-50; Kumar S. D. Kothapalli et al., "Positive Selection on a Regulatory Insertion-Deletion Poly-morphism in FADS2 Influences Apparent Endogenous Synthesis of Arachidonic Acid," *Molecular Biology and Evolution* 33, no. 7 (2016): 1726-39; Harmon, "Why White Supremacists"; Pascale Gerbault et al., "Evolution of Lactase Persistence: An Example of Human Niche Construction," *Philosophical Transactions of the Royal Society B: Biological Sciences* 366, no. 1566 (2011): 863-77.

33 Mark Aldenderfer, "Peopling the Tibetan Plateau: Migrants, Genes and Genetic Adaptations," in Crawford and Campbell, *Causes and Consequences*.

34 Aneri Pattani, "They Were Shorter and at Risk for Arthritis, But They Survived an Ice Age," *New York Times*, July 6, 2017; Jacob J. E. Koopman et al., "An Emerging Epidemic of Noncommunicable Diseases in Developing Populations Due to a Triple Evolutionary Mismatch," *American Journal of Tropical Medicine and Hygiene* (2016): 1189-92; Isabelle C. Withrock et al., "Genetic Diseases Conferring Resistance to Infectious Diseases," *Genes and Diseases* 2, no. 3 (2015): 247-54; G. Genovese et al., "Association of Trypanolytic ApoL1 Variants with Kidney Disease in African Americans," *Science* 329 (2010): 841-45.

35 Benjamin C. Campbell and Lindsay Barone, "Evolutionary Basis of Human Migration," in Crawford and Campbell, *Causes and Consequences.*

36 Jonathon C. K. Wells and Jay T. Stock, "The Biology of Human Migration: The Ape that Won't Commit?" in Crawford and Campbell, *Causes and Consequences.*

37 McLeman, *Climate and Human Migration*; Nagel, Global Migration, 95; David P. Lindstrom and Adriana López Ramírez, "Pioneers and Followers: Migrant Selectivity and the Development of US Migration Streams in Latin America," *Annals of the American Academy of Political and Social Science* 630, no. 1 (2010): 53-77; Alexander Domnich et al., "The 'Healthy Immigrant' Effect: Does It Exist in Europe Today?," *Italian Journal of Public Health* 9, no. 3 (2012); Steven Kennedy et al., "The Healthy Immigrant Effect: Patterns and Evidence from Four Countries," *Journal of International Migration and Integration* 16, no. 2 (2015): 317-32.

38 예를 들어 다음을 보라. National Academies of Sciences, Engineering, and Medicine, and Committee on Population, *The Integration of Immigrants Into American Society* (National Academies Press, 2016); Francine D. Blau et al., "The Transmission of Women's Fertility, Human Capital, and Work Orientation Across Immigrant Generations," *Journal of Population Economics* 26, no. 2 (2013): 405-35.

39 Sohini Ramachandran and Noah A. Rosenberg, "A Test of the Influence of Continental Axes of Orientation on Patterns of Human Gene Flow," *American Journal of Physical Anthropology* 146, no. 4 (2011): 515-29.

40 McLeman, *Climate and Human Migration.*

41 Richard Black et al., "The Effect of Environmental Change on Human Migration," *Global Environmental Change*, December 2011; Etienne Piguet, Antoine Pécoud, and Paul de Guchteneire, "Introduction: Migration and Climate Change," in Etienne Piguet et al., eds., *Migration and Climate Change* (New York: Cambridge University Press, 2011), 9; McLeman, *Climate and Human Migration*; Dina Ionesco, Daria Mokhnacheva, and François Gemenne, *The Atlas of Environmental Migration* (London: Routledge, 2016); Anastasia Moloney, "Two Million Risk Hunger After Drought in Central America," Reuters, September 7, 2018; Lauren Markham, "The Caravan Is a Climate Change Story," *Sierra*, November 9, 2018.

42 Colin P. Kelley et al., "Climate Change in the Fertile Crescent and

Implications of the Recent Syrian Drought," *Proceedings of the National Academy of Sciences* 112, no. 11 (2015): 3241-46.

43 Helene Bie Lilleor and Kathleen Van den Broeck, "Economic Drivers of Migration and Climate Change in LDCs," *Global Environmental Change* 21S (2011), s70-81.

44 "Water Is 'Catalyst' for Cooperation, Not Conflict, UN Chief Tells Security Council," *UN News*, June 6, 2017; Philipp Blom, *Nature's Mutiny: How the Little Ice Age of the Long Seventeenth Century Transformed the West and Shaped the Present* (New York: W. W. Norton, 2017); John Lanchester, "How the Little Ice Age Changed History," *New Yorker*, April 1, 2019; United Nations Convention to Combat Desertification, "The Great Green Wall Initiative," https://www.unccd.int/actions/great-green-wall-initiative.

10장

1 Christos Mavrakidis, 저자의 인터뷰, 2016년 6월.

2 Gocha, Spradley, and Strand, "Bodies in Limbo"; Manny Fernandez, "A Path to America, Marked by More and More Bodies," *New York Times*, May 4, 2017.

3 Kate Spradley and Eddie Canales, 저자의 인터뷰, 2018년 1월 8일; Mark Reagan and Lorenzo Zazueta-Castro, "Death of a Dream: Hundreds of Migrants Have Died Crossing Into Valley," *Monitor* (McAllen, Tex.), July 28, 2019.

4 Gocha, Spradley, and Strand, "Bodies in Limbo."

5 Michael T. Burrows et al., "Geographical Limits to Species-Range Shifts Are Suggested by Climate Velocity," *Nature* 507, no. 7493 (2014): 492; John R. Platt, "Climate Change Claims Its First Mammal Extinction," *Scientific American*, March 21, 2019.

6 Michael Miller, "New UC Map Shows Why People Flee," UC News, November 15, 2018; Stuart L. Pimm et al., "The Biodiversity of Species and Their Rates of Extinction, Distribution, and Protection," Science 344, no. 6187 (2014): 1246752.

7 Ken Wells, "Wildlife Crossings Get a Whole New Look," *Wall Street Journal*, June 20, 2017; "World's Largest Wildlife Corridor to Be Built in California," Ecowatch, September 27, 2015; Gabe Bullard, "Animals Like Green Space in Cities—And That's a Problem," *National Geographic*, April 20, 2016; Eliza

Barclay and Sarah Frostenson, "The Ecological Disaster That Is Trump's Border Wall: A Visual Guide," *Vox*, February 5, 2019.

8   Marlee A. Tucker et al., "Moving in the Anthropocene: Global Reductions in Terrestrial Mammalian Movements," *Science* 359, no. 6374 (2018): 466-69.

9   Elisabeth Vallet, "Border Walls and the Illusion of Deterrence," in Jones, *Open Borders*; 다음도 보라. Samuel Granados et al., "Raising Barriers: A New Age of Walls: Episode 1," *Washington Post*, October 12, 2016; David Frye, Walls: A *History of Civilization in Blood and Brick* (New York: Scribner, 2018), 238.

10   Noah Greenwald et al., "A Wall in the Wild: The Disastrous Impacts of Trump's Border Wall on Wildlife," Center for Biological Diversity, May 2017; Jamie W. McCallum, J. Marcus Rowcliffe, and Innes C. Cuthill, "Conservation on International Boundaries: The Impact of Security Barriers on Selected Terrestrial Mammals in Four Protected Areas in Arizona, USA," PLOS one 9, no. 4 (2014): e93679.

11   McAllister and Prentice, "African Migrants Turn to Deadly Ocean Route."

12   다음을 보라. Reece Jones, *Violent Borders: Refugees and the Right to Move* (London: Verso, 2016).

13   UNHCR, "Desperate Journeys: Refugees and Migrants Arriving in Europe and at Europe's Borders," January-December 2018.

14   Joe Penney, "Why More Migrants Are Dying in the Sahara," *New York Times*, August 22, 2017; McAllister and Prentice, "African Migrants Turn to Deadly Ocean Route."

15   Alan Cowell, "German News- paper Catalogs 33,293 Who Died Trying to Enter Europe," *New York Times*, November 13, 2017.

16   1998년부터 2018년까지 미국 국경수비대가 계산한 공식 사망자 수는 7.505 명이다. 다음을 보라. U.S. Border Patrol, "Southwest Border Sectors: Southwest Border Deaths by Fiscal Year," at https://www.cbp.gov/sites/default/files/assets/documents/2019-Mar/bp-southwest-border-sector-deaths-fy1998-fy2018.pdf. 전문가들은 이것이 과소평가된 수치라는 데 동의한다. 2018년《유에스에이투데이》기자들의 한 탐사보도는 사망자 수가 25퍼센트에서 300퍼센트 더 높다고 추정한다. Rob O'Dell, Daniel Gonz?lez, and Jill Castellano, " 'Mass Disaster' Grows at the U.S.-Mexico Border, But Washington Doesn't Seem to Care," in "The Wall: Unknown Stories, Unintended Consequences," *USA Today* Network special report, 2018, https://www.usatoday.com/border-wall/.

인류, 이주, 생존

17 Manny Fernandez, "A Path to America, Marked by More and More Bodies," *New York Times*, May 4, 2017.

18 "Schengen: Controversial EU Free Movement Deal Explained," BBC, April 24, 2016; Piro Rexhepi, "Europe Wrote the Book on Demonising Refugees, Long Before Trump Read It," *Guardian*, February 21, 2017.

19 Lizzie Dearden, "Syrian Asylum Seeker 'Hangs Himself' in Greece Amid Warnings Over Suicide Attempts by Trapped Refugees," *Independent*, March 28, 2017.

20 국경없는의사회의 회원들, 저자의 인터뷰, 2016년 6월 12일.

21 굴람 하크야, 저자의 인터뷰, 2016년 6월 12일.

22 Court of Justice of the European Union, "According to Advocate General Trstenjak, Asylum Seekers May Not Be Transferred to Other Member States If They Could There Face a Serious Breach of the Fundamental Rights Which They Are Guaranteed Under the Charter of Fundamental Rights," Press Release, September 22, 2011.

23 "The Truth About Migration," *New Scientist*, April 6, 2016.

24 Sarah Spencer and Vanessa Hughes, "Outside and In: Legal Entitlements to Health Care and Education for Migrants with Irregular Status in Europe," COMPAS: Centre on Migration, Policy & Society, University of Oxford, July 2015; Michele LeVoy and Alyna C. Smith, "PICUM: A Platform for Advancing Undocumented Migrants' Rights, Including Equal Access to Health Services," *Public Health Aspects of Migration in Europe*, WHO Newsletters, no. 8, March 2016; Marianne Mollmann, "A New Low: Stealing Family Heirlooms in Exchange for Protection," *Physicians for Human Rights*, December 16, 2015.

25 Cornelis J. Laban et al., "The Impact of a Long Asylum Procedure on Quality of Life, Disability and Physical Health in Iraqi Asylum Seekers in the Netherlands," *Social Psychiatry and Psychiatric Epidemiology* 43, no. 7 (2008): 507-15.

26 Laura C. N. Wood, "Impact of Punitive Immigration Policies, Parent-Child Separation and Child Detention on the Mental Health and Development of Children," *BMJ Paediatrics Open* 2, no. 1 (2018); Dara Lind, "A New York Courtroom Gave Every Detained Immigrant a Lawyer. The Results Were Staggering," *Vox*, November 9, 2017; Michelle Brané and Margo Schlanger, "This Is What's Really Happening to Kids at the Border," *Washington Post*,

May 30, 2018; Jacob Soboroff, "Emails Show Trump Admin Had 'No Way to Link' Separated Migrant Children to Parents," NBC News, May 1, 2019.

27 David Shepardson, "Trump Says Family Separations Deter Illegal Immigration," Reuters, October 13, 2018; Dara Lind, "Trump's DHS Is Using an Extremely Dubious Statistic to Justify Splitting Up Families at the Border," *Vox*, May 8, 2018.

28 Brittany Shoot, "Federal Government Shutdown Could More Than Double Wait Time for Immigration Cases," *Fortune*, January 11, 2019; Brett Samuels, "Trump Rejects Calls for More Immigration Judges: 'We Have to Have a Real Border, Not Judges,'" *Hill*, June 19, 2018.

29 American Immigration Council, "A Primer on Expedited Removal," July 22, 2019; Caitlin Dickerson et al., "Migrants at the Border: Here's Why There's No Clear End to Chaos," *New York Times*, November 26, 2018; Andrea Pitzer, "Trump's 'Migrant Protection Protocols' Hurt the People They're Supposed to Help," *Washington Post*, July 18, 2019; Migration Policy Institute, "Top 10 Migration Issues of 2019."

30 Jomana Karadsheh and Kareem Khadder, "'Pillar of the Community' Deported from US After 39 Years to a Land He Barely Knows," CNN, February 9, 2018; Jenna DeAngelis, "Simsbury Business Owners Who Are Facing Deportation to China, Speak Out," FOX 61, February 6, 2018; Michelle Goldberg, "First They Came for the Migrants," *New York Times*, June 11, 2018.

31 Aaron Rupar, "Why the Trump Administration Is Going After Low-Income Immigrants, Explained by an Expert," *Vox*, August 12, 2019; Seth Freed Wessler, "Is Denaturalization the Next Front in the Trump Administration's War on Immigration?" *New York Times Magazine*, December 19, 2018.

32 Zach Hindin and Mario Ariza, "When Nativism Becomes Normal," *Atlantic*, May 23, 2016; Jonathan M. Katz, "What Happened When a Nation Erased Birth-Right Citizenship," *Atlantic*, November 12, 2018.

33 Geralde Gabeau, 저자의 인터뷰, 2017년 10월 24일; Cindy Carcamo, "In San Diego, Haitians Watch Community Countrymen Leave for Canada," *Los Angeles Times*, August 27, 2017.

34 Michelle Ouellette, 저자의 인터뷰, 2017년 10월 5일; Catherine Tunney, "How the Safe Third Country Agreement Is Changing Both Sides of the Border," CBC News, April 1, 2017.

35 Eric Taillefer, 저자의 인터뷰, 2017년 10월 2일; Jonathan Montpetit,

"Mamadou's Nightmare: One Man's Brush with Crossing U.S.-Quebec Border," CBC News, March 13, 2017.

36 Catherine Solyom, "Canadian Government, Others Discouraging Haitians in U.S. from Seeking Asylum Here," *Montreal Gazette*, August 14, 2017; Taillefer 인터뷰; Katherine Wilton, "Montreal Schools Preparing for Hundreds of Asylum Seekers," *Montreal Gazette*, August 22, 2017.

37 장피에르, 저자의 인터뷰, 2017년 10월 26일.

38 Lim, Metzler, and Bar-Yam, "Global Pattern Formation"; David Norman Smith and Eric Hanley, "The Anger Games: Who Voted for Donald Trump in the 2016 Election, and Why?" *Critical Sociology* 44, no. 2 (2018): 195-212.

39 Wesley Hiers, Thomas Soehl, and Andreas Wimmer, "National Trauma and the Fear of Foreigners: How Past Geopolitical Threat Heightens Anti-Immigration Sentiment Today," *Social Forces* 96, no. 1 (2017): 361-88; Lim, Metzler, and Bar-Yam, "Global Pattern Formation"; Margaret E. Peters, "Why Did Republicans Become So Opposed to Immigration? Hint: It's Not Because There's More Nativism," *Washington Post*, January 30, 2018.

40 Thomas Edsall, "How Immigration Foiled Hillary," *New York Times*, October 5, 2017.

41 Adam Ozimek, Kenan Fikri, and John Lettieri, "From Managing Decline to Building the Future: Could a Heartland Visa Help Struggling Regions?" Economic Innovation Group, April 2019.

42 Jablonski, *Living Color*; Charles Stagnor, Rajiv Jhangiani, and Hammond Tarry, "Ingroup Favoritism and Prejudice," *Principles of Social Psychology*, 1st international ed., 2019, https://opentextbc.ca/socialpsychology/.

43 Jie Zong, Jeanne Batalova, and Micayla Burrows, "Frequently Requested Statistics on Immigrants and Immigration in the United States," Migration Policy Institute, March 14, 2019; Michael B. Sauter, "Population Migration: These Are the Cities Americans Are Abandoning the Most," *USA Today*, September 18, 2018.

44 Alfred W. Crosby, "Virgin Soil Epidemics as a Factor in the Aboriginal Depopulation in America," *William and Mary Quarterly* 33, no. 2 (1976): 289?99; Sonia Shah, *The Fever: How Malaria Has Ruled Humankind for 500,000 Years* (New York: Farrar, Straus and Giroux, 2010), 65.

45 C. L. Fincher and R. Thornhill, "Parasite-stress Promotes In-Group Assortative Sociality: The Cases of Strong Family Ties and Heightened

Religiosity," *Behavioral and Brain Sciences* 35, no. 2 (2012): 61-79; Sunasir Dutta and Hayagreeva Rao, "Infectious Diseases, Contamination Rumors and Ethnic Violence: Regimental Mutinies in the Bengal Native Army in 1857 India," *Organizational Behavior and Human Decision Processes* 129 (2015): 36-47.

46 Elspeth V. Best and Mark D. Schwartz, "Fever," *Evolution, Medicine and Public Health* 2014, no. 1 (2014): 92; Peter Nalin, "What Causes a Fever?" *Scientific American*, November 21, 2005.

47 Directorate General for Communication, "Special Barometer 469: Integration of Immigrants in the European Union," European Commission, April 2018.

48 Daniel J. Hopkins, John Sides, and Jack Citrin, "The Muted Consequences of Correct Information About Immigration," *Journal of Politics* 81, no. 1 (2019): 315-20; Eduardo Porter and Karl Russell, "Migrants Are on the Rise Around the World, and Myths About Them Are Shaping Attitudes," *New York Times*, June 20, 2018.

에필로그

1 "Refugee Resettlement Facts," UNHCR, February 2019, https://www.unhcr.org/en-us/resettlement-in-the-united-states.html.

2 Andrea K. Walker, "Baltimoreans Are as Healthy as Their Neighborhoods," *Baltimore Sun*, November 12, 2012.

3 "Our Progress," Yellowstone to Yukon Conservation Initiative, n.d., https://y2y.net/vision/our-progress/our-progress; "Man-made Corridors," Conservation Corridor, n.d., https:// conservationcorridor.org/corridors-in-conservation/man-made-corridors/; Tony Hiss, "Can the World Really Set Aside Half of the Planet for Wildlife?" *Smithsonian*, September 2014.

4 Ed Yong, "The Disturbing Walrus Scene in *Our Planet*," *Atlantic*, April 8, 2019; Michael P. Marchetti and Tag Engstrom, "The Conservation Paradox of Endangered and Invasive Species," *Conservation Biology* 30, no. 2 (2016): 434-37.

5 미국, 오스트레일리아, 브라질, 그리고 숱한 동유럽 국가를 비롯한 우익 포 퓰리스트 지도자들과 정부들은 이 협약이 구속력이 없고 자발적인데도 발 을 뺐다. Frey Lindsay, "Opposition to the Global Compact for Migration Is Just Sound and Fury," *Forbes*, November 13, 2018; "Portugal Approves Plan to Implement Global Compact on Migration," *Famagusta Gazette*, August

2, 2019; Lex Rieffel, "The Global Compact on Migration: Dead on Arrival?" Brookings Institution, December 12, 2018; Edith M. Lederer, "UN General Assembly Endorses Global Migration Accord," Associated Press, December 19, 2018.

6   Jones, Open Borders; John Washington, "What Would an 'Open Borders' World Actually Look Like?" *Nation*, April 24, 2019.

7   Matthew Suarez, 저자의 인터뷰, 2018년 3월 6일.

찾아보기

인류, 이주, 생존

빌 클린턴 54, 246, 275

인류, 이주, 생존

428

인류, 이주, 생존

찾아보기

인류, 이주, 생존

더 나은 환경을 찾아
인류는 끊임없이 이동한다

소니아 샤 지음
성원 옮김

초판 1쇄 2021년 07월 23일 발행

ISBN 979-11-5706-236-2 (03300)

만든 사람들
책임편집   신주식
편집도움   남은영
디자인   조주희
마케팅   김성현 최재희 김규리
인쇄   한영문화사

펴낸이   김현종
펴낸곳   (주)메디치미디어
경영지원   전선정 김유라
등록일   2008년 8월 20일
            제300-2008-76호
주소   서울시 종로구 사직로 9길 22 2층
전화   02-735-3308
팩스   02-735-3309
이메일   medici@medicimedia.co.kr
페이스북   facebook.com/medicimedia
인스타그램 @medicimedia
홈페이지   www.medicimedia.co.kr

이 책에 실린 글과 이미지의 무단전재·복제를 금합니다.
이 책 내용의 전부 또는 일부를 재사용하려면 반드시
출판사의 동의를 받아야 합니다.
파본은 구입처에서 교환해드립니다.